右から八原博通、長男和彦、長女てる子、妻まさ子（昭和８年８月撮影／八原和彦氏提供）

沖縄作戦の真相はこうだった

目次

第一章　序説
第二章　作戦準備
第三十二軍の誕生
創立初期の軍司令部
マリアナ諸島の崩壊の余波
賑然たる軍司令部
捷号作戦計画
作戦計画立案の経緯
航空作戦準備の優先に関する論議
十月十日の空襲
作戦計画の崩壊
運命の新作戦計画
悩みの種
北部の急ぐ飛行機の群れ
軍司令部首里へ移転
沖縄県民の疎開
本土決戦の[illegible]
必勝戦法
情況逐次急迫す
天号作戦

写真上／『沖縄決戦』生原稿、表紙部分
写真下／同、目次部分（ともに松崎昭一氏提供）

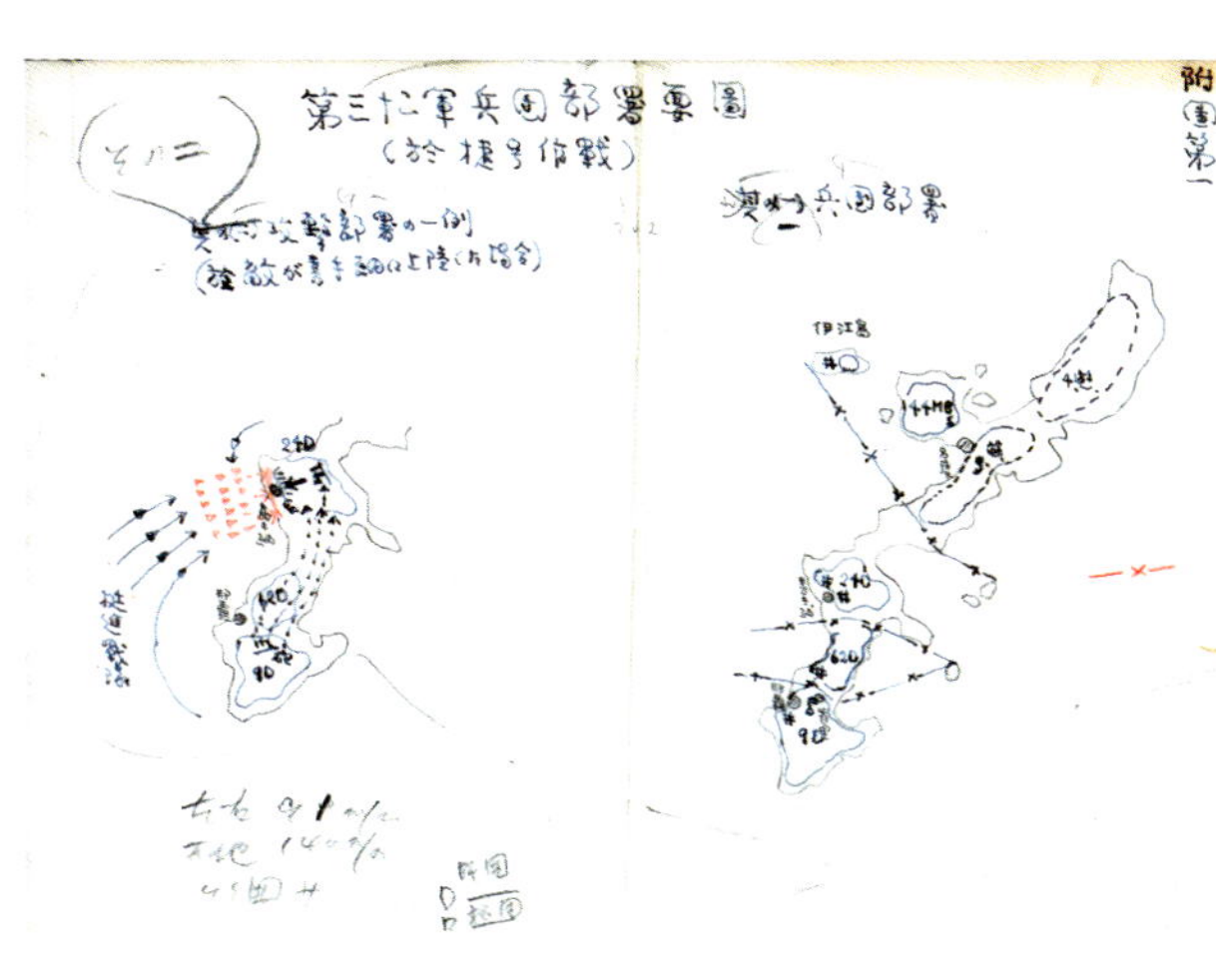


写真上／『沖縄決戦』地図原稿
写真下／同（ともに松崎昭一氏提供）

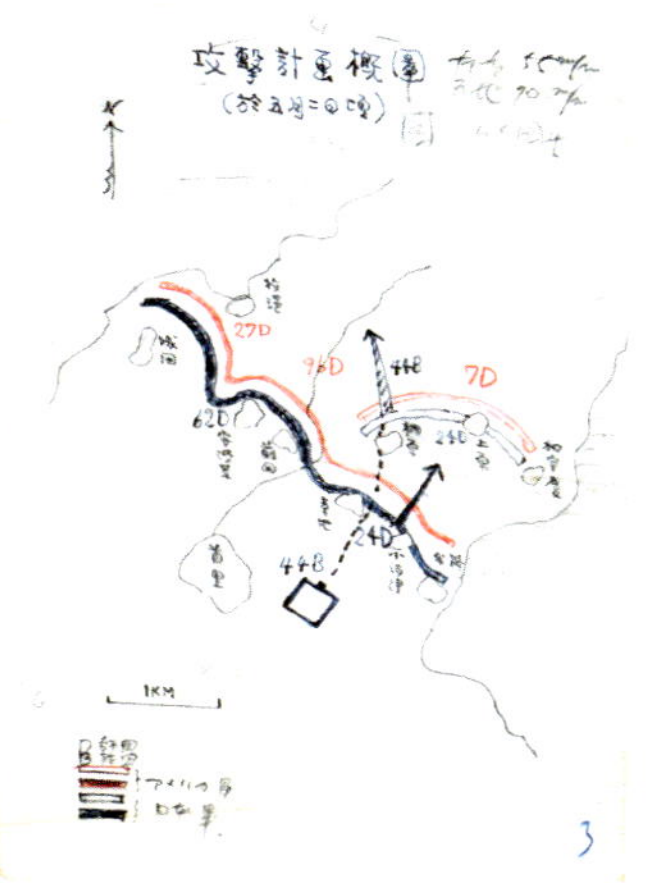

前列右から第三十二軍参謀長・長勇陸軍中将、同司令官・牛島満陸軍中将、海軍陸戦隊・大田実海軍少将。大田少将は自決に先立ち「沖縄県民斯ク戦ヘリ 県民ニ対シ後世特別ノ御高配ヲ賜ランコトヲ」の電報を打ったことで知られる（朝日新聞社提供）

沖縄本島西海岸から上陸を開始したアメリカ軍

中公文庫

# 沖縄決戦

## 高級参謀の手記

八原博通

中央公論新社

# 序

昭和二十年四月一日朝、沖縄の島は、殷々轟々たるアメリカ軍の上陸準備砲爆撃に震撼しつつあった。

　このとき、日本第三十二軍首脳部は首里山上に立って、初めて目見ゆるアメリカ第十軍の行動を静かに観望していた。偉軀悠揚たるは軍司令官牛島満中将であり、側近最も近く傲然立ちはだかっている短軀肥満の将校は、精敢勇猛をもって聞こえた軍参謀長長勇中将である。

　牛島中将以下参謀たちは、それぞれ双眼鏡を手にして、はるか二十キロ北方の嘉手納海岸に、今しも展開中の雄渾壮絶な敵の上陸作戦を凝視している。

　本一日未明より、嘉手納沖の広大な海面は、無数の敵輸送船で埋まり、戦艦、重巡各十余隻を基幹とする二百隻の大艦隊は艦列を組んで、波平付近より平安山に至る嘉手納付近七、八キロの海岸地帯に、ここを先途と、巨弾の集中射を浴びせている。爆煙火煙塵煙天に冲し、豆粒大に見える無数の敵機が、その煙幕を潜って急降下爆撃をしている。

　午前八時、敵上陸部隊は、千数百隻の上陸用舟艇に搭乗し、一斉に海岸に殺到し始めた。その壮大にして整然たる隊形、スピードと重量感に溢れた決然たる突進振りは、真に堂々、恰(あたか)も大海嘯(だいかいしょう)の押し寄せるが如き光景である。

敵将シモン・バックナー将軍の率いるアメリカ第十軍主力の四個師団は、かくして続々上陸中である。彼らは、アッツ以来、太平洋の島々の戦いで、繰り返されてきた日本軍の万歳突撃――必死の形相もの凄く、日本刀を振りかざし、手榴弾を投じ、銃剣を突きつけ、戦友の死体を乗り越え、万歳を絶叫しつつ突撃しきたる日本軍の大集団――を当然予期しているだろう。

だが、いま首里山上に立つ日本軍首脳部は、全然その気配を見せない。ある者は談笑し、また他の者は煙草(たばこ)をふかしながら、悠々敵の必死の上陸作戦を眺めている。何故だろうか？我々日本軍は、すでに数か月来、首里北方高地帯に堅陣を布(し)き、アメリカ軍をここに誘引し、一泡(ひとあわ)も二泡も吹かせる決意であり、その準備は整っているからなのだ。状況は、まさに予想した通り進行している。我々は敵が嘉手納に上陸した後、南下して来るのを待っておればよいのだ。

牛島将軍や、参謀たちが自信満々、豪(ごう)も動ずる様子がないのは当然である。彼らには、いささかの不安や疑念もなく、強大な敵と戦いを交えんとする壮快さに武者震いをしているのだ。

作戦主任参謀である私は、むしろ彼ら以上に得意であった。今ほとんど日本軍の抵抗を受けず、続々上陸中である敵の指揮官や兵士たちはどんな気持ちでいるだろう。彼らの心理を推測し、ひそかに皮肉な微笑をさえ浮かべている。

敵は、予想に反し、ほとんどわが軍の抵抗を受けることなく、このまま上陸を完了するだろう。あまりの易々たる上陸に、さては日本軍の防備の虚を衝いたのだとばかり勘違いをして小躍りして喜んでいるのではないか？　いな、薄気味悪さのあまり、日本軍は嘉手納を囲繞する高地帯に退き、隠れ、わざとアメリカ軍を引き入れ、罠にかける計画ではないかと疑い、おっかなびっくりの状態にあるかも知れぬ。それにしても、ほとんど無防備に近い海岸に、必死真剣な上陸をしているアメリカ軍を見ていると、杖を失った盲人が手探りに溝を越える格好に似ておかしい。しかも巨大な鉄量――アメリカ軍側の戦史によれば、彼らがこの上陸準備砲撃に使用した砲弾は、五サンチ以上の砲弾約四万五千、ロケット砲弾約三万三千、臼砲弾約三万三千、これに投下された爆弾は多量だ――を浪費している。防者として、こんな痛快至極な眺めがあろうか。

　南の島の春は、すでに濃い。待機する日本軍将兵十万を地下に深く蔵した首里周辺の山野の緑は、朝陽に映えて、いよいよ鮮やかに、脚下四周の海は静かに青く、わずかに「リーフ」に砕ける白波が、連綴曲折して美しい線を描いている。ここ首里上空は、ときどき敵の偵察機が思い出したように飛来するだけである。二十キロ隔てた殺気溢れる嘉手納海岸とはまったく別天地である。わが日本第三十二軍の静、アメリカ第十軍の動、実に興味あるコントラストである。

　このとき、空を切ってあがいているアメリカ軍を揶揄半分に眺めている日本軍首脳部に、急に重大な不安が生じた。それは友軍機が一機もこの戦場に姿を見せないことだ。大本営の作戦方針によれば、沖縄に来攻する敵を撃滅する主役は、わが空軍である。わが第三十二軍は端役に過ぎない。しかも敵撃滅のチャンスは、敵上陸部隊が未だ上陸せず、洋上に在るときだと、しばしば公言している。

なるほど、過去約一週間、友軍機は薄暮、月明、黎明を利用して、沖縄島周辺の敵艦を攻撃している。だとすれば、今こそ嘉手納沖に蝟集する敵輸送船団を、万難を排し、総力を挙げて集中攻撃すべき千載一遇の好機ではないのか。昼間の特攻は敵機の攻撃を受け、実行不可能だ、など呑気なことをいうべき秋ではない。だが、ついにわが特攻機は、姿を現わさなかった。

戦後、幾多の史書に、軍が拱手して、アメリカ軍を上陸させたとして、とかくの批判がある。しかしこの時機におけるわが空軍の行動について深く掘りさげた論議をあまり聞かないのは残念である。これは、大戦略に対する洞察に欠けるものがあるからだ。あるいは、航空部隊の、広大な空界における行動は、痕跡を残さず、瞬時に消え去ってしまうので、史実が捉え難いという物理的理由に因るものであろうか。

実に奇怪な沖縄戦開幕の序景ではある。戦艦、巡洋艦それぞれ十余隻を基幹とする、強大なアメリカ太平洋艦隊。有力なるイギリス艦隊、彼我地上軍あわせて三十万、敵味方の飛行機数千機、そして多数の沖縄県民をまき添えにした陸海空一体の歴史的大会戦の序景としては、いかにも腑に落ちない異常さである。アメリカ軍は、ほとんど防備のない嘉手納海岸に莫大な鉄量を投入して上陸する。敵を洋上に撃滅するのだと豪語したわが空軍は、この重大な時機に出現しない。沖縄の地上軍は、首里山上から悠然皮肉な微笑をもってこれを眺めている。日米両軍の間に、また味方においては空軍と地上部隊相互の間に、思考と力点があまりに食い違ってしまっている。何故にかくの如き結果になったのか。そしてその後の戦闘に幾多の重大事件を惹起するに至ったか。これが解明こそ、実に沖縄戦の運命を形づくった要因を掌握するキー・ポイントなのである。

　戦後二十余年、沖縄戦に関しては、すでに日米両国の側において公的な戦史が編纂（へんさん）されている。さらに、日米双方の幾多の軍事記者、作家、新聞雑誌の記者諸君、プロの軍人、あるいは直接戦闘に参加した人々の手により、その詳細が発表されている。戦友や、沖縄県民の勇戦敢闘を称（たた）えた条章を読んでは無上に嬉しく、またその惨憺（さんたん）たる戦況の叙述に接すると断腸の思いに耐えない。用兵作戦上の見解に対しても、啓蒙開眼され、そうであったかと反省させられるものも少なくない。反面、認識が浅く、誤解、独断、甚（はなはだ）しきは虚構に類するものもなしとは言えない。

　作戦参謀として、この戦いの企画指導に直接携わった私は、自らの立場に省み、また敗者兵を語らずの精神に従い、正面切って多くを語るのを今日まで拒んできた。だが作戦こそわが命と思っていた私には、作戦の巧拙善悪はいざ知らず、そうではない、実はこうであったのだと、叫びたいものがある。

　戦後もすでに二十有七年、沖縄も本土復帰した今日である。私の記憶も漸次薄らいでいるが、幸い戦時中ならびに戦争直後にかけて書き留めておいた記録がある。これを根拠とし、現在までに多く世に出た沖縄戦の史書で問題になった諸点も考慮し、敢えて沖縄戦の実相をここに訴えんとするものである。

# 目次

序　3

第一章　作戦準備　20

第三十二軍の誕生　20
創立初期の軍司令部　25
マリアナ線崩壊の余波　29
騒然たる軍司令部　35
捷号作戦計画　43
作戦計画立案の経緯　51
航空作戦準備優先に関する論議　57

十月十日の空襲 59
猛訓練 70
作戦計画の崩壊 72
運命の新作戦計画 79
忙中の閑 89
比島に急ぐ飛行機の群れ 94
軍司令部、首里へ移転 96
沖縄県民の疎開 99
本土決戦の意図それとなくわかる 104
必勝戦法 109
状況逐次急迫す 114
天一号作戦 117
戦力の自力増強 122
軍需品の集積 132
運命の流れ 135
馬乗り攻撃と射撃開始時機 143

北、中飛行場　146
前　夜　150

第二章　決勝作戦　152

桜の花の咲くころ　152
艦砲射撃の威力　157
敵の上陸準備砲爆撃熾烈となる　161
特　攻　164
虚実の駆け引き　166
アメリカ軍嘉手納沿岸に上陸　169
触接戦　173
仲間台上に負傷す　178
四月八日の攻勢　184
連合艦隊の出撃　198

首里洞窟内の軍司令部　199
四月十二日の夜襲　211
陸海空必死の反撃　218
一歩前進、二歩後退　222
国頭支隊　224
南上原高地帯の戦闘　226
前田、牧港、伊祖付近の戦闘　228
敵側の記録にみる彼我の激闘　234
四月二十一日ごろにおける状況判断　252
軍主力を北方へ　256
五月四日の攻勢　261

第三章　戦略持久戦　286

攻勢中止　286

針の穴から天を覗く　290
洞窟内の人々の動き　294
前田、仲間、安波茶付近の激闘　297
天久台の血戦　300
有川旅団、首里市内に後退　318
玉砕の地を何処に求めん　321
軍の右翼崩壊に瀕す　331
退却攻勢　335
退却近きころの軍司令部　340
首里山よさらば　344
津嘉山戦闘司令所　355
津嘉山から摩文仁へ　361
住民対策　369
退却作戦の指導と後方処理　371
喜屋武半島に集結した兵力　376
摩文仁洞窟の日々　381

喜屋武陣地の戦闘始まる 390
海軍部隊の全滅 396
最後の戦闘 399
洞窟内の妄想 407
断末魔の摩文仁 412
第三十二軍司令部の最期 427

第四章　脱　出 440

摩文仁洞窟からの脱出 440
具志頭洞窟 448
難民に紛れて 459
冨祖崎村 464
人夫になり新戦場に立つ 469
運命の逆転 477

あとがき　484
付　録　第三十二軍戦闘序列および指揮下部隊一覧表他　488
解　説　戸部良一　500
『沖縄決戦』を世にした「魔法の機械」　松崎昭一　512

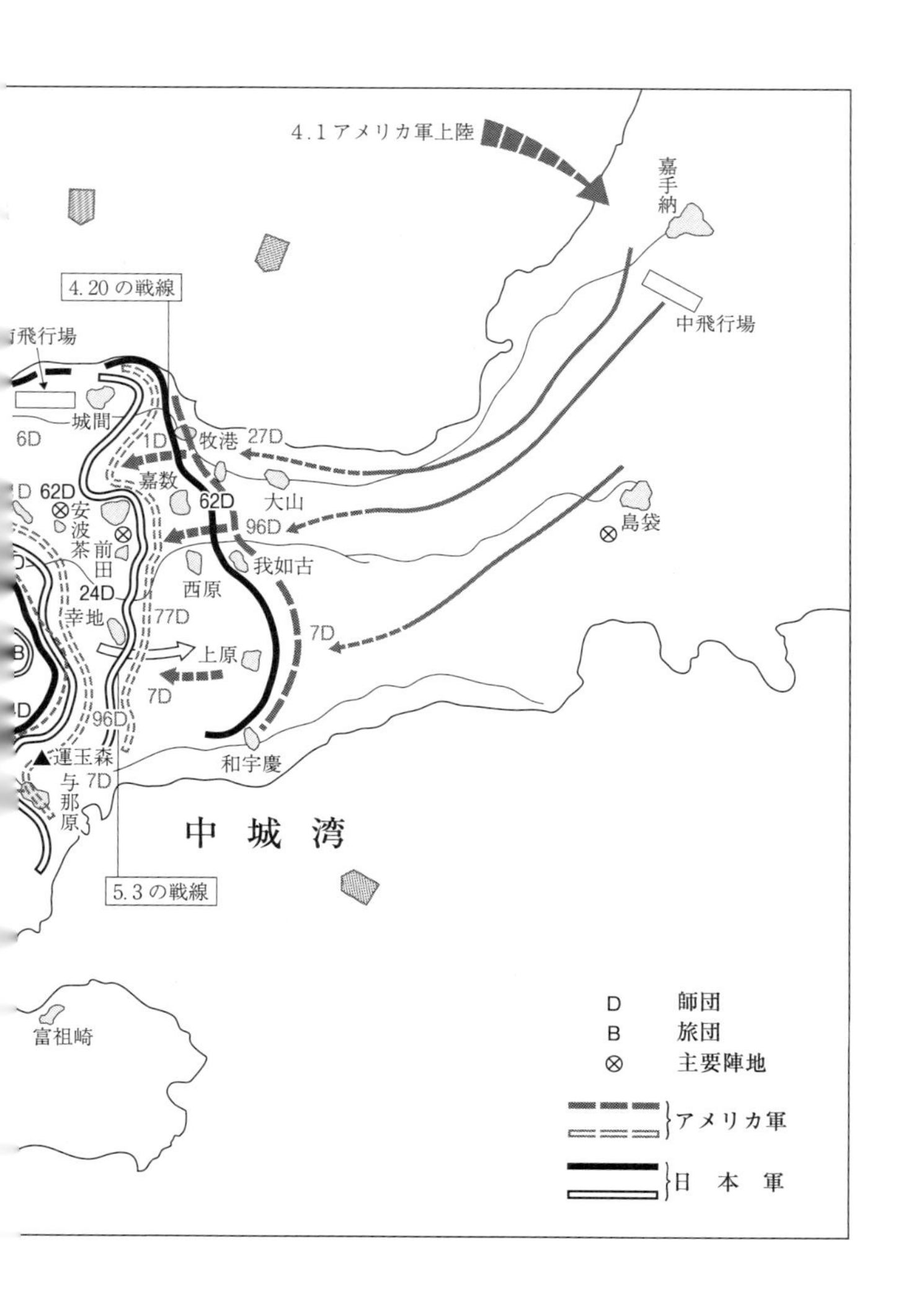
4.1アメリカ軍上陸
嘉手納
中飛行場
4.20の戦線
城間
1D
牧港
27D
嘉数
62D
大山
96D
島袋
安波茶
前田
我如古
西原
24D
幸地
77D
7D
上原
7D
96D
運玉森
7D
与那原
和宇慶
中城湾
5.3の戦線
富祖崎
D 師団
B 旅団
⊗ 主要陣地
アメリカ軍
日本軍

# 作戦経過要図

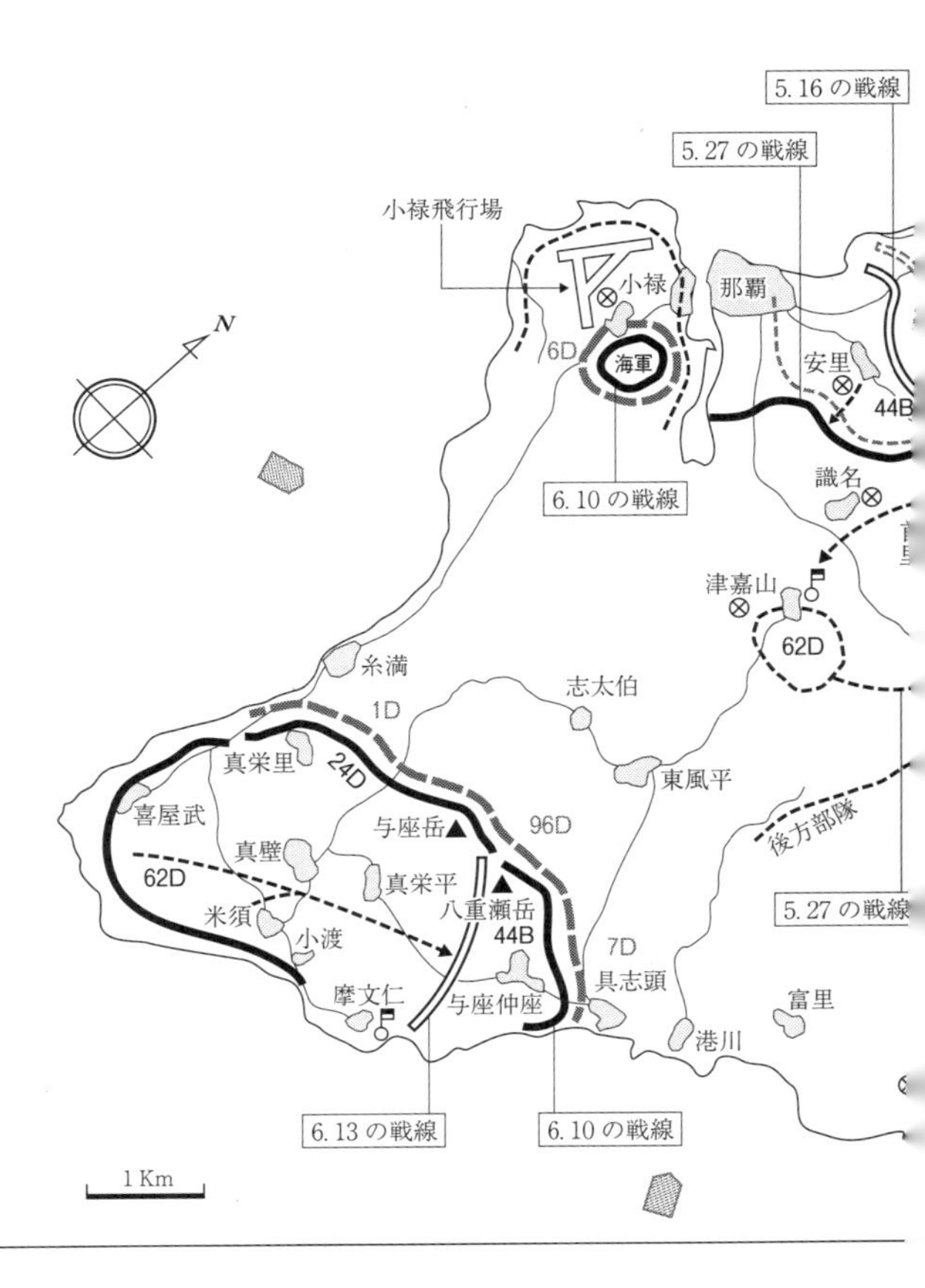
N
5.16 の戦線
5.27 の戦線
小禄飛行場
小禄
那覇
6D
海軍
安里
44B
6.10 の戦線
識名
津嘉山
62D
糸満
志太伯
1D
真栄里
24D
東風平
喜屋武
与座岳
96D
後方部隊
真壁
62D
真栄平
八重瀬岳
5.27 の戦線
米須
小渡
44B
7D
具志頭
摩文仁
与座仲座
富里
港川
6.13 の戦線
6.10 の戦線
1 Km

# 沖縄決戦　高級参謀の手記

# 第一章　作戦準備

## 第三十二軍の誕生

沖縄防衛の第三十二軍は、アメリカ軍上陸の約一年前、すなわち昭和十九年三月二十二日に誕生した。

当時の任務は、北緯三十度十分以南、東経百二十二度三十分以東の南西諸島を防衛することであった。その主要な島々を列挙すれば、北から奄美大島、徳之島、沖縄本島、宮古島、石垣島、西表島(いりおもてじま)であり、遠く東方洋上には大東島(だいとうじま)があった。

地上兵力はほとんど無きに等しく、わずかに奄美大島、沖縄本島および石垣島に、旧式海岸砲をもって装備された要塞部隊が存在するに過ぎない。追って隷下(れいか)にはいるはずの井上大佐の独立混成第二十一連隊（徳之島）、鈴木少将の独立混成第四十四旅団（沖縄）、宮崎少将の同第四十五旅団（宮古、石垣方面）の現地到着は、はるかに遅く、三か月後の七月ころになる予定であった。最も早く守備に就(つ)いた大東島支隊（歩兵一大隊基幹）でも、現地到着は四月下旬で、しかもその輸送途上、支隊長横田中佐以下一部がアメリカ潜水艦の攻撃を受け、殉難する始末であった。

軍の具体的任務は、南西諸島全域に亘り、多数の飛行場を急ぎ完成することであり、傍ら敵潜水艦の奇襲的小規模な攻撃に対し、飛行場や主要な港湾を防衛するにあった。

これより先、三月九日、私は陸大教官より新設予定の第三十二軍の参謀要員を命ぜられた。直ちに、市ヶ谷台の参謀本部高等官集会所の一室を与えられ、軍創設の準備作業に着手した。そして作戦課に出頭して、前述のような軍の性格や、任務の説明を聴取した。その際、つい愚痴が出て、こんな有れども無きが如き微弱な兵力ではいかんとも仕ようがないではないかと、不平がましい質問をしてしまった。作戦課長の服部大佐や若い瀬島、吉田両君らから返ってきた答えは、概ね次のようなものであった。

「中部太平洋の第一線であるマリアナ諸島の防備は、今や難攻不落となり、我々はこれを東条ラインと呼称している。したがって、南西諸島には、多くの地上兵力は必要としない。万が一マリアナ線を突破されても、――断じて、そういうことはないが――南西諸島に多数の飛行場を造っておけば、これを基盤とする航空部隊の活用で十分防衛できる。そして、南方資源地帯との連絡は、海上交通が困難になっても、この点綴する飛行場群によるグライダーの利用が可能である」。服部大佐は私より陸士が一期上であり、大東亜戦前、一時作戦課員として一緒に勤務したこともある親しい間柄であったので、「今は閑職でも、そのうち忙しくなることもあるだろう」と低声で励ましてくれた。

寒ざむとした高等官集会所の私の部屋の隣の一室は、それから三か月後マリアナ線の防衛で全滅した第三十一軍の連絡事務所に充当されていた。後方主任の将校が未だ現地に追及する前で、彼らはあまり急がされるので何がなんだか仕事が手につかぬ、とぼやいていた。作戦課参謀がマリアナ線の守備は完成したと断言したが、果たしてその通りであるか、ちょっと疑問を抱かざるを得なかった。

実際マリアナ線が失陥して、わが南西諸島が代わって主防御線として登場するようになっては、日本も終わりだ。またその場合、航空部隊だけで南西諸島が確保できれば、こんな結構なことはない。確かに、昭和十九年三月の時点においては、わが航空戦力になお相当の希望を託するに足る現実性があった。もしもこの希望が怪しくなれば、太平洋戦争も日本の敗亡につながるのだ。

制空権なければ制海権なく、制海権を喪失すれば太平洋の島嶼(とうしょ)防衛作戦は成立しない。この法則は、理論のみでなく、日本軍が現在までの島嶼作戦でいやというほど身をもって経験した鉄則である。わが統帥部は航空至上主義に徹し、これが戦力増強のため、あらゆる努力を傾注した。飛行機の製作増産に熱中するはもちろん、航空兵科の将兵養成に努め、甚しきは佐官級の将校中、有為の人材が多く航空兵科に転じ、その進級の如きも他兵科より一年も先にするありさまであった。

そして太平洋の作戦指導の要領は、航空優先主義に最も忠実であった。南西諸島防衛の作戦構想樹立の基礎も、またこの範疇(はんちゅう)を逸脱するものではなかった。ただ日を追って、日米両軍の航空戦力の格差が増大するに従い、希望と現実のギャップに対する認識の差が空軍と地上軍との間に生じ、ために多くのトラブルが惹起するに至ったのである。

三月下旬になると、私は沖縄に先行し、現地における軍の創立準備に着手した。暫しの宿舎として沖縄ホテルを選んだ。那覇の海岸に面した、当時としては瀟洒な洋式のホテルであった。沖縄には過去、南方との往来にたびたび飛行場には降り立ったことはあったが、内陸に足を踏み入れたのはこれが最初であった。

初見参の那覇の町は春風に埃が舞い上がり、かさついて見えた。島民の服装、住宅など、特異の趣きがあり、エキゾチックな旅情をそそられる。一浴びして旅宿の窓に凭れば、そぞろの風も涼しく、暮れゆく街の光景は内地の初夏の夕に似て、緑の森の彼方から蛇皮線の音が流れてくる。かつて任を帯びて流浪したタイやビルマ、そしてアメリカ南部の田舎町の思い出がほのかに滲み出てくる。殺伐とした東京から、緊迫した気分で沖縄に飛び込んできた私には、この島の自然も、人もゆったりと伸びやかに感じられた。そもいかなる運命が、この平和な島や人々の上に見舞うであろうかと思うと、自ら粛然とならざるを得なかった。

島守りもまた面白しおうらけき
　心に海や眺め暮さむ
直帆片帆おのがじしなる風情あり
　台風知らぬつかのしじまは

以上の腰折れ二首が、時局を嘆じ、なかば虚無的だった当時の私の心境であった。

とかくするうち、三月二十九日、軍司令官渡辺中将は参謀長北川少将を従え、空路沖縄に到着された。

慎重に関係方面と協議の末、軍司令部は那覇と首里の中間に在る蚕種試験場に決定した。軍司令官は勧銀支店長邸に起居され、北川少将以下参謀は那覇市長の公邸を提供され、これを宿舎とした。この公邸は高台に位置し、眺望も良く、涼風も豊かであり、庭樹も変化に富んでいた。内地から沖縄に出征し、そして野戦的生活を予期していた我々にとっては随分優雅な環境といわざるを得ない。

軍司令官、参謀長以下幕僚の大部は、この年八月根本的に更迭されたので、沖縄戦とは直接関係がない。しかし順序として少々触れておかねばならぬ。

渡辺軍司令官は、第五十六師団長としてビルマ戦に参加し、のち陸軍科学校校長を勤めて軍司令官に任ぜられた人である。私はビルマ進入軍の作戦参謀をしていたが、第五十六師団が増加兵団としてラングーンに上陸したころアミーバ赤痢とデング熱を併発して間もなく内地に帰還、陸大教官となった。したがって親しく将軍の声咳に接する機会もなく、後日東京で「ビルマ会」が催された際、ちょっとお目にかかった程度の間柄であった。将軍は、のちに沖縄戦を直接指揮された牛島将軍とは対蹠的な人物であった。威風あたりを払うタイプではなく、痩軀中丈、顔貌引き締まり、俊敏にして行動力があり、実に純情な人であった。私は参謀として仕えるうち、いつの間にかこの将軍が好きになった。そして多くの点で啓発指導されたのである。

当時、南西諸島の近海でわが輸送船がしばしば敵の潜水艦にやられ、わが将兵の死体が各島嶼に漂着することが多かった。将軍は、これら遭難者を丁重に取り扱い、その所属部隊、氏名を調査し、遺品を収集するよう万般の処置を全軍に指令されたことがある。当然の処置ではあったが、これを命令された際の将軍の真剣な人間愛に満ちた表情は、人の心を打つものがあり、今なお忘れることができない。もっとも行動力の迸（ほとばし）るところ、司令部将兵に率先して防火訓練を実施され、バケツの水送り演習をやらされたのには少々閉口したが。

参謀長北川少将は、私より陸士六期上の先輩だったが、陸大は同期生であり、在校三年間常に愛護指導を受けた人である。何も彼も承知の間柄であり、人物はその名の潔水のとおりであった。将軍は砲兵科出身だが、のち航空に転じ、沖縄にこられる前は陸軍航空士官学校の幹事であった。軍の主要任務は、南西諸島に多数の飛行場を急ぎ造りあげることであったから、参謀長として適任であった。

## 創立初期の軍司令部

凡（およ）そ何人といえども、そのおかれた立場から本能的に将来を予測し、自らの対策と覚悟を決めるものである。軍用語でこれを状況判断という。では昭和十九年春のころわが軍はいかなる判断をしていたか。

地上兵力皆無に近い現在の軍は、飛行場の構築に励むほかはまったく無為無風の状態である。マリアナ線は未だ厳として存在している。ニューギニア方面は、急ピッチでアメリカ軍の侵襲を受けているが、戦火はまだ比島方面に及んでいない。今後太平洋の戦局はいかなる経緯を辿って、南西諸島に波及してくるであろうか。私は諸条件を総合判断し、次の如く予測していた。

アメリカ軍の主作戦線――作戦上の専門用語で大軍がその主力をもって進攻する方向をいう――には二つある。

その一つは、まずマリアナ線を攻略し、さらに直路南西諸島に向かって来る場合である。敵がこの方針を採る場合、マリアナ線を奪取しても、それから二千数百キロの海洋を越えて一挙に南西諸島に来襲するのは至難である。どうしても、マリアナ線で十分準備を整えてからでなくてはなるまい。したがって、この場合は今年秋となるだろう。

その二は、ニューギニア方面から比島、台湾を経て、島伝いに南西諸島に来攻する場合である。この場合、一部の島を省いて、カエル飛びにやって来る公算が多い。その作戦の進行速度は、従来の戦況推移より考察し、来年すなわち昭和二十年春となる。

以上二つの作戦可能度を判断するに、後者の場合が公算が大である。私は機会あるごとに、軍の運命を決するの日は、来年の桜の花の咲くころだと公言した。それは戦いは未だ先のことだという気休めにもなるし、またそうではない、いよいよ我々の運命はあと一年しかないのだぞという切端つまった気持ちを駆り立てる言葉でもあった。こうしたもやもやの、なかば気の抜けた雰囲気ではあったが、軍はその主任務である航空基地の建設には全力を傾注した。その概成の期日は、七月下旬を目途とし、各島嶼に設定中の飛行場は、概ね次の通りであった。
喜界島　海軍飛行場。
徳之島　陸軍第一、第二飛行場。
伊江島　陸軍東、中、西飛行場。
沖縄本島　陸軍北、中、南、東飛行場。海軍小禄飛行場。のちに陸軍は首里北側に、海軍は糸満北側に、それぞれ飛行場建設に着手した。
宮古島　陸軍東、中、西飛行場。
石垣島　陸軍飛行場。海軍第一、第二飛行場。
南大東島　海軍飛行場。

以上航空作戦準備の要領は、努めて多数の飛行場を建設するとともに、これを有機的に集約連接し、一面敵の攻撃力を分散し、わが兵力の消耗損害を防ぎ、他面わが防空を確実にし、指揮運用を敏活ならしめ、兵力機材の移動集結を容易ならしむるにあった。

だが航空優先主義が徹底した反面、多くの弊害を生ずるに至った。各島嶼、適地があれば全部飛行場にしてしまう。伊江島のような小島に大飛行場を造るかと思えば、沖縄島には至る所、多数の飛行場を建設する。そこには守勢に立った場合、いくばくの地上兵力をもって、いかにしてこれを確保するかの顧慮に欠けていた。ただ無闇に飛行場を多く造ればよいといった、がむしゃらな考えが横行する。

従来の太平洋の戦いでは一生懸命に多数の飛行場を造ったが、わが方がこれを使用するに先立ってアメリカ軍に占領される場合が多い。まるで敵に献上するために、地上部隊は汗水垂らして飛行場造りをやった感が深い。しかも一度敵に占領されると、今度は敵に使用されぬために、わが地上軍は奪還攻撃を強行し、多大の犠牲を払い、玉砕する始末であった。

　南西諸島における航空基地構成についても、右のような不満があったが、軍は忠実に任務を実行した。ところが、軍指揮下の飛行場建設に任ずる部隊の多くは飛行場勤務に任ずるのが専門で、建設専門の部隊が少なかった。使用器材も円匙、十字鍬に類する原始的なもので、人力主体とならざるを得ない。そこで勢い、島民を大々的に動員した。その数は徳之島約二千、沖縄約二万五千、宮古約五千、石垣約三千に達した。各飛行場とも、市民、学生の勤労奉仕者が雲集して作業する光景は壮観であり、またわが島を守らんとする県民の心意気がしみじみと感ぜられた。この人海戦術と軍民の熱意とにより、牛歩の如く遅々としながらも、各飛行場はどうやら概ね計画通りにできあがりつつあった。

　こうした飛行場建設のみを任務とする第三十二軍にも、一つの誇りがあった。それは大本営の直轄軍であるということである。子供じみた話ではあるが、おれたちは旗本であるとの自惚である。しかし、この自惚も長くは続かなかった。五月上旬大本営命令で、第三十二軍は下村将軍統率の西部軍（九州防衛の任務）の隷下に入れられてしまったのである。こうなるといよいよ軍首脳部は落胆し、意気は揚がらない。大本営にはそれなりの理由があった。指揮系統を単純にする。補給の面からしても西部軍の指揮下に入れておいた方が好都合だ等々。だが、我々としては児戯に類したような話だが、実際不満だった。大本営もマリアナ線の防備が堅固になったという自信から、南西諸島をいよいよ軽視し出したのだろうとまで疑った。かくて昭和十九年の四月、五月、そして六月中旬まで、すなわちマリアナ攻防戦の勃発するまで、どんよりとした気怠(けだる)い、無風状態が南西諸島の空を低迷していたのである。

### マリアナ線崩壊の余波

昭和十九年六月中旬、その名も東条ラインと称し、堅固を誇ったマリアナ線に激闘が始まった。運命を賭(か)けた決戦の焦点はサイパン島である。小畑中将指揮下の第三十一軍司令部の位置する島だ。前述の如く、わが第三十二軍とは微妙至大な関係にある軍である。

早速軍司令官の名をもって、健闘と武運を祈る電報を打った。この軍には義弟が所属していたので、電文案を作成する自分の手は思わず震えた。だが、第三十一軍からも、大本営からも、その後なんの連絡もない。戦況われに有利か、不利かさっぱり不明のまま日が過ぎていった。

六月二十日朝になって、那覇の海軍根拠地隊から、きょう連合艦隊が中城(なかぐすく)湾に入港するから警戒その他万般のご協力を得たいとの連絡があり、ついで根拠地隊参謀がやってきた。相談したのは連合艦隊の世話のみで、その行動には全然触れない。戦況を知らぬ我々は、それ!!　いよいよ日米主力艦隊の決戦が始まるぞ、と勇躍した。中城湾要塞司令官の柴田大佐には、直ちに海軍に協力するよう軍命令が下された。沿岸監視哨からは次々と景気の好い(?)電話報告がくる。「勝連(かつれん)半島の沖を戦艦らしきもの三隻、その他十数隻の軍艦が入港中」。

「航空母艦らしきものが、津堅島沖合いに見え始めました」等々。
久しく、無意に苦しみ、髀肉の嘆に堪えなかった私は、参謀室に居堪まらず、双眼鏡を手にして中城湾岸の与那原港に車行した。与那原西側の台上に立って中城湾を眺めると、雲低く垂れ、暗澹たる海上には戦艦以下二十数隻の艦艇が、粛然として碇泊し動かない。艦上人影なく、飛行機も見当たらない。出陣を前にする颯爽たる気配はなく、全艦隊惨として声なしといわんばかりの光景である。先刻、途中自動車で行き違った根拠地隊司令官新葉少将の沈痛な表情がちょっと気になったが、私としては決戦出撃の前夜という考えで頭はいっぱいだった。一週間後、東京で初めて知ったのだが、マリアナ沖海戦はすでに終わっていたのだ。眼前の日本艦隊は、敵にうちのめされて逃げ帰って来た敗残艦隊であったのである。この夜、全艦隊は音もなくいずれかへ姿を消してしまった。

マリアナの戦況は予想以上に不利になりつつあった。中央部の東条ラインに対する確信は、根底から覆ったのだ。わが南西諸島の兵備は今なお零にひとしい。わずかに大東島支隊と独立混成第二十一連隊がそれぞれ大東島と徳之島に展開を完了したばかりだ。敵がもしマリアナ線攻略の勢いに乗じ、直路攻撃に出てくれば、わが南西諸島の守りは危殆に瀕する。風雲急にして、東支那海の波は泡立ち始めた。そして私自身の気持ちは、ようやくにして釈然たるものがあり、萎えていた意欲が急に昂ってきたのである。

とき恰も本土各防衛軍の参謀長会議が東京で開催さることになった。六月二十七日、私は所属する西部軍参謀長芳仲中将に随行して空路上京した。大本営で初めて聞くマリアナ戦惨敗の詳報はショックであった。参謀本部は、今やこれを悔やむよりは、寧ろ今後の対策に大童であった。

このとき、参謀本部と同じ市ヶ谷台上に在る防衛総司令部では本土防空の高等司令部演習が実施中であった。本演習はマリアナ線失陥前に企画されたものらしく、しかも沖縄を本土防空の付録視したような内容なので、私はたちまち興味を失ってしまった。同じ市ヶ谷台に在りながら、参謀本部と防衛司令部では、こうも感覚が異なるものかと驚くばかりであった。ただこの演習中、現在のマリアナ失陥の戦況において、大東島の価値について論議の一場面があった。参謀本部、防衛総司令部ともにマリアナ線を攻略したアメリカ軍は、勢いに乗じ、まず大東島を奪取し、これを足場にして南西諸島に殺到する公算が大であるとし、とりあえず大東島の守備を強化すべしという意見が強かった。やや即席的ではあったが、求められるままに私見を申し述べた。

第一は、戦略的判断である。

沖縄本島と大東島の距離は約三百キロ、さらにマリアナ線は遠く二千余キロの東方洋上に在る。大東列島中、最大の南大東島でも直径千数百メートルの円形の小島で、四周隆起し、断崖をもって海に臨み、船舶の着岸は困難で補給は至難である。内陸は平坦で、従来より海軍の不時着用の飛行場はあるが、航空基地としては、大洋に孤立する最小規模のものに過ぎない。

日本軍が九州、南西諸島、台湾に有利な戦略的航空基地を有し、さらにわが空軍がなお相当な活動力を有する限り、敵がまず大東島を占領し、これを足場として、その空軍を活用するのは至難である。いやしくも敵が南西諸島を攻略せんとするならば、十分に陸海空の戦力を結集し、大東島のような小島に拘わることなく、一挙に南西諸島中の要地、沖縄本島に来攻すべきである。したがって、大東島には特別な戦略価値は認め難い。

第二は、今後の島嶼防御の戦術思想である。

今、南西諸島の防備を強化するとせば、大東島如きに眩惑するのをやめ、最も要地である沖縄本島にこそ急遽兵力を増派すべきである。従来太平洋の島々に、所要に充たない地上兵力を逐次泥縄的に分散配置し、逐次敵のために撃滅されてきている。真に来攻を予期する重要な島を選んで、決勝的地上兵力を時機を失せず配置し、十分な戦闘準備を整えることこそ肝要である。

防衛総司令部参謀長小林中将、西部軍参謀長芳仲中将以下参謀たちの前で、以上の如く意見を開陳した。私の意見が極端と思われたのか、芳仲中将は、「君の意見を拡大すれば、沖縄本島も棄て、さらに重要な九州に兵力を集結すべきだということになるぞ」と揶揄された。

太平洋での作戦は、空軍によって決を争うというのは、わが最高統帥部不動の方針である。私の意見は、この戦略思想に対する疑惑に発する一種の抵抗であった。すなわち、わが航空と海上の戦力が、敵に比してガタ落ちしつつある現況に鑑み、地上戦力の活用を一層重視すべきであるとの意見なのである。ともあれ、南西諸島に急遽大軍を集中せんとして、大本営は騒然としていた。防衛総司令部と異なったこの緊張した空気は、私には快く春風に顔を撫でられるような感じであった。久しく無為に苦しんだ第三十二軍が、脚光を浴びて檜舞台に登場せんとしているのだ。快また快である。

参謀本部の総務課で、後日軍参謀長として沖縄戦悲劇の主役を演じた長少将にばったり出会った。例の元気のよい調子で、開口一番「俺はこれから君の軍と、台湾軍とに必勝戦法を教えに行くところだ」と豪傑笑いをされた。同じくのちに軍参謀となった、見るからに豪毅そうな木村中佐が、無言で将軍の傍に立っていた。陸大当時私の学生だった林忠彦少佐は、すでに軍の参謀として沖縄に出発したそうだ。

大本営の緊張は、二十九日、軍の虎の子部隊である独立混成第四十四旅団が乗船富山丸とともに徳之島沖で、敵潜水艦に撃沈され、全滅したとの悲電が到着するにおよび、極点に達した。いよいよアメリカ軍はマリアナ線突破の勢いに乗じ、一挙に南西諸島に突進して来る前触れと思われたからである。

ここにおいて、南西諸島への兵力増強は急テンポで計画され、かつ強行された。まず美田大佐の独立混成第十五連隊は、急遽東京から沖縄へ空中輸送されることに決まった。かかる大部隊の空中輸送は日本陸軍始まって以来である。ついで戦艦大和、武蔵以下の海軍艦艇をも動員し、原中将の第九師団を沖縄に、櫛渕中将の第二十八師団を宮古に、それぞれ急派されると聞いた。そのほか続々と大兵団を増派する計画が進行中らしい。陸軍省の軍事課長西浦大佐に挨拶に行ったら、軍需資材は最優先に君の軍に送ると、太鼓判を押して激励してくれた。

参謀長会同を終えて、帰任せんとする各軍参謀長は、最後に、大本営陸軍部参謀次長後宮将軍からじかに必勝戦法を承った。純真直截、熱烈にしてしかもユーモアたっぷりの小柄な将軍が、はげ頭に湯気をたてながら説かれた必勝戦法は、概ね次の通りであった。

一、日米両軍の陸海空の戦力比は、図の如く、到底わが軍はまともに対抗できない。すべからく我々は、地下から攻撃すべきである。

二、アメリカ軍の絶対優勢な陸、海、空軍の戦力を発揮せしめないためには、日本軍は夜暗を利用し、敵前至近の距離に近迫し、あるいはさらに敵の戦線内に侵入し、彼我混淆状態に導かねばならぬ。

三、地上戦闘で、最も厄介なのは敵の戦車である。わが対戦車砲は数が少なく、しかも熾烈な敵の砲爆により直ちに破壊されてしまう。貧乏人が金持ちと同じ戦法で戦えば、負けるに決まっている。そこで日本軍には「新案特許」の対戦車戦法が発案された。それは十キロの黄色薬を入れた急造爆薬を抱えて、敵戦車に体当たりして爆破するのだ。実験の結果によると、この十キロ爆薬をもってすれば、いかなる型の敵戦車といえども爆破可能である。もちろん、この必死攻撃に任ずる兵士は直ちに三階級進級させるのだ。

どうだ、立派な戦法だろう。と、将軍は得意満面だ。将軍の陸軍省人事局長時代、私はその部下の課員であった。まさに、戦局の焦点に立とうとする第三十二軍の参謀である私に、将軍は「どうだ、八原！　俺は正しいことをいってるだろう。まだ耄碌はしていないね」と二度三度繰り返し、自分の説明がいかに私に反響し、受け留められたかを確かめるかの如く、暫(しば)くじっと凝視された。私はただ微笑をもって答えた。

将軍の必勝戦法は、現実を洞察した結論であり、まさにその通りである。先に、参謀本部総務課で、長少将の豪語された必勝戦法も、おそらく同一主旨のものであろう。後日闘われた沖縄の地上戦闘において、私はこの戦術思想を一貫して持ち続けたのである。ただこの際考慮すべきは、将軍の必勝戦法は、地上戦闘技術を主体とする戦術的理念を強調するに止まった点である。陸海空三軍の相互関連する戦略的な判断や指針をぜひ聞きたいものであった。

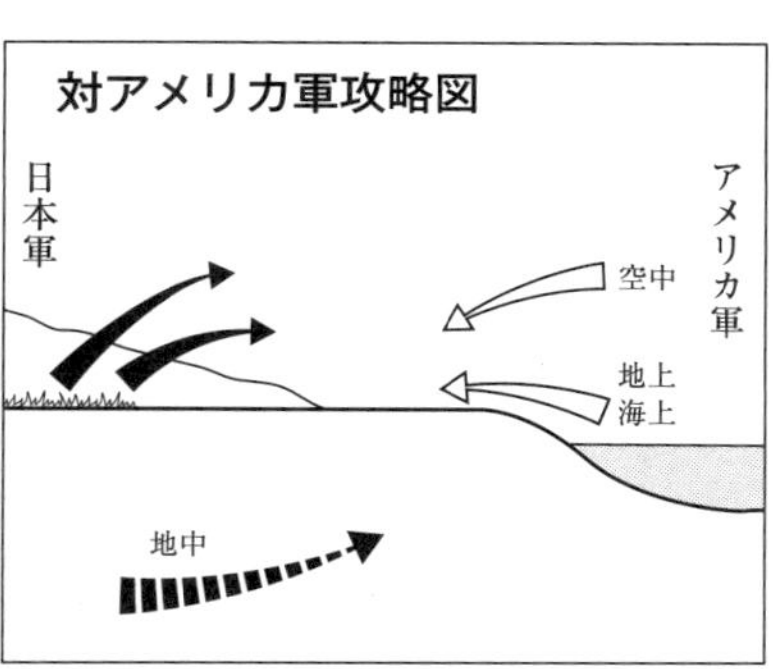


さあれマリアナ線失陥の渦流うずまく真っ只中、大本営で過ごした数日は、私の虚無感を完全に一掃した。すっかり英雄的気分に駆り立てられ、昂然と、七月一日朝大本営差し回しの自動車に乗って調布飛行場に向かい、ここより飛行機で帰任の途についたのである。

## 騒然たる軍司令部

乗機は明野ヶ原で一泊。のち、土佐沖、九州東岸を経て、富山丸遭難の地、徳之島沖を飛び、夕陽美しい二日午後遅く那覇に帰着した。

先着された長少将は、怪気焔をあげながら、すでに縦横の活躍を始めておられた。そして軍司令官渡辺中将は富山丸の海没、マリアナ線の崩壊に、痛心唯ならぬものがある。参謀三宅少佐と副官坂口大尉は、善後処置のために徳之島に派遣されていた。

富山丸遭難者は、第一歩兵隊長柴田大佐以下約四千名で、生存者は第二歩兵隊長宇土大佐以下数百名に過ぎない。柴田大佐は、中城湾要塞司令官だった人で、私は着任以来随分お世話になった人なつこい方であった。大東島支隊長横田中佐の遭難に続く今回の不祥事、まことに軍発足の門出は不吉続きというほかはない。すでに全軍で海没七万という、当時の情勢からすれば、特に気に病むことではないかも知れぬが。富山丸事件に責任を痛感した海軍護衛隊司令官新葉海軍少将は、わざわざ軍司令部を訪ね、遺憾の意を表した。随行した海軍参謀は、またまた新選組にやられたとくやしがった。彼の説明によると、南西諸島近海に出没するアメリカ潜水艦隊には、三群あり、そのうちの特定の一群がやって来ると、必ず海上でのわが被害が多発するとのことである。

かかるうちに、原中将の第九師団司令部と美田大佐の独立混成第十五連隊とは、七月十日ないし十二日の間に空路沖縄に到着した。彼ら将兵は、沖縄の飛行場に到着するや、直ちに抜刀し「敵は何処か!!」と叫んだという。緊迫した大本営の空気が、如実に伝わり、彼らはアメリカ軍がすでに沖縄に上陸したものと思い込んでいたのである。

軍はまず、独混十五連隊を、空路先着していた独混四十四旅団長鈴木少将の指揮下に入れ、同旅団をして普天間東西の線以北の中頭郡の防衛に任ぜしめ、同線以南の島尻郡（沖縄島南部）は第九師団の防衛地区と定めた。軍は、さらに続々大部隊が増加されることを予期していたが、その部隊名、到着日時が明示されないので、当面緊迫した状況に応ずる如く逐次来着する部隊をもって、段階的に応急の防衛部署を進めていった。いついかなる時機に、アメリカ軍に攻撃されても不覚をとらないよう対応するためには已むを得ない処置だった。したがって全兵力が集結するまで、各兵団、部隊の任務が逐次変更され、その都度、移動する状態であった。もし大本営が当初より兵力増派の全般計画を明示――大本営も逐次処置したのだから、明示は無理だったろう――してくれたら、軍は当初から沖縄防衛計画を定め、一貫した方針の下に、各兵団を後日右往左往させることなく、能率的に部署し得たに違いないはずだった。

　戦後私が発表した記録に、混成旅団が実際に戦闘に参加するまでの約十か月間に七回その防衛陣地を変更し、転々移動し、鈴木少将以下五千の将兵がその死守すべき陣地構築の意欲を喪失せんとしたことを指摘した。その目的は昭和十九年来、沖縄軍から第九師団を抽出され、軍の作戦計画を根本的に改変するに際し、同旅団が沖縄北部より南部に大移動するのを目撃し、大軍の作戦方針を淫りに変えてはならぬことを主張するにあった。

　昭和十九年七、八月におけるこの逐次の増員、そして同年末の大変更に対する不満を述べる例証として挙げた事例であったが、世に多く出た沖縄戦記の中には、この話を逆用して軍自体が、終始無定見であったよう、印象づけるものがある。まったく不本意である。受動の作戦には、ある程度敵の情勢に応ずる部署の変更は、已むを得ない。特に混成旅団は、終始軍の総予備的存在であって、弥縫的に移動使用されても仕方がなかったのである。とまれ、混成旅団は、独力で沖縄本島防衛に任ずることに始まり、次いで第九師団の到着に伴い〝移動遍歴〟の第一歩を踏み出したのは事実である。

話は少々横道にそれたので本筋に戻る。孤影蕭然としていた南西諸島の島々は、七月より九月初頭にかけて、奔流の如く続々大兵団が注入され、剣光帽影で埋まった。すなわち七月中旬第九師団が沖縄に、七月下旬第二十八師団主力が宮古島に、ついで第二十四師団、第六十二師団がそれぞれ八月上旬および中旬に逐次沖縄に上陸、さらに大小各種の部隊が続々南西諸島の島々に上陸した。九月初頭には、大本営の企画する兵力は概ね展開を完了し、その総兵力は、四個師団と混成五個旅団、一砲兵団を中核として、約十八万に達したのである。この総兵力量の決定、ならびに各島嶼への兵力配置は、大本営の決定に基づくものである。総兵力量の決定は、しばらく論外としても、各島嶼の兵力配置は、普通であれば軍の責任において計画実施すべきであった。それを大本営が独断決定したのは、状況急を要し、しかも危険な海域における船舶輸送なので已むを得ぬ処置であった。

もっとも、私が東京出張中、先に南西諸島に赴かれた長少将の意見具申が、相当に考慮されたようである。東京から沖縄に帰った私に、間もなく軍参謀長に任ぜられた将軍が例の勢いで「沖縄本島には五個師団を増強せよ！　もし我輩の意見を採用せず、ために沖縄が玉砕するようなことになれば、参謀本部の首脳部は全員腹を切れ！」と脅してやったと、呵々大笑されたのを記憶している。

マリアナ線失陥の直後であり、敵の来攻は比島、台湾、沖縄のいずれかという状況において、大本営が前記のような大兵を、軍に与えたのはまず適当といわねばならぬ。各島嶼への兵力配置において至る所、兵力を分散した嫌い――宮古方面の兵力は過大であり、大東島に第二十八師団の完全一個連隊を増派したのは、東京での私の主張もあり、笑止と思った。しかし、わが海軍ならびに空軍が、なお相当の余力を残し、大本営が、空軍決戦の作戦方針を堅持している昭和十九年夏において、かれこれ論評するのは酷であろう。

以上のように、大兵力が奔流の如く南西諸島に注入されつつある間、すなわち昭和十九年七月十五日、第三十二軍は、西部軍を離れて第十方面軍（台湾軍）の隷下に転属された。平時的名称から脱して、作戦軍らしい名実を整えんとする第十方面軍の指揮下にはいったのは一応適当と考えられた。

しかし、太平洋の島嶼作戦においては、よほど指揮関係に注意しなければ重大な危険を招来する。多数の島嶼に、一度兵力を分散すると、爾後海上の危険性と輸送力の関係上、移動集中が至難となる。そして各島の各指揮官は、自分の位置する島に、敵の来攻を予想したがるのが本能的に自然となる。その結果、大局の戦略判断を誤り、自分の島だけの増強に、専念しがちとなる。沖縄に在る第三十二軍司令部と台湾に在る第十方面軍との関係が、特にそうであった。時日の推移と状況の切迫につれて、遺憾ながらこうした人間性より発する意見の摩擦がしばしば露呈するに至ったのである。

軍は、こうした関係もあり、大本営直轄を希望したが、今や自ら一流軍になったことに気をよくして、指揮隷属の関係は問題にしなかった。のみならず、豪気な長将軍の影響もあって、第十方面軍より俺(おれ)たちの方が精強な兵力を保有している。遠く海を隔てており、兵力の移動は至難で、直接軍とは関係がない。作戦も俺たちのことは俺たちで勝手にやる。方面軍より教示や援助を受けることはないのだ。こうした潜在意識をもっていた第三十二軍である。定めし第十方面軍は、やりにくかったことであろう。

軍の兵力充実と、指揮系統の変更に伴い、軍首脳部の陣容もまた一新された。長少将は、七月初旬軍参謀長に任ぜられ、北川少将は第十方面軍参謀副長に転出した。長少将の経歴、性格は、当時の軍部においてだれ知らぬ者がないほど有名だ。豪毅果断そのものであり、勢いの赴くところ、ときとして猪突も辞せざる概がある。スケールの大きい親分的性格であって、少々やんちゃな部下でもよく可愛がり、これを庇護した。これに反し、小生意気な同等以上の目上の人には、ときどき頑として譲らなかった。沖縄においても、某旅団長や連隊長が酒席でなぐられたそうだという噂もときどき耳にした。

私が初めて長少将を知ったのは、陸大の学生時代である。最年少の学生だった私は、陸軍士官学校の六、七期も上の、先輩の若い日の尉官時代の雄姿に接する機会に恵まれていた。初代の軍参謀長北川少将はもちろんそうであったが、長少将も陸大はわずかに二年上だった。馬術練習のある日の午後、私は馬を厩舎(きゅうしゃ)から引き出して乗ろうとしていた。そのとき、故参学生の一大尉が、厩舎の前でひらりと馬に乗るやいなや一鞭し襲歩(しゅうほ)に近い勢いで馬場に疾走するのを見た。普通は並歩で馬場に乗り入れた後、徐々に速歩、駈歩に移るのが定則である。馬術の下手な私は、一段とこの型破りで精悍そうな将校の行動に驚いた。「あれは誰だろう？」と傍の同僚に聞いたら、長大尉だった。青年将校運動の盛んだった昭和十一年のころだった。橋本中佐主催の会合が九段の偕行社で催されたことがある。集まる者、陸軍省、参謀本部などの若手を中心に五、六十名。当時大尉で陸軍省人事局勤務の私も、その一人だった。演壇に立つ橋本中佐の背後には、軍部独裁の閣僚名簿が大書してあり、警視総監候補の長少佐が、司会者役で得意そうにしていたのを記憶している。

私は人事局にいた関係上、長少佐のような活動家の情報は比較的よく知っていたが、まだ直接言葉を交わすようなことはなかった。じかに接したのは、昭和十六年日本軍が南部仏印に進駐したころであった。表面、タイ国駐在大使館付武官補佐官で、裏面はタイ、マレー、ビルマ方面の作戦資料の収集をやっていた。任務上よくバンコクとサイゴンの間を往来していた。ある夜、サイゴンのマゼスティック・ホテルで長将軍と一緒になり、憂さ晴らしに、隣の映画館に行った。洋画で「ダニューヴの漣波」とかいうのが上映されていた。将軍が沖縄戦で自決する際「八原、サイゴンで見た映画『ダニューヴ』の眺めと音楽を思い出すな」と申されたのを記憶している。映画館を出てから、さらに将軍行きつけの河岸の日本人経営のスキヤキ屋で、ぐでんぐでんになるまで痛飲した。私はこのとき将軍がかねて抱懐していたイメージ通りの快男児であることを確認したのである。このほか、張鼓峯事件の際、日本側軍使となり、国境線上で昼寝をしてソ連軍将校の胆を奪ったこと、満州で旅団長になった際、浪花節で部下将兵に訓示した話、それからサイゴンでフランス側とのパーティーの折り、裃姿で浄瑠璃を披露して驚かしたなど、逸話に富んだ人であった。そして、今やこの将軍の部下となり、沖縄戦をともに戦うことになったのである。

軍司令官渡辺中将は、情勢急変し軍容一新しつつある最中、精励恪勤対処されていたが、疲労が昂じ、持病の胃下垂が悪化し、遂に病床につかれてしまった。参謀長以下側近の者は、将軍の病気をひた隠しにして全快を祈った。だが皆の願いをよそに、病状は日増しに重く、いつしか中央部の知るところとなった。八月にはいるや、将軍の病状を即刻報告せよとの指令を受けた。参謀長以下我々は、慎重協議した結果、将軍の生命、それに夫人が先に病没され、若年の子息の多いご家庭のことなど勘案し、軍医の診断書をありていに報告せざるを得なかった。

消然として那覇飛行場を出発される渡辺将軍と入れ代わりに、新任軍司令官牛島満中将は、八月十一日悠然として運命の地、那覇に到着された。血色のよい温顔、長大な体軀、真に堂々たる将軍である。私は、将軍がかつて陸軍省高級副官を勤めておられたころ、ときどきお目にかかった記憶があるのみで、あまりよく知らない。陸軍士官学校長から沖縄にこられたのであるが、私は仕えているうちに、前任者渡辺将軍とはまったく対蹠的な人柄であることがわかった。

万事を部下に任せて、責任は自分が負う。郷土も同じ西郷南洲型の人である。ご就任早々、ある重要な軍命令を起案し、恐る恐る決裁を受けに行った。ところが将軍は文案を読みもしないで、ペラペラと紙を繰ったのち、悠々と何処にサイン——決裁の印——したらよいかな、と真顔で尋ねられた。私は度胆を抜かれてしまった。これでは、今後命令計画案は、すべて練りに練った上で、将軍の目を通すようにしないと危険だと痛感した。

軍司令官、参謀長更迭の間、新任早々縦横の活躍をしていた林参謀は、大本営連絡の途上、乗機が箱根山に衝突殉職した。補充として櫨山、薬丸両少佐参謀が着任した。これで第三十二軍参謀は、私のほかに木村、釘宮、櫨山、薬丸、八板、三宅の六人となり、一流軍に相応した陣容となり、潑剌たる空気となった。

### 捷号作戦計画

マリアナ線の崩壊に即応して、七月下旬大本営は急遽新たな日米決戦の計画を策定した。称して捷号作戦計画という。

敵アメリカ軍の進攻方向を比島、台湾南西諸島、本土ならびに北海道方面と判断し、これに応じて捷一号ないし四号作戦計画を定め、敵の攻勢方向明瞭となるや、陸海航空兵力の大部と、連合艦隊をもって敵上陸軍を海上に撃滅し、さらに上陸しきたる残敵に対しては、所在地上部隊をもって最後のとどめを刺さんとする方針であった。以上のうち大本営がその公算最も大なりとし力を入れたのは捷一号作戦（比島方面）と捷二号作戦（台湾南西諸島方面）の二つであった。

捷二号作戦指導の一般構想については、八月中旬台北において、関係陸海空軍首脳部が会同し、相互の意思疎通を図った。私も牛島将軍に随行し、この会合の主要メンバーとして参加した。その概要は次の通りである。

一、九州、南西諸島、台湾の航空基地に展開する空軍に依り、敵上陸軍を極力洋上において撃滅する。

二、ブルネイ湾に訓練待機中の連合艦隊は、一週間以内に、戦場に急行し、戦闘に参加する。

三、支那派遣軍司令官は、精鋭第一師団を、上海付近に、また第十方面軍司令官は機動第一旅団を基隆(キールン)付近に、それぞれ集結待機せしめ、随時戦場に急派し得る如く準備する。

四、わが海空軍の撃滅をのがれて、上陸する敵は当面のわが地上部隊がこれを掃討(そうとう)する。

捷二号作戦のため第三十二軍に与えられた兵力、ならびに大本営の決定した各島嶼への兵力配置は次の通りである。

**奄美守備隊**（与論島以北、北緯二八度一〇分に亘(わた)る各島嶼を守備する）

独立混成第六十一旅団

重砲兵第六連隊

飛行場後方部隊若干

**沖縄本島**

第三十二軍司令部

第九師団

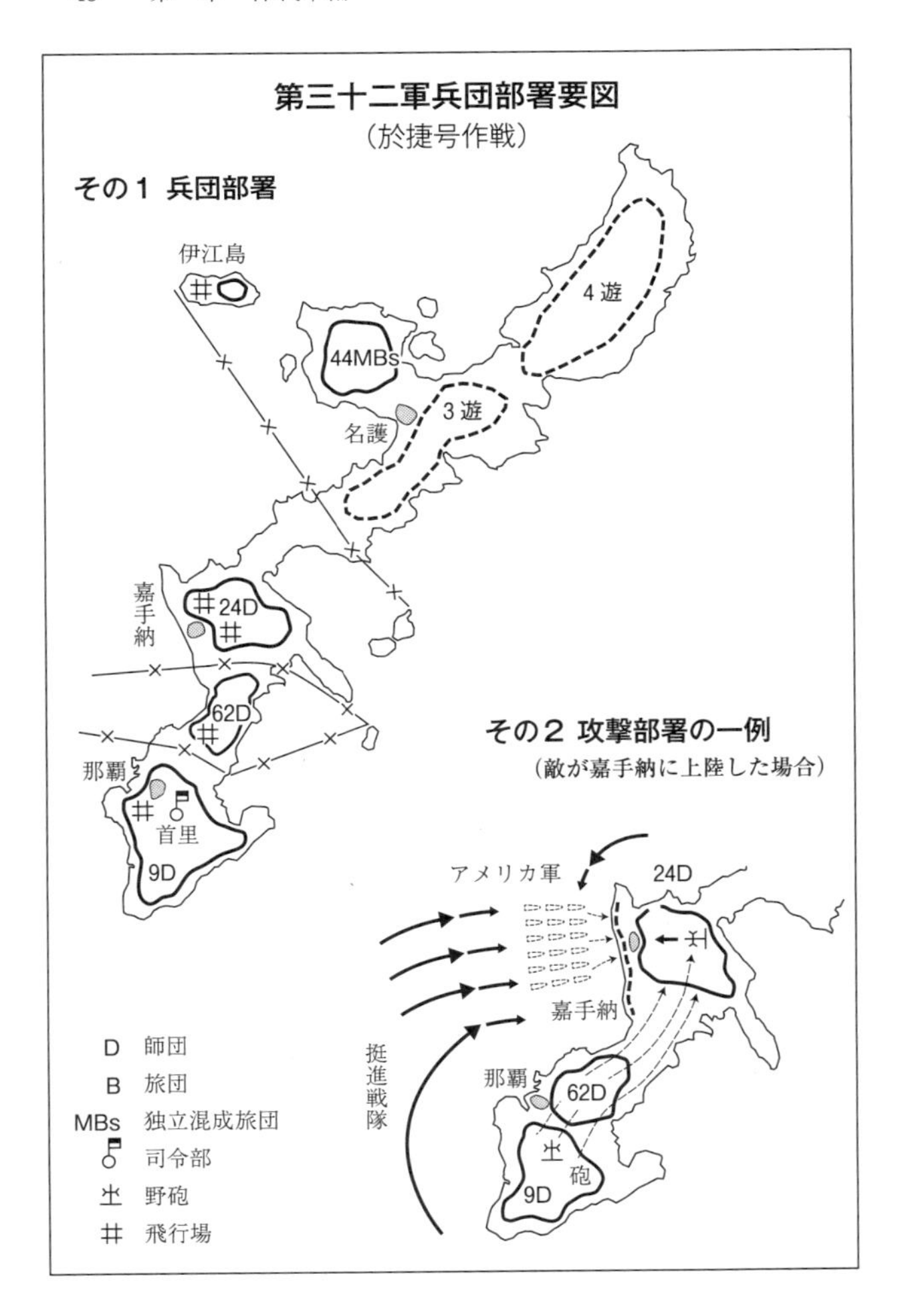
第三十二軍兵団部署要図
（於捷号作戦）
その１ 兵団部署
伊江島
4遊
44MBs
3遊
名護
嘉手納
24D
62D
那覇
首里
9D
その２ 攻撃部署の一例
（敵が嘉手納に上陸した場合）
アメリカ軍
24D
嘉手納
挺進戦隊
那覇
62D
砲
9D
D　師団
B　旅団
MBs　独立混成旅団
司令部
野砲
飛行場

第二十四師団
第六十二師団
独立混成第四十四旅団
第五砲兵司令部
野戦重砲兵第一連隊（一大隊欠）
同　　第二十三連隊
独立重砲第百大隊
重砲兵第七連隊
迫撃第四、第五大隊
軽迫撃第一、第二大隊
戦車第二十七連隊（一中隊欠）
独立速射砲第三、第七、第二十七大隊
同　　第二十三、第三十二中隊
独立機関銃第三、第四、第十四、第十七大隊
第二十一野戦高射砲隊司令部
独立高射砲第二十七大隊
野戦高射砲第七十九ないし第八十一大隊
機関砲第一〇三ないし第一〇五大隊

第十一船舶団司令部
海上挺進第一ないし第三、第二十六ないし第二十九戦隊
海上挺進基地第一ないし第三、第二十六ないし第二十九大隊
船舶工兵第二十三、第二十六連隊
独立工兵第六十六大隊
第三十二軍野戦築城隊
電信第三十六連隊
第十九航空地区司令部
飛行場四箇大隊、同一箇中隊
第四十九兵站地区隊
野戦兵器廠
野戦貨物廠
防疫給水部
独立自動車二個中隊
野戦建築隊二個中隊
防衛築城隊三個中隊
陸上勤務隊二個中隊
水上勤務隊二個中隊

其の他省略（なお、昭和20年6月末日における沖縄本島の兵力配置は巻末付録を参照）

**先島集団**（先島群島）

宮古島

第二十八師団（歩兵第三十六連隊欠）

独立混成第五十九旅団

同　　第六十旅団

戦車第二十七連隊の一中隊

独立速射砲第五大隊

同　　　第二十五、第二十六中隊

独立機関銃第十八大隊

野戦重砲兵第一連隊の一大隊

海上挺進地第四、第三十戦隊

海上挺進基地第四、第三十大隊

飛行場大隊二箇

其の他省略

石垣島（一部西表島）

独立混成第四十五旅団

独立機関銃第十九大隊

重砲兵第八連隊
其の他省略
大東島支隊（南、北、沖大東島）
歩兵第三十六連隊
大東島支隊
独立速射砲第十八、第二十二中隊
其の他省略

以上のほか、主要島嶼には、沿岸砲台、高射砲、機関砲等を主体とした有力な海軍部隊が配置せられ、陸海軍の協定に基づき、陸戦に関する限り、所在島嶼の陸軍最高指揮官が、これを統一指揮することになっていた。

かくして、第三十二軍司令官は各島嶼の守備方針を次の如く定めた。

一、沖縄本島では決戦を企図する。
二、宮古島では持久を主とするが、状況有利ならば攻勢をとる。
三、爾余（じよ）の島嶼守備隊は持久に専念し、努めて長く所在航空基地を確保する。
　したがって、その兵力配置は地形に適合せしめて、兵力を集約し、洞窟築城を徹底する。

**沖縄本島における作戦計画**（本書四五ページの「第三十二軍兵団部署要図」参照）

沖縄本島における作戦計画は軍自ら詳細に決定した。これら諸計画は全部私が起案したものであり、その概要は次の通りである。

### 方　針

一部をもって伊江島を中心とする国頭地区の持久に任じ、主力をもって沖縄島南半部に位置し、敵の上陸方面にわが兵力を機動集中して攻勢をとり、敵をその上陸海岸付近において撃滅する。

### 指導要領

アメリカ軍主力の上陸方面は糸満、南飛行場ならびに嘉手納の三正面の公算大なりとし、これを第一ないし第三号作戦と呼称し、まず速にその作戦準備を完成し、ついで南部港川正面、中城湾ならびに金武湾正面の作戦準備に移る。

第一ないし第三号作戦の要領は次の通りである。

### 第一号作戦

第九師団をして、敵上陸軍をその橋頭堡に阻止せしめ、この間第二十四師団および軍砲兵隊を該方面に機動集中して攻撃を準備し、敵の上陸第二日前半夜、軍砲兵隊および師団砲兵の全力をもって橋頭堡殲滅射撃を実施し、これに引き続き後半夜、歩兵部隊をもって攻勢に転じ、敵をその橋頭堡において撃滅する。

第六十二師団は、第二十四師団の南方機動を掩護した後、軍予備となる。

### 第二号作戦

第六十二師団をして敵上陸軍をその橋頭堡に阻止せしめ、この間第九、第二十四両師団および軍砲兵隊を該正面に機動集中して攻撃を準備し、敵の上陸第二日前半夜、軍砲兵隊および師団砲兵の全力をもって橋頭堡殲滅射撃を実施し、これに引き続き、後半夜歩兵部隊をもって攻勢に転じ、敵をその橋頭堡において撃滅する。

**第三号作戦**

第二十四師団をして、敵上陸軍をその橋頭堡に阻止せしめ、この間第九師団および軍砲兵隊を該正面に機動集中して攻撃を準備し、敵の上陸第二日前半夜、軍砲兵隊および師団砲兵の全力をもって橋頭堡殲滅射撃を実施し、これに引き続き後半夜歩兵部隊をもって攻勢に転じ、敵をその橋頭堡において撃滅する。

第六十二師団は、第九師団の北進を掩護した後、軍予備となる。

以上各作戦に関連し、軍船舶隊は、沖縄本島中部に在る海上挺進第一ないし第三戦隊、ならびに沖縄本島南部に在る海上挺進第二十六ないし第二十九戦隊をもって、敵の上陸前夜その輸送船団を泊地に強襲し、これを撃破する。

**作戦計画立案の経緯**

第三十二軍沖縄本島捷号作戦計画は、軍が最後の増加兵団である第六十二師団の沖縄到着を承知した八月中旬に決定した。この計画の方針、指導要領、兵団部署すべて私の企画立案に成るもので、参謀長、軍司令官ともに鷹揚（おうよう）にこれを認められた。では、いかなる一般情勢判断の下に、計画しかつこれにどういう望みを託したかを述べることにしょう。

### 一、アメリカ軍の沖縄来攻の時期について

既述の通り、敵の沖縄攻撃は来年の桜の花の咲くころ、すなわち昭和二十年三、四月の候と判断していた。しかし七月ないし八月下旬に至る間はマリアナ線攻略の余勢を駆って敵来攻の公算なしとせずと考えた。すなわち基本的には、来年の春と予測しながらも、いつ攻撃されても、これに応じ得る態勢を保持しながら、作戦を準備したのである。

### 二、アメリカの上陸点について

敵が南西諸島に進攻する場合、その主力を指向する要点は、沖縄本島である。宮古島や奄美大島等の島嶼はその要機を有していない。

しからば、沖縄本島に来る場合、その上陸点をいずれに選ぶか。一見小島に見えるこの島も、南北百二十キロ東西八ないし二十キロもある大きな島である。地勢を大観するに、島の南半部は概ね平地で、人口稠密(ちょうみつ)し、主要な都市、港湾、飛行場は概ねこの地域に存在する。島の北半部は、概ね山地で、人口稀薄、一部の名護(なご)、伊江島のほかには軍用価値の見るべきものがない。したがって敵主力の上陸する方面は沖縄の南半部に限定する。

しからば、沖縄南部に来攻するとして、上陸点は何処になるか。東方海岸は、金武、中城の二湾がある。金武湾岸に上陸しても、直ぐ錯雑した山地にぶつかり、戦略的要点に進出することと至難である。中城湾は大艦隊を収容するに足る天然の良港であるが、昔から中城湾要塞（実は微弱なものであるが）の防備がある。敵として最初からこの湾に突入するのは警戒するであろう。そうすれば、北、中飛行場を直ちに占領し得る嘉手納海岸、それから小禄(おろく)、南

両飛行場ならびに那覇港を直ちに利用し得る那覇の北方もしくは南方海岸地帯が上陸点となる。

そもそも敵情を判断するには、地形、その他あらゆる条件を基礎にして考察するのであるが、限定は禁物である。敵の確たる上陸点は、事前にその意図を偵知するか、あるいは現実に上陸行動を目視して初めてわかるのである。理論上可能な地域はすべて敵が上陸してくるものと覚悟すべきである。防勢に立つ場合、特にしかりである。

捷号作戦指導要領において、まず以上西海岸の三方面に敵の来攻を予期した。しかし、これは取り敢えずの処置であって、時日の余裕を得るにしたがい、南部港川方面、それから中城湾方面、そして最後に金武湾方面にそれぞれアメリカ軍が来攻した場合の対抗準備を進める予定であった。

### 三、敵の兵力ならびに上陸方法について

由来攻者は防者の三倍以上の兵力を使用しなければ、容易にその目的を達し得ない。これは過去内外の戦史が証明するところである。アメリカ軍は、従来の太平洋戦争において、この原則を忠実に守ってきた。沖縄に来攻するアメリカ軍も、またわが兵力の三倍すなわち六ないし十個師団を使用するであろう。

上陸方法としてはまず一方面を選ぶ。一時に二方向以上に上陸することは稀（まれ）である。通常狭小な地域、すなわち正面数キロ、縦深一、二キロの海岸地帯を確保し、その優勢な海空軍をもって日本軍の反撃を阻止しつつ、態勢の整頓、軍需品の揚陸を図る。しかしてのち通常

数日後攻撃前進を始める。

　敵は以上のような上陸戦法を採らず、あるいは一時に二方面に上陸し、また上陸後直ちに前進しきたる場合なきにしもあらずである。しかしいずれの場合でも、日本軍は敵を海岸の狭小地帯において、その上陸直後これを撃滅する如く計画すべきである。

### 四、捷号作戦計画の信頼度について

　軍が沖縄本島において決勝戦法を採用したのは、根本的には大本営の捷号作戦計画に基づいたものである。

　大本営はわが海空軍をもって、沖縄に進攻するアメリカ軍を洋上において撃滅する方針である。地上守備部隊は、撃滅をまぬがれて上陸する敵の残存部隊を殲滅すればよいぐらいに考えていた。もし実際に、こういう状況になれば幸いであって、わが第三十二軍としては最も望むところだ。しかし第三十二軍首脳部はマリアナ線失陥後、特にわが海空軍の戦力にさほど期待をかけていなかった。大なる損傷も受けず上陸しきたる敵をまともに軍が受けた場合、果たして勝算があるか、甚だ疑問といわざるを得ない。彼我の地上戦力比は師団数において三対一以上、物的戦力比は十対一以上となる。さらにアメリカ太平洋艦隊の主力とその空軍の戦力を加算すれば、彼我の総戦力比は二十倍にも三十倍にもなる。かかる強大な敵に対し攻勢をとり、果たして勝算があるのか。

　私は左記理由に依り、一度はアメリカ軍の上陸企図を破摧(はさい)し得る見込みであった。
　1　アメリカ海空軍の砲爆は、これに抗堪し得る洞窟陣地に拠ることによって、その威

力を無価値に近からしめ得る。アメリカ軍の工業製品たる鉄量に対し、われは将兵と沖縄県民の原始的汗の製品である土量（築城）をもって抗するのだ。

2　アメリカ軍の使用兵力は十個師団にものぼるかも知れぬが、最初に上陸するのは数個師団を出まい。彼らは上陸当初の数日間は指揮混乱し、築城のない狭小な海岸地帯に暴露し、かつ軍需資材の揚陸も十分ではないはずである。

3　わが軍は、敵の砲爆を嘲笑（ちょうしょう）（この言葉は軍参謀長の創作である）する築城地帯に拠り、十分な火力組織と、指揮の統一を保持して戦闘し得る。

4　わが軍は攻勢のため七サンチ半以上の大砲約四百門（内十五サンチ級以上約百二十門）を戦場に結集し得る。この強大な砲兵火力を、洞窟陣地内から、敵の狭小な橋頭堡に集中すれば、射撃密度より考察してもその効果は甚大である。

近代地上戦闘において真に攻撃力を発揮するのは、歩兵よりもむしろ戦車と砲兵である。不幸にして、軍はわずかに軽戦車一連隊を有するに過ぎないが、幸い砲兵力は大である。私はこれに着目し、橋頭堡破摧射撃の一戦術を創案した。この着想に基づき、中央に具申して、さらに砲兵力の増強に勉めるとともに、これが統一運用の指揮機関の必要を力説し、ついに第五砲兵司令部を、軍の隷下に獲得することに成功した。

5　敵が橋頭堡足踏み式戦法に出ず、多数の集団戦車をもって、一挙にわが歩兵抵抗地帯を突破し、わが主力砲兵陣地に殺到する戦法（アメリカ軍は従来太平洋戦でこの種戦法を採用しなかったが、今後はこの戦法に出る気配なきにしもあらず）を採った場合、わが軍は不利になると思われる。しかし海岸地帯におけるわが洞窟歩兵陣地の縦深を大ならしめ、かつ対戦車戦闘準備を厳にすることにより、わが軍主力の攻撃準備に要するわずか二日間の持久は可能である。

6　敵の制海制空権下で、沖縄島南半部すなわち中頭、島尻両郡接続部の狭隘地域を通過し、大兵団を南北に機動させるのは一応至難であるが、私は左記理由により解決可能と考えた。

イ　機動距離は最大約二十五キロに過ぎない。

ロ　機動には夜暗を利用する。一夜機動（一夜のうちに機動すること）ができぬ部隊は、満州で教育訓練した制空権下の機動法を採用する。この機動法は満州より増強された第九師団、第二十八師団はともに概ね訓練ずみである。

ハ　渡洋上陸作戦だから、敵機は必ず空母を根拠とするはずである。したがって夜間来攻するものは極く少数に過ぎないであろう。

ニ　南北機動路は四本準備する。敵の砲爆により破壊しそうな重要部分には、補修材料を準備し、かつ適宜迂回路を設ける。

ホ　機動後の部隊のために、あらかじめ予備の洞窟陣地を設ける。

へ　第九、第二十四師団ならびに軍砲兵隊はしばしば機動訓練を実施し、機動に習熟させる。

ト　軍需品は、事前に、北部と南部に分置集積しておく。

## 航空作戦準備優先に関する論議

マリアナ戦で、わが航空はいよいよその無力を暴露した。

航空優先思想に凝り固まった中央部の中においてもこの感を深めた人も多少はあったようだ。従来軍は飛行場設定軍と自嘲しながら、多数の飛行場設定に専念してきた。そして南西諸島に敵進攻の危険信号の揚がった今日、地上作戦準備はほとんど皆無の状態である。さすがに中央部も慌（あわ）てたらしい。建設途上の徳之島南、伊江島東、沖縄東、宮古東の各飛行場の設定を中止するとともに、地上作戦準備も大いにやらねばならぬと言明し始めた。すでに航空出身の北川参謀長は歩兵出身の長少将と交代している。元来航空に大なる期待をもたない参謀長や私はかかる傾向に勢いを得、航空優先思想を弱化するような失言をしたこともある。それが因となり、端末の地上部隊と飛行場設定部隊との間に、労務者の争奪を演ずる始末となり、中央からお叱りを受けるようになった。

大本営作戦課航空主任の鹿児島中佐がやってきた。心安だての言葉ではあったが、彼は私にこういった。「今回、貴軍に強力な地上兵力を増加したが、航空作戦準備に十分な協力をされない場合は、増加した地上兵力も他に移さねばなりません」。また相前後して来島した航空本部の寺田少将は「貴官がもし、航空作戦準備をおろそかにするならば、第三十二軍参謀を辞してもらうほかはない」と強硬な発言をした。

大本営の作戦思想が航空優先に決まっている以上、彼らが以上の如く厳しい態度をとるのは当然である。がしかし、私は心から同意する気持ちにはなれなかった。とにかく中央部は、参謀長や私の航空作戦準備に対する態度が気にいらず、しばしば参謀を軍に派遣して厳談を申し入れた。ついにはそれだけでは安心できず、飛行場造りの神さま、釜井航空中佐を軍の参謀に任じ、部内航空勢力の強化を図るに至った。

憤然とした参謀長は、九月中旬中央部の命令を遵法すると断言、地上作戦準備を一か月休止し、その作業力を飛行場建設に転用するに決した。この命令を受けた地上各兵団は皆悲憤慷慨したが泣く子と地頭には勝てない。その作業状態を略記すれば次の通りである。

**沖縄地区**

**伊江島飛行場**

混成第四十四旅団の全力に、第九師団の三千名を加え、作業隊長は旅団長鈴木少将とし、軍参謀釜井中佐をこれに属した。右増加部隊は九月十五日より同月末まで作業に全力を傾注し、同飛行場完成に大なる貢献をした。

**沖縄北、中飛行場**

第二十四師団長雨宮中将を責任者とし、軍参謀釘宮中佐を配属、同師団の主力をもって九月十五日より同月末まで作業に任じた。地上作戦準備に、熱烈な努力を傾けていた師団は、これを棄てて飛行場建設に任ずるのを残念がった。雨宮中将は特に不機嫌であった。

**沖縄南飛行場**

第六十二師団長本郷中将を責任者として、同師団の約三千名をもって、前記各兵団と同様九月十五日より同月末まで作業に任じた。

### 宮古島飛行場

第二十八師団長櫛渕中将は、九月十五日以後、師団全力をもって作業に任じ、十月十日ごろまで完全に地上作戦準備を放擲（ほうてき）した。私は九月下旬軍司令官に随行し、宮古島に渡り、その作業を巡視した。約一万の兵がラッパの号音で作業する光景は壮観であり、なかんずく飛行場中央の岩山除去に、原始的器材をもって懸命の努力を試みるさまは、涙ぐましいものがあった。

軍参謀長の従来の主張を百八十度転換したこの英断はいかにも長少将の性格を表現したものであった。飛行場設定に任ずる部隊は別におり、大部の飛行場はすでに完成に近い。しかも地上各兵団は捷号作戦計画に基づき、各守備位置に展開したばかりである。この際中央部の要請があったにしても、地上各兵団を飛行場建設に使用する必要はない。こうした考えの私としては参謀長の大転換にはあきれるほかはなかった。しかし軍の中央に対する面目は立ったが、何故にこんなに大騒ぎして、飛行場の建設に力を入れねばならぬか、私は依然半信半疑の心境であった。

### 十月十日の空襲

アメリカ軍がモロタイ、ペルルーに触手を伸ばすや、その主作戦方向は比島に向かいつつあることがほぼ明瞭となってきた。敵は私の判断のいわゆる蛙（カエル）飛び戦法に出でんとしているのだ。わが南西諸島の運命の決する日は、やはり来年の桜の花の咲くころと考えて間違いない。軍参謀長が地上作戦準備を放擲して、大本営の煩い言葉にあっさり聴従したのも、一面にはかかる見透しもあったような気がする。

　大本営の作戦指導振りは、鋭敏にわが南西諸島の作戦準備に反映する。マリアナ線の防備に未だ自信のなかった三月ころ、漸次自信を得てきた六月上旬ころ、そして敵の一撃に脆くも崩壊した六月下旬より八月に至る間、大本営の第三十二軍に対する態度は猫の目の如く変化した。そして今また比島にアメリカ軍の進攻する気配濃厚となると、再び南西諸島に対する熱度が急速に冷却し出したのである。中央部の統帥が先見洞察に欠けるからこんなにぐらつき通すのか。それとも防勢に立つものの自然の勢いであるのか？　比島に燃え拡がらんとする戦火を、我々は批判的に、対岸の火災視するわけにはいかない。その火の粉は、まず空中よりわが南西諸島の上にも降りかかってくることが必定だ。それかあらぬか、十月十日は、支那の双十節だから、支那本土からの大空襲があるかも知れぬとの噂さえも乱れ飛んでいる。軍は那覇埠頭に山積してある軍需品の分散撤去に力を入れだした。軍参謀長は日に一度は、必ず自ら港に自動車を馳せて、その状況を検分し、木村後方主任参謀を督励した。

　抗することのできぬ強大な圧力をもって、太平洋戦の運命が決定的な方向に大きく歩を進めている間に、ここ南海の島にも十月の涼風が吹きはじめ、慌ただしい人々の心に、そこばくの裕を与える。仏桑華の紅に、高く清澄した碧空、沖縄の秋はすばらしい。日本本土はもちろん、北支、アメリカのニューイングランド地方の秋にも、それぞれの趣があるが、秋の沖縄にもまた棄て難い風情がある。それは過度な寂しさが支配せず、乾燥期のタイ、ビルマ地方に見る豊かさがあるからであろうか。

このころ、私は市長官舎から司令部構内の東北隅にある試験場の舎宅に移転していた。四囲籬を繞らした、ささやかな住宅だ。一時、渡辺軍司令官が起居された家である。庭には色とりどりの草花が植わり、本土の秋を憶い出させる菊や萩の花まで咲いている。そしてバンコクのタイランド・ホテルの庭を、美しく飾っていた名も知らぬ熱帯性の花々もなつかしく散見される。すでに東京から故郷米子の田舎に疎開していた子供たちへの手紙の中に、これらの美しい花弁をそっと入れておくことも忘れなかった。

書斎の窓から、安里川に沿う、南洋松の並み木のなよなよとした風情を眺めては、大東亜戦前、任を帯びて視察したシンガポール攻略軍の上陸地シンゴラの海岸を想起させられ、それからの時勢の動きや、東奔西走の自らの生活が憶い出されて、夢幻の境地に誘われることもあった。八、六、四、三畳の舎宅は、私と当番兵の二人の簡素な生活には少々広過ぎる。若い参謀たちも風呂に入り、旁々夕食をともにし、時には一杯傾け、賑かに気焔をあげて行くこともある。

十月九日の夕、軍参謀長統裁の司令部演習参加のため、参集した麾下全軍の兵団長、独立団隊長らの招宴が沖縄ホテルで賑かに開催された。その宴会のあと、軍参謀全員で市内の料亭で二次会をやった。大いに浩然の気を養い深更宿舎に帰った私は前後不覚に眠ってしまった。ところが、翌朝未明、参謀部先任書記千葉准尉に叩き起こされてしまった。彼が私に差し出したものは、薬丸参謀が書いた空襲警報発令の起案紙であった。わが電波探知機に、アメリカ機の来襲状況が明瞭に感知されたのだ。ついに予期したものがきたのだ。敵機は、今や沖縄東南約三十キロの地点をまっしぐらに進撃中である。私は、独断警報を発令するとともに、参謀長、軍司令官にこの旨電話報告した。腹が減っては戦ができぬと、当番兵勝山伍長を促(うなが)して半煮え飯を食い、参謀部事務室に駆けつける。走りながら美しく明け初めた空を仰げば、グラマン十数機が朝陽に銀翼をきらめかせながら、首里山上を北飛行場方向に、矢の如く突進しつつある。平時計画に基づき、参謀部は重要書類を携帯し、構内防空壕にはいり、その他の者は、司令部北側高地の横穴式洞窟に避難させた。初めてのアメリカ機に見参せんとする将兵で、司令部内は相当混雑している。首里、那覇街道上は浮き足立った避難民でいっぱいだ。

　空はすっきりと晴れ上がり、アメリカ機にとっては絶好の空襲日和だ。アメリカ機の数は、刻々増えてゆく。小禄(おろく)飛行場や北、中飛行場方面から、わが高射砲群の発射音と、敵機の投下爆弾の炸裂(さくれつ)音とが烈しく交錯して聞こえてくる。

　私は、きょう十日開催予定の司令部演習に参加のため、島内各地から集合途中にある各団隊長がどうしているかを想察して、はたと当惑した。数日前、情報主任の薬丸参謀が、本日の演習は暫く延期した方がよいと意見具申したのだが、参謀長も私も聞き容れなかった。空襲の場合は、延期すると命令に付記してあるのだからというのが理由だった。私は、各隊長は、今朝の状況に合する如く、機宜の行動に出ているものと判断した。そして空襲などに負けるものかと、参謀長とともに強気に出て、急遽演習は明十一日に延期する旨指令した。

軍情報班の活動は、平素の訓練効を奏し、民防空班の活動と相俟って、敏活に情報を処理している。だが私の知りたいのは、アメリカ機の出現、退去の報ではなく、敵がこの空襲に続いて上陸して来るかどうかである。全般の状況や戦略判断よりして、きょうの空襲は、敵が比島上陸作戦を容易ならしめるため、日本軍の主要連絡線をなす南西諸島を、一応制圧しようとする意図であることはほぼ明瞭だが、空を蔽うて続々来襲する敵機群を見ていると却々安心がならぬ。

空襲の第一波は、七時二十分ころから八時ころで終わり、その機数は百数十と判断せられる。攻撃を受けたのは主として飛行場と那覇港である。那覇の港は、すでに火を発し、黒煙天に冲している。ためにわが防空部隊は、敵機を捕捉するのに苦労しているようだ。軍司令部にいちばん近い南および東飛行場にさか落としに突っ込む敵機の襲撃振りは実に鮮やかで、まったく空中サーカスを見るようだ。

敵の第二波は、第一波とほぼ同数機で九時半より十一時ころまで続く。その攻撃目標は依然第一波と同じである。地上部隊も防空部隊に呼応して迎撃を始め、島内至る所、銃砲声耳を聾するばかりだ。那覇港の黒煙はいよいよ高く、濃くなり、ときどきドラムかんに火がつくのか、真紅の焔がめらめらと高くあがる。港に碇泊中の数隻の艦船が港外に遁走を図りながら、敵機の反復攻撃を受けて火を発し、近きは沖縄神宮付近の海岸に沿い、遠きは遥か慶良間群島に向かい、洋上をのたうち回っている。その光景は人間の最後に似て真に悲壮である。

　私は今までの状況より判断し、第三波の来襲まで約一時間の余裕ありと思い、この間を利用し、希望する鈴木軍医中佐と一緒に、自動車で那覇港付近の状況視察に出かけた。住民の四散した那覇市内には、緊張した防護団員を散見するのみだ。市の中央十字路で、あたふたと急ぎ足に行く市長を目撃する。臨時設置された救護所には、数箇の死体や重傷者が収容してある。目抜き道路の店舗の窓ガラスの多くは爆風で飛散している。埠頭に近づくにしたがい、大きな爆弾痕の数が多くなる。港内の大小無数の船や、対岸の海軍基地の建物が、猛烈な勢いで燃えているが、こちら側はまだ火を発していない。暁船舶支部の建物も、そのまま残っている。もちろん人影はない。車を転じて、御幸橋を渡り、独立高射砲第二十七大隊の陣地を一瞥し、さらに反転して帰途につく。空高く敵の哨戒機が三機飛んでいる。軍需品搬去の任につくためか水上勤務隊（朝鮮人をもって編成）の約百名が、駆け足で埠頭に向かうのに出会う。一瞬異様の感に打たれた。

　やがて第三波襲来の時刻である。気が気でない。しかし、私はこのとき司令部演習参加のため来島、沖縄ホテルに宿泊中の宮古島の第二十八師団長櫛渕中将、徳之島の独立混成第六十一旅団長高田少将を思い出した。責任上見棄てることはできぬ。急ぎ車をホテルに乗りつける。ガラスが一面に散乱した室内に両将軍は悠然と控えておられる。空襲の時間が切迫している。問答無用とばかり直ぐ自動車に収容し帰途につく。第三波は早くも襲来し始めた。安里の近くで敵機の一群が突っ込んできそうな気配を示したので、急ぎストップして難を避ける。ビルマの戦場でよくこんな場面があったなとふと思い出しながら、ようやく無事軍司令部に帰着した。

　敵はさらに第三、第四、第五波と終日、主として飛行場、港湾に向かい攻撃を続行した。だがどんな気紛れか、それとも本気か、最後には直接那覇の市街に対して焼夷弾攻撃を加えてきた。折りからの強風に、全市見る間に火焔に包まれてしまった。荒井警察部長の要求に応じて、第九、第六十二師団から救援隊を繰り出したが、敵の銃爆撃下、すでに全面的に火を発した市街はどうにもならない。バケツの水送り式防空法は、こんな状況下ではまったく児戯にひとしい。私は中央に対する戦況報告の一つとして、こんな防空手段は敵の大規模空襲には無価値である旨強調せずにはおれなかった。

　わが防空兵力は北、中飛行場地区に高射砲約五十、高射機関砲約百、那覇港および小禄飛行場地区に陸海軍合わして高射砲約六十、機関砲百に近く相当強力だった。彼らは終日敢然として対戦した。司令部からよく見える那覇北側の泊村にある高射砲中隊の如きはバラバラと垂直降下する敵機と刺し違い的戦闘を続け、見る者皆手に汗を握った。かくて敵機撃墜の報告は各方面からきたが、実際の戦果はすこぶる怪しい。なんといっても各部隊皆初陣だから射弾がうまい所に集まらぬ。私たちが目撃した撃墜機は、わずかに数機に過ぎなかった。

　敵機ことごとく退散して暮色迫るころ、軍司令部の将兵や勤労奉仕の娘さんたちは、申し合わせたように司令部北側の小高い丘に集まっていた。皆ほっとしたような顔だが、深刻な打撃から急に解放された故か、足元がよろめき加減である。群集の中に軍司令官、参謀長、そして経理部長の姿も見える。那覇市は、今やほとんどその大部が火焰に包まれ、わずかに焼け残った東南部の一角にも燃え移ろうとしている。夕闇が濃くなるにつれ火焰はいよいよ真紅に猛り狂い、那覇埠頭のあたり、大型砲弾がひっきりなしに大轟音を発して爆発、冲天に舞い上がり、各所に集積された小銃や機銃の弾丸が誘発して豆を煎るようだ。人口七万の都市が、一挙に燃え熾る光景は実に凄惨だ。猛火に包まれた、わが家を眺めている少女の一団の、身も世もあらぬ悲しげな顔が目について仕方がない。

四望すれば、小禄、糸満、与那原のあたり、さらに遠く北、中飛行場方面も業火焰々として天を焦がしている。打ちのめされた沖縄の島は、愴々として暮れ、丘上に群れ立つ人々は、蕭然としていつまでもおりようとしない。

老幼婦女子に至るまで、挺身して多数の飛行場を造ったのに、友軍機の一機も出でて戦うものなく、空しく郷土を蹂躙され、家を焼かれ、肉親を失った県民らはむろんのこと、将兵まで一体わが空軍は何をしているのかと失望し、怨恨を抱き始めた。戦略上已むを得ないとは知りながら、軍首脳部も同じ気持ちになる。

実は友軍機が、一機も出撃しなかったのではない。わずかに中飛行場に配置されていた戦闘機一中隊が、敵第一波の来襲を知るや敢然として出撃した。が敵に機先を制せられた上、多勢に無勢で知る人もないうちに、悲壮な最期を遂げたのである。空襲は一日で終わったが、余燼は数日おさまらなかった。物的損害の大きかった割りに、死傷者は案外に少なく、島民約五百、軍隊約二百だった。軍の死者の大部は、船に乗って海上にいたもので、陸上は軽微だった。

　軍司令部では、参謀部に一名、経理部に十名ばかりの損害が出た。前者は味方の機関銃の流れ弾にやられ、後者は女子師範の校庭で、昼食を準備中に狙われたものである。連隊区司令官の井口大佐は機関銃を指揮して対空戦闘中に戦死した。軍司令部設置の前までは、沖縄の陸軍二巨頭の一人だった中城湾要塞司令官柴田大佐は先に、徳之島沖で戦死し、残りの一人井口大佐も今また戦死する。あまりにもその死が、脆く沖縄の前途を卜するようでよい気持ちになれない。

　軍の物的損害は、砲弾数千発、機銃小銃弾約七十万発、糧食全軍の一か月分、その他各種の軍需品が多量であった。南方各地の戦場ではこの程度の被害は驚くほどではないが、それにしても事前の注意が周到であったら、損害を少なくすることができたはずである。本部半島の渡久地（独混十五連隊関係）、中飛行場北側の国民学校（第二十四師団関係）、ならびに那覇港付近（軍後方関係）集積軍需品が損害の大部を占めたが、このような著名な建物や市街地に多量の軍需物資を集積したのが、悪かったのだ。軍参謀長は自らその責任を感じ、重謹慎十日の懲罰を買って出られた。我々幕僚も同罪だから、ぜひ処罰して下さいとお願いしたが、参謀長は厳然と「黙れ！　責任は参謀長が負うべきものである」と叱られた。

　敵機動艦隊は、翌十一日にその鋭鋒を台湾に転じた。わが陸海の空軍は今や九州、南西諸島、台湾の有利な航空基地群に展開し、これを捕捉撃滅すべき好機に恵まれんとしている。ついに航空に関する捷号作戦は発令された。

十一日、第二航空艦隊の主力は、九州方面から続々南西諸島の航空基地に移動し始めた。私は十二日、小禄飛行場にその集中状態を視察した。飛行場に群がる友軍機、その操縦者たちの緊張の裡に忘れぬ微笑、轟々たるエンジンの音、飛行場一帯に横溢する敵撃滅の気勢に、すべてを忘れて感動した。翌十三日、朝日に銀翼を輝かし、わが空中大艦隊は、一日にして廃墟と化した那覇市上空を旋回した後、堂々東南の空に進発した。彼らは「地上の戦友よ、県民よ、仇は必ずとってやるぞ」と言わんばかりであった。仰ぎ見る人々、皆思わず万歳を絶叫したものである。

捷報は続々あがった。軍司令部の門前の新聞社の掲示板には、敵空母十数隻轟沈云々の、まるで敵機動艦隊が全滅したような景気のよい戦果が書き出された。三々五々首里方面に避難する住民は、皆行きずりにこの掲示を見て真に嬉しそうであった。

台湾沖の大航空戦の赫々たる戦果に気をよくした大本営は、関係各部隊にそれぞれ感状を授与した。わが第三十二軍も、従来の航空基地設定への努力ならびに今回出撃した空軍に対する協力について嘉賞する旨の感状を受領した。わが空軍力についてかねて疑念をもつ私も、この感状を手にして満更悪い気持ちはしなかった。しかしこの戦果はどうしてもまともに信用することができぬ。過去の空戦に関する大本営発表が、その事実を証明しているからである。実際「全滅」したはずの敵機動艦隊は、損害軽微で、悠々太平洋を南下しレイテ上陸作戦を敢行するに至った。

私どもはレイテ戦の情報はほとんど知らされなかった。聾桟敷にいたも同然である。ただ風の便りによればルソン島で決戦する方針を、急遽一擲してレイテに変更したとか。私は内心危いと思った。国運を賭する大会戦の方針を、そう軽々に換えてはならぬ。作戦方針、すなわち戦いの目的、場所、時機は透徹した判断のもとに決定し、その準備を完成し、不動のものとすべきは、わが陸軍の高等用兵の教科書であった統帥綱領に明示強調しているところである。況や戦力劣勢な日本軍が、敵に勝つためにはいよいよその必要がある。ひそかにこれは危いと思うのは当然である。戦後に承知したのだが、この作戦方針変更の主因は、台湾沖空戦の大戦果を、まともに信じた結果であるとか。航空優先の思想のとりことなった中央部の陥り易いミステークではあった。

それはさておき、敵機動艦隊の沖縄空襲について、私の心の奥に沈潜した一事がある。敵がレイテ決戦の準備行動として、南西諸島を攻撃したのはよく理解できる。しかし人口七万の那覇市に、無差別爆撃を加えたのは何故か？　単に飛行場、港湾を攻撃した行きずりの行為であったのか？　それとも、どうせ今後、沖縄に上陸作戦を行なう場合、当然灰燼に帰すべき都会だから今のうちに片づけておくという深い魂胆であったのか？　この後暫く私はその理由を心に反芻し、結局敵は、近い将来わが沖縄に来攻する一つの証拠と、判断した。いみじくも戦後アメリカ軍側の戦史を見ると、アメリカ軍が沖縄来攻に決定したのは、昭和十九年十月三日である。そして一週間後の十月十日に、南西諸島を空襲し、那覇市を焼燼したことになるのである。考えて見れば、今や完全に攻勢主動の立場に立ったアメリカ軍は、余裕綽々、レイテを攻撃する前に、すでに次期攻撃目標を沖縄と定め、作戦準備に着手していたのである。防勢受動に陥った日本軍の苦しさとはまったく比較にならない。

## 猛訓練

沖縄空襲の十日後、敵は中部比島レイテに大挙上陸を開始した。レイテ守備に任ずるのは、わが第十六師団である。噂によれば、同師団もわが第三十二軍と同じく、自己の陣地を構築したり訓練するよりは、多数の飛行場建設に使用せられることが多かったとか。航空優先の戦略思想よりすれば、当然の成り行きながら、わが身に比べて不安であった。比島決戦の様相は、我々には、大本営発表程度の情報しか知らされない。ただ我々の明確に知ったのは、捷一号作戦の発令という一事であった。それにも増して、今もはっきり私の記憶に鮮烈なのは、この発令に伴う大本営の固い決意を示した電報であった。その要旨は「陸海空の総力を投じ、皇国の興廃存亡を賭して、最後の決戦を行なう」というものであった。かの日本海海戦における東郷元帥の「皇国の興廃此の一戦にあり」の訓示を想起し、私はまともに大本営の意図を受けとり、全身全霊振るい立たずにおられなかった。

さて、捷一号作戦は発令された。では捷二号作戦を準備中の第三十二軍はどうすればよいのか。十月初旬ころより、大本営のわが軍に対する関心は急速に冷却し、捷一号作戦発令前後より完全に無関心となった。最後の総決戦を行なわんとする大本営としては無理もなく、当然のことである。わが軍としては今や空軍の協力、連合艦隊の出撃、上海に在る第一師団、台湾に待機する機動旅団等は頼むことができない。これらは、皆比島方面の決戦に指向さるべきものであるからである。だが第三十二軍の地上戦力は、依然その儘である。比島決戦に勝てば、問題はない。もし敗るれば、お鉢は当方に回ってくる。その際に処する方策は、大本営からなんら指示を受けていない。彼らは比島決戦の指導で手一杯である。軍は惰性で、従来の作戦準備を続けるのみである。

軍の陣地は、航空作戦準備に力を殺がれつつも、着々と強化されつつある。軍の作戦企図を的確に遂行するためには、陣地の強化を図るとともに、訓練の精到もまた緊要である。十月中旬より十一月の中旬に亘る間、軍司令官統裁の下に、各種の演習が猛烈に続行された。各師団ごとの予想上陸点への兵力の機動集結、敵橋頭堡に対する歩兵部隊の夜間攻撃。第九、第二十四師団の各全力をもってする北方中頭地区、または南方島尻地区への機動。軍砲兵隊の予想上陸点への兵力機動、陣地変換ならびにその橋頭堡殲滅射撃等である。

第九師団は、満州の広漠たる原野における機動を練習していたので、その行動要領見るべきものがあり、軍首脳部は大いに喜んだ。また第二十四師団はその野戦重砲部隊の大移動には、トラックを利用することに成功した。軍作戦の主眼目である橋頭堡殲滅射撃の要領は、十月下旬糸満海岸で実弾をもって検討した。参加部隊は軍砲兵隊、各師団砲兵全力で、軍砲兵司令官これを統一指揮した。射弾数は制限したが、広大な海面に落下する砲弾の状況は壮観を極め、我々は自信を強めた。招待された県知事以下地方官民はこの壮大な殲滅射撃を見て、軍首脳部以上に喜んだのはもちろんである。

軍の攻勢計画が巧妙に過ぎ、実行性に危惧を抱く者なきにしもあらずであった。立案者である私自身、この点を心配した。しかし以上の如く、訓練回を重ねるに従い、全軍の将兵は次第に自信を強めていった。秋風颯々の原野を、軍司令官、三人の師団長、軍砲兵司令官、混成旅団長等、多数の将官旗を靡かせ、粛々馬を進める光景を眺めては、将兵はもちろん、島の老幼婦女子に至るまで、きたるべき戦いに明るい希望を抱かずにはおられなかった。

レイテは今激戦中である。戦勢われに不利となり、戦火がルソン島に拡大し、さらに沖縄に波及するのは、やはり来年の桜の咲くころ、すなわち昭和二十年の三、四月ごろとなる。かねて判断した通りの速度をもって、太平洋の戦いは進んでいる。軍の作戦準備には、なお数か月の余裕がある。築城訓練はいよいよ徹底する。嗚呼、戦いの前途は光明に輝いているではないか。

## 作戦計画の崩壊

第三十二軍の将兵が心からなる希望をもって自らの作戦準備に邁進している間、レイテの戦況は日々不利な形勢となりつつあった。

折りも折り、第三十二軍の作戦計画を根本的に覆す重大な電報が舞い込んだ。曰く、「第三十二軍より、一兵団を比島方面に転用することに関し、協議したきにつき、高級参謀八原大佐を三日夕までに台北に参集せしめられたし」である。発信者は大本営作戦課長服部大佐だ。この電報を受領したのは第二十四師団の演習中で、軍司令官、参謀長、そして私は、嘉手納の近くの民家で夕飯をとっている際であった。あまりにも唐突な電報なので、両将軍はもちろん私も異常な衝撃に打ちのめされて、暫し言葉もなかった。訓練、築城日ごとに進み、希望に充ちた猛演習中だったから、その驚きは一段と激しかった。

　夕飯もそこそこに、私の台北に携行すべき軍の意見書を、左の如く起案した。軍司令官はいつものように静かな口調ではあるが腹の底から断固たる決意を示された。かかる際には熱狂される性格の軍参謀長が不思議に冷静で「台北会議においては、黙してこの意見書を提出し、多く論じては相成らぬ。軍司令官の決意はこの書類の中に強力に示されておる。沈黙こそ、全般の空気を軍に有利に導く所以（ゆえん）である」と私を戒められた。

### 軍司令官の意見書

一、若（も）し第三十二軍より一兵団を抽出せらるるに於（お）ては、それが沖縄島たると、宮古島たるを問わず、抽出せられた島の防衛に関しては、軍司令官は責任を負う能（あた）わず。

二、必ず一兵団を抽出さるる場合は、在宮古島の第二十八師団を可とす。

三、若し、軍より一兵団を抽出し、さらにこれが補充として、他方面より一兵団を軍に増加せらるる計画ならば、むしろこの後者の兵団を、直接比島方面に増加すべきである。

四、軍としては一兵団を抜かれるほどならば、むしろ軍主力をもって国軍の決戦場である比島に馳（は）せ参ぜんことを希望する。

　この意見書はいつもの通り私が約一時間ほど思考したのち一挙に起案した。軍参謀長が若干字句を修正され、軍司令官はそのまま裁可された。私は戦後今日に至るまで、実によくできた意見書だと思っている。レイテの決戦はしばらく措き、敵が南西諸島に来攻する場合を考えるのに、その攻撃点は戦略上必ず沖縄本島になる。価値の乏しい宮古島は、現在でも一個師団と二つの混成旅団があり、比較的に兵力が多過ぎる。もし国軍全般の作戦上必ず軍から一個師団をとるならば、宮古の第二十八師団にしてもらいたいとの願望が明示してある。

第四項の軍全力をもって、比島決戦に参加したいとの意見は、第一ないし第三の意見と全然態度が変わっているので、人によっては奇異に感ずるだろう。私の脳裡には、「総力を挙げて、比島において、最後の決戦を行なう」という大本営の決意が焼きついている。国軍が最後の決戦を行なうのに、第三十二軍が悠々南西諸島において閑居するのは、用兵の原則に反する。海上輸送の困難はあっても、軍は決戦に参加すべきだと思ったからである。

服部大佐からの私宛ての電報の内容は「比島方面……」というのが真実であった。よく「台湾方面……」と書いた史書がある。もし台湾方面へ転用するという前提であれば、軍司令官の意見書は全然本文とは異なったものになっていたはずである。また意見書末項の軍主力を比島方面に転用せよというのは、軍参謀長の意見ではなく、ここに書いた通り私の意見であり、意気込みであった。

私は意見書を懐にし、十一月三日早朝台湾軍差し回しのMC機に乗り、小禄飛行場を出発した。途中宮古島で、二時間ばかり休憩、さらに密雲に蔽われた北部台湾の上空を難航し、辛うじて夕刻台北飛行場に着いた。

第十方面軍司令部では、私の到着遅しとばかり、関係者一同参集待機していた。大本営作戦課長服部大佐、課員晴気少佐（陸軍大学時代の私の学生だった）、方面軍参謀長諫山中将（ビルマ進入軍当時私の参謀長だった）、副長北川少将、高級参謀木佐木大佐、作戦主任市川中佐らが主な会同者である。

私は順序として、まず、第三十二軍司令官の意見書を、一同の面前で朗読した後、これを諫山中将に手交した。そして、長参謀長の訓えに従い、薄気味悪いほど多くを語らなかった。服部大佐と諫山中将は、各々部下に軍の意見書を書写させたのみで、軍より一兵団を抜くことに関し別に積極的な意見を表明しない。独り市川参謀が、第三十二軍より一個師団を取りあげ、これを台湾防衛に充当するの要を力説した。彼の話で初めて承知したのであるが、台湾に在った第十師団と機動旅団とは、すでに比島決戦場に転用されていた。したがって在台兵力は、三流の師団わずかに三個内外のみである。広大な台湾を、まじめに防衛するのにこんな兵力では到底問題にならない。この点なんびとも彼の意見に反対する者はない。ところが彼の主張はさらに進んで、第三十二軍は方面軍の隷下にあるから、方面軍司令官がその兵力を自由に移動する権利があり、大本営はこれを認めて欲しいと言わんばかりであった。

第三十二軍の意見は、比島決戦を念頭において決定されたものである。しかるに方面軍は、軍の兵力を台湾に転用せんとするが如き意向である。たとえ、それが順送りに比島決戦場に、兵力を増強することになるにしても、いま方面軍が自分のことにのみ焦っている様子が気に食わぬ。諫山参謀長は、立場上とぼけたような顔をしており、服部大佐もまた不得要領な態度である。服部大佐は、ただもし第三十二軍より一個師団を抽出するにしても、この兵力は比島決戦場に使用するやの意図をぼんやりながら示した。

私は、市川参謀の自軍のためには熱心であるが、大局的考察の足りない主張に一矢酬いようと思った。レイテ、比島の決戦が、わが軍の敗北に終わった場合を想定しての、南西諸島、台湾の兵力配置の論議ならば当方にも十分主張がある。戦略的に勘案して、次の攻撃目標は台湾、沖縄のいずれになるか。これは当然沖縄の方が公算大である。そもそも第三十二軍が方面軍の隷下にはいった際、既述したように、各離島に拠る各軍は、自己の所在する島に敵が一番やってきそうに思うのが人情の自然だ。この人情に流されず、大局を冷静に判断するのが方面軍の方面軍たる所以である。

アメリカ軍は、一か月前の十月三日に、すでに比島の次の攻撃目標は沖縄と定め、逸早く作戦準備にとりかかっていたのだ。私は、先刻提出した軍司令官の意見書を考え、かつ沖縄出発に際して軍参謀長の「黙っているのが最上」との訓示を想起し、方面軍の意見を黙殺した。しかし後になって、かかる私の態度が良かったか悪かったかと困惑した。この会議の結果、第九師団をとり上げられ、軍の必勝作戦計画は崩壊し、遂にずるずるとあの悲惨な戦闘となったのである。軍の運命を決するこの重大な会議に、一言もいうべきことをいわなかった自分の態度に、なんとなく悔恨の情が残る。

レイテの決戦の様相と今後の見通し、決戦に敗れた場合における台湾と沖縄との価値判断等は当然聞いておくべきであった。また第三十二軍の作戦構想を説明し、特に築城訓練の重要性ならびにこれを完成するには長期の日月を要する点など、強力に主張すべきであった。

当時大本営は腰が弱くなり、野戦軍の強硬な意見には、とかく動かされ易くなっていたと聞くにおいてますます然りである。戦後知ったのであるが、服部大佐は軍から一兵団を転用しても、後刻さらに他より一兵団を補充する腹であったという。それならば何故彼はこのとき、私にこの旨告げてくれなかったかと残念でならない。

正式の会議が終わった後、彼と私は一緒に便所に立った。ほっとした気持ちで、軍には独立迫撃大隊（十五サンチ砲二十四門より成る）が二つもあるが、現在弾丸が一発もない。これでは、この二個大隊はなきに等しい。どうか、弾薬を至急送ってもらいたいと頼んだ。ところが彼はどう勘違いしたのか、東京に帰るや、すぐこの二個大隊は比島方面に転用すると電報してきた。

とにかく、台北会議は要領を得たような、得ないようなうやむやの裡に終わった。私は、翌朝ことさらに警戒警報の喧しい台北の街を飛び立ち帰還の途についた。途中しばしば比島の空をめざして、南飛する友軍機の編隊に遭遇した。

沖縄に帰った後、しばらくは大本営からも、また台湾軍よりも、なんらの指令もこなかった。兵団抽出の問題は、両将軍と私との間の秘密としておいた。猛訓練中の各兵団の士気を阻喪させないために……。しかし私自身は、すでに現在の作戦準備に対する熱意を失いつつあった。

十一月十一日大本営はまず、迫撃第五、第六大隊を比島方面に転用する命令を発し、ついで十三日「沖縄島に在る兵団中、最精鋭の一兵団を抽出するに決せり、その兵団の選定は軍司令官に一任す」との電報を受領した。万事休すだ!! 論議はしなかったが、台北で提出したあれほど理路整然とした軍の意見書は、ついに採用されなかったのである。せめて一兵団を抽出するのなら、沖縄からでなく宮古からにしてもらいたかった。それに沖縄から抽出するのなら、後日代わりの兵団を補充する意図を、一言洩らしておくべきであった。

　大本営の電報を受領した軍司令官や、参謀長は案外冷静であった。なぜに平素の強情を発揮して、沖縄防衛陣の崩壊を進んで阻止しようとされないのだろう? 最近、台湾軍参謀長が師団長に転出し、長少将がその後任に擬せられているとの風説がある。それがために軍参謀長がばかに従順なのではないかとの猜疑心さえも湧く。

　今や事態は大本営の命のままに動かねばならぬ。在沖縄の精鋭師団といえば、第九師団か第二十四師団のいずれかである。第九師団は、伝統ある訓練の行き届いた精鋭師団ではあるが、遺憾ながら山砲師団で、砲兵力が貧弱である。第二十四師団は新設師団で、教育訓練指揮能力等において、第九師団に比し若干見劣りがする。しかし野砲師団で、十五サンチ榴弾砲大隊まである。もし歩兵の戦力に大差ないとすれば、砲兵力の優れた方の師団が、戦力は大である。多少でも戦力の優れたものを自己の手中に残しておきたいのは自然の情である。そこで私は、第九師団を最精鋭ということにして、軍より手放すを可とする意見を参謀長に申し上げたが軍司令官は早速これを採用された。当時万事抜け目のない第九師団は、やり過ぎのために軍に睨まれ、比島方面に遣られることになったとの流説があったが、決してかかる私情に発するものではなかった。

十一月十七日、軍の報告に基づき、大本営は第九師団を比島方面に転用する旨命令を発した。軍司令官は、台北会議に提出された意見の如く、沖縄島の防衛には責任を負わずとは、この際中央に対して意志表示もされず、また別に激越な行動にも出ず、そのまま大本営の命令を遵法(じゅんぽう)された。今や実質的に、沖縄防衛の希望はこれを契機として永遠に消滅し、日本の運命はさらに決定的となったのである。

### 運命の新作戦計画

日本軍の総力を投入した最後の総決戦は、今やレイテにおいて続行中である。断片的に軍の入手する情報では、戦勢日に非なる様子だ。でも大本営は、依然この決戦を遂行することに熱中している。失敗した場合、爾後の作戦をいかにするか未だ考え及ばぬらしい。

第九師団を抽出した後の第三十二軍に、いかなる行動を期待するのか、もちろんなんらの指示もない。軍の創設当初、「北緯二十八度十分より東経百二十二度三十分に亘る南西諸島を防衛すべし」という漠然とした任務が課せられている。捷号作戦がレイテ方面に発令された今日、今まで営々として準備した捷二号作戦とは、完全に関係はなくなった。創立当時の漠然たる任務にかえるべきか。

ここで私の考えたのは、比島決戦失敗後の沖縄の地位である。大本営は総力を挙げて戦ったのだからそれに敗れたら後はずるずると南西諸島から本土へと、アメリカ軍の蚕食を恣(ほしい)ままにするほかはない。大本営が本土決戦の意志を明らかにしたのは、ずっと後のことである。

いわんや天号作戦のような、南西諸島において、空中決戦をやろうというような企画が明らかになったのは、翌年の三月になってからである。

規模壮大な捷号作戦準備からははずされ、在沖縄兵力の三分の一にあたる第九師団は抜かれ、しかも大本営の意図不明のまま孤立無援に陥った軍はいかにすべきか。私は新しい作戦計画樹立に迷いに迷った。果断即行主義の参謀長は、計画はまだできぬかと督励が厳(きび)しい。そこで今後軍は独自の兵力で――大本営の増援や空軍の援助も考えず――沖縄で最善の戦いをするという根本精神の下に、十一月二十三日までに大体左の四案を画策した。

**第一案**

従来の如く、決勝主義を方針として、中頭(なかがみ)、島尻(しまじり)両郡内随所に兵力を機動集中し、敵をその上陸橋頭堡に撃滅する。これがため第六十二師団を第九師団の作戦地域に移動せしめ、第六十二師団の現位置には、国頭(くにがみ)郡の本部(もとぶ)半島地区にある独立混成第四十四旅団主力をもってくる。

**第二案**

現在の第二十四師団をそのままとし、北、中飛行場を抱含する中頭地区に軍主力を配置し、該方面沿岸に上陸するアメリカ軍は極力その橋頭堡に撃滅する。已むを得ざるも二二〇高地を中核として、持久し、つとめて長く、敵の北、中飛行場使用を妨害する。

**第三案**

概(おおむ)ね宜野(ぎの)湾東西の線以南の島尻郡に、軍主力を配置し、その沿岸に上陸するアメリカ軍に

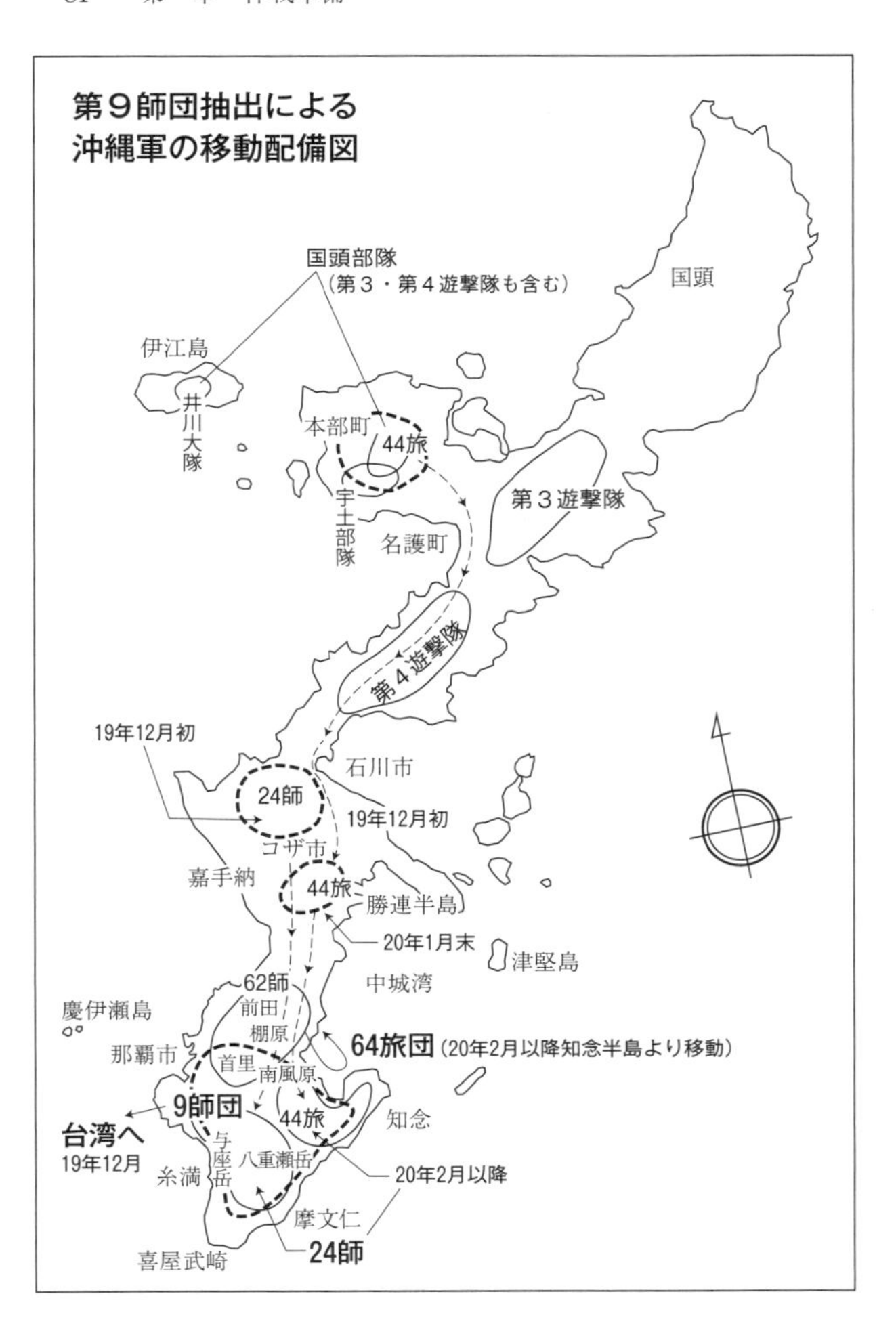
第９師団抽出による
沖縄軍の移動配備図
国頭部隊
（第３・第４遊撃隊も含む）
国頭
伊江島
井川大隊
本部町
44旅
宇土部隊
名護町
第３遊撃隊
第４遊撃隊
19年12月初
石川市
24師
19年12月初
コザ市
嘉手納
44旅
勝連半島
20年1月末
津堅島
62師
中城湾
慶伊瀬島
前田
棚原
64旅団（20年2月以降知念半島より移動）
那覇市
首里
南風原
9師団
台湾へ
19年12月
44旅
知念
与座岳
八重瀬岳
20年2月以降
糸満
摩文仁
24師
喜屋武崎

対しては、その橋頭堡において撃滅を図り、北方中頭郡沿岸に上陸後、南下するアメリカ軍に対しては、首里北方陣地帯において持久し、これに出血を強要する。

### 第四案

軍は、主力をもって、国頭北方山地に転進するとともに、各有力な一部をもって本部半島（伊江島を含む）および中頭地区を占領し、敵の伊江島および北、中飛行場の使用を妨害する。状況已むを得ざるに至れば、国頭山嶽地帯に拠り長期持久を策する。

第一案は、捷号作戦の構想のもとに、従来の兵力をもってこそ成功の算があったのだ。現在の兵力では、その算少ない。特に兵団の南北機動が敵に制せられる恐れが大である。

第二案は、飛行場中心主義、ならびに敵軍上陸の算大なる嘉手納海岸地区におけるわが反撃戦を顧慮すれば、実に望ましい有力な案である。だがこの海岸地帯は、防御にも、反撃にも地形が不利である上、二二〇高地を中心とする複郭陣地は、地形の成立明瞭簡単であって四周敵方に暴露し、わが主戦力を秘匿掩護するに適せず、持久陣地としては薄弱である。さらに敵が、嘉手納以外の南部海岸にまず上陸する場合、本案は致命的欠陥を露呈する。前述の如く、地形そのものが持久に適せず、しかも小禄、南、東の三飛行場、ならびに那覇港および中城湾の海運地を当初より敵手に委せねばならぬ。

第三案は、軍の主戦力を、機動自由な地帯に秘匿掩護し得、海正面の反撃、陸正面の持久ともに地形上有利であって、しかも防御正面幅は、わが兵力に適合して、緊縮している。北、中飛行場は主陣地外に出るので、これを過早に敵手に委する憾みはあるが、これを徹底的に破壊し、かつ主陣地帯内の長射程砲をもってすれば、相当長期にわたり、敵の使用を妨害することが可能である。いわんや、すでに島の南部に集積を終わった多量の軍需品を、移動する労力を要しない点においてをや、ますます然りである。本案を採用する場合、最も好都合の位置にあった第九師団を転出させたのは、やや機宜に適しない憾みがあるが、その陣地は、交代する第二十四師団をして、利用させるので大なる障害とはならない。なお大局的に観察して地勢全般が大軍の策源として好適である。

第四案は、当然第六十二師団を名護北方山地に転進させ、第二十四師団および混成旅団の主力は概ね現在の態勢に留まることになる。したがって、つとめて長く北、中および伊江島の各飛行場を敵に利用せしめない点、ならびに北方山嶽地帯に拠る長期持久には、すこぶる便利である。聞くところによれば、比島第十四方面軍は、ルソン平原における決戦を避け、主力を東北山嶽地帯に配置して、戦略持久の策に出ようとしているとのことである。国軍が全運命を賭けて、総決戦を企図し、最大の努力をもって強化した第十四方面軍……。その軍でさえかかる持久作戦を採ろうとしている。わが第三十二軍の如く、兵力は劣弱で、その任務は自然の勢い上、持久的性格に変化してしまった軍としては、第十四方面軍に倣い、本案を採用しても別に差しつかえはないはずである。従来太平洋上幾多の島嶼守備隊が喫しきたった運命を想到すれば、いよいよこの案に魅力を感ずる。

だがなんとなく、この案は心にそぐわぬものがある。軍主力をもって、国頭山嶽地帯に拠る持久戦はたしかに軍の単なる生存のためには、はなはだ好都合である。が、国軍全般の作戦に、果たしていくばくの貢献をするであろう。おそらく、アメリカ軍は比較的容易に戦略上重要な沖縄島南半部を占領した後は、作戦的価値の極めて少ない国頭山嶽地帯の攻略に、多大の流血を欲せず、これを放置して、本土進攻作戦に邁進するだろう。さすれば、軍は国軍全般の作戦に寄与することができなくなる。自軍の長期生存のみを図って、卑怯であるとの譏もまた、まぬがれぬ。

結論として、私は第四案に心牽かれつつも、第三案を最上と考えた。ここにおいて私は各案の利害得失を一表とした作戦計画書を、軍参謀長に提示し決裁を乞うた。長将軍は、私の説明を聞いて「貴官がそれほどまでに研究して第三案を可とするのなら、予は直ちに同意する」とあっさり承諾されてしまった。

軍司令官は、従来の鷹揚な面目そのままに、さらに一層簡単に第三案を採用された。説明用の地図を折り畳んで、軍司令官室を退去せんとする私に対し、両将軍はこもごも第九師団は取りあげられたが、今回の作戦計画は非常に手堅く、かえって必勝の信念が強くなったと嬉しそうであった。真からそう思われたようでもあり、また将兵の士気を振作せんがための、言葉のようにも受けとれた。

アメリカ軍の沖縄上陸作戦計画に拠ると、その主力の上陸予定地点は二つあった。その一つは現に上陸した嘉手納沿岸地帯、もう一つは知念半島を中心とした港川および中城湾沿岸地帯であった。アメリカ軍が実際に嘉手納沿岸地帯を上陸地点として採用したのは、空中偵察の結果、この方面の日本軍の防備が、南部のそれに比し薄弱であったからという。

実に軍の運命の根本はこのときに決したのである。あまりに軽易に決まったような気もする。もちろん本案は参謀長に提出する前に、軍参謀全員にも相談して意見を求めた。が、誰(だれ)一人として異議を申し立てる者はいなかった。木村、櫨山、薬丸、釜井、八板、三宅、皆私が陸大教官当時の学生であったから、とかく遠慮がちで敢えて自由に意見を述べなかったのかも知れぬ。もっとも参謀は、各々主任務があるので、他人の主任務に対して、根本的な意見を申し立て、あるいは主張するのは、幕僚勤務の常則ではないのである。

後日、軍の運命を決した作戦方針――南海の海に、十数丈の断崖(だんがい)をなして、屹立(きつりつ)する沖縄島南岸を背にした文字通りの背水の陣、そしてここで約七万の将兵と多数の沖縄同胞が玉(ぎょく)砕(さい)した――はかくの如くにして決まったのだ。私は最善をつくしたのだから、別に悔いるところはないはずだ。だのに心の奥のどこかに、割り切れぬものがある。皆は、そして私もそうだが、果たしてこの作戦方針を、身をもって如実に実行するのだとの、徹底した自覚と真(しん)摯(し)さがあったであろうか。計画は作ったが、実行する人はほかにある。戦の始まるころには、俺(おれ)たちはまた、どこかに転任しているだろう、といった軽薄な気持ちが、少しでもあったら厳に慎むべきである。

繰り返すようだが、本作戦計画の立案者である私の一般情勢判断はこうであった。国軍の総力を挙げた最後の総決戦は、今なお比島方面で継続中である。もし日本軍が勝てば――その望みはほとんどなくなった――第三十二軍は気楽な状態になる。敗れた場合は――その公算は、逐日(ちくじつ)増大しつつある――大本営は、爾後の作戦をいかにするやを、全然明らかにしていない。本土決戦の方針や天号航空作戦計画を承知したのは、ずっと後日のことである。今はただ残された兵力をもって、孤立無援最善に戦うのみである。

　軍司令官は、十一月二十三日、各兵団長、翌二十四日、軍直轄部隊長を、それぞれ軍司令部に召集し、軍の作戦計画を示し、所要の訓示を与えた。参集する者、ことごとく暗澹たる気持ちになった。死力をつくして構築した陣地を放棄せねばならぬ。必勝を期した計画も、訓練も水泡に帰してしまった。軍の中核戦力と頼んだ第九師団も、日ならずして沖縄を去って行く。嗚呼いかにして失望落胆した将兵を駆って、新たな作戦準備に邁進せしめ得るだろうか。自らの、拠ってもって戦い、かつ死すべき陣地だというので、ほかの見る目も涙ぐましい努力を続けてきた第一線兵士たちの、悲しむ顔が目に浮かぶ。

　第四案を希望せられた鈴木少将が、会議終了後、「かかる重大な作戦計画の策定にあたって、なぜ各兵団長の意見を求めなかったのか？　皆が死を覚悟して戦わねばならぬ作戦の方針を定めるのにはあまりにも独断に過ぎる」と私の耳もとで囁やかれた。作戦方針を決定するのは、軍司令官の権限である。それを一々部下兵団長と合議するが如きは、筋違いである。だが将軍の私語は、私の心を打つものがあった。

### 新作戦計画の概要

#### 方　針

　軍は主力をもって和宇慶、我如古、牧港の線以南の地域を占領し、アメリカ軍にして軍主力陣地の沿岸に上陸する場合は、これをその橋頭堡において撃滅し、またもし中頭地区に上陸し南下攻撃しきたる場合は、首里東西の線以北の主陣地帯において持久し、敵に出血を強要する。

別に、有力なる一部をもって、伊江島、本部半島ならびに北、中飛行場地区を占領し、努めて長く敵の飛行場使用を妨害する。

状況により、軍主力をもって中頭地区に上陸する敵に対し、大挙出撃し、決戦を求むることあり。

兵団部署の概要

一、第二十四師団は島尻郡西南部を占領する。小禄地区にある第四海軍根拠地隊を、その指揮下に入らしむ。

二、第六十二師団は島尻郡東北部を占領する。独立混成第四十四旅団主力を支援し、かつ、これが主陣地帯内への後退に際しては、その収容に任ずる。

三、独立混成第四十四旅団は、主力をもって島袋周辺の高地帯を占領するとともに、一部をもって直接北、中飛行場を防御する。旅団は努めて長く敵の北、中飛行場使用を妨害し、軍主力の出撃に際しては攻勢の支撐（支え）となる。旅団後退の時機は、軍司令官これを示すものとし、その後退地域は津嘉山周辺と予定する。

四、軍砲兵隊の海正面防御の作戦準備は如故。北方陸正面防御のためには、第六十二師団と密に連絡し、敵の攻撃を主陣地帯の直前および内部において破摧する如く準備する。特に長射程砲をもって、主陣地帯内より北、中飛行場を制圧する如く準備する。

五、国頭支隊は有力なる一部をもって、伊江島、主力をもって本部半島地区を占領し、アメリカ軍をして、努めて長く、伊江島飛行場を使用せしめざるを主任務とする。状況真に已むを得ざるに至れば、国頭山中に転進し、遊撃戦をもって軍主力の作戦を容易ならしめる。

六、その他省略。

右兵団部署において、軍主力陣地帯内沿岸に上陸する敵を撃滅する狙いは、捷号作戦の場合と同様である。すなわち上陸予想沿岸には、敵の十六サンチ砲や一トン爆弾を嘲笑する堅固なる築城地帯を構成して、敵の橋頭堡拡大を防止し、この間軍主力を該正面に機動集中し、軍砲兵をもって破摧射撃を実施し、ついで歩兵部隊をもって夜間攻撃を行ない、敵を撃滅せんとするものである。この計画で特に有利なのは、捷号作戦の場合の如く、歩砲ともに長距離を機動することなく、容易に攻撃配置につき得る点であった。

敵が北方中頭郡沿岸に上陸して、南進する場合、軍は持久戦を行なうことを主眼としていた。にもかかわらず、混成旅団を主陣地帯の前方に出し、しかも軍主力が出撃するかの如き気構えを示した。これは一見主旨一貫しない部署である。だが軍は従来の大本営との関係上、どうしても北、中飛行場を放棄することができないような気持ちであった。いわば大本営を安心さすための手段であった。本心は軍主力が北方に出撃することなぞ考えていなかったのである。もし万が一、出撃するとせば、それは日本の航空部隊が、敵輸送船団を洋上で撃破した場合で、現在の情勢では到底予期することはできない。

昭和十九年十一月下旬から十二月にかけて、沖縄は連日豪雨が降り続いた。すでに軍命令は発せられた。第二十四師団、第六十二師団は十一月二十八日から三夜の間に、混成旅団は十二月一日から三夜の間に、それぞれ新しい作戦地域内に転移した。暗澹たる空模様の下、将兵たちは濡れそぼちながら、泥濘の道を黙々と歩んで新任務についた。第九師団は与那原、首里、天久の間に集結し、十二月中旬ころより、那覇港で乗船、逐次比島方面でなく、我々の予想外の台湾基隆に向かって出帆した。一連隊また一連隊と、沖縄を去って行く将兵を見送るごとに、残留組の将兵や、沖縄島民らはいい知れぬ寂寥感に打たれた。

## 忙中の閑

参謀長は性豪快闊達で、奇言奇行に富む人であった。将軍が参謀長に就任された当初、大本営は築城用鑿岩機二十台を至急軍に交付する旨、確約した。だがどういう都合なのか、いつまで待っていても到着しない。鑿岩機こそは、軍の作戦考想の基盤である築城を、すみやかに完成するために必須のものであるというのが将軍の持論であった。慥かに珊瑚岸地帯に、十字鍬や円匙で坑道を掘るのは容易なことではない。どうしても鑿岩機が欲しい。躍起になられた将軍は、大本営参謀が連絡に来るたびに、また中央部から新たな要求や文句があるごとに、鑿岩機はどうしたかと必ず難詰反撃された。後には軍司令部内でも、大本営でも、将軍といえばすぐ鑿岩機を連想するほど有名であった。

この筆法は、台湾の第十方面軍との間にも同様に演ぜられた。それは台湾軍参謀長が、乗用車十数輛を軍に譲るといっておきながら、どうしても実行しない。将軍と自動車は、鑿岩機の場合の如くすっかり有名になり、台湾軍司令部は機会あるごとに、自動車問題で反撃を食い、随分手痛い目にあったものである。

長将軍の電報もまた有名であった。将軍が毛筆に赤インキを浸して、達筆に起草される大本営や台湾軍宛ての電報は、大胆率直、かつ頗る辛辣を極めた。将軍の性格を知らぬ者が読めば、度胆を抜かれるか、あるいは真っ赤になって怒るほどのものであった。

かつて沖縄にきた大本営の一参謀が、帰京後第三十二軍の風紀が紊れ、将兵と沖縄娘との間にごたごたが絶えぬ旨報告した。中央から実情を調査するよう、沖縄憲兵隊長に厳命が下った。憲兵隊長は、軍参謀長と陸士の同期生だったので、あっさりこの調査命令を将軍に見せた。将軍はかんかんになって憤激され、早速中央宛ての赤インキ電報が飛んだ。曰く「軍は創立当初より、姦奪を戒め、将兵に与えた軍司令官訓示中にもこのことが冒頭にうたってある。また軍隊が住民地に宿営することを厳禁し、一同不便粗雑な藁小屋や天幕内に起居している。したがって、中央が想像するような風紀紊乱する事態は、ほとんど発生していない。しかるに、一参謀が、中央に事実無根のことを報告するが如きは、軍を侮辱するも甚しい。速かにその参謀の名を承知したい。軍はこの参謀を造言飛語の罪をもって告訴せんとするものである。またこの参謀に、かかる虚報を提供した沖縄県民も同罪であるから、その人名も同時に調査通報せられたい」

この電報は、中央の若手参謀を震撼させたらしい。陸軍大臣から参謀長を宥めすかすような不得要領な返電がきて、この事件は長少将の方に凱歌が揚がって結末となった。
私は、大体において、このような性格の参謀長には、緩和剤的役目を勤めるのが例であった。しかし必ずしも常にそうとは限らなかった。

砲兵火力の集中によって敵上陸軍をその橋頭堡において撃滅せんとする戦術は、私の最も執心したところであった。しかるに、砲兵力の基幹たるべき野戦重砲兵第二十三連隊が、釜山港に滞留したまま容易に到着しない。これに反して、必ずしも急を要しない野戦兵器廠や貨物廠がどんどん那覇港にやって来る。私は、憂慮憤激のあまり、中央に辛辣な電報を送った。この電文の末尾に「かかる状況に合せざる処置は、国軍のため真に憂慮に堪えず」と付記したのが、中央の激怒を買ってしまった。「第三十二軍の電報は注意を要す」との大本営電が台湾軍宛て（第三十二軍参考）に飛び、台湾軍からもお叱りの電報がきた。

参謀長も、さすがにこの二通の電報を見てむっとされた。実は重要電報は、すべて参謀長の決裁を受けねばならぬのだが、私が起案したときは夜遅く参謀長が官邸に引き揚げておられたので、独断でやったことなのである。参謀長は顔を真っ赤にしながらも、鷹揚に「貴官が国家国軍を思うあまりにしたことである。心配は要らぬ。中央部のご機嫌取りに汲々としている者が多い世の中に、これはよい清涼剤である。責任は俺が負うから将来は注意するように」と申し渡された。横紙破りの参謀長に注意を受けたり心配をかけたりしたのだから、私の脱線振りもまた相当なものである。もちろん私は参謀長に迷惑をかけては相済まぬと思ったので、関係者にはあの電報は私が独断で打ったのだと釈明するのを忘れなかった。

軍司令官や参謀長の官舎では、ときどき公私の会食が催された。そのたびに私は相伴を欠かさなかった。参謀長は浄瑠璃が得意で、さらに浪曲、端唄なんでもやられ、興至れば踊りも上手にやられた。部下との会合の場合は、大親分の貫録十分でよく打ち解けられた。自分より同等以上の人に対する際は、十二分にはったりを利かせ、相手を威圧する気構えが見られた。太い大きなパイプをくわえて、話を進める様子は堂々たるものがあった。俺は子供のころから無類の腕白者で、二人も人を殺したことがある。だから今でもどんなことをするかわからんぞと嚇かされる段になると、その凄みに圧倒されたものである。

軍司令官は、盃で三、四杯もやられると、すっかり赤くなられた。機嫌よく、下手ではあるが歌も唄われる。無礼講の席上では、突如として素っ裸となり、石の地蔵さまのポーズをされる。専属副官は慌てて要部遮蔽に狂奔し、座につらなる一同は呆気にとられる場面もあった。

参謀たちもよく飲んだ。木村、薬丸などは酒豪の部類に属する。ときどき相当の傑作や脱線もあったが、やがて予期される最後の秋に思いを至せば、恕すべきことであった。

軍司令官は暇があると、首里市周辺をよく乗馬で運動された。お伴をするのはたいてい私であった。ある日、崇元寺町の屋敷町を通りかかると、可憐な一幼女が私たちを見あげて「兵隊さんのお馬はぱかぱか通る。馬車屋さんのお馬はがらがら通る」と唄った。すっかり気に入ったので、この歌詞を故郷米子に疎開している子供たちに、書き送ったことがある。

私は相変わらず仏桑華の赤い垣根に囲まれた、蚕種試験場内の家に起臥していた。ある麗らかな秋日和に、軍司令官がこっそりこの庭を訪れ、折りから黄色く熟れた金柑の実を食べて行かれたことがあった。

首里山上にかかる月は、動もすれば殺伐硬化せんとする私の心を、ある時は優しく、またある時は激しく奏でてくれた。東奔西走十余年、家庭の存在など顧みることを許されなかった生活。思えば超人間的な歩みを続けてきたものである。明月首里城趾の上にかかり、南国の夜風が春風の如く面を撫する宵、幾度か庭に降り立ち、さらに座々の情制し難いまま、首里山上に歩を運んだこと幾度だったろう。妻の父から送られて来た『道元禅師』『日本的美』の二冊の本も、夜半眠り難きまま、ロウソクの灯を頼りに繰り返し読んだ。十月十日の空襲で、発電所がやられた後は、灯火はもっぱらロウソクであった。この二書に親しんだのは座右にこれといった書籍がなかったからでもあるが、思慮深い父が私の心情を察して送ってきた意図がほのかに感じられたからである。

日本の運命も見え透いている。自己の運命も決定的である。軍司令官や参謀長は、人ごとにそしてあらゆる機会に、沖縄必勝を説法されるが、これはおそらく軍統率上の便法であり、沖縄県人の民心安定の配慮に出でるものであろう。

戦勝はこれを信ずる者に帰すというが、それは勝敗の公算が浮動しある場合の話で、わが第三十二軍の如き状況ではない。私にはことの帰結があまりに明瞭である。多情多恨にならずにはいられない。親切に身辺の世話をしてくれる当番兵にも、そのやがて来る運命を想い、軽い憐みをさえ覚える。司令部の食堂で、賑かに談笑しつつ食事をする牛島将軍以下数十名の将校を眺め、この親愛な将校全員が玉砕する日の光景――事実そうなった――を想到し、思わず暗然となり箸をおくこともあった。

那覇市の全焼後は、将兵の楽しみが少なくなった。そこで、軍管理部に奨めて、十一月のある秋日和に演芸会を開催した。坂口副官や参謀部付きの松井少尉などが活躍して、なかなかの成功であった。軍司令部将兵の気分が急にほぐれ、和やかに融和してくるかに感ぜられたのである。この演芸会で、軍経理部勤務のある娘さんが沖縄特有の民謡を舞った。その楚々たる容姿と洗練された踊りが、人々なかんずく参謀長の目にとまり、無理矢理に参謀部に引き抜かれるといった微苦笑劇もあった。この娘さんは摩文仁の最後の日まで他の娘さんたちと一緒に軍司令部に勤務した。

### 比島に急ぐ飛行機の群れ

十月下旬、敵がレイテに上陸してから、戦火がルソン島に波及するまでの約三か月間、わが本土航空部隊は連日比島へ比島へと陸続沖縄を経て南下した。大空のよく晴れた日は、朝から夕方まで爆音が絶えず、南下総機数三千機にも達したと思う。四式戦闘機（疾風）の大編隊が、矢の如く青空を征くさまを仰ぎ見ては、我にもあらず比島の戦いが有利に進展するかの如き錯覚に陥る。乱雲が急流の如く飛び、時雨が琉球の島に団一団と襲来する島特有の空模様の日でも、わが空軍南下の気勢は衰えなかった。

大本営の指令により、軍は自らの作戦地域内を経由する航空部隊に対し全面的に協力し、その空中機動を援助した。各飛行場を離着陸する飛行機の状況は、日々大本営および関係各軍に正確迅速に報告した。熱血漢の航空主任参謀釜井中佐は各飛行場の間を奔走し、この援助業務を適切に処理した。しかし熱誠あまって、ある日一航空大尉が天候不良の故をもって出発を延期しようとするのを目撃、一瞬の遅滞を許さぬ比島決戦の急を知らぬかとばかり殴打した。中飛行場から帰来して事情を告げる釜井の瞳には熱涙の光るのが見えた。私も慰める言葉に窮したが、死を期して南に飛ぶこの大尉も、おそらく釜井の真情を素直に受け入れたことであろう。やがて比島の空に護国の花と散るべき大尉よ！　日本男子の衷情の激発を宥(ゆる)してやってくれ。

この事件の翌日、昼食の席上牛島将軍が、自分の士官学校在職中いちばん注意警戒したのは、私的制裁の根絶であったと語られた。私と釜井は思わず顔を見合わせて冷汗を催したものである。北、中飛行場地区に在(あ)って、南下する航空部隊を日夜労(ねぎら)い世話していた航空地区司令官青柳中佐に対し、接待費として特別の機密費が支給されたのもこのころのことであった。

十一月のある日、比島戦に参加する特攻隊要員として、軍隷下の航空部隊から三名の若い操縦下士官が選定された。隊長に「特攻希望者か？」と尋ねると、「志願を募るといろいろの弊害が伴うので、自分が事情を十分調査して決めました」と答えた。三名の顔は、まだ十分自己の運命を咀嚼(そしゃく)したように見えなかったが、芝居がかった素振りは全然なかった。我々は痛々しい気持ちを押え、彼らのために長堂(ながどう)村にある軍偕行社で送別の宴を開き、丁寧にその決死行を送った。軍司令官は「あんな必死の若い人々に挨拶されると、なんと言ってよいやらわからんよ」と話されたが、事実月並みの激励の言葉など、口に出すのも恥かしく、傍にある者皆同感だった。

比島作戦のために、沖縄の空を南飛した飛行機の数はおそらく三千機にも達したであろう。しかるに比島における日本航空部隊の活躍は一向に成果が挙がらぬようだ。一説には戦場に到着するまでに、これら飛行機の大半は事故や機体故障のために落伍するからだという。またある者は、逐次戦場に到着するので各個に敵に撃滅されるのだという。それに操縦者の練度が著しく低下したこともその原因の一つであるだろう。いずれにせよ、日本軍航空部隊の実力が、その外観や勇ましい掛け声に似ず、日ごとにその薄弱さを露呈しつつあることは争えぬ事実であった。

軍司令部、首里へ移転

安里の蚕種試験場を軍司令部としたのは、もちろん敵の空襲も考えたが、むしろ平時的条件を考慮して決定した。だから戦闘司令所としては捷号作戦計画に従い、北部中頭郡において決戦が起きた場合は、二二〇高地、南部島尻郡方面に敵主力が上陸した場合は、津嘉山と予定して、七月以来砲爆に抗堪する洞窟を建設中であった。二二〇高地の戦闘司令所は、第二野戦築城隊の一中隊が基幹となり、構築に任じ、総延長数百メートルの堂々たる洞窟がほぼ完成していたが、作戦計画の根本的変更とともに、これを放棄するのやむなきに至った。

津嘉山の洞窟は、依然工事を続行し、総延長約二千メートルの洞窟が第二野戦築城隊の主力および軍築城班の手により概成しつつあった。津嘉山は指揮連絡上、位置として悪くはなかったが、戦場の展望が利かないし、洞窟の強度にやや不安があった。たまたま第九師団が転用されることになり、同司令部の位置した首里山が開放されたのを機として、此処(ここ)に軍の戦闘司令所を設けることになった。第九師団の首里洞窟は規模が小さく、しかも蒸熱が甚だしく、衛生環境が不良なので、これを第六十二師団に譲り、軍の戦闘司令所は首里高地の西半部に新たに構築することに決まった。

この洞窟軍司令部は、野戦築城隊長駒場少佐と櫨山(はぜやま)、薬丸両参謀が協議立案した。総延長約一千メートル深さ十五メートルないし三十五メートルで、一トン爆弾や戦艦の主砲弾に直撃されても大丈夫との自信があった。主として野戦築城隊が作業に任じたが、沖縄師範の生徒や多数の首里市民がこれに協力した。概成の目標は三月中旬で、洞窟細部の構造は付図（九八ページ）の通りである。

私は状況急迫した今日、莫大な作業力と資材を軍戦闘司令所構築のために割(さ)くのには、やや気が進まなかった。しかし後日この大洞窟が首里戦線の核心となり、磐石不動、有形無形上軍戦力の源泉となったことに思いを致し、軍参謀長の腹太い達眼に敬服せざるを得なかった。

軍司令部（軍司令官、軍参謀部、副官部、軍医部）は昭和二十年一月十日、この洞窟の直ぐ近傍にある沖縄男子師範学校とその付属国民学校に移転した。これに引き続き、軍経理部以

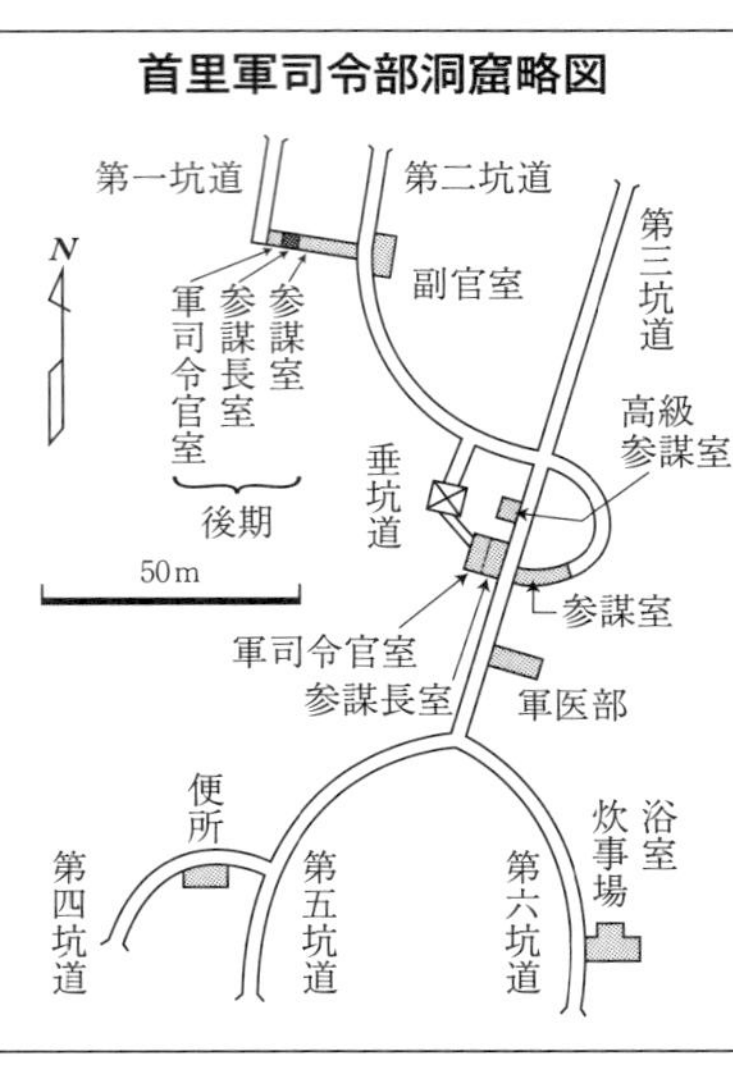


下軍の各部は津嘉山に位置を転換し、軍司令部の戦闘態勢はここに確立した。軍司令官、参謀長は十月十日の空襲で官舎が焼失した後は、牛島将軍は松川の畑地にある簡素な家に、長少将は首里西端の某銀行員の住まっていた家にそれぞれ居を定められた。

　第九師団長原中将の出発後、その宿舎尚（しょう）男爵邸が空いた。我々は軍司令官にここに移られるようにお願いしたが、将軍は、現在の家は小さくても静かで、明るく、眺望も絶佳なので転居したくないと申される。それでは第六十二師団長本郷中将に使用していただこうと申し入れたが、軍司令官が使用されぬものを、自分がはいるわけには参らぬと拒絶された。参謀長も現在の家で結構と申される。結局ある日の昼食時、司令官がそれでは俺（おれ）の官舎ということにして、八原を城代家老として留守番させると冗談を言われたのが因となり、到頭私と釜井参謀が住むことになった。他の参謀たちは、隣家の尚男爵邸に移転分宿した。

男爵邸には、五十をやや過ぎた夫妻が召し使い数名とともに別館に住んでおられ、私たちは母家の方に居を占めた。十もある部屋のうち日当たりのよい応接間が私の部屋である。常緑の暖国、沖縄でも冬はちょっと寒い。人一倍寒がりの私には、大変結構な室である。家具は簡素だが、豪勢なピアノが一台置いてある。窓前には椿が一株あって美しい真紅の花をつけ、部屋の気分を明朗にしてくれる。軍司令部勤務のお嬢さんたちが、時折り、この椿の枝を手折りにきて、和やかな空気を振り撒いて行く。賑かな性質の釜井参謀、忠実にめんどうを見てくれる勝山伍長、与那原一等兵の四人暮らしで、打ち寛いだ好ましい生活だ。男爵もときどき話にこられ、夫人の手料理もよくご馳走になる。

嗚呼、だがこれは薄気味悪くほくそ笑む、悪魔の掌上での一時的生活に過ぎぬのだ。

## 沖縄県民の疎開

惨烈な戦闘を予期する南西諸島、なかんずく沖縄島の住民を、事前に安全地帯に疎開させることは、同胞の災厄を極限する主旨においても、また軍作戦上の要求より考えても、絶対の緊要事であった。軍においては、県庁と協力し、昭和十九年の七月ごろから疎開計画を立案し、一は島外疎開、二は島内疎開に区分し、島外疎開に重点をおいて、これを実行中であった。

島外疎開は、軍隊および軍需品の輸送船の空積みを利用し、主力を九州方面、一部を台湾に疎開させる方針である。いうまでもなく疎開者は老幼婦女子に限定した。当初住民は、奔流の如く続々と上陸するわが大軍の威容に接し、歓喜するとともに戦いには必ず勝つ、この島は大丈夫と思い込んでしまい、軍や県の勧説に従わない。荒井警察部長は、「軍隊側が戦いに勝つ勝つと宣伝されるので、住民が動かないので困る。なにとぞ駐屯の将兵は、景気のよい言葉を慎しみ、住民が疎開するよう協力してもらいたい」と泣き込んでくる始末である。しかし全般情勢の進展と関係者の努力とにより、疎開者は日ごとに増加した。特に第九師団の転進に伴う不安感の増大と比島方面の戦勢悪化は、その傾向に拍車をかけ、ついには競争となり、かえって輸送船舶の不足を訴えるに至った。

　結局戦闘開始までに、島外に疎開した数は、沖縄本島約十万、八重山群島約三万で、大東島の住民はほとんど全部疎開を終わった。当時海上は、アメリカ潜水艦が跳梁し、敵偵察機も跋扈（ばっこ）し、はなはだ危険であったが、疎開者の大部は無事それぞれの目的地に避難した。もっとも学童を乗せた対馬丸が、九州西南海上で撃沈せられ、ほとんど全員遭難するような傷心事も起こった。

　島外疎開は、船舶の不足や、九州、台湾方面の受け入れに限度があるので、いかに努力しても島民の大部は戦禍に巻き込まれる状況になった。昭和十九年十二月、中央部より皇土警備要領なるものが示達された。これは戦場となるべき付近住民の処理方針を示したものだが、その基礎が微温的で、日ごと緊迫し、凄愴の気溢（みなぎ）るわが南西諸島の現状にはあてはまらぬ。

　軍は、すでに十九年の夏、沖縄本島内疎開計画を定め、敵の上陸を予想する本島南半部沿岸の住民は、島の内部に移転し、軍の掩護（えんご）下にはいるよう県知事と協定していた。しかし、その後のわが作戦計画の根本的変更、情勢の急速な悪化、ならびに今回の皇土警備要領を勘案し、新たに南西諸島警備要領を策定した。

本要領中、最も注意すべきは、住民を当然敵手にはいるべき本島北部に移すことであった。一億玉砕の精神が、全国土に横溢していた当時、これは重大な決断であった。私は、軍司令官に相談申し上げた。「サイパンでは、在留日本人の多くが玉砕精神に従って、軍とともに悲惨な最期を遂げた。しかし沖縄においては、非戦闘員を同じ運命を辿らせるべきでない。アメリカ軍も文明国の軍隊である。よもやわが非戦闘員を虐殺するようなことはあるまい。もし島民を、主戦場となるべき島の南部に留めておけば剣電弾雨の間を彷徨する惨状を呈するに至るべく、しかも軍の作戦行動の足手纏いになる」といった主旨を述べた。こういうと、一見語勢が強いようだが実はそうではなく、私も内心軍司令官のお叱りを受けるのではないかと、声をひそめて申し上げたのであった。ところが、軍司令官は、よく言ってくれたとばかり、直ちに裁断を下されたのである。

かくして決定した沖縄本島の疎開要領は次の通りであった。

一、凡そ戦闘能力ならびに作業力有る者は、挙げて戦闘準備および戦闘に参加する。

二、六十歳以上の老人、国民学校以下の児童ならびにこれを世話する女子は、昭和二十年三月末までに、戦闘を予期しない、島の北部に疎開する。

三、各部隊は、所属自動車その他車輛、舟艇をもって、極力右疎開を援助する。

四、爾余の住民中、直接戦闘に参加しない者は、依然戦闘準備作業、農耕、その他の生業に従事し、敵の上陸直前、急速に島の北部に疎開する。
五、県知事は、島の北部に疎開する県民のために食糧を集積し、居住設備を設ける。
私は島内疎開住民数は、約三十万、うち第二項該当者は十数万と判断した。沖縄の冬は雨が多く、しかも割りに寒い。もちろん雪は降らないが、室内で安眠するためには数枚の毛布を必要とする。かかる折りに、老幼婦女子が十数里の道を、徒歩で移動するのは容易なことではない。しかも若干の家財道具は携行したくなる。軍の輸送機関に協力するように示達してあるが、頗る貧弱で、あまり助けにならぬ。疎開先の国頭地方は人口稀薄で、農耕地域も狭小だから、収容力は不十分である。

十二月中旬、沖縄ホテルで警備要領について協議会が開催された。軍の代表として出席した私は参集した県知事以下官民有力者に、率直に軍の意図するところを説明した。そして最後に次のように付言した。太平洋戦の推移より判断し、来年三、四月の候には乾坤一擲の大激戦が、わが沖縄島上に展開するのは必定である。戦闘の中心地は島の南半部と予想される。その戦いの激烈さは、おそらく各位の目撃された先の十月十日の空襲の際の、那覇埠頭地区の如く、地上一切のものは、敵の砲爆で吹き飛んでしまうだろう。我々は目前の困難や、不便に逡巡せず、心を鬼にしこの計画を断行しなければならぬ。もし躊躇回避すれば、戦いが始まった後、島民は砲爆の中を彷徨し、地獄の苦しみを嘗めるようになる。

私の言葉はやや激し過ぎたかも知れぬ。島田知事は会議が終わると、直ぐ軍司令官に会い、私の意見について問い訊すところがあった。知事を送って室外に立たれた将軍は、頗る興奮の状態で、私をじっと見られた。しかし一言も発せられなかった。県首脳部、殊に島田知事や荒井警察部長らの努力は実に真剣であった。しかし目前の安きに馴れて、島民は容易に動かなかった。老人の中には死んでもかまわぬ。此処に置いてくれと頑張るものもあった。平和な間にのみ通用する言葉である。とにかく関係機関の努力と、空襲頻度増大による脅威に、動かされ遅々ながら、疎開は進んでいった。私は嘉手納街道を通るたびに、老幼婦女子の群れが、軍の空いた自動車で北行するのを見てそぞろに憐れみを催すとともに、これでよいのだと独語するのであった。

　かくして戦闘勃発までに疎開した数は約三万五千、その後一週間内に計画第四項に基づき北部に移動した者約五万と見込んだ。予定総数の三分の一に過ぎない。その他の南部住民は三か月の長きにわたり、食うに物なく、隠れるに所なく、彼我激闘の間をさまよい、一家離散し、あるいは傷つき、あるいは斃れ、地獄以上の地獄を現出したのである。

　北部疎開に関連し、島民の食糧をいかにするかが重大な問題であった。沖縄は由来米産額わずかに十数万石で不足分二十数万石は毎年台湾より移入していた。さらに不足分は、甘藷をもって補っていたのである。海上輸送が困難となるに従い、沖縄の保有米は漸次減少し、昭和十九年末には翌年五月末までの分を残すに過ぎないありさまとなった。もし南部の島民が北部に疎開しなければ、その豊富な甘藷でなんとか間に合うが、北部は山嶽森林地帯なので、どうにもならぬ。軍自体は、昭和二十年十月ころまでの糧秣は集積を終わっていたので、島民のために、この期間に応ずるものを大急ぎで準備する必要がある。海上交通は海空よりの不断の攻撃にさらされ、ほとんど杜絶の状態にあり、これを充足するのは難事中の難事である。県庁側では万已むを得ない場合は、島内の牛馬羊豚などの家畜全部を食糧とし、さらにこれら家畜の飼料となっている甘藷を人の方に転用すれば、軍民ともに相当期間饑餓(きが)に陥る心配はないというが、やはり心配である。

島田知事は、新任早々ながら非常に積極的な人で、わざわざ台湾総督府に出かけ、強談の結果、台湾米約十万袋を獲得した。そして戦闘勃発の直前までに、至難と考えられた海上輸送にも成功した。これで責任の地位にある人々は一応愁眉(しゅうび)を開いたのであった。

## 本土決戦の意図それとなくわかる

第九師団転進後、新たに策定した作戦計画説明のため、軍参謀長は第十方面軍司令部に出頭した。この際問題になったのは、島袋(しまぶく)付近を占領する混成旅団を拠点として、中頭(なかがみ)地区に上陸する敵に対し、軍主力をもって攻勢に転ずるや否やの点であった。

そもそも混成旅団を島袋付近に配置した目的は、敵の北、中飛行場占領を一時的に妨害したり、あるいはその空中よりする攻略企図を挫折させるにある。したがって、旅団はその任務を達成すれば決戦に陥ることなく、軍主陣地帯内に後退させ、軍の総予備にする計画である。かかる軽い任務のために、限りある軍の兵力の中から、混成旅団を充当するのは作戦上不適当である。参謀長は計画当初から本案には不賛成であった。それを強行した真意は、中央部を安心さすためのゼスチュアに過ぎない。況(いわん)や軍主力が北方に攻勢をとるが如きは日本空軍が、敵上陸船団を洋上に撃滅した場合であって、到底これは予期し得ない。

　台北から帰ってこられた参謀長は、右攻勢企図に関し、安藤大将から質問があったが、「状況有利な場合は、断固実行致します」と返事をしておいたと、笑いながら私に語られた。

　混成旅団の用法には、以上のような曰く因縁があったが、熟々考えるのに北、中飛行場地区にわずか四個大隊ばかりの兵力を孤立配置し、これを犠牲に供しても、その持久日数はたかだか二、三日に過ぎない。大局より考えれば、兵力を配置してもせんでも同じような結果になる。これは従来の太平洋の島嶼戦が明確に教えている。大本営が決定した南西諸島各島嶼の兵力配置にしても、また太平洋全般のそれにしても、限りある兵力をあらゆる島々に分散配置し、いたる所戦力所要に充たず、結局守備部隊あれども無きが如き結果となっている。我々は、作戦上真に保持すべき島と、地域を明察し、ここに全努力を傾注するの主義に徹すべきであった。

　一度無益な犠牲に供せられた混成旅団は、軍主力の戦闘に大なる期待はかけられぬ。翻って、軍主力陣地の防御力を検討するに、兵力に比し、防御正面は過広である。総防御正面約六十キロ中、兵力を配置すべき正面四十数キロだ。手持ち兵力は、約二個師団だから一個師団の担任正面二十余キロとなる。確信ある防御の兵力密度は、一個師団十キロ内外とするのが兵家の常識である。もちろん戦闘は全正面同時に起こるとは予想されない。作戦上、戦場は自から一正面に限定される。したがって非戦闘正面の守備兵力は、軍の総予備として自由に駆使し得るのだが、予期する戦闘の特性からして、野戦の如く兵力の機動使用は、しかく容易でない。なんとしても一個師団二十余キロの正面は、過広である。特に北方陸上陣地において然りである。

中央部の南西諸島方面における戦略企図は、昭和二十年二月下旬までは決戦か持久か頗る不明瞭であった。

十九年末から二十年初頭にかけて、中野学校出身の尉官級の将校数名がやってきた。彼らは、口を揃えて豪語する。「私どもは、沖縄戦に参加するのが任務ではない。沖縄戦が終わって、第三十二軍が全滅してから、活動を始める。沖縄を占領したアメリカ軍の行動を偵知して、東京に報告するのが任務です」。彼らの申告を受けられた軍司令官、参謀長の顔には苦笑が走った。私もすっかりいやな気分になり、それでは、「君たちは沖縄北部の山嶽地帯か、沖縄島周辺の小さな島に潜り込み、土地の娘さんと結婚して、時期を待つがよいだろう」と皮肉ってやった。

一月十日、戦火はついにレイテからルソンに移った。ルソンの戦闘は、大丈夫だろうと期待していたら、これまた期待はずれである。リンガエン湾で、初めて使用する海上挺進戦隊の威力も、問い合わせると、竜頭蛇尾に終わったようである。事態は急迫し、いよいよ戦火は、わが沖縄に燃え移ろうとしてきた。今や中央部を安心さすために、ばかげた態勢をいつまでもとっているわけには参らぬ。晏然として、混成旅団を主陣地帯の前方、島袋付近に配置したままにしておくことはできぬ。我々の気持ちは、いささかの虚飾をもゆるさぬほど、真剣切実なものとなった。

一月十五日、まず内命を下し、混成旅団を主陣地帯内に撤退させることにした。前述の如く、当初旅団は、津嘉山付近に後退の予定であったが、防御正面の過広が、理論上からしても、また軍司令官が第一線を実査された結果からしても、痛感されていた。そこで混成旅団には、知念半島地区の防御を担当させ、該地区にあった第六十二師団の兵力を、宜野湾東西の陸正面陣地ならびに那覇北方海岸正面の強化に転用充当した。

省みれば、混成旅団は昭和十九年七月沖縄上陸以来、大本営の五回に及ぶ沖縄守備兵力の変更に起因し、その守備地域を転々とすること、実に五回である。自らの死所と定め、精魂を傾けて築いた陣地を弊履の如く放棄しなければならぬ将兵の心中を察すれば、真に情において忍び得ないものがある。

旅団の知念地区の配置は、一月下旬に完了した。牛島将軍に随行して、私はその新陣地を視察した。知念国民学校で、独立混成第十五連隊井上大隊の全将校と会食をした。彼らは口を揃えて、混成旅団が転々として陣地を移動する不満を訴えた。ある将校の如きは、「去る一月二十一日の大空襲に引き続き、敵が上陸したら我々はまったく陣地なく、裸で敵の砲爆にさらされながら戦闘しなければならなかった。我々は沖縄上陸以来、すでに半年以上全力を傾倒して、各所で工事をしてきたのに、最後の瞬間において、その努力が少しも役に立たんのかと思うと、じだんだを踏みたいような口惜しさを感じた。幸い敵があの際上陸しなかったからよかったものの、なにとぞ軍司令部においても反省せられ、再びかかることのないようお願いします」と率直にその不平を申し立てた。

旅団長や、旅団の高級将校は這般の事情を知っているので、かくてはならずと思いながらも、べつに怨嗟の声を発しなかった。が、事情のよくわからぬ第一線将兵が、不平なのは当然である。私は、心中「その不平は、中央に向かって発せよ」と言いたかったが、おとなげないと思ったので、「作戦上の必要あれば、今後さらに二度三度部署の変更、陣地の移動があるかも知れぬ。それは真に已むを得ざる必要によるものである。諸官には誠にお気の毒であるが、忍耐して作戦準備に邁進していただきたい」と話したのであった。

旅団の主陣地内への後退が概ね完了した一月二十三日朝、大本営から一通の重要な電報が到着した。曰く「第三十二軍に在姫路第八十四師団を増加する」というのである。第三十二軍の真剣な最後の戦闘配置が完了せんとするこの際、一師団の増加は、またまた捷号作戦の戦闘準備に復帰しなければならぬ。私はちょっと気が重かったが、しかし嬉しかった。直ぐ電報を手にして、参謀長のもとに駆けつけた。折りよく、軍司令官も同席しておられた。両将軍は電文を読む私を注視しておられたが、何故か無感動の面もちであった。理由はわからぬが、私と同じように配備変更の煩わしさを考えられたのではないかと思う。

この電報に基づき、新しい作戦を考える暇もなく、同日夜、第八十四師団の派遣を中止するとの電報がはいった。戦後知ったことではあるが、本土決戦を重視する宮崎作戦部長の意見が、派遣を主張する服部作戦課長らを押えたのである。

この電報事件後、台湾軍参謀長諫山中将が、沖縄にこられた。長参謀長と密談後、私を召致され、元気のない様子で立ったまま話された。「自今第三十二軍には増兵されない。軍需品は、比島方面への輸送不可能になったので、これを第三十二軍に与える」。しんみりと以上の主旨を述べた後、我々は手持ちの兵力で、戦えるだけ戦うのみである。大本営は、本土決戦準備に今熱中していると結言された。諫山中将の話を聞く参謀長も、私も、薄暗い部屋の故もあってか、えもいえぬ寂しい気持ちになったものである。

私の記憶では、ついぞ正式に文書をもって大本営は、本土決戦の企図を示さなかった。況や、この企図に基づき第三十二軍はいかに行動すべきやの、示達は受領した覚えがない。昭和十九年十一月下旬、軍が新作戦計画を樹立して以来、大本営が軍に何を具体的に期待しているのか、さっぱりわからぬままであった。しかし諫山中将の話で、ようやく間接的ながら、本土決戦の方針が明らかとなったのである。

第三十二軍は本土決戦を有利ならしむる如く行動すべきである。すなわち戦略的には持久である。戦術的には攻勢を必要とする場合もあるが、大局的に考察すれば、沖縄につとめて多くの敵を牽制抑留し、かつ、つとめて多くの出血を敵に強要し、しかも本土攻略の最も重要な足場となる沖縄島をつとめて長く、敵手に委せないことであった。

## 必勝戦法

第三十二軍の士気沈滞し、作戦準備に対する熱意冷却する傾向は、真に憂慮に堪えない。洞察力ある人々には、わが沖縄島の免れ難い悲運を予知することは容易である。しかし、我々は自暴自棄に陥ってはならぬ。祖国のために、そしてこの不幸な運命を担わされた幾万の戦友と、幾十万の島民のために最善を尽くし、あわよくばなんとかして危地より脱したい。これ、私が日夜求めてやまぬ命題である。冬の夜長、煩悶（はんもん）の極、眠り難きまま、講道館柔道家の大試合をとり扱った講談本を読むうち、一柔道家が一アメリカ人拳闘家と試合する場面が、強く私の心を捉（とら）えた。それは日本の柔道家が、終始寝業（ねわざ）戦法をもって相手の戦法を防ぎ、遂に快勝を博したという場面であった。

アメリカ軍は、圧倒的に優越した物量をもって、我を攻撃してくる。わが軍が貧弱な物量をもって、真正面から対抗するのは、柔道の立業（たちわざ）をもって、拳闘に対抗するの愚と同一である。敵の艦砲射撃、爆撃砲撃および戦車攻撃は、敵の物量駆使の主要な手段である。我々としては、もし寝業戦法により、敵をしてその手法を揮（ふる）うに由なからしむることができたならば、実に幸いである。

曰く「それは実に築城である」

アメリカ太平洋艦隊が、沖縄島を二重三重に包囲攻撃してきても、艦船は結局海上のものであって、陸上に駆けあがって、我らの喉首（のどくび）を絞めるわけにはゆかない。我に十六サンチ砲弾に抗する築城だにあれば、敵の艦隊がいかに強力でも、陸上戦闘において、その猛威を揮うに由がない。わが蕞爾（さいじ）（小さいこと）たる沖縄島上に、幾千のアメリカ機が群がり襲来しても、その爆撃銃撃に抗する築城があれば、飛行機もまた空中のものであって、陸上の我々と格闘することはできない。敵の陸上砲の、わが築城に対して無価値なる、また同然である。参謀長の日ごろ主張する、十六サンチ砲弾や一トン爆弾を嘲笑する築城こそ、神が我々に与え賜うた頼みの綱なのである。敵戦車は、やや趣きを異にするが、対戦車築城の徹底により、その跳梁を抑制すること可能である。要するに、築城さえ徹底すれば、アメリカ軍の物質力を無価値に近からしめ、赤裸々な人間対人間の原始的闘争を、アメリカ軍に強要することができる。これがいわゆる寝業戦法である。

内外古今の戦史の明らかなる如く、一の戦力は三以上の戦力に抗することができぬ。アメリカ軍はアッツ以来、わが太平洋各島嶼の守備軍に、常に三倍以上の兵力を指向して、確実に攻撃の目的を達している。日露戦争において、わが軍は連戦連勝したが、それは包囲迂回作戦により、意志薄弱な敵軍を単に後退せしめたに過ぎぬ場合が多い。威力をもって、敵を撃摧（げきさい）した例は稀有（けう）である。その稀に成功した場合は、必ずその戦場で、我は敵に数倍する兵力を使用している。

我々は今この沖縄島に約二個師団半の兵力を保有している。おそらくアメリカ軍は我の三倍以上すなわち六ないし十個師団の兵力を使用するであろう。しかも敵の一個師団の火力装備は、わが一個師団の数倍である。もしそれ弾薬に至っては、我は一会戦分を所有するのみで、それ以上の補給を望み得ないのに、アメリカ軍はほとんど無尽蔵であること論を要しない。さすれば、彼我地上戦力比は一対十以上と判断すべきである。況やアメリカ太平洋艦隊の全力と、一日一千機以上を活動せしめ得る空軍力とをプラスすれば、彼我戦力比は実に一対二十、三十、いな、比較を絶するものがあるのだ。いかに、日本軍得意の精神力をもってしても、かかる明瞭な戦理を否定することはできない。わが沖縄軍の運命は理論上あまりにも明白である。

この運命を打開するのには寝業戦闘によるのほかはない。アメリカ軍に、工業化された巨大な科学的戦力があれば、我々は沖縄島という巨大な不沈戦艦がある。敵の工業戦力は驚くべきものがあるが、わが軍の自然力もまた偉大である。我々は作戦地位上、我のみが保有する自然力を活用することにより、運命打開の希望を見出し得るのである。戦友よ、全力を傾倒して築城の完成に邁進せよ！と絶叫したくなる。

アメリカ軍はギルバート攻略に一平方メートル当たり一トンの鉄量を使用したとか。わが沖縄島の主力陣地に、同密度の鉄量を打ち込むためには、実に二億五千万トンを要する。いかに資源の豊富を誇るアメリカ軍といえども、かかる鉄量を消費するわけにはいくまい。

私はこの夜、神示を得たかの如き興奮を禁ずることができなかった。熱情のほとばしるままに、徹夜して右主旨のパンフレットを書きあげた。翌朝参謀長にご覧に入れると、悲観的に過ぎる文句は削除して、直ちに印刷全軍に配布するよう命ぜられた。このパンフレットはその効果の良否はしばらく措き、将兵の心理に相当の影響があったようだ。私は、首里—幸地道上にある野戦重砲兵第二十三連隊を訪問した際、居合わせた将兵に築城の急速強化を力説した。一中隊長は「パンフレットの主旨にはまったく共感しております」と申し出た。彼の顔には、ともに直面する運命を、素直に認め、心より努力せんとする誠意と親愛感が溢れていた。私のパンフレットは、軍の運命を悲観的に全将兵に印象づけた点はあったが、人間の心からなる活動は、悲痛冷厳な現実を、ありのままに認識するところより発するものであって、空虚な必勝観を流布するのは欲しないところである。

築城の主体は洞窟である。洞窟構築のためには、坑木が要る。坑木を用いないで洞窟を掘開すると、土質上すぐ崩壊し、陣地の堅固を期し得ないのみならず、作業に任ずる将兵を犠牲にする危険がある。ところがこの坑木の所要量は莫大である。一メートルの坑道に、約二十本の坑木が必要とすれば、全長約百キロの洞窟には、実に二百万本を準備しなければならぬ。かかる多量の木材を、どこから持って来るか？　危険な海上輸送の関係からして、これを島外に仰ぐことはできぬ。島内でも軍主力の位置する南部地区は、日本でも最高の人口密度の住民地帯で、いたる所開墾され採取すべき木材は皆無に近い。多少あってもこれは軍隊の行動や、陣地を秘匿遮蔽（ひとくしゃへい）するために存置しなければならぬ。軍の樹木伐採禁止令に制せられて、この地区の住民は、燃料にも困難するありさまである。幸い島の北半部国頭地区は、概して密林に蔽（おお）われた山地なので、坑木はすべてこの地域から搬出することになった。木材の大部は松で、沖縄名物の白アリの害は、若干考慮を要するが、今はそのようなことに躊躇すべき時ではない。

そこで後方主任参謀木村中佐や、軍経理部の計画に基づき、各兵団独立部隊等に国頭山地の伐採区域が配当された。各隊はその配当地域に、各々伐採班を派遣し、地方住民の協力を得て伐木し、これを自己の輸送力をもって自らの陣地に搬送した。ところが、この輸送がなかなか大変である。伐木地域と陣地との距離が五十キロ以上もある。利用すべき鉄道はない。自動車の数も極めて少ない。燃料に至っては、いよいよ貧弱だ。もちろん自動車の通ずる地域は極限されている。勢い海上輸送の併用ということになる。それで、全島に残存する小舟艇を徴用し、各部隊に配当した。総数約五十隻で、これは相当能率をあげたが、間もなくレイテ島を基地とするB24が、連日十時ないし十三時の間に襲来するようになると、損害が続出するようになった。それでも、船舶輸送司令部沖縄支部長の平賀中佐の大胆機敏かつ積極的な努力により、南方回航の機帆船や海上トラックの那覇港寄港間の間隙をとらえて行なう、いわゆる間隙輸送により、一時的には効果見るべきものがあった。

前述必勝戦法の通り、軍がその任務を最善に果たすためには、築城の完成が基本条件である。築城の完成には時日の余裕、将兵の努力、資材等が必須の要件である。資材の主なるものは実に坑木だ。その坑木が前記のような努力にかかわらず、各部隊の要求に合致しない。諸隊は作業力はあるのに、坑木がないので築城が進捗しないというのが、共通現象であった。必勝戦法の具現も、また至難というべき哉(かな)。

## 状況逐次急迫す

昭和二十年一月九日、アメリカ軍は遂にルソン島リンガエン湾に上陸した。レイテ決戦に敗れたりといえども、なお大軍を擁する第十四方面軍である。艦砲射撃の威力圏外にある広大な内陸での、赫々(かくかく)たる戦果を、我々は期待していた。ところが案に相違して、比島軍はいたずらに各地域に分散し、局所的戦闘に陥り、竜頭蛇尾に終わらんとする形勢である。

わが第三十二軍首脳部の関心は、今や敵がいずれの時機と地点に、新たにその鋭鋒を指向して来るかに集中している。

アメリカ軍従来の作戦速度、ルソン戦況の推移、全太平洋におけるアメリカ軍の自由に使用し得る手持ち兵力、特に沖縄島の戦略的価値に鑑み、次の悲劇発生の地点はわが沖縄島であり、その時機は三月ころとの公算がいよいよ確実となってきた。参謀長は私の判断に同意はしておられたが、内心はやや楽観的で、敵の上陸は六、七月ころになるかも知れんと考えておられたようでもある。しかし、軍の作戦準備は最悪の場合、すなわち三月を目途とし最善をつくすべきである。全軍の作戦準備の熱意が白熱化しないのは、この認識が徹底を欠くからである。私は、特に意見を具申し、隷下部隊の中隊長級以上を沖縄師範の大講堂に召集し、軍司令官自ら状況の重大化を徹底していただいた。

こうした軍の措置と相俟って、四囲の情勢は、いや応なしに、犇々と人々の心魂に徹していった。正月一日、二日には敵数十機の来襲があり、爾後連日B24が一機または数機、わが南西諸島を偵察するようになった。日を追うにつれ、敵機は大胆になり、海上の小舟艇や、陸上の自動車まで襲撃するようになった。軍はこれに対し、機動防空隊を編成し撃墜を図ったが、大なる効果はなかった。

一月二十一、二両日の空襲は、昨秋十月十日のものに劣らぬ大規模なものであったが、たびたびの空襲で技量がめきめきと上達したわが防空部隊は、アメリカ機百数十を撃墜破し、軍司令官の賞詞を受領した。防空隊司令官吉田中佐は、酒豪で、しかも酒乱癖があって部下を殴打し、統率当を得ざるの科により、重謹慎に処せられた人だったが、以後禁酒を厳行し、部下の統率訓練に精進し、遂に名誉回復したのであった。

第九師団転出後の空虚感、頻々たる空襲、海上交通の杜絶、さては希望を失いつつある比島の戦勢に、いまや将兵は不平も忘れ、惨として戦闘準備にひたむきである。南の島の春の訪れは早く、首里城の桜花は一時に開花し、菜の花に蝶も眠り、海波平静の沖縄島は、青空のもと絵の如く美しく、かつ和やかである。だがその裏面で、蕭殺の鬼気が、気味悪く底流し、日ごとにその勢いを加えてゆく。

二月にはいると、満十七歳以上満四十五歳までの男子約二万五千人が、防衛隊員として召集された。中等学校の男子生徒は、鉄血勤皇隊を編成し、紅顔可憐な十四、五歳の少年に至るまで、祖先墳墓の地を護るの意気高く、銃を執って立ちあがった。かねてから、万一の場合を顧慮し、看護婦教育を受けていた女子中等学校の上級生徒は、それぞれ軍の病院に配属された。驚いた生徒の中には、国頭方面に逃避した者もあったが、やがて島内全体の空気に支配されて、その大部は所属部隊に帰ってきた。町にも、村にも、今では屈強な男子は見られなくなった。日本本土の同胞にさきがけて、挙島戦闘配置に就いたのである。

非戦闘員の島外疎開は真剣かつ積極的となった。許されたわずかばかりの身回り品を携え、いつ入港するとも知れぬ船を待って、荒涼たる那覇埠頭に屯する疎開者の群れを見るのも憐れである。私の舎主、尚男爵一家も、運を天に任せて二月下旬九州への疎開船上の人となった。疎開者に混じって、県首脳部や有力者が続々本土に避難する。この危急の秋に、職責を放棄して安全の地に遁走するのは甚だ怪しからぬ。憤慨に堪えぬ次第であるが、軍部外の者には、我々の力は及ばぬ。しかも、彼らは本省との連絡とか、疎開民の実情調査とか、しかるべき口実をつくるのが上手である。もし強いて、その情状を酌量すれば、軍部独裁化したこの島で、自らの存在価値を失った不満感がかかる行為を助長したのかも知れない。かつてうるさく、軍司令部を訪れた中央部の人々も、十月十日の空襲以来さっぱり寄りつかなくなった。危険の増大を警戒してか？　有名な沖縄名物の辻町が焼失した故か？　それとも長参謀長の一喝を恐れたのか？　その傾向は年が明けるといよいよ顕著となった。なんとなく見放された島の寂寥感が身にしみる。

沖縄が刻々危機に突入しつつある現段階においてこそ、中央部の人々は、身を挺して来島し、現地軍との連絡を密にし、相互の意志疎通を図るべきである。

## 天一号作戦

第三十二軍首脳部が本土決戦の企図を承知したのは、前述の如く、一月下旬だった。それも正式の文書に拠らず、間接的な話し合いに基づくものであった。昨年十一月下旬、新作戦計画発足以来二か月にして漸く、日本軍の全般作戦における軍の作戦地位を理解し得たのである。それまでは、無目的に孤立無援、ただ敵が来攻すれば戦わんがために戦うという気持ちであった。この気持ちで樹立した軍の作戦計画が、たまたま本土決戦の企図に合致することを確認した。沖縄は本土決戦を有利にする如く、行動すればよいのだという安心感に包まれていたのである。

私はそれまで航空作戦についてはさして考えていなかった。日本空軍はサイパンについでレイテ、ルソンの決戦で無力化してしまった。極端に言えばあまり頼りにならぬ存在となったと判断していたのである。

日本空軍も北、中飛行場の確保についてとかくの申し出はしてきたが、全般的な作戦企図は明らかにしない。ところが二月下旬になって初めて「天一号作戦」の決定を指令した。それも電報だから、内容はよくわからぬ。台湾から天一号作戦に基づき、「南西諸島を確保し、特に敵の航空基地推進を破砕するとともに、東支那海周辺における航空作戦遂行の拠点を確保すべし」との方面軍命令を受領した。命令の内容が一般的で、具体的にどの飛行場を確保せよ、というものではなかった。したがって、軍としては、この命令は気にとめなかった。軍の作戦計画は従来通りで、変更の要はないと思ったのである。

我々が、具体的に「天一号作戦」を承知したのは、三月十日計画書を入手したときであった。この計画書は、航空部隊の行動を規定したかなり部厚いものであったが、これに関連した第三十二軍の任務行動については、一言も触れていなかった。いや、静かに読んでいるうちに軍に関する重大事実を発見したのである。

それはかねてから希望していた南西諸島、特に沖縄に配置する特攻機の展開計画の条である。これには次のような曰く因縁がある。

海軍の第五航空艦隊参謀長は私のアメリカ駐在員当時面識のあった人で、特攻——遠距離から飛んで来るのではなく、直接戦場付近の飛行場に張りつけておいて、好機を捉えて出撃、恰も砲兵の狙い撃ち式の特攻戦法――を熱烈に唱導した。彼の主張に従えば、沖縄島の各飛行場に、飛行機の分散、秘匿、掩護の諸施設を急速に徹底強化し、さらに秘密飛行場をも新設し、もって特攻機五百機を張りつける。敵艦隊および輸送船団が上陸のため近接した好機に、この張りつけ特攻機の全力を挙げて突撃させる。なお主陣地帯内に新設する秘密飛行場には、一部の飛行機を存置し、長期持続的な攻撃に使用するとともに、本土との連絡に供するというのである。

参謀長も私も航空主任参謀も、双手を挙げてこの意見に賛成した。訓練不十分で、性能劣悪な特攻機が、遥か遠い九州あるいは台湾から沖縄に飛来するのは信頼し難いが、直接戦場に展開したものには希望がある。直ちに陸海協力して、中央にこの旨意見を具申した。

陸軍の秘密飛行場は首里北側に、海軍は小禄飛行場の南方糸満北側に、それぞれ新設するに決した。この意見は中央も直ちに認めてくれ、南西諸島には初めての機械化された第二十九野戦飛行場設定隊が、海路無事到着、作業を開始した。

以上の経緯を経た特攻機が、いま読む天一号作戦計画書によれば、沖縄に展開するもの三百機とある。我々の主張する五百機には及ばぬがまあまあである。ところが問題はその展開時機であった。特攻機が沖縄に到着するのは四月より五月にかかるというのだ。敵の沖縄進攻の時機は、上下一致して三月末ないし四月上旬と判断している。これでは理屈に合わず、間に合わぬ。しかもその指揮機関は沖縄に進出せず、軍の航空参謀に一任することになっている。計画の文面が、いかにもいやいやながら特攻機を沖縄に派遣するように見られる。

私はこのとき、全身感電したような衝撃を受けた。張りつけ特攻機案は、絵にかいた餅(もち)に過ぎぬ。現実に合わぬ空論だ。特攻機の来着が時機を失するとせば、東洋一を誇る伊江島の大飛行場も、北、中飛行場も、日本空軍にとってはもはや無用、否有害な長物だ。私は即座に筆をとって、これら飛行場を直ちに大規模徹底的に破壊するよう電文案を認め(したた)、軍司令官の決裁を得て、中央に意見具申をした。

中央から直ぐ伊江島飛行場破壊許可の電報がきた。しかし北、中飛行場は、依然そのままにしておくようにとのことである。

思えば、これら飛行場の構築には、昨春来設定専門の部隊はもちろん、各師団、旅団および一般県民の血と汗が注がれた。ときには軍と中央との確執の原因ともなった。中央の熱意は異常で、沖縄の作戦準備の重点は飛行場建設にありとの主義を軍に押しつけた。おかげで、東洋一と誇称する飛行場群ができあがったのである。それを今、百八十度転換して全部徹底的に破壊せんとするのである。心機の転換もまた難い哉。しかし友軍の使用の見込みのないものは、破壊すべきは天下自明の理である。況や一個連隊や一個旅団の地上兵力をもってこれを確保せんとしても、数日の間に敵に撲滅(ぼくめつ)せられるのは過去幾多の戦例が立証している。

私は自らの判断に、一種壮快な気持ちを禁ずることができなかった。至当なことが至当に行なわれる喜び。そして感心したことではないが、航空優先主義に対する自説の勝利に帰した満足感である。

伊江島飛行場の破壊は、田村大尉の第四十五飛行場大隊に命ぜられた。従来、これが構築に専念してきた部隊である。彼らの心境や察するにあまりある。しかし田村大尉は直ちに破壊を開始した。我に許さるべき時日と作業力を勘案し、アメリカ軍が伊江島を占領後、少なくも二週間は使用し得ないようにすることを目標とした。アメリカ軍は、毎日B24をもってわが沖縄を空中偵察している。軍の伊江島放棄の企図を過早に偵知されるが、大の虫を生かすためには、小の虫は犠牲に供すべきである。

中央は北、中飛行場の破壊を何故に許可しなかったろう？　私は軍の立場から伊江島飛行場以上に当然徹底破壊すべきであると固く信じていた。この問題は敵が上陸するまで軍と中央との間に紛争が続き、遂に敵が上陸するや、軍の作戦方針を根本的に変更させようとする致命的因子となった。実にばかげた中央の判断であった。ひるがえって、天一号作戦計画を概観するに、これは純然たる空戦計画であることは、本章冒頭において述べた通りであり、直接軍の作戦計画には関係ないと判断した。ただ大本営が本土決戦を準備している際なので、天一号作戦の根本企図に疑念を抱いた。心なしか、捷一号作戦の場合のような決戦的な臭いがしない。といって本土決戦を容易ならしむるための、戦略持久作戦だとも明らかにしていない。誠に不得要領な作戦方針で、うまくゆけば決勝的効果を狙い、状況不利ならば戦略持久する腹ではなかろうか？　いわゆる運を天に委(まか)すというので、天一号作戦と呼称するのではないかと思ったほどである。

しかし戦機切迫するに従い、わが日本空軍の決勝企図は並み並みならぬものであることを、軍も骨身に徹するほど知らされた。参加主要兵力は、九州の第五航空艦隊と第六航空軍ならびに台湾の第八飛行師団で、ほとんど全機特攻である。攻撃目標は、海軍は主として敵機動艦隊、陸軍は主として敵輸送船団とし、敵をその上陸前に、洋上に撃滅せんとするものであった。

わが空軍が全機特攻方式を採用したのは、実に悲壮な決心である。訓練度ががた落ちに下り、飛行機も掻き集めのような素質劣悪なものが多い。従来の空戦の成績、ならびにいよいよ隔絶を予想される彼我の航空戦力比に鑑み、万已むを得ない捨て身の戦法である。だが、この素質のあまりよくない特攻機が、九州もしくは台湾から、はるばる敵の妨害を排して、沖縄の空に飛んでこられるだろうか。さらに操縦者は、尉官、下士官級のみとなるべく、それ以上の指揮官は、遠く根拠地にあって、随分苦しい思いをするであろう。

攻撃目標は、細かく陸海空軍に区分担してあるが、主眼は空軍をもって敵を洋上に撃滅するにある。多くの計画書に、この点が明記してあったのを、私は忘れることができない。

### 戦力の自力増強

まさに戦いに臨まんとするにあたり、今や中央に、兵力の増派を望むことは不可能になった。この上は創意工夫を凝らし、与えられた兵力を質的に強化する方策を講ずべきである。陣地編成の完璧、築城の徹底強化、訓練の精到、そして一木一草といえども、これが戦力化を図るよう全力を傾注しなければならぬ。

私は、これまでしばしば沖縄防衛軍十万といってきた。確かに総数は約十万であった。しかしほんとうに戦闘部隊として、内地から派遣されたのは五万に満たなかった。すなわち第二十四師団、第六十二師団、混成第四十四旅団、軍砲兵隊等である。このほか、海軍陸戦隊の辛うじて銃の操作を知る者約三千があった。あとは軍後方部隊が約二万、沖縄における防衛召集者陸海合し、約三万である。総数十万と称しても実際戦闘し得る者は多く見積って五万であり、他は銃を持たない人々であったのである。

これらの混然、雑然たる部隊、人員を、純然たる地上戦闘要員に仕向けようというのが軍の狙いであった。その実施した重要な施策である後方諸部隊の戦闘部隊への改編、防空部隊の地上戦闘任務への転換、ならびに防衛召集の概況は次の通りであった。

## 一、後方諸部隊の戦闘部隊への改編

戦闘開始後は、後方諸部隊の大部は、自然にその任務を解消する。そして最後には、第一線戦闘部隊とともに戦わねばならぬ。従来のような、連戦連勝の大陸における作戦とは、全然様相を異にする。我々は、今よりその場合を考慮し、事前の準備を整えておくべきである。幸い、わが機帆船集団が、比島の戦況悪化のため、南航不可能となり、那覇港に陸揚げした重機関銃約二百、軽機関銃、重擲弾筒各々約四百、その他少数の小口径砲をもって後方部隊の戦闘装備を大々的に実施することができた。

1　独立歩兵七個大隊を編成す。

軍は、敵の輸送船、小舟艇等を必死攻撃すべき任務の独立挺進船隊七個と、これに協同すべき同数の独立挺進基地大隊を持っていた。前者は青年将校や、有為の幹部候補生から成り、一戦隊約百隻の小快速艇が装備されている。この快速艇に百キロ爆薬二つを搭載し、一名の乗員がこれを操縦し、暗夜集団をもって敵船団に突撃、敵船の舷側に撃突、爆沈を図るという、必死のそして原始的な戦闘部隊である。後者は快速艇格納用の洞窟の構築、舟艇の整備ならびに出撃の際、これを海上に搬出泛水すべき任務を有し、総員約七百名である。直接この大隊を調査すると、隊員の平均年齢は三十数歳、既教育兵が三分の一以上を占めている。各戦隊の掩護施設大いに進捗した今日、以上の任務のために、基地大隊一隊の人員約七百名、七隊で計約五千の兵員を存置するのは、宝の持ち腐れだ。そこで舟の整備要員約百名は依然戦隊に残し、主力は独立歩兵大隊に改編した。各大隊は三個中隊編成にし、それぞれ重機関銃六、軽機関銃、重擲弾筒各十五を与え、かつ全員小銃を持たせたのである。これがために生ずる泛水、その他の作業力の欠は、主として朝鮮人より成る水上勤務隊約千五百名と、防衛召集者約四千をもって補った。

新編歩兵七個大隊を巡視し、威容概ね整ったのを見て、私は愉快禁じ得ないものがあった。この措置は、総指揮官の第十一船舶団長や、各戦隊長を失望させた点なきにしもあらずであったが、軍の実情を説明して了解を得た。

各大隊は次の如く各兵団に配属し、直ちに戦闘訓練と築城に邁進した。

第二十四師団　三個大隊
第六十二師団　一個大隊
混成旅団　三個大隊

2　飛行場設定隊、兵站（へいたん）部隊、船舶関係部隊をもって六個の特設連隊を編成した。

特設第一連隊

長、第十九航空地区司令官　青柳中佐

北、中飛行場地区勤務の飛行場大隊二

特設警備工兵隊二

野戦建築勤務中隊一

其の他小部隊を合わせ総員三千名

特設第一旅団

長、兵站地区司令官　高宮大佐

特設第二連隊

長、兼高宮大佐

兵站諸部隊

総員約四千名

特設第三連隊

長、野戦兵器廠長　土田中佐

野戦兵器廠員

配属防衛召集者

其の他小部隊を合わして総員約二千五百名

特設第四連隊
長、野戦貨物廠長　伊東大佐
野戦貨物廠廠員
配属防衛召集者
其の他小部隊を合わして総員約一千五百名
特設第二旅団
長、第十一船舶団長　大町大佐
特設第五連隊
長、第五基地隊司令官　三池少佐
海上挺進戦隊出撃後の残員
防衛召集者
総員約三千五百名
特設第六連隊
長、第七船舶輸送司令部沖縄支部長　平賀中佐
海上輸送大隊
南方回航機帆船要員
総員約一千名

3　海軍後方部隊の戦闘部隊への改編

海軍は既教育兵約三千、後方関係要員（防衛召集者に準ず）約五千、総員約八千より成っていたが、陸軍に倣い、その豊富な小火器をもって、これら人員を数個大隊の戦闘部隊に組織した。

## 二、防空部隊の地上戦闘任務への転換

軍は七十五ミリ高射砲四個大隊約七十門、二十ミリ高射機関砲三個大隊、海軍「中村防空隊」（機関砲中心）合して約百門を持っていた。これら防空部隊は、主として北、中飛行場と那覇港の防空に任じていたが、戦闘が始まれば北、中飛行場は放棄の予定であるし、那覇港には掩護すべき船舶はほとんど皆無となる。極端に言えば、軍は全員敵の空中からの攻撃には、すっぽり築城の掩護下にはいり、防空部隊は必要なくなる。他面軍の対戦車、対上陸用舟艇の火器は、その数貧弱で数百の集団で来攻する敵の戦車、舟艇に対しては防御力十分とは言えない。

以上の諸条件を考慮して、戦闘開始後は全防空火器を地上戦闘に参加させる方針を決めた。各防空部隊は、事前に各兵団への配属を予定し、かつ各兵団の戦闘計画に基づく予定陣地を定め、これが築城訓練を、その防空任務の余力をもって実施することとなった。かく多数の防空火器を我如古東西の陸正面陣地や、予想する敵上陸正面の海岸主陣地帯上に増加挿入することとなり、軍首脳部はもちろんのこと第一線各部隊もまた大いに意を強くしたのであった。

## 三、防衛召集

日本本土が戦場となった場合、軍隊のみならず、老幼婦女子に至るまで、打って一丸となり、皇土防衛に挺進すべきであることは、全国民の抱懐する理想であり、指導精神であった。そしてわが指導者たちの強調してやまぬところであった。今やわが沖縄は、本土に魁(さきがけ)て、この理想を現実に実践すべき運命に迫られている。竹槍戦闘を強行しなければならぬのだ。だが、真実に四十万の非戦闘員は全島を血に染めて文字通り祖国に殉ずべきであろうか。サイパン守備軍が玉砕にあたって、中央部に送った悲痛な言葉「二万の非戦闘員をいかに処理すべきやは真に断腸の極みである」を憶(おも)い出す。同守備軍の首脳部は指導精神そのままに非戦闘員を、死出の道連れにせんとしてする能わず、この言葉を発したのであろう。

理想は理想、現実は現実で、中央部もこの点具体的措置を明示する勇気はないようである。皇土警備要項にも、非戦闘員の避難保護等に関しては、相当具体的に記述してあるが、最後に全員戦って死すべきや否やの問題には残念ながら触れていない。以心伝心、理想は理想、最後の瞬間にいかなる行動をとるべきやは、強制でなく、各人の自発的行為に委せんとするようである。

作戦上の見地よりすれば、現代科学戦において、特に狭隘な島嶼戦において、竹槍を手にした非戦闘員を熾烈な戦火に投じても、戦闘部隊の行動を妨害するのが関の山で、有害無益である。また敵手にまかせないために、多数の島民を主陣地帯内に収容しても、これを掩護する洞窟もないし、食糧も乏しい。また老幼婦女子が大量に惨(むご)たらしく死んでいくのを、真にじっとして見ていることはできない。

近代国家間の戦争において、非戦闘員はいかに取り扱われ、かつ遇せられるべきであろうか。高踏的な理念の束縛から離れて、過去の現実に拠り処を求めんとするのは、必ずしも弱い心の表われと貶すわけにはゆくまい。内外古今を通じて、かくもつき詰めた要求を、身に行じた民衆があったであろうか。あるいはまた、これを行じないが故に、人類社会の掟に背いたと悪声を投げかけられた者があったであろうか。近代国家間の通念は非戦闘員は非戦闘員として、道義的に取り扱われることになっている。少しく心を冷静にして、物を大きく考えれば、さほど重大な問題ではないのではないか。牛島将軍は語られた。「沖縄島は日本の一部に過ぎない。沖縄島の戦いは日本最後のものではない。今ここで一時非戦闘員を敵手に委しても、本土決戦に勝てば、彼らは日本繁栄の一員として役立つ。アメリカ軍も文明国の軍隊である以上、その手に落ちたわが非戦闘員を、一部の宣伝の如く、殺戮したり虐待することはあるまい。降伏という言葉に拘泥して、非戦闘員を強制して無意味な玉砕をさせる必要はない」と。

　とまれ、軍の老幼婦女子に対する措置は、彼らを非戦闘員として、その安全を図る線に副い、進行していた。だが国家民族の興亡安危に関するきたるべき戦闘においては、凡そ役立つ男子は、ことごとく軍旗の下に馳せ参ずべきである。我々は理想と現実の限界線を、ここに求めて防衛召集を開始したのである。もちろんこの処置は軍の専断によるものでなく、最近中央が発令した防衛召集規定に準拠したのである。

　全面的防衛召集を決意したのは、昭和二十年一月中旬であった。新進気鋭にして優秀な参謀、長野少佐がこの主任となった。彼は不眠不休の努力を続け、わずか数日にしてこの業務を完成した。召集人員は十七歳以上四十五歳未満の男子で、その数約二万五千に達した。

元来沖縄本島の人員は、四十万余に過ぎないのであるが、すでに応召して島外各方面の野戦軍に従軍しある者約三万があり、別に一般兵としてわが第三十二軍に徴集ずみの者約一万、防衛召集者を合して軍に従う者六万五千に達した。郷村に成年男子無しと言っても過言ではない。親子兄弟相ともに同一部隊に編成された者も多数あった。

召集人員の配属は概要次の如くであった。

第二十四師団　約五千
第六十二師団　約五千
混成旅団　約二千
軍砲兵隊　約一千
船舶団　約四千
兵站地区隊　約二千
海軍　約一千
其の他　約五千

右のほか、中等学校男子生徒より成る鉄血勤皇隊、女子生徒より成る衛生勤務員合計二千に達した。

軍は次々に以上のような自強の策を創案実行した。溺(おぼれ)んとする者は、藁(わら)をも摑(つか)むの譬(たと)えの如く、我々は全知全能を傾倒して、事細大となく危急に備えたのである。

## 四、第一線兵力の充実

私は業務の寸暇を利用し、愛馬を馳せ、あるいは自動車を走らせ、第一線の将兵に接触することを勉めた。毎度痛感するのは、第一線にあって活動する小、分隊の人員の少ないことであった。定員では分隊十余名、小隊六十余名のはずなのに、実際陣地構築に従事しているのは分隊数名、小隊二十数名に過ぎない。かかる少数の人員が、寂然として工事をしている様子を眺めては、いかにも第一線が弱いようで、勢い込んだ力も、足もとから抜け去る感じだ。何故いちばん必要な第一線部隊の人員がこんなに減少するのか。事情を訊すと、万已むを得ない理由もある。しかし、それは上級の本部、司令部が便宜主義に堕し、下級部隊から使役兵を取り過ぎるのが大きな原因になっているのを認めざるを得ない。一般に、ややもすると司令部、本部の人員が膨張しがちである。恰も国家の役人が必要以上に増加して、国民の寄生虫的存在になるのと同じ現象である。真に戦う者は第一線の小、分隊である。これが潑剌たる戦力を保有していなくてはだめだ。

私は、第一線戦闘員充実の要を、参謀長に具申した。そして軍司令官の名をもって、諸隊の注意を喚起した。実をいえば、軍司令部自体が冗員を有する嫌いがある。私は軍司令部要員制限方針を樹て、これを頑守した。さらに僭越ではあったが、軍司令官、参謀長の当番兵減少をお願いし、爾他の将校当番は徹底的に削減した。

昭和二十年一月末のある日、軍司令官が第六十二師団隷下の独立歩兵第二十三大隊の陣地を視察された。参謀長も私も随行した。参謀長はかねて私の意見を容れ、第一線充実に関心を抱いておられた際なので、那覇神宮の丘阜上で、山本少佐以下大隊の全将校を集め、各中、小隊の人員について詳細な調査を進め、種々試問された。ところが、立ち会い中の本郷師団長は憤然色をなし、言葉を荒らげ「かかることは師団長が自らの職権で適正に処理している。軍の参謀長や高級参謀が立ち入った干渉をするのは僭越である」と反撃された。師団長の怒られるのは無理もない点があるが、ことの意外な発展に並みいる人々は驚き、軍司令官は顔を真っ赤にして師団長を注視しておられる。きかぬ気の参謀長が、自制して一言も発せられなかったので、幸いその場は大事に至らずしてすんだ。

気まずい空気を巻き起こした責任の一半は私にあるが、この事件がかねて抱懐する第一線充実の主義徹底の一つの契機となったのは、争えぬ事実であった。

### 軍需品の集積

弾薬、糧秣（りょうまつ）等軍需品の集積が、重要な作戦準備の一つであることは、喋々（ちょうちょう）を要しない。弾薬は各種火器のために、おおむね一会戦分を所有していた。一会戦分とは野戦において一週間内外の主力戦と、その前後における前衛戦や、追撃戦に要する弾薬の概算数である。状況により、長期に亘（わた）る持久戦を企図するわが軍としては、さらに多くの弾薬を準備するのが至当である。しかるに中央も我々も一会戦分という言葉に呪縛（じゅばく）されたかの如く、さらにそれ以上との熱意が乏（とぼ）しかった。国軍の現状よりして、一会戦分以上の弾薬を望むのは至難である。現にその一会戦分を充足することそれ自体に、狂奔している始末である。従来の太平洋戦争の経験によれば、いずれの部隊も一会戦分の弾薬を使用する以前に、部隊そのものが全滅してしまった。少なくも、使用兵器の方が先に、砲爆のために破壊されたのである。諸々のかかる意識が、弾薬増加の意欲を消極的ならしめたものと思う。

軍でも、砲兵力の主体である十五サンチ榴弾砲が弾薬を射耗する前に、破壊されるか、否かを研究したことがある。沖縄のような広い島、そして堅固な築城に収容される砲兵は、長期に亘り生存し得るとの説が強かったが、また弾薬より先に砲の方がやられるという説も、かなり強かった。そして射ち残りの砲弾の使用法まで研究するありさまだった。

一般の兵器は、とにもかくにも一会戦分の弾薬はあったが、迫撃砲弾だけは趣きを異にした。沖縄島には、陸海軍合わして、八サンチ迫撃砲約二百門。その保有弾薬は、一門あたり三百発に過ぎなかった。二百門の砲は、軍にとっては、確かに一大戦力であったが、連続発射すれば二十分間に射ち終わる。これでは実質的価値に乏しい。この迫撃砲弾は、海軍工廠で製造していたものだが、この工廠がアメリカ空軍の爆撃で破壊したとかで、昭和十九年秋以来、弾薬を送れと叫び続けてもついに一発も到着しない。戦雲漸く迫る昭和二十年二月になり、迫撃砲弾は結局入手不可能だが、九二式歩兵砲弾が代用できるとわかった。そこで腕利きの兵器部部員の一中尉を東京に派遣し、これが入手および輸送の交渉に当たらせた。中尉の出発に当たり、私は迫撃砲弾が軍の作戦に重大な役割を有することを説明し、貴官は決死の覚悟をもって、少なくも十万発を強奪せよ。それも単なる口約束では、現在の状況に間に合わぬ。強奪した弾薬が、門司港もしくは鹿児島港を出帆するのを見届けた後でなければ帰還はならぬと激励した。

大阪工大出身のこの中尉はなかなかの敏腕家で、上京後間もなく、「迫撃砲弾七万発が三月中旬までに確実に沖縄に輸送せられる」旨、電報を打ってきた。私は心から中尉の努力に感謝した。

待望の迫撃砲弾を搭載した三隻の輸送船が、鹿児島港を出発したとの報は、それから間もなく軍司令部に伝わった。どうか海上無事でと念じていたが、この輸送船群は、奄美大島でアメリカ空軍の爆撃を受け、火災を起こすなど大損害を受けてしまった。それでも、奄美大島で機帆船に積み換え、約一万五千発が戦闘開始直前にようやく沖縄に到着した。あれほど期待したわが迫撃砲弾の威力も、これで半減した形になってしまったのである。

糧秣の準備は、後方各機関の努力で昭和十九年中は好成績であった。が年が明けるとともに、空海よりする敵の攻撃熾烈化し、海上輸送が至難となり、しかも兵器弾薬の輸送を優先としたために、糧秣入手はほとんど不可能になった。後方主任参謀木村中佐の判断によれば、昭和二十年九月末までの糧秣は大丈夫だが、それ以後は責任が負えぬという。彼は笑いながら敵が早く来攻しなければ、全軍戦わずして玉砕だと我々を脅かした。とにかく糧秣に関する限り、一応は安心だった。我々は軍需品を獲得入手するとともに、これを敵の砲爆にやられぬよう極力努力した。換言すれば軍需品は全部、兵員と同様、洞窟に収容したのである。

当初、軍需品の保管区分は、第一線五、兵団三、軍後方機関二の比率に定めた。ところが

第一線部隊は、人員用洞窟に軍需品を格納するので問題はないが、軍はそう簡単には参らぬ。どうしても軍需品専用の洞窟を構築しなければならぬ。これに要する作業力は莫大だ。とうとう悲鳴をあげて軍保管の軍需品の相当部分を、第一線に保管させてしまった。このために戦闘開始後軍需品の運用を妨げかつ陣地を攻略されるごとに、多量の軍需品を喪失する原因になった。

**運命の流れ**

惨たる雰囲気の裡(うち)、全軍の将兵はもとより、官民挙げて、作戦準備に懸命の努力を続けている間にも、個々の人間の運命は、大いなる見えぬ力にあやつられ、奇しき流転を止めなかった。

作戦補助参謀だった櫨山(はぜやま)少佐は、正月早々シンガポールの第七方面軍参謀に転任した。沖縄とシンガポール、いずれがより危険であるか、皆はそれとなく心の中で考えた。後任は、陸大卒業したばかりの長野英夫少佐である。彼は陸士五十二期生中恩賜組の俊才である。正月四日夕、我々が軍司令官官舎で新年宴会中漂然としてやってきた。そして、私とは最も関係深い任務に就いて悲劇中の人物となった。

航空参謀釜井中佐、船舶参謀八板少佐も相前後して、それぞれ上海の第三航空軍参謀、朝鮮の某師団参謀へ転任していった。憐れな運命にあるグループから、次々と僚友の去り行くことは、残された者にとっては実に寂しいものである。

釜井の出発したのは、二月十五日だった。敵機動艦隊が本土攻撃の真っ最中で、敵の上陸が硫黄島か、沖縄かと緊迫の頂点に達している時だった。彼の出発を送って中飛行場に立てば、雲低く垂れて凶兆を想わすような暗澹とした空模様である。広々とした滑走路には友機の姿もなく、人影も疎(まばら)である。なんとなく、人生の空虚と頼りなさを覚え、人の世の儚(はかな)さがひしひしと身にしみるのをいかんともすることができなかった。

釜井は気骨のある、燃えるような情熱を蔵した男であるが、機上の人となるに先だち、「高級参謀殿、航空関係者とばか正直な論争をして、自殺行為をしてはなりません」と、忠告の言葉を残した。この言葉はちょっと身にこたえた。しかし自分は、敢えて空軍に反抗しているのではなく、理論上至当のことを主張しているに過ぎぬと心に思った。軍参謀も、残るは私のほかに木村、薬丸、三宅、長野の四人となった。私は依然尚(しょう)男爵邸に、木村は県立一中の寄宿舎に、他は尚男爵邸に分宿している。彼らはよく飲むが、昨今はやや度が過ぎるのではないかと思われる。彼らの心情を察すれば、責めるわけにはゆかぬ。どうにもならぬ心奥の一隅を領するものを払い除けるためには、飲まずにはおれぬのだろう。

状況急迫裡にも、三月の定期異動が近づくと、昼食の和やかな一時などには、進級異動の下馬評が賑(にぎ)やかになる。牛島司令官は、中将では故参組だから大将になられる。参謀長はいよいよ三月には中将進級は必定だ。なんでも台湾軍参謀長諫山中将は近衛師団長に転任されるそうだから、その後任に決まってるそうだ、などまことしやかによたをとばす。両将軍はにやにやしながら聞いておられる。ある者は、軍司令部の編制表では軍司令官は大、中将、参謀長は中、少将となっている。したがって両将軍は進級されても異動はないはずだと理屈をこねる。

私は持ち前の皮肉性から、昨年末以来のこの種異動予想が、司令官や参謀長の公私の行動に影響しないかとそれとなく注意していた。

結局三月異動で変わったのは沖縄本島においては次のようであった。

軍兵器部長
航空主任参謀
第六十二師団長
歩兵第二十二連隊長
独立歩第十四大隊長
独立歩兵第十五大隊長
沖縄憲兵隊長

陸軍と相前後して海軍および県庁も首脳部がほとんど全部次の如く更迭した。

海軍根拠地隊司令官
同先任参謀
県知事
内政部長
経済部長等々。

これを概観するに、各方面ともに徹底した異動であった。敵の沖縄進攻は、三月ないし四月と判断しながら、その直前に各界の首脳部を、かくも大規模に更迭するのは失当である。とくに陸軍において、新任者が、至短時日に新職務を自家薬籠中のものとし、しかも死生を同じくする部下の人間的中心になるのは容易なことではない。またややもすれば、一般の人々に及ぼす思想や士気上の感作はすこぶる微妙である。私も、長年陸軍省人事局課員だったので、人事について人一倍関心が強い。中央にもそれなりに理由はあったと思うが、どう考えても、戦機切迫するこの際の異動としては公正でない。戦闘開始後、敵の主攻撃正面にあたった独立歩兵第十四大隊や、歩兵第二十二連隊の如き、旧隊長が指揮していたならば、さらに一層大なる戦力を発揮したはずである。

第六十二師団長藤岡中将は着任してわずか半月の後、戦闘が始まった。まったく沖縄に死ににきたのも同然である。海軍指揮官大田少将は、海軍部内陸戦の権威者としてこられたので一応首肯できる。同少将は先年レントバ島で死闘し、九死に一生を得た人だそうである。それが今や再び死の舞台に立たされたのである。

荒井警察部長は、知事や同僚が続々内地安全地帯に逃避しつつあったころ、口癖にいった。

「だれも死地に立たされれば男らしく死なねばならぬ。しかし俺だってそんな立場に立つのは嫌だ」

私は昨春来、作戦大局の推移を判断し、沖縄島の運命を決するのは今春に在り、と予期していた。だから飲酒興至れば「来年の桜の花の咲くころは」の言葉を、だれ彼の区別なく投げかけるのを常とした。嗚呼、沖縄の桜は散らんとしているが、本土の桜はまさに咲き出でんとする春三月である。まさしく私の判断は的中せんとしている。いつしか「来年の桜云々」の言葉は「われ沖縄の島守たらん」の言葉、英雄的であるとともに、諦観自嘲的な響きをもつ言葉に変わっていた。

ある宴席で、辻町の妓女が、「近ごろ島の偉い方は、皆内地に行ってしまわれますね」といった。かかる無心の女たちにも、また時世を観ずる力があるのか。軍砲兵司令部の高級部員砂野中佐は、同期生の誼みで何事も打ちとけて語る間柄である。三月異動発令直後、彼はしみじみと、「俺たちは今度の異動で他に転任するかも知れんと思ったが、とうとう此処で死ぬることに決まったな」と歎息した。

首里城址に隣接する師範学校校舎、その二階の一室を占める参謀室、そこの窓からは北方陸正面の主陣地帯上の山が層々として遠く連なり、遥かに二二〇高地や石川岳が見える。西方脚下には白波に限られた珊瑚礁の海岸が展開し、静かな海が洋々と慶良間群島や、粟国島の彼方までひろがりのびている。

私の机上には、毎日各種の書類が山積するが、根本的な思考を要する問題は少なく、心は案外に平静だ。隣室に控える翁長嬢らは何が楽しいのかよく喋べりかつ唄う。三時のお茶やお菓子を持ってくるときなど、愛嬌を振り撒き若い参謀らに軽くからかわれる。

ある日、私は彼女らに聞いてみた。「やがてこの島に戦が始まる。君らは最後まで軍司令部と行動をともにする気かね」。彼女らはにっこりして、「最後まで一緒にいます」と強く答えた。

軍司令部に勤務する女性は、ここ幕僚部だけで三十名を下らない。彼女らは、皆沖縄の中流以上の家庭の娘さんである。私は今のうちに、彼女らを安全地帯に疎開せしむべきだと考えた。軍司令部内の空気を厳粛ならしめるとともに、彼女らを悲劇のヒロインになることから救うためである。坂口副官は、強くこの説を主張した。だが彼女らは、司令部の将兵たちと一緒に死なして下さいと懇願する。国家の興亡安危を賭けて、乾坤一擲の大作戦を指導すべき軍司令部内の空気は、飽くまで厳粛かつ真摯でなければならぬ。若い女性の嬌声は禁物である。

健全な者は、挙げて一団となり、祖国の急に赴くべき秋である。女性なるが故に、戦列に伍しては相成らんというのも、頑なに過ぎるような気持ちもする。現に女学校在学中の生徒たちは、看護婦要員として、洞窟野戦病院に配属されている。平時なら、一目失神するであろう、骨挫けて鮮血迸る幾万千の傷者を、看護すべく厳命されているのだ。城を枕に、一族男女ともに討ち死にした戦国時代の国内戦を想えば、何をかあらんやだ。彼女らは今やヒロインたらん憧れに、心を燃やしているのだ。そして死をも誓った恋人を、若き将兵の間に持つ者もなしとはしない。

軍参謀長は、考慮の上「一緒におれ」と裁断された。司令部ご用の散髪屋は、沖縄県民中でも特に小男の方だったが、気持ちはシャンとした人物であった。私の勧めに従い、家族は国頭郡の親類の家に疎開させ、自らは最後まで軍司令部に踏みとどまることに決めた。私の官舎の料理を担当していた老夫婦とその娘さんは、私の忠告を肯(がえ)んぜず、官舎にとどまるという。彼らは目前の安易な生活が好ましく、これに執着し、やがて来るべき惨憺たる運命を了解することができぬのだろうか。それとも、まさに戦いに臨まんとする将兵への情誼の絆(きずな)が断ち切れずに、みすみす自らを死地に投ぜんとするのか。三月二日早朝、神(じん)少佐が軍参謀として台湾から飛来した。折りから沖縄は空襲を受けている真っ只中である。彼は敵の第一波攻撃前を狙ってきたという。私は軍が飛行場作りばかりやらされる不満から、彼の従来の任務に鑑み、ぜひ軍の参謀にと冗談をいったことがある。それが、今真となり、忽然として私の前に現われたのである。私は驚くとともに今や航空参謀を必要としないこの沖縄に馳せ参じた彼の運命を、憐れに思わずにはおれなかった。戦闘開始前後における個々人の運命の悪戯(いたずら)を、書き記せば数限りがない。第六十二師団長本郷中将の転任旅行に随って、九州に行った同師団の北島参謀と専属副官のうち、前者は早期帰島して戦闘に参加したが、後者は旅客機の都合で帰還不可能となり、死を免れた。この専属副官と同様な幸運を得た者は、軍兵器部部員井上少佐、軍経理部部員の某技術少佐等々枚挙に遑(いとま)がない。

これに反し、貧乏籤(くじ)を引いた者もまたたくさんある。歩兵学校から対戦車築城の普及教育のために派遣された京僧少佐、森脇中尉、軍司令部に連絡にきた在宮古第二十八師団司令部付き秋永中尉などは皆それである。台湾教導連隊は、急遽沖縄への増加のため台湾基隆港に待機中戦闘勃発し、玉砕を逸れたが、連隊副官は先遣されて沖縄にきていたので、死なねばならなかった。

私の当番兵勝山伍長は、第九師団の山砲兵連隊の兵だったが、どうした縁か軍司令部付きとなり、所属師団は台湾に転進して、一戦も交えず、豊富な栄養に恵まれ、平均体重四キロも増加する好ましい状態にあるとき、彼一人戦いの惨苦を満喫して死んで去ったのである。

山雨到らんとする嵐の前に、秋の木の葉の如く飛散する人々の運命は、実に奇しくも憐れである。「運命」とは、人間が自らの力ではいかんともなし難い人生の行路を諦観的に呼び習わした言葉でもあろうか。人々はこの運命とか称する力に翻弄されて、喜怒哀楽しつつ、その一生を終わる。沖縄戦に参加した十万の将兵も、多数の国民中から死すべく、此処に導かれ、集い寄った一集団であった。

だが我々は、あまりにも諦観的な人生観に、慣れてしまっているのではないか。自己の意志力や知能に頼ろうとせず、万事を安易に運命としてかたづけてしまう。一口に運命とは言っても、子細に検討すれば、真に個人やさては集団の力を越えたものは、そうたくさんはないはずである。

右に書いた人々は、その動機の正邪善悪いずれなるにせよ、自己の意志か、もしくは他人の意志によって動いている。決して人力を超越した神意などによるものでない。運命は、自己の力をもって開くべきものであり、他の意志が自己を動かさんとする場合は、それが不当なる限り、飽くまで抗争すべきである。

沖縄戦に空から参加した英雄たちは、殉国の至情より行動した者が多かったろう。しかし指導者が強調するから、あるいは周囲の人々が特攻に参加するから、面子上やむなく特攻を志願したとしたら、それは空の英雄として十分に尊敬するに値しないだろう。日本人は、その性格の弱さから、ややもすると、自己の意志を殺し、長いものには巻かれる主義の行動に出で、与えられたいわゆる運命に屈従する傾向がある。

変な運命論に逸脱してしまったが、アメリカ軍の巨大な鉄槌に抗せんとする十万の将兵は、泡沫の如き一部分子の去来とは関係なく、指導者の設定した方向に向かい、一大激流となって押し流されつつあるのだ。

### 馬乗り攻撃と射撃開始時機

軍は、かねてから戦闘法、陣地編成、築城、訓練等の一切を挙げて軍の作戦方針に帰一せしめ、もって所有戦力を最高最大に発揮することに努めた。なかんずく我々の最も注意して徹底に努力したのは、「馬乗り攻撃」と「わが射撃開始の時機」であった。

一、「馬乗り攻撃」について

軍の陣地帯は、敵の砲爆を嘲笑する洞窟を拠点として、これを連綴組成したものである。洞窟陣地は砲爆には強いが、アメリカ軍がその強烈な火力により、わが守兵を洞窟内に逼塞させ、この間その戦車と歩兵をもって肉迫しきたるとき、その弱点を暴露する。いかに用意周到に構築した洞窟陣地でも、守兵が砲爆に圧せられ、その内部に逃げ込んでしまえば、射撃も不可能になり、視野も利かない地域、いわゆる死角ができる。そしてアメリカ軍は損害も受けず悠々我に肉迫し、地下にあるわが守兵の上に馬乗りになり、火焔放射器や爆雷をもって我々を料理するのである。これが、実に洞窟陣地の本質的欠陥であり、またこれに拠るわが守兵の特に注意すべき点なのであって、対策としては左の如く強力に処理指導した。

1　洞窟には、努めて多くの出口を設け、そこに射撃設備を施し、水平、垂直各方向の死角を極減する。

2　各洞窟陣地が、相互の斜射、側射、背射等の側防により、彼此応援し、孤立しないよう全般の陣地を編成組織する。一洞窟陣地は、少なくも他の二個所以上の洞窟陣地より支援されることが絶対に必要である。

3　洞窟に連接して、野戦陣地を構築し置き、敵の戦車や歩兵が我に肉迫し、その支援砲爆が不可能になった瞬間、洞窟より野戦陣地にとび出し、これに応戦する。

4　砲爆をもって我を制圧し、死角を縫うて近迫するアメリカ軍に対する監視警戒を厳重にし、機宜に適する対抗手段の発起に遺憾なからしめる。これがため、いかに砲爆熾烈な場合でも、有力な監視者を危険を冒して立哨させる。

5　洞窟陣地はアメリカ軍の物量戦法に対するわが物量戦の一対抗手段に過ぎない。勝敗の鍵は、最後の肉迫近接戦によって決する。洞窟の安全性に依存し、消極退嬰に陥ることなく、ここぞという瞬間に必死奮起することが必須の要件である。

## 二、わが射撃開始の時機について

射撃開始の時機は、戦術上いかなる場合にも注意を要する問題である。

沖縄戦においては、過早な射撃開始は、わが全般的配置、ひいては、わが戦略的企図を直ちに察知される不利あるのみならず、戦術的な配置や個々の陣地を暴露し、戦闘開始に先だち、損害を受ける虞があるので、特に注意を要する。敵の戦艦一隻を基幹とする小艦艇数隻の一艦隊の砲力は、わが数個師団よりなる一軍の砲力に匹敵するという戦訓を銘肝すべきである。

1　軍は、ほとんど全力をもって沖縄南端部のみを占領し、爾余の島の大部は概ね開放している。この配置を敵に秘匿し、敵をして少なくも中頭、島尻両郡沿岸いずれに上陸しても、日本軍主力の反撃を受けるとの覚悟をさせることが第一条件であった。この希望達成のために、一般的な秘密保持に努めるとともに、海空よりする偵察に対し、遮蔽、欺騙、陽動等幾多の手段を講ずることもちろんであるが、敵が真面目の上陸を決行するまで、その威力偵察―偵察的挑戦に対して絶対応戦せず、わが全般の配置を極力秘匿すること肝要である。

2　わが希望の如く、敵がわが主力沿岸正面に上陸する場合、敵の上陸第二波ぐらいまで応戦することなく上陸せしめ、その行動の自由を失しある好機に乗じ、約四百門の砲力と主力歩兵とをもって急襲し、一挙に撃滅する方針である。過早に、敵をその達岸前に射撃し、これを退避せしめたり、あるいはさらに敵をして上陸準備砲爆撃のやり直しをさせたりしては、敵撃滅の目的を達することができない。

3　敵が主力陣地の正面海岸以外、すなわち嘉手納海岸など、中頭沿岸に上陸し、南下しきたる場合は、軍の陸正面上原東西の陣地帯において戦闘が惹起する。この際においても、わが戦力を敵の砲爆に対し、極力温存しつつ、敵を至近の距離に引きつけ、いわゆる短刀闇打ち、刺し違え戦法をもって撃滅する方針である。この戦法が成功するや否やは、射撃開始の時機いかんにあることは説明の要があるまい。

以上敵の馬乗り攻撃と、射撃開始の時機について、軍は図式のパンフレットを全軍に配布し、かつ機会あるごとに、口を酢っぱくしてその徹底を図ったのであった。

### 北、中飛行場

昭和二十年三月十日、軍は天一号作戦計画書を読んで、わが空軍がついに使用する見込みのないのを知り、伊江島飛行場と北、中飛行場を即刻徹底破壊するよう中央に意見具申した。破壊を許可されたのは伊江島飛行場のみで、北、中飛行場はそのままとなったのは前述の通りだ。

軍は、北、中飛行場を棄て、遠く島尻郡に後退して陣地を占領している。当然これら飛行場も根本的に破壊すべきである。否、軍の意見具申を待たずすでに天一号作戦計画の決定した二月二十日ころに、中央は破壊を命ずべきであった。中央の誤断に依り破壊されず存置された北、中飛行場が、軍の作戦計画を根本的に揺り動かす原因となり、戦闘開始前より開始後にわたり、大騒動となったのである。

中央部が、何故に沖縄戦の命運を握るほど重大に考えて北、中飛行場の確保に拘泥したのか、それは察するに、過早にこの飛行場を敵に奪取されれば、敵はここに陸上飛行機を配置し、わが特攻機を迎撃する。さすれば特攻を主体とする天一号作戦遂行に重大な支障を来たす。すべからく第三十二軍は敵が嘉手納沿岸に上陸する場合は、全力をもって出撃すべきであり、已むを得ざるも、混成旅団程度の兵力をもって、北、中飛行場を直接防御しなければならぬという主張だったのである。

嗚呼、わが空軍は依然航空優先の幻に捉われているのだ。サイパンで苦杯を喫し、レイテで惨敗しながら、未だ夢がさめない。太平洋島嶼作戦では、空軍の力に頼らねば勝てないのは原則である。彼らはこの原則を固執して現実を忘れ、沖縄戦においても主役は第三十二軍ではなく、我ら空軍であるとの自信に燃えている。

参謀長、特に私は、こうした空軍の自信を寧ろ自惚と観じた。もはや沖縄戦の主役は空軍ではなく、第三十二軍自身の戦いであると信じた。戦いの主体である軍が、空軍の便宜に従い、必ずしも重要でない北、中飛行場を保持せんがため、過去数か月来の作戦準備を一擲し、長駆出撃するのは本末顚倒である。攻撃に転じて成功すれば幸いだが、過去この種戦闘は成功した例がない。精々一週間内外の戦闘の後、わが方の玉砕で終わっているのが常である。混成旅団をもって、直接北、中飛行場を守備する案も、敵の強襲に遭えば、線香花火的存在に終わる。おそらく数日にして全滅である。軍主力陣地帯の戦闘で、重要な任務を分担する旅団を、かかる目的のため支分するのは堪え難い。

主力の攻勢、あるいは有力な一部をもって飛行場を守備する案は、その発案の時機によって可能性は必ずしもなかったわけではない。繰り返すようではあるが、軍の作戦計画は孤立無援の状況であった昭和十九年十一月二十四日ごろ立案したものである。翌二十年一月になって本土決戦の企図を知り、軍の作戦方針がこれに悖(もと)るものでないことを確認した。そこへ二月下旬になって沖縄方面で空中決戦をやるのだとの意志表示である。

　軍の地上作戦を組み立てる基礎は築城にある。沿岸防御においても、また陸正面の戦闘においても、まず敵の砲爆を嘲笑する築城地帯の完成が前提となる。これがために要する日子は過去の経験に徴し最少限三か月を必要とする。敵が一か月後には来攻するという情勢判断の下においては、空軍の要求はむちゃである。とかく海軍と、空軍の地上軍に対する要求は、海戦的、空戦的発想に因(よ)るものが多い。絶対優勢な火力を有する敵と対抗しなければならぬ地上軍は、しかく軽々に行動することはできない。況(いわん)やこの論議は敵が必ず嘉手納に上陸するという前提においてのみ問題となることなのである。観点を換えて、北、中飛行場と、軍主力の占位する沖縄南部との、戦略的価値を比較検討する必要がある。

　北、中飛行場は天一号作戦のためにはある程度必要である。しかし唯それだけのものである。敵がもしこの飛行場を占領しても、軍の地上戦闘には致命的ではない。況や沖縄南部に健在する第三十二軍をそのままにして、敵は本土攻撃の準備をするのは不可能である。必ずや軍を撃破して沖縄南部を手中に入れて、初めて本土攻略の態勢が確立するのである。すなわち北、中飛行場は沖縄作戦、特に天一号作戦のためには、某程度価値はあるが、敵の本土攻略阻止のためには、軍が絶対沖縄南部に頑張っておらねばならぬのだ。本土決戦を有利ならしめることを念願とする第三十二軍はあまり信用のおけない空軍の言いなりに行動することは欲しないのである。軍としては小の虫を殺して、大の虫を生かさんとするのであった。

軍首脳部の状況判断は概ね以上の如くであった。だから中央部の要求には応じられぬと頑張った。中央と軍の間に立って板挟みとなり、苦しんだ台湾方面軍は、躍起（やっき）となって参謀を派遣し、軍の説得に努めた。方面軍高級参謀村沢大佐（旧第九師団参謀長）同作戦参謀井田少佐らが来訪、懇談の結果、概ね次の如き約束が成立した。

一、軍の作戦計画通り十サンチ半加農（かのん）砲二門を、南上原主陣地帯内に配置し、中飛行場を射撃し、敵の飛行場使用を妨害する。

二、特設第一連隊は、敵が同方面に上陸するや飛行場とその付属設備を破壊し、主陣帯内に後退する計画を変更し、飛行場東方標高二二〇高地周辺の第二十四師団の旧陣地を占領し、最後まで戦闘する。

三、嘉手納沿岸に前進部隊として配置しある第六十二師団隷下（れいか）の独立歩兵第十二大隊の一部は、特設第一連隊に協力し、頑強に敵の飛行場使用を妨害する。

四、敵が飛行場を占領した後は、海陸両方面より積極果敢に挺進斬り込み部隊を投入する。

五、方面軍は、飛行場地区の強化のために、最も精強な台湾教導連隊——方面軍は精強な部隊と称したが、実は台湾人中心の劣弱な部隊だという——を沖縄に増派する。

第三十二軍首脳部は、以上の約束で、敵が嘉手納方面に上陸した場合、軍主力の出撃は行なわず、概ね現状のままで戦闘を開始することで、中央部の了解を得たものと確信した。

## 前夜

硫黄島の作戦が絶望に近づくにつれ、アメリカ機動艦隊や潜水艦隊の制空、制海行動はいよいよ熾烈となり、南西の海は今やまったくアメリカ軍の独り舞台となってしまった。北は鹿児島、南は基隆から最後の補給輸送を遂行せんものと、わが輸送船は続々出港するが、沖縄を去る遥か遠隔の海上で撃沈破され、徳之島や宮古島にさえ辿りつけぬ有様である。わが沖縄島は文字通り孤立してしまった。かかるうち、敵の大輸送船団はウルシー、レイテ両方向より続々集中的に沖縄に向かい接近しつつありとの報頻々である。山雨到らんとして、風楼に満つ。将兵、そして全島民は、今や疑いもなく襲いかからんとする運命に抗すべく、寂然として決意を固めるのみである。

三月二十一日夜、軍参謀長の命なりと、坂口副官から次の伝言があった。

「明早暁内地へ連絡機が出発する。おそらく最後の便と思われるから、故国に送る書信のある者は、今夜中に参謀長宿舎に提出せよ」

これが最後と観ぜられた参謀長の、部下将兵たちの身上を察しての心憎い取り計らいである。

夕食後の灯火のほの暗い部屋に独座して、故郷米子に疎開している家族に最後の手紙を書く。長男は米子中学の入試がすでに終わったはずだが、知る術もない。小学三年の次男の手紙、「お父様はいつ沖縄の黒糖をおみやげに帰って来るの。帰るのが決まったら、何月、何日、何時、何分、何秒に米子飛行場に着くか知らせて下さい」を思い出す。とつおいつ、万感去来して筆が進まぬ。毎夜のようにお茶を運んで来た勝山が、私をしんみりと眺め、黙したまま部屋を出て行った。

広大な男爵邸の、遠く廊下を渡った部屋部屋に住む青年将校たちは、同じ思いに、最後の便りを認めているのか、森として話し声一つ洩れない。嗚呼かくて悲劇の前夜、多情多恨春三月の夜は沈々として更(ふ)けてゆく。

# 第二章　決勝作戦

## 桜の花の咲くころ

「来年の桜の花の咲くころは」「吾れ沖縄の島守たらん」の二句は、昨春来私が好んで繰り返した言葉だ。昭和二十年三月二十三日、ついにその大なる時は、百雷の如き砲爆を先駆として、冷厳なる現実となった。もはや夢でも想念でもなく、将又舞台の上の劇でもない。

アメリカ機動艦隊近接の報、頻々たる裡に、二十三日の夜は明けた。平常より早く準備させておいた朝食を、神参謀と二人で大急ぎでかき込んでいる最中、すでに敵機は首里上空を乱舞している。小禄飛行場や北、中飛行場方面のわが防空陣が一斉に咆え始め、があんがあんと大型爆弾の破裂音が腹にこたえてくる。毎度の空襲と同じ調子だ。気の早い神は、おっ取り刀で洞窟軍司令部に駆け出した。私は食い意地きたなく満腹した後、司令部構内を一巡、途中情報室で情報を確かめてから、洞窟司令部に顔を出す。

両将軍はすでに到着されており、爾余の将兵は毎々のことだから慣れたものだ。直ぐ整然たる執務振りに移行する。

アメリカ機来襲情報は、刻々正確に到着する。だが今や軍首脳部の関心事は、アメリカ機の去来や、その撃墜数ではなく、アメリカ軍の上陸企図いかんである。換言すればアメリカ艦隊が、沖縄島に近接しつつあるかどうか、特にその輸送船団がこれに続行しているか否かである。

この種の戦略情報の入手は、在沖縄の微弱な情報機関ではなんともならない。どうしても大本営、連合艦隊、第十方面軍および協同航空軍の力に俟(ま)たねばならぬのだが、軍が満足するような情報は、なかなかはいってこない。

アメリカ機の来襲は終日続いた。延べ機数千数百機、かつてない激烈さである。しかしその攻撃目標は、従来と同様飛行場、船舶、港湾に限られ、上陸の前提をなす陣地爆撃をしない。軍の電探情報で、アメリカ機動艦隊の数群が、沖縄島の東方および南方海上に行動しつつあることは明瞭(めいりょう)である。大東島守備隊から「敵艦見ゆ」との報告があったがこの艦隊が機動部隊なのか、上陸掩護(えんご)艦隊なのか、判断するには報告があまりに簡単である。

本日の空襲が上陸の序曲だとは上下覚悟したが、ついにその確証を握らないまま春日は八重瀬岳の彼方に没し、アメリカ機も退散し、惨として二十三日の夜幕は降りた。洞窟を出て四周を展望すれば、各飛行場や、至る所の村落は焔々たる業火に夜空を焦がし、那覇港内外には大小幾多の船舶が断末魔の火の手をあげている。

湿度百パーセントの高温な洞窟内の生活は、一日でたくさんである。今夜はアメリカ機も見参すまい。急に宿舎が恋しく、大風一過の男爵邸に帰る。邸内の防空壕に難を避けていた勝山、与那原その他料理人一家も皆無事で、楽しい豊かな夕飯をごちそうになる。食後、前庭の芝生にイスを出して、劇的な春宵を楽しむ。神少佐は、私の部屋でピアノを弾じている。激動の後の静止、緊張の後の安息、得も言えぬふぜいである。

　アメリカ軍の戦闘機十数機が、村しぐれの如く突如として、首里市街に威嚇射撃を加え去った後は、団々たる明月が、支那風な男爵邸の屋根の上にさし昇り、そよ吹く夜風も和やかに、心奥無限に開展し、恍惚となる。

　アメリカ軍が上陸して来ても打つべき手は打ってある。あすにでも上陸企図が明瞭となれば、予定の如く、まず防空部隊を地上戦闘配置に転換させ、主陣地帯内の残存非戦闘員を国頭方面へ疎開させる。戦闘準備を完整して、戦闘に臨まんとする心境は淡々として平静である。夜空を仰げば、今度は小禄飛行場を飛び立ったわが海軍偵察機が、一機二機星の間をかすめて南飛するのが見える。

　明くれば二十四日、東天未だ紅を告げざるに、敵機は大挙来襲し、全島は再び殷々轟々銃砲爆声に圧せられ、砂塵と黒煙に掩われる。さすがにけさは、食事を取るのももどかしい。勝山らに、「今や宿舎は吹っ飛ぼうが焼けようがかまわぬ。お前たちも洞窟軍司令部に来い」と命じて駆け出す。

　軍首脳部は依然第二坑道口外の偽装網下に集合し、真剣に敵の上陸企図を検討する。海上の煙霧漸く霽れんとする七時ごろ、混成旅団長鈴木少将から、「知念半島沖に、敵艦隊を発見す」との電話報告がある。ほとんど時を同じくして、第二十四師団長雨宮中将からも「喜屋武半島南方海上に、戦艦を交える敵の大艦隊出現、徐々に西進中」との報告がきた。

　かねて期したることながら、一同顔を見合わせ、暫し言葉がない。皆覚悟の掘り下げ、決心の反芻が必要なのだ。この報ひとたび将兵に伝わるや、電灯設備完成し、ひところの銀座の夜店を偲ばせる煌々と明るい洞窟内は異様の緊張が漲る。必勝を信ぜしめられている彼らの興奮は、寧ろ朗らかで闘志が沸々として滾るかの如くである。暫らくにして、爆弾のそれと異なる堅く、かつ力強い破裂音が、一弾また一弾と全島を震撼して、南方に起こる。司令官も参謀も、頭上を乱舞する敵機には不関焉と、双眼鏡を手にして首里山上に登る。

　南部正面を展望すれば、糸数高地、八重瀬岳、与座岳、特に混成旅団の陣する糸数高地付近は、敵主力艦の射ち出す巨弾が、盛んに炸裂し、男性的にして壮快な強い轟音とともに、岩石、土砂を飛散し、爆煙は、広く、高く拡がり、かつ濃化する。

　港川方向糸数高地と八重瀬岳の間、山低く南海の展けるあたり、岸をへだてること一万ないし二万メートルの沖合い、煙霧に薄れつつ、大型艦が一、二、三……凡そ目視し得るもの十余隻、二線となり、西方に徐航しつつ、射光閃々、熾に火蓋を切っている。硝煙やや薄れる瞬間など、三月の陽光に、真っ白い艦体がくっきりと浮かび、なにか絵画的な感じを与える軍艦もある。かつて我らの戦友がアッツ、ギルバート、サイパン、そしてレイテなどにおいて、初めて見参する敵艦隊を、それぞれの感慨を罩めて、報告した詩的な電文の数々を想起する。実に先輩、戦友諸君が感じたと同様、我々も、また暫し戦いを忘れ、彼我の観念を絶し、この壮麗にして躍動する天人合一の一大景観に心を打たれる。いつの間にか、我らの周囲には好奇心に駆られた司令部将兵が群がり立っている。

さすがに、アメリカ艦隊は用心深く、慶良間海峡や、中城湾内には未だ侵入せず、その艦砲射撃の地域は南海岸正面に限られている。

すでにアメリカ軍の上陸企図は明瞭である。桜の花の咲きそして散るときはまさにきた。だが人間というものは、最後まで一縷の希望をもっておりたいものだ。何処か心の隅で、今の艦砲射撃は威嚇的なものだ。艦砲射撃、即上陸の序曲とは決まらない。硫黄島の如きは、遠く上陸される以前から、しばしば砲撃を受けている。もし今後二日、三日と艦砲射撃が続き、敵艦隊もさらに増強され、その射撃区域が全島におよび、射弾がわが陣地施設に集中するに至れば観念しなければならぬが、まだ玉砕と即断するには早い。皆心は同じだ。アメリカ艦隊が、今日限り退散してくれればと、ひそかに祈った。

長参謀長の、その性格に発する派手な統帥補佐振りは、戦機の切迫するにつれ、いよいよ高潮に達する。洞窟の入り口には、「天の岩戸戦闘司令所」なる標札が掲げられた。参謀長が自ら書かれたもので、墨痕淋漓たるものがある。蓋し、皇軍は太平洋に敗退を続けたが、彼我の戦勢はこの沖縄において転換し、神風は此処から吹き始めるとの指導精神を誇示したものである。副官、新聞記者さては多くの女性まで身辺を取り巻き、はなばなしいことである。

将軍は、愛用のスコッチ・ウイスキーをちびちびやりながら、すこぶるの上機嫌で、皆を元気づけ、喜ばすような気焔を揚げ、興至れば和歌や詩を即吟し、色紙に勁筆を躍らせ、諸人を煙に巻いておられる。

ところが、軍司令官牛島将軍は万事平常通りだ。一切を幕僚長以下に委任し、自らは一巻の書を携えて、首里城跡真下にある、旧第九師団司令部洞窟に蒙塵されてしまった。

かかる雰囲気のうちに、沖縄戦の序幕は切って落とされたのである。

### 艦砲射撃の威力

錯綜する作戦業務の間、私の最大関心事は、もちろん敵の上陸方面とその時機であるが、初めて見参する艦砲の威力を、至当に評価することも、また必要である。

艦砲の威力については、多数の戦訓で教えられていた。艦砲の集中するところ、わが兵員、陣地施設その他地上一切の物は空に帰すべく、特に十六サンチ砲弾は、わが守兵を失神させ、パニックを起こすとある。

我々は、わが洞窟陣地は、敵機の集中爆撃を嘲笑する防御力のあることを如実に体験した。理論的に、艦砲もまた爆撃と同じく、さして恐るるに足らぬはずである。とにかく、実際の効果を観るまでは安心できぬ。この築城こそ沖縄戦の戦術的構想の組成基盤であるからだ。艦砲射撃の焦点となっている混成旅団には、連絡のため長野少佐が派遣されているが、私自らの目で確認したかったので、昼食後、視察に出かけることにした。

高平旅団司令部まで距離約五キロもあるので、自動車で行くことにする。勝山伍長が同行を願い出たが許可しなかった。無用の人間が、無益な場所で犠牲となるは好まぬからだ。

数十の敵機が絶えず上空を制している真っ昼間、明瞭な路上を車行するのは危険である。しかし過去幾多の経験から、敵機の行動に注意し、狙われたと思った瞬間、自動車を乗り棄てて付近の地形地物を利用すれば、案外安全なことを知っている。それに本日の敵機群の攻撃目標は、路上の一自動車や人間ではない。

鉄帽を被って洞窟を出る。記念運動場の北側――洞窟の真上――老樹に掩われた岩窟が、自動車置場だ。同じ場所に繋がれた軍首脳部の乗馬が、砲爆に震えきり、一様にしょんぼりとしているのが憐れである。沖縄出身の運転兵の操縦するトラックに乗る。

進路は首里―赤田町―新川―宮平―銭又屋取―高平道と定め、遮蔽点より遮蔽点に逐次躍進する。路上人馬の姿なく、アメリカ機のロケット砲撃は喧騒を極めているが、沿道一帯の光景は、寧ろ寂然死せるが如く、白日魔の世界に落ち込んだような異様感に打たれる。支那事変の初め、天津より子牙河に沿うて南下し、姚馬渡付近の戦場に一歩踏み入れた時の印象、二・二六事件がクライマックスに達した二月二十八日、陸軍省の高等官宿直として味わった三宅坂付近の死の静寂などが想起される。

三度ほど、路傍の洞窟や、甘藷畑に駆け込んだが、ようやく約一時間の後、無事高平旅団司令部に到着する。この辺には、わが砲兵陣地が多いので、絶えず十数機のグラマンが低空を旋回しつつ、例の狂暴な音のするロケット砲を発射しながら突っ込んで来る。

鈴木将軍は、洞窟の奥深くランプの灯を頼りに、得意な面持ちで、イスにより地図を案じておられる。内田少佐、森脇中尉そして、けさ連絡に派遣した長野参謀も傍に控えている。将軍は私の来訪を非常に喜ばれ、状況を説明され、さらに高平東側高地上の観測所に案内された。ここから港川沖のアメリカ艦隊が手に取る如く見える。すでに十六時を過ぎ、敵艦は徐々に遠ざかりつつある。その砲撃も緩慢だ。

私が今ここに来た主目的は、艦砲威力を実視するにある。幸い敵艦も遠ざかり、アメリカ機の活動も衰えつつある。第一線に進出するには好都合だ。将軍が、在糸数高地の美田連隊長の許(もと)に視察に行かれるので、私は長野とともに同行することになった。乗って来た自動車には薄暮、糸数部落に追及するよう命じ、一行は徒歩で行く。旅団砲兵の陣地を左方断崖の中腹に見ながら、新設したばかりの電話線に沿うて、急斜面を登る。予期に反して、糸数山頂には砲弾が落ちていない。高地をやや南に降ると、糸数部落に出る。損害はないようだ。上気して足もとのうわずった村民が、三々五々さまよい、夕餉(ゆうげ)の炊煙のあがる家もある。

連隊本部は、部落の直ぐ西側の大自然洞窟にある。千人以上収容できるという。海に面する出口付近には、高さ十数メートルの屛風岩(びょうぶ)が群立し、あたりの老樹と相俟(あいま)って立派な遮蔽掩護の役を果たしている。美田大佐以下連隊幹部は、十坪あまりの洞窟出口の安全地帯に机や腰掛けを置き、諸報告を審査整理中である。将兵の顔貌(がんぼう)は緊張に蒼(あお)ざめ、経験者には直ぐわかるいわゆる戦場顔になっている。

日はすでに南海に落ちて、暮色蒼然、屛風岩にあたって砕け散った巨弾の破片や機関砲の薬莢(やっきょう)が散乱し、硝煙臭く、傷者の横たわるなど、うら悲しく、そしてほっとした夕景である。

温厚実直な連隊長は、威儀をただし、旅団長に報告する。「本日連隊正面の被弾数大型砲弾約六百発、戦死者五名、陣地設備および軍需品の損害ほとんど皆無。敵はわが防御配備を察知せず、乱射に終始せるものの如し」。アメリカ艦隊の射弾数が少なかった故もあるが、わが損害が軽微で、しかもわが陣地を知らないという事実は、私を狂喜させた。

鈴木将軍や美田大佐に別れを告げ、私は長野と一緒に、旅団の最右翼西村大隊、ならびに第二十四師団の最左翼歩兵第八十九連隊正面に足を向ける。旅団の名物男、西村大隊長と途中で出会う。彼の気焔は相変わらず当たるべからざるものがある。彼は敵が、もし港川正面に上陸すれば、新城から同海岸に通じる千数百メートルの自然洞窟を潜り抜けて、敵上陸軍の背後に進出し、徹底的に叩きつけるのだとすこぶる得意である。

彼のこの思いつきは、かねて私が軍全般の作戦について考えていたことに偶然一致していた。私は敵が中頭郡に上陸、南進し、わが主陣地帯を攻撃するに当たり、わが陣地内より敵方に長さ二、三千メートルの坑道を掘開し置き、一個旅団以上の強力な兵力をもってこれを通過前進、敵砲兵陣地帯の後方に進出させ、突如背後より敵を攻撃する案を考えていた。本案は時日の余裕がなく、実現しなかった。今、西村少佐が、私の考案を小規模ながら熱心に実行しようとするのを知り、双手を揚げて賛成、激励して別れた。

具志頭部落に近づくに従い、艦砲弾の弾痕が多くなる。予想に反し、その弾痕は小さく、五百キロ爆弾のそれとは比較にならず小さい。侵徹力は大きいが、爆破力は弱いのだ。所在の将兵や、住民をとらえて感想を聞く。強がりがあるので、そのままには受け取れぬが、今まで予想し、かつ脅かされてきたほどでないのは明瞭だ。第八十九連隊の某歩兵砲小隊長は、掩護高十メートルの歩兵砲陣地に、主砲の至近弾を受けたが、これこの通り入り口をちょっとやられたのみです、と私に説明してくれた。

新城―東風平―首里道は、月光に白く浮かんで、自動車は無灯でいくらでもスピードが出せる。敵か味方か二機三機遥か上空を飛んでいる。春の夜風を切って首里に急ぐトラックの上で、私は若い長野と一緒に、心足りた気持ちではしゃいだ。艦砲弾に対しても、爆弾と同様、わが築城陣地は希望の通り、これを嘲笑するに足る堅固さを誇っている。現実にわが目で確かめたのだ。世界環視の中で、軍は思う存分戦えるのだ!!

二十四日夜も男爵邸は無事だった。

敵がいずれからかかって来ても、我は強力に対応する策は整っている。ベッドに仰臥し、うつらうつらしていると、邸前の首里本道を規則正しく行進する車輛、軍靴の音が心地よく子守歌のようだ。

### 敵の上陸準備砲爆撃熾烈となる

アメリカ艦隊は、ひょっとすると退去するのではないかとの淡い希望は消し飛んで、砲爆は日ごとに大規模となる。

二十五日、南部住民の北方国頭地区への撤退と、北、中飛行場地区にある軍防空部隊の軍主陣地地内の地上戦闘配置への後退が命ぜられた。同時に台湾軍から北、中飛行場地区増加予定の教導連隊の派遣中止の電報を受領した。一両日来、首里山上より望見するに、アメリカ空軍の慶良間群島攻撃が激烈を極めている。さてはと思わんではなかったが、果然アメリカ軍は二十六日早朝から同群島に上陸を始めた。無電の報告は断片的で事態は明瞭でない。群島に配置してある独立挺進三個戦隊計約三百隻は、海上で必死体当たりすれば、相当暴れる力を保持しているはずだが、陸上に攻撃されてはまったく無力である。好機断固として海上に出撃すべきである。願わくば出撃していてくれと祈る心も束の間、座間味、阿嘉、渡嘉敷の三島よりの報告はことごとく非である。ついに陸上に急襲されたようである。無電は、各隊軌を一にして悲痛な言葉のみで綴られている。たまたま同群島にある各戦隊を巡視中であった軍船舶隊長大町大佐からも、ほぼ同様の電報だ。

彼らが、今報告通りの戦況に直面しているのは事実であろう。その決心も悲壮である。しかし桜花の如く散らんとする弱さが、歯がゆい。死にさえすれば、万事美しく解決すると思いなされた日本人の通有性、さっぱりとしているが、意志が弱く、不屈不撓あくまで自己の任務目的を遂行せんとする頑張りが足りない。

慶良間群島に、有力な挺進戦隊を配置するに当たり、私はかかる状況の現出する公算は五十と覚悟し、残りの戦隊攻撃の成功の公算五十に期待をかけて、敢えて冒険的配置を具申したのであった。今や天幸いせず、最悪の場面に遭遇したのだ。已んぬる哉である。

軍は、沖縄本島に挺進戦隊の主力がなお残存するに鑑み、軍船舶隊長大町大佐に対し、「貴官は敵中を突破し、本島に帰還、主力部隊の指揮に任ずべし」との電報命令を発した。

だが軍首脳部は再び大町大佐の姿を見ることはなかった。否、赤松、野田、梅沢の各戦隊の状況は、その後杳として不明のままに過ぎた。もっとも約一か月後、渡嘉敷島に生存者がいることは、本島に脱出して来た一部の人の報告でわかったが。

敵は、慶良間群島を奪取するや、有力な艦隊をもって慶良間海峡に進入、さらに主力と推定される大艦隊をもって北上し、嘉手納沖に集中するに至った。かくて三月二十七日ごろには、沖縄島は完全に敵の大艦隊に包囲され、至る所、艦砲射撃にさらされるようになった。敵艦の数は日により多少の増減はあるが、戦艦、巡洋艦それぞれ十余隻。中型以下の軍艦七、八十隻、哨戒艇や上陸用舟艇は無数であった。

首里山より四望すれば、北方春煙模糊の彼方、本部半島より米粒大に見える粟国島、照国島を経て、今は敵手にはいれる慶良間群島に亘る沖縄島西方の広大な海面、さらに南方与座、八重瀬、糸数高地を越えて、漂渺と展ける大海原に、大小無数の敵艦は海を圧してその威容を示し、閃々たる火光、轟々たる砲声、真に壮絶を極め、その巨弾は空を掩う敵機の投下する爆弾とともに、幾千万となく全島に炸裂し、恰も噴火山上に立てる感がある。東方海面は、弁ヶ岳一帯の高地に遮ぎられ、展望できないが、該方面にも、一部敵艦隊が行動しつつあるのはもちろんである。

海を圧し、空を掩い、天も地も海も震撼せしめる古今未曾有の大攻勢に対し、これはいかに、わが全軍は一兵、一馬に至るまで、地下に潜み、一発一弾も応射せず、薄気味悪く寂然として静まり返っている。厳たる軍の作戦方針に従い、確信に満ちた反撃力を深く蔵し、戦機の熟するのを、全軍十万の将兵は、息を殺して待っているのだ。

歴史的激闘は、沖縄島に動静至妙な美を現出しつつ、壮厳に幕を開いてゆく。

## 特攻

天号作戦計画に基づく友軍航空部隊は、敵輸送船団の近接を待っているのか、二十六日に至るも未だ戦場にその機影を見せない。敵の大艦隊、大空軍が独り舞台に跳梁を恣ままにしている。この際、あれほど平素豪語したわが空軍が出現しないので、失望不満の声はようやく喧しい。

神少佐は、いたたまれなくなったのか、中飛行場にある軍直轄特攻隊を出撃させる命令を、軍司令官に請い受け、同飛行場に急行した。軍直轄特攻隊というのは、佐藤少佐の偵察飛行第四十六中隊を基幹とし、これに南方転進の途上、故障のため滞留した飛行機を加えて、臨時編成した部隊で総数約十五機を有するに過ぎない。

攻撃部署は、二十六日夕半数、二十七日夕その残部が、それぞれ突撃、その目標は中飛行場沖の敵艦と決定した。

二十六日の夕、首里城壁上の監視哨が、友軍特攻機続々中飛行場を離陸すと報ずるや、興奮した将兵は先を競って洞窟を躍び出した。

万雷はたとやんで、暮色に包まれた島や海は、先刻までの修羅場とは思えぬほど和やかである。中飛行場沖距離約四千、数隻の敵中型艦が悠々航海中である。友軍機は、一機、二機、三機と白塵をあげ、敵艦に向かい離陸している。もし敵艦が、これを目ざとく発見して、滑走路に砲弾を打ち込めば万事休すである！　数日来砲爆を集中した飛行場に、まさか日本機が生存しているとは思わなかったのか、それともまだわが特攻機の攻撃を受けず、しかも昼間の戦いを終えた直後で、すっかり油断していたのか、奇跡的に全機敵艦隊の目前で離陸を完了した。

離陸そのままの態勢で、砲弾の如く敵艦に突っ込むかと思いきや、七つの特攻機は機首をかえ、単縦陣をもって、首里上空を高く、大きく旋回し始めた。暮色すでに濃く、さだかではないが、翼を左右に振っている。軍司令官に袂別を告げんとするのであろう。十万のわが将兵は、洞窟の外に立って、この必死行を送っている。何年かも聞かなかったような、恋しい友軍機のプロペラの音、そしてなんと物悲しく、夕空に響くことであろう。

神鷲（かみわし）の一群は、かろやかに旋回を終わるや、決然として機首を敵艦に向け、突撃し始めた。俄然（がぜん）天地の静寂は破れ、轟々たる敵艦隊の対空射撃が始まった。防空火砲で間に合わぬか、艦隊の主砲以下全艦砲が参加しているようだ。幾千万の曳光弾は、噴水の如く射ちあげられ、艦隊の上空はすっぽり真っ赤になった。果たして、わが特攻機はこの焔の如き弾幕層を突破し得るだろうか。

一番機が黒く、小さく曳光弾の焔の中に、その姿を映して、礫（つぶて）の如くアメリカ中型艦めがけて落ちて行く。瞬間空中高く火焔、水煙が一団となって揚がる。双眼鏡を手にした神参謀が、一機命中！と叫ぶ。命中の言葉はこの状景に最もよくあてはまる。煙の薄れたあとには、敵艦影が見えない。いわゆる轟沈したのであろう。たじろがず、続く二番機、三番機ことごとく成功する。四番機は惜しくも中空で被弾、火の塊りとなり、人魂のようにゆらゆらと海中に落ちてゆく。続く特攻機は全部成功したようだ。

悲劇は終わった。焔の弾幕層はすっと消え、ドロドロの轟音はぱったりやんだ。今や暮れはてた海上、敵の艦影なく、満天の星は、美しく瞬き、悠久の大自然は、人類の争闘を嘲笑し、これを抹殺するかのようだ。

さあれ、人間最高の断固たる英雄的行為を観た記念運動場の我々は、限りない感動と、底知れぬ哀感に、一言も発せず、黙々として足元暗い坂路を洞窟に降りて行った。

## 虚実の駆け引き

敵の沖縄本島上陸の企図、明白となった今日、我々の最も知らんと欲するのは、いずれの地点に上陸するかにある。

慶良間群島の攻略後、敵艦隊の重点は漸次嘉手納沖に移動しつつある。二十七日軍参謀長は、この状況を観て私に、「どうも敵の上陸点は、嘉手納沖のようだぞ」と申される。私もそうと判断せざるを得ない状況となってきた。

他面、南部港川沖における敵艦隊の行動も活発で軽視を許さない。

三月二十七日夕における敵情判断は次の通りであった。

判　決

「敵は主力をもって北、中飛行場沿岸に上陸するとともに、一部をもって、港川正面に上陸するか、もしくは陽動し、主力の上陸作戦を容易ならしむるならん」

アメリカ艦隊の砲撃は、第一日一千発に過ぎなかったが、日を経るに従い、一日万を数えるに至った。しかし、その射撃は、依然漫然たる地域射撃で、わが軍の損害はほとんど皆無である。艦砲射撃の激化につれ、敵は、十数ないし数十の上陸用舟艇をもって、港川、糸満、天久、嘉手納等の沿岸に欺上陸を反復繰り返し始めた。時には「米軍上陸を開始せり」との報告が第一線からくることさえある。さらに大胆不敵にも、その哨海艇は、悠々わが水際陣地数十メートルまで近接し、機銃を乱射し、挑戦してくる。後には日本軍は応戦しないと安心したか、甲板上を闊歩する奴さえ出るありさまだ。

アメリカ軍が、このような挙に出るのは、おそらくわが注意を八方に牽制し、軍の指揮を錯乱するとともに、わが陣地配備を偵知せんとするためであろう。時には、わが方も癪に障るから、目にもの見せてやりたい衝動を感ずるが、既定方針に従い、隠忍自重、全線依然沈黙を持している。過去の太平洋戦で、わが軍はほとんど例外なく、この手に掛かり失敗してきた。我々は、決してその手に乗らないのだ。台湾軍から「沖縄の沿岸守備隊は極めて消極的だ」とアメリカ軍が放送しているぞと通報があった。日本軍中にも、わが作戦態度に焦躁を感ずる者が多かろう。現に軍幕僚中にさえ、一矢報いずんばあるべからずと、いきり立つものがある始末だ。そこで戦車第二十七連隊所属の自走砲兵中隊を主陣地帯の前方地域に自由に行動し、夜間不用意に近接して来る敵艦を砲撃する処置をとった。これならば軍全般の企図を察知される恐れはないと考えたからである。

敵の欺瞞陽動あの手この手はさることながら、敵主力の上陸点が嘉手納沿岸であることは、全般の動きより察して、時を経るに従い、いよいよ明瞭となってくる。と同時に港川正面に一部の上陸する算もまた見逃し難い。

アメリカ軍が、もし嘉手納に上陸すれば、烏合の衆に等しい特設第一連隊を一蹴し、ついで前進部隊の独立歩兵第十二大隊の後退に追尾して、南下し、約一週間の後には、南上原―我如古―牧港の線にあるわが主陣地帯に近接する。そこで敵は陣地偵察、攻撃計画の策定、兵力の展開、軍需品の輸送集積にさらに少なくも一週間を要する。結局嘉手納上陸より、彼我主力の本格的戦闘開始までには、概ね二週間の余裕がある。

以上の如く、嘉手納方面敵主力の作戦速度、ならびに豊富な戦力を、いやが上にも一地に集結して、成功の確実を図る敵従来の戦法より推断するに、アメリカ軍が港川正面に支作戦を行なう公算は少ない。しかし、敵がもし港川に上陸すれば、該方面は軍防御正面上の弱点であり、これを突破されれば、直ちに軍の防御態勢は根本より崩壊する。敵がその主力の嘉手納上陸を容易にするため、同方面に一部の上陸を策することとなしとは言えぬ。そこで、私は港川正面に一部兵力を増加し、もし敵が嘉手納方面主力の南下に先だち、有力なる一部をもって、港川に上陸すれば、これを各個に撃滅する態勢を確立して、後顧の憂いをなからしめつつ、アメリカ軍主力の南下を待つ策案を樹立、三月二十八日軍司令官の許可を得た。

これがため概要次の如く処置した。

一、軍砲兵隊は、北方陸正面陣地、ならびに西海岸正面にあった迫撃砲第一、第二大隊（各半部欠）ならびに臼砲第一連隊の一中隊を、速かにかねて準備してある港川正面戦闘の配置に陣地を変換させる。
砲兵隊主力は、現陣地においてかねて準備しある処に基づき、随時主火力を港川正面に集中し得る如く待機する。
二、独立混成第四十四旅団は、与那原（よなばる）正面に保持する対戦車火砲の重点ならびに旅団予備を港川正面に転移する。
三、第二十四師団は、概ね現態勢にあって、随時かねて準備しある、港川正面戦闘の配置に着き得る如く待機する。

軍は昨秋十一月下旬以来、北方陸正面と、南部港川正面における主力戦の準備を進め、すでにほぼ完成の状態にあった。今回の計画は、この全般態勢の部分的利用により、各個撃破を企図したものである。人によっては軍のかかる措置は、敵の陽動にまんまと引っ掛かったものとみなすかも知れない。しかしこの処置は、状況の変化、推移一切を検討した帰結に出たものであり、港川正面が単なる陽動に終わるとも、北正面の主力戦闘には支障ないように、用意周到に企画された作戦上至当のものであった。

## アメリカ軍嘉手納沿岸に上陸

彼我虚実の駆け引きを繰り返しながら、それぞれその欲する作戦を推進している間に、戦機はいよいよ熟してゆく。

三月三十日諸情報を総合すれば、数百隻よりなる大輪送船団が、数梯団となり、沖縄南方約百キロの海上を続々慶良間群島方面に西北進中である。時に、直路港川正面に北進するとの報告もあり、我々を緊張させる。

三月三十一日アメリカ軍は、慶良間海峡中の小さな島、神山島を占領し、長射程砲十数門を配置し、首里を中心とするわが主陣地内部に、猛射を開始した。同島の占領は、天久、小禄飛行場正面上陸の一条件ともなるので、軍の敵情判断に一抹の迷いを生ずる。

一起一伏の小波乱より、瞳を転じて大勢を眺めると、今や敵の巨大な戦力は、海を圧し、空を掩い、嘉手納海岸に集中しつつある。三十一日における同地帯に対するアメリカ軍の砲爆は、壮絶を極め、沿岸守備隊の報告では、落下した砲弾は三万発を下らずという。敵舟艇は、幾回となく海岸近く押し寄せ、正に達着せんとしては、引き返しつつある。

一両日来、首里の高地や、市街も敵砲爆の目標となっている。軍司令部の将兵も、もはや夜間宿舎に帰って休息をとる者はなく、全員洞窟生活にはいった。

昭和二十年四月一日!!

今日こそは敵は必ず上陸を決行するだろうと、未明司令部洞窟を出て記念運動場に登る。軍司令官、参謀長を始めとし、軍幕僚全員一団となって戦場を大観する。実に爽快きわまりない夜明けだ。

慶良間群島より本部半島に亘る広大な海面には、無数の敵艦船が充満し、海を圧して徐々に嘉手納海岸に接近しつつある。別に十数隻よりなる敵の一艦隊は、西南の海上から慶良間海峡に悠々進入中である。イギリス旗を掲げた軍艦が、我々の肉眼に鮮烈に映ずる。アメリカ空軍は、十数機ないし三、四十機の編隊を組んで、東南の空から、戦場上空に飛来し、刻々その数を増加する。

海岸地帯や、谷間の朝霧が漸次薄れて、壮麗な戦場の全景が鮮明となり、戦闘の主役者たちが出揃うや、全島を震撼するもの凄い砲爆が始まった。

この後における敵軍上陸の状況ならびに首里山上からこれを観戦する第三十二軍首脳部、特に私の感懐は本書冒頭に記した通りである。さりながら敢えて、この際重複を厭わず、書かねばならぬことが二つある。それは戦略持久とわが空軍の価値判断とである。

## 一、戦略持久について

敵が続々嘉手納沿岸に上陸中の、四月一日の時点における牛島中将以下軍首脳部は戦略持久の方針にいささかも疑念を抱かず、動揺はなかった。昨年十一月下旬、軍の作戦方針を樹立するに当たり、敵が嘉手納に上陸する場合は、南上原東西の堅固な陣地帯に拠り、これを邀え討つ、すなわち戦略持久する方針に決まった。爾来四か月余、この線に従い、鋭意全軍作戦を準備してきたのである。既述の如く、上層部や関係空軍から各種の要望があったが、協議の結果、軍の方針を堅持する如く話はついていた。この期におよんで、かれこれ問題が起こるとは夢想もしなかった。それなればこそ、軍首脳部は、平静に敵の上陸を観望していたのである。

作戦計画策定の際の敵情判断は、現に敵の上陸しつつある嘉手納沿岸のほか、主陣地帯沿岸への来襲を予測していた。那覇北方海岸、糸満正面、港川沿岸等である。これらの地点に敵が上陸した場合は、沿岸に準備した、砲爆を嘲笑する堅固な陣地帯に拠り、敵の上陸を阻止し、この間軍主力を機動集中し、決戦を求める方針であることは既述の通りであった。この策案は、沿岸陣地に期待するところすこぶる大であり、しかも一挙に勝敗を決せんとするものであって、危険を包蔵していた。今や首里山にある私は、こうした危うい作戦を考慮する必要はなくなり、良く晴れた空の如くすっきりと心は決まった。

戦略持久、そうだ。ただ戦略持久あるのみだ。

## 二、日本空軍の価値判断

三月二十六日夕、わが特攻機が、中飛行場沖の敵艦を攻撃して以来、日本空軍は、沖縄地上軍が感嘆するほど連夜奮闘を続けている。黎明(れいめい)、薄暮、月明を利用して、特攻機を繰り出してくる。そのつど、ドロドロと敵艦隊の対空砲火の轟音が遠く慶良間群島や、港川沖で起こる。

必死敵艦に突入する友軍機を思うと、地上の我々は得もいえぬ気持ちになる。全島に配置してある各隊の報告は景気が良く、多数の敵艦船が轟爆沈する。現に自分の目で見ていても特攻機の突入するところ、水煙が高く揚がり、そのあとに敵艦影を見ないことがしばしばである。だが翌朝艦列を組んで我々を砲撃してくる敵艦隊の数は前日と変わらない。

今、首里山上より遠望するアメリカ軍の上陸作戦は、恰(あたか)も演習のようだ。上空友軍機の姿はなく、乱舞するのは敵機の編隊のみである。日本空軍が、かねて豪語する、敵を洋上に撃滅する唯一無二の絶好のチャンスではないか。沖縄でアメリカ軍を撃滅する主役と自認するわが航空軍は、今どうしているのか。この機を逸しては、敵撃滅のチャンスはないと焦る我々を度外視したかのように、ついに友軍機は戦場上空に出現しなかった。マリアナ、レイテ、沖縄と加速度的に開く日米航空戦力比の格差を、我々は如実に見せつけられているのだ。

特攻主体のわが空軍には、已むを得ぬ事情はあるだろう。わが空軍が姿を見せぬのは、まさか北、中飛行場を放棄したわが第三十二軍に対する面当て(つら)ではあるまい。堂々と傍若無人に、嘉手納沿岸に上陸するアメリカ軍主力を観ながら、私はつくづくと、彼我航空戦力の開きを感得させられた。それは特攻機一機一機の操縦者の英雄的行為とは別の、作戦上の総合的な価値判断である。

## 触接戦

アメリカ軍の上陸海岸に、直接配備してあった楚辺(そべ)、平安山の海軍二砲台と、独立歩兵第十二大隊の一中隊（一小隊欠）は、怒濤の如きアメリカ上陸軍に対しては、浜の真砂(まさご)の一粒に過ぎぬ存在であった。烏合の臨編部隊である特設第一連隊もまた然りである。

連隊長青柳中佐からは、四月一日夜半「連隊は予定の如く、飛行場を破壊した後、二二〇高地を占領せんとせしも、第二十四師団の旧陣地は見当たらず、かつ敵の砲爆激烈なるため、目下同高地東南麓において、兵力の集結に努めあり」との無電報告があった。旧陣地見当たらず、四分五裂する連隊の状況を想像し、残念には思ったが仕方がない。早速左記無電命令を送った。

「特設第一連隊は、石川岳付近に後退し、国頭支隊長宇土大佐の指揮下にはいり、敵の北、中飛行場使用を妨害すべし」

同連隊と軍との通信は、その後まったく途絶してしまった。

主力をもって島袋付近に位置した独立歩兵第十二大隊は、アメリカ軍の先鋒部隊に打撃を加えつつ、歩一歩計画的後退を続けている。この大隊の戦闘振りはあっぱれである。わが死傷三百、敵殺傷一千の報告を最後とし、賀谷中佐の率いる独歩十二大隊は、四月五日主陣地帯内の幸地付近に兵力を集結し、該正面の守備隊長である歩兵第六十三旅団長中島少将の指揮下に復帰した。「砲兵の協力さえあれば、アメリカ軍地上部隊の手並みは恐るるに足らない」というのが同大隊勇士らの意見である。

敵は四月五日、早くもわが南上原—我如古—牧港の線の主陣地帯前面に出現した。わが主陣地の存在に気付かず、賀谷支隊追撃の余勢を駆って、そのままぶつかってきたのである。宜野湾街道およびその西側地区に戦車百余輛、同街道東方山地に同じく戦車数十輛が、敵第一線として南下している。山地方面は戦車の行動至難とのわが予想に反し、その行動はすこぶる活発である。なかなか油断がならぬ。対戦車戦は、軍参謀長の得意中の得意であって、これが教育訓練は徹底しているはずだが、敵もまたわが歩兵の急造爆雷をもってする肉薄攻撃の対策を心得、容易に寄せつけない。

軍の最も警戒したのは、アメリカ軍がヨーロッパ戦場における作戦を採用し、大戦車集団をもってわが陣地を一挙に突破し来たることであった。この点、第一線部隊に厳重注意を喚起するとともに、私自身、宜野湾—首里道以西戦車の行動容易な地点を視察し、直接第一線将兵に呼びかけた。野戦兵器廠員中優秀な下士官兵をもって戦車破壊班を編成し、幾組かを前線に配属もした。

しかし、今見参する敵の攻撃法は、純然たる歩兵直協式で、その戦車は全線に分散活動している。砲爆に密接な連繫を保持するこの種攻撃法はわが前線将兵を手古摺(てこず)らせたが、戦車の集団攻撃を受けるにくらべ、実に心安く対戦できる。

いったい嘉手納に上陸した敵の総兵力は幾らであろうか。そして今わが主陣地帯に近接しつつある敵の兵力部署は如何。

敵は一個師団輸送のために、数十隻の運送船を使用するを例とする。四月一日嘉手納沖に進入した敵輸送船を約二百隻とすれば、上陸兵力は概算数個師団である。大本営からの通報によれば、敵はすでに五、六個師団を上陸させたようである。軍情報主任薬丸参謀は、敵の上陸兵力四個師団、うち軍主力当面に二個師団、国頭方面に北進中のものが一個師団、総予備として嘉手納付近に一個師団あり、この兵団は戦車師団であるやも知れぬとの意見である。

第一線は戦闘に熱中するあまり、敵情報告がとかくとどこおりがちになる。軍と当面の第六十二師団との情報収集に関する平時準備が不十分なうえに、戦闘勃発以来、各部隊は、敵の飛行機や艦船の数、特攻機の戦果の観測統計に夢中になり、直接地上戦闘に必要な戦場情報に頭の転向がむずかしい。

由来情報勤務は、日本人には苦手のようだ。ことに臨んで勇敢ではあるが、相手を的確に観察する冷静さに欠け、主観的に行動する嫌いがある。作戦の進展に従い、情報勤務は漸次向上したが、相対して戦っている敵の兵力、編組、兵団番号その移動など不明なことが多い。たとえ判明したとしても、それは寧ろアメリカ軍側が堂々と新聞やラジオで発表するものから得る場合が少なくなかった。

彼我主力が相触接し、おぼろげながら対者の意図兵力部署等を見きわめつつある間、支作戦方面の港川ならびに神山島において、彼我の緊迫した空気が続いていた。

## 一、港川正面

この方面の敵の策動は、嘉手納方面敵主力の上陸完了まで活発に続いた。幾度となく、数十隻の上陸用舟艇が海岸すれすれに近接し「敵は上陸を開始しました」との報告を受けた。該正面で手ぐすねひいて待っている部隊はもちろん、軍首脳部も再三各個撃破の好機到来と、糠(ぬか)喜びをさせられた。

港川正面のアメリカ軍の行動は、結局陽動に過ぎないことが漸次明瞭となったので、軍は四月五日命令を下し、諸部隊を旧陣地に復帰せしめた。軍砲兵司令部の砂野中佐は、橋頭堡殲滅(せんめつ)射撃の準備に最も熱心であった。毎日糸数高地の軍砲兵隊指揮所で、敵の上陸を今か今かと狙っていたのである。「君は魚釣りのように熱心だな」と笑ったほどである。ついに大魚を釣り損じた彼の落胆振りは非常なもので、私は申し訳なく慰めるに言葉がなかった。

## 二、神山島

南西諸島には大小無数の属島がある。沖縄本島の属島神山島は、単なる一例に過ぎない。軍は限りある兵力を、かかる無数の島々に分散配置することはできぬ。よしんば一個大隊や一個連隊の兵力をもって守備しても、アメリカ軍の一撃に遭えば数日にして潰滅するのが従来の戦例である。沖縄本島でさえ、軍主力が防衛したのは全島面積の五分の一にあたる南端部の島尻郡のみであった。島の重要部分に極力兵力を集結して、最善に戦うというのが、軍の作戦方針であった。この方針に対し、航空決戦の思想保持者である関係航空軍や、第十方面軍の一部で反対があったが、我々は首肯し得なかった。

こうした方針で配兵しなかった神山島を、アメリカ軍が占領したのである。軍としてはかねて期したことであるから、意に介する要はないはずである。でも戦闘当初で、意気盛んな我々は、同島に展開して砲撃してくる敵砲兵を小癪な奴と思わざるを得なかった。砲数はわずか十門内外であったが、軍主力陣地の横腹を刺すように、二六時中無茶苦茶に砲撃するので、軍の指揮機動に若干の苦痛は免れぬ。

射距離が二万メートル以上もある。この射程を克服して対抗できるわが砲兵は、長堂西側高地の十五サンチ加農砲二門と、小禄飛行場付近の一部の海軍砲台に過ぎない。それも果たして射程が利くかどうか判然としない。でも、とにかく射ってみろと、以上の砲兵に命じ一夜反撃させた。だが弾丸が神山島に届かず効果があがらない。

軍としては、まったく処置なしで泣き寝入りというところに、那覇港内にある船舶工兵第二十六連隊長佐藤少佐から、ぜひ選抜部隊をもって、神山島に斬り込みをさせてくれとの意見が出た。海軍側も大賛成だという。敵艦艇のうようよしている海面を突き切っての行動なので、成功が危ぶまれたが、なんとかしなければと皆焦っていた時なのでとうとうやることになった。軍司令部では、薬丸参謀が主任となり、お膳立てに奔走した。

四月九日夜、船舶工兵連隊長は、部下西岡少尉以下約五十名（半数は有名な糸満漁夫）をして、刳舟（くりぶね）を利用し、敵の警戒至厳な海上を巧みに突破して敵砲兵を急襲させた。参加予定の海軍側は、出撃当夜、発動艇故障のために、この冒険行に加わることができなかった。海上斬り込み部隊のうち、生還した者はわずか十余名で、わが方の犠牲も大きかったが、爾後（じご）三日間神山島の敵砲兵は一発も発射してこなかった。全軍大いに溜飲を下げ、心から西岡少尉らの英雄行為に感謝した。

### 仲間台上に負傷す

敵の嘉手納上陸以来、軍参謀部内に、どこか妙にそぐわぬ空気がかもされ始めていた。参謀長が急に私に対してよそよそしくされる。長将軍は人が好きになると善悪を超越して、めちゃくちゃに好きになり、嫌いになるとまた徹底的に嫌いになる性格である。

戦略持久の大方針に従い、筋書通りに作戦を指導するのだと、私が悠々（ゆうゆう）平静な境地にある間に、主力決戦を強行しようとする策動が、軍の内外から急にもたげ、首脳部間の空気を擾乱し始めていたのである。

四月二日夕、会食好きな参謀長は自分の部屋に各幕僚を集めて、一杯始められた。十メートルも離れぬ所で執務中の私に対しては、なんの音沙汰もない。私の業務が忙しいからとの心づかいとも思ったが、あまりにも一物ありそうな態度にむっとせざるを得ない。その場にいたたまらなくなった私は、参謀部書記加藤軍曹を連れ、二百メートルほど離れた第六十二師団司令部を訪れた。同じ首里山下の洞窟である。アメリカ軍との戦闘を一手に引き受けた師団司令部は緊張と興奮に渦巻いている。悠々会食でもしようかという軍司令部とは打って変わった空気である。

熱烈な性格の参謀長上野大佐は、日ごろの調子に一層輪がかかって頭のてっぺんから湯気が沸々と立ちあがるばかりだ。換気が悪く、しかも蒸熱の甚しい故もあるが、とにかく非常な気合いのかかりかただ。作戦主任の北島中佐は重厚な、むっつりした顔つきで、地図を案じて命令か何かを起案中だった。両君は、私を喜び迎え、アメリカ軍の先鋒と戦闘しつつ、一六五高地付近を後退中の賀谷支隊の状況を説明してくれた。

暫し談笑の後、別れを告げて洞窟を出る。すでに日はすっかり暮れて、老樹鬱蒼たる首里山腹は鼻をつままれてもわからぬ真の闇夜である。遠近に砲声が聞こえ、北方仲間高地の上空では頻りに敵の照明弾が揚がっている。その光りがときどき木の間から流れ込んで、砲弾で倒れた大木に足をとられそうなのを救ってくれる。

師範学校の池の端まで帰って、私はふと仲間にある第六十三旅団司令部に行って見たくなった。加藤はちょっと難色を示したが、どうせ軍司令部に帰っても気まずい思いをするだけと思い強引に足を仲間に向けた。道を右に転じて、首里の町にはいる。町はまださして損害はない。沖縄特有の高い石垣に囲まれた旧居尚男爵邸は依然そのままである。ときどき中型砲弾がだしぬけにがあんと、行手に落下して、木片を飛散させ、濛々(もうもう)たる塵煙をあげる。町の北部に出ると人家が焔々(えんえん)として燃え盛っている。石嶺(いしみね)の橋の付近は、交通遮断地域として、特に敵弾の集中する所だ。砲弾の落達、状況をよく観て、一挙に大名(おおな)部落に駆け抜ける。ここは西海岸に対して山陰になるので危険は少ない。

無知なのか、今までの経験で安全なのを知っているためか、昼間の洞窟から帰って来た住民が灯をつけてひそひそと炊事をやっている。子供の泣き声さえも聞こえる。自分の緊張振りが急に恥かしくなると同時に、住民の疎開が徹底していなかったなと自責の念に打たれる。一瞬これは危険と思い「灯火を消せ！」と大声しつつ、部落北端の防空壕に躍び込む。ここで一息入れて、前方の状況を観察する。

数百メートルの畑地を越えたあたりが経塚(きょうづか)の部落だ。そこから稜線が黒々とゆるやかに北方に延び、その延び切った頂界線の付近に前田(まえだ)、仲間(なかま)の部落がある。賀谷支隊は、遥かその前方で孤軍奮闘中なのだ。左前方牧港沖からひっきりなしにヒュルヒュルと艦砲弾が飛来する。仲間付近、首里飛行場、それから沢岻(たくし)付近で炸裂するのがいちばん多い。上空一帯つぎつぎにあがる敵の照明弾が、変化ある陰影を織り出し、戦場を印象的に照明する。折りから行動中の通信保線兵に、射弾集中の状況を尋ねる。彼らは、任務上常に危険を冒(おか)して電話線の点検修理の巡回をしているので、こんなことにはいちばん詳しいのだ。彼は「仲間に至る進路上、直前の畑地が最も危険で、今夕もここで第六十二師団の獣医将校がやられました」と話してくれた。

砲弾の衰えた潮どきを見て、防空壕を出る。凸道の右側を、身体をかがめながら前進する。頭上を高く、低く敵弾がヒュルヒュルと飛んで、右方数百メートルの丘陵地に落下する。ようやく無事経塚にたどりつく。ここから左方に稜線が隆起するので、進路は死角を形成し安全である。工兵隊が所々に一団となり、路上に戦車障害を造っているのも頼もしい。

旅団の洞窟司令部は訪れたことがない。暗夜敵弾落下中、これを探し出すのは、困難だ。幸い路傍の横穴式洞窟を覗くと、一人の将校がイスに腰掛けて炭火でお茶を沸かしている。聞くと第六十二師団輜重隊本部の指揮所である。その将校は輜重隊副官鷹野大尉だ。彼は親切にも快く道案内を引き受けてくれた。

親舟に乗った気持ちで鷹野の後に続く。彼は大胆にも、敵方に暴露する稜線上の道を進んで行く。敵砲弾は、低く頭上をかすめて谷地を越えた右方の高地に落下している。これは危険だ。稜線を少し右に下れば、死角になり安全だのにと思う瞬間、敵の一弾は稜線を越えないで、左側斜面近く落下、グワンと凄じく炸裂した。鷹野、加藤の両人は期せず身を伏せた。私もこれに倣おうとするせつな、一弾片がヒューと右背部を叩いた。なんともないので、はは あ、ひょろひょろ弾片がすべって去ったなと思った。二人を促して、右側斜面に下りながら手で背部を触ると、服もワイシャツも破れ、さらに肉がぐにゃぐにゃになり、ねっとりと血がついた。

「加藤ちょっとやられたようだ。調べてくれ」と頼む。蛍電灯で点検した加藤は、頓狂な声で「高級参謀殿、傷は大きいです」と叫ぶ。軽傷とは信じながらも、大袈裟に言われると、ちょっと不安になる。鷹野大尉は責任を感じてか、「旅団司令部は直ぐ近くです。担架と軍医を呼んできます」と慌てて暗く深い谷間に駆け下りて行った。

私は、暫し傷の状況を点検するため、斜面に身を伏せ、安静を保った。別に痛くもかゆくもない。血だけはどんどん流れて、ワイシャツはもちろん、猿又までべとべとになる。温順な加藤は、こういう際にはあまり機転が利かない。すぐ帰るはずの鷹野も姿を見せぬ。たまりかねた加藤が、「おおい高級参謀はこちらだぞ！」と叫ぶ。砲声の間に間にその声が谷間にうつろに谺して私の気持ちをいらだたせる。やっとのことで、鷹野が担架を運んできたが、すでに傷は軽いとの自信を得たので、担架を断わり、近くの隊包帯所に案内させる。

入り口を偽装網で遮蔽した高地中腹の洞窟包帯所では薄暗いランプの灯を頼りに軍医が担架に載せたままの重傷兵を手術している。数名の衛生兵、そして付近の村娘らしい臨時看護婦が狭苦しい洞窟内で甲斐甲斐しく立ち働いている。一瞬私は昭和十七年一月初頭、沖支隊が南部ビルマのタボイを占領した翌日のわが野戦病院の光景を想起した。立派な建物、真っ白い敷布や包帯が目に滲みる南国の白昼、銃砲声も聞こえない広々とした病室に収容された重傷者数十名、ある者は呻き苦しみ、ある者は息を引きとりつつある。戦いが終わった周囲の平和な空気とは著しく対照的な痛々しい現実の残酷さはほとんど正視するに耐えなかった。

今自ら負傷して訪れたこの包帯所の光景は、周囲の真に迫った戦場の空気を背景として甚だ活き活きとしている。むしろ快感を覚える。

私は軍医にガス壊疽の注射を乞うた。軽傷者はこれさえしておけば大丈夫となまかじりに知っていたからだ。軍医は職掌柄万事承知だ。ズルホン注射もすませ、手ぎわよく、しかしやや大仰ではあったが、胸部いっぱいに包帯を巻いてくれた。治療を終わるや、旅団書記の案内で急峻な斜面、――敵方の反対斜面だから敵弾はこない――数十メートルを攀登して、前田高地山頂に近い、中島将軍の洞窟戦闘指揮所を訪れる。

将軍は、奥深い畳を敷いた一室で、軍衣を脱しておられた。端然と坐し、静かな優しい声で私を招じ入れられた。私の負傷を見舞われた後、自ら地図を開いて、一般の状況、特に賀谷支隊の戦況を説明された。結論は「同支隊はなお数日間主陣地帯前で持久し得べく、もし軍砲兵が協同してくれれば、さらに長期に亘り、敵の前進を拒止することが可能である」という主旨であった。私は「前進部隊の戦闘に軍砲兵を参加させると、過早にその陣地を暴露し、損害を受け、主力戦に不利となるので極力回避したい。賀谷支隊は、軽戦ののち主陣地内に後退するを可とする」旨返事を申し上げた。

旅団の健闘を祈りつつ将軍にお別れし、前田高地脚の旅団司令部事務所に立ち寄る。今朝来連絡に来ていた長野参謀が、ひょっこり顔を見せ、「高級参謀がこんな所に来るのは軽率です」と叱らんばかりである。彼の親切が身に沁みる。彼はすでに軍司令部に電話し、自動車を招致し、先刻の輜重隊指揮所前に待たせてあるという。

長野の説によれば、徒歩で行動すれば、地形を利用するに便であるが、危険地帯にいる時間が長くなる。自動車は地形の利用には不利だが、好機を見て、一挙に目的地に到着でき、危険な時間を短縮し、しかも楽である。したがって道路がなお車行を許す限り、夜間はこれによるべきであるというのである。私は、快く彼の説に従い、帰路は自動車に乗り無事軍司令部に帰った。

司令部では話が大きく伝わり、よほどの重傷と思ったらしい。参謀部先任書記の千葉准尉が血相を変えて見舞いにくる。勝山が軍服やワイシャツを着替えさせてくれる。崎山、余儀らも怖しい物見たそうな顔つきで集まる。参謀長もちょっと包帯を見て、うん大したことでなくて良かったなと慰めて行かれた。

### 四月八日の攻勢

前田高地上の負傷も、軍医部部員賀数軍医中尉の懇切な日々の手当てで、執務に支障なく、まったく気にならない。

特設第一連隊の北、中飛行場地区における行動は、やや期待に反したが、前進部隊である賀谷支隊は、予想の如く敵の南進を遅滞せしめながら、軍主力陣地に向かい後退を続けている。おそらく、数日後には、敵主力は、わが軍がかねて準備している主陣地帯前面に現出するだろう。その時こそ、待ちに待ち、鍛えに鍛えたわが威力を発揮できる。大なる瞬間を待つひたぶるな私の心は、ふくらみ、胸は躍る。ところが、こうした私の心情とは裏腹に、軍司令部内には、冷たい空気が吹き始めた。得も言えぬ、よそよそしい素振りが軍参謀長の周辺に感得される。

　四月四日ごろになると、俄然その異様な空気が、形となって現われ出した。大本営、関係航空軍、そして第十方面軍からの思いもうけぬ作戦干渉が始まったのだ。

　その前駆ともいうべき第一電が、台北から舞い込んだ。曰く、「第三十二軍は、極力敵の北、中飛行場使用を妨害し、連日出撃するわが忠勇無比なる特攻戦士をして、遺憾なくその任務を完遂せしむべし」と。我々は、毎夜ドロドロの葬送曲裡に、敵艦船に突入散華する無数の特攻勇士らには、心から敬虔の誠を捧げている。しかし軍の地上部隊は、特攻勇士の数十倍の人員をもって、毎日急造爆雷を抱えて敵戦車に必死の突撃を行ない、また行なわんとしているのだ。特攻機を、台北飛行場から送り出す方面軍司令部首脳の気持ちは、我々にもいやというほどによくわかる。しかし、日々数千の地上勇士を犠牲にする我々の気持ちも酌んでくれなくては困る。

　私は、むしゃくしゃする気持ちでペンを取り、「地上部隊幾千の将兵が、連日祖国のために殉じつつある冷厳なる現実に立って、軍は既定方針に従い、貴意に副う如く努力しあり」と返電を起草した。参謀長は、「冷厳なる現実」の語が非常に気に入って、爾後よくこの言葉を使用された。去る三月初め、北、中飛行場に関する処置は、方面軍幕僚と協議し、決定してあるではないか。何を今になって、慌てふためいた電報を打ってくるか、というのが私の気持ちであった。

　特設第一連隊の潰乱、賀谷支隊の後退、アメリカ軍主力の迅速なる地歩の獲得が、中央部を始めとする関係各軍の幕僚を、爆発的な怒りに駆り立てたのであろう。「第三十二軍は、北、中飛行場方面に直ちに突撃せよ」という半命令的な訓電、要請が相次いで殺到した。

電報の中には、「今にして貴軍が、北方に出撃せざれば、ついに任務達成の機を逸すべし」といった軍を叱咤する文句もあった。この文句の意味は不明だが、察するに敵は、北、中飛行場を占領した後は、爾後南進して、軍主力を攻撃することなく、これら飛行場を根拠として、直ちに日本本土への進撃を開始する。さすれば、第三十二軍はいたずらに手を拱いて、任務を放擲したことになるぞ。現在までの太平洋の作戦において、こうした例はいくらでもあるじゃないか、といったお叱りともとれる。なるほど、軍の主力陣地は、沖縄島の南部の一角を占拠するに過ぎない。しかし敵は、この地域を奪取して、初めて腰を落ちつけて、本土攻略の準備ができるのである。北、中飛行場付近を占領するだけで、本土を窺うが如きことはあり得ない。

攻勢、持久の両論に関連し、軍首脳部の、私に対する反感はいよいよ露骨になる。私は大本営、方面軍等から攻勢要望の電報を、司令官や参謀長にご覧に入れるごとに、平素からの軍の戦略持久方針に基づき、攻勢は絶対に反対の意見を強く具申した。両将軍は、私の強硬な意見を聞き流しておられたが、ついにきたるべきものがきてしまった。

四月五日の夕刻、参謀全員、参謀長室に集合を命ぜられた。参謀長は、例の太い象牙のパイプに金鵄をつめて、悠々と燻らしながら、攻勢に同意を強要するが如き調子で、皆の意見を求められた。

木村、薬丸、神、三宅、長野全員陸大の学生のような調子で、即席で一人一人順序に攻勢に賛成する旨を述べた。もっとも長野だけは私に対する気がねもあってか、ちょっと言葉を濁した。

私は憤激措く能わず切歯扼腕した。なにくそ！　この青二才どもは、作戦のなんたるかを知らない。彼らは軍の作戦準備の現況や、戦場の地形さえもほとんど知らず、今即席で攻勢を主張するなど無責任もはなはだしい。昨秋来の戦略持久方針を忘れてしまったのか。まるで陸軍大学校の五分間決心問題を解答するような軽率な態度である。

毎度のことながら、参謀長は幕僚会議の指導要領をご承知ないようだ。航空、情報、通信、後方等の主任参謀が、その任務から離れた作戦の大方針に対する意見を、場あたりの気分本位に表明したとてなんの参考になるだろう。

私は断固たる態度をもって攻勢に反対した。

軍は遠き以前から、戦略持久の方針を確立し、過去数か月間、全軍この線に沿い一意作戦準備に邁進してきた。今敵は予想した地点である嘉手納沿岸に上陸し、予期した如くに南進しつつある。この時、この際、何故に突拍子もなく根本方針を百八十度転換する必要があろう。実に脱線も甚しいといわざるを得ない。アメリカ軍数個師団はすでに上陸を完了し、海空より我を圧倒しつつ怒濤の如く進撃し、その第一線は軍主力陣地に近接している。この敵に対して、軍主力が無準備のまま、急遽攻勢に転じても、中頭、島尻両郡の接合部、幅員数キロに過ぎぬ狭隘部で強大な敵の陸海空三軍の猛撃を受け、数日を出でずして全軍覆滅することが必定である。

敵の上陸して未だ態勢整わざるに乗じ、攻勢を取るのだというが、それはまったく空想である。今から軍が攻撃計画を立案し、命令を下達し、第一線の兵士に徹底し、全軍攻勢発起の態勢を整えるのに三日を要する。軍の攻撃前進開始は、早くも三日の後になるのだ。それまでに敵はますます態勢を固める。態勢未完に乗じ云々(うんぬん)の如きは、夢想に過ぎない。すでに機は遠く逸しているのである。

大本営や方面軍の電報が、純然たる攻勢命令であるならば、格別——よし命令であっても、国家国軍に不利なこと明瞭ならば、独断行動することは許されている——訓令的要望である以上必ずしも服従する必要はない。

かく論じ、私は攻勢に絶対反対であると結んだ。長将軍は、私の主張を黙って聞いておられたが、一言も論議を交えることなくやおら立ち上がって、「多数決に従い、幕僚会議の結論は、攻勢と認める。今から軍司令官の決裁を受けに行く。今度集合の際は服装を正し、略綬を佩用(はいよう)せよ」と言い残して、出て行かれた。

軍司令官の決裁は、受けぬ前から攻勢に決まっている。憤怒の情を抑(おさ)えつつ居室に待つこと約三十分、我々は威儀を正して、十畳敷き大の洞窟軍司令官室に集合した。折襟の軍服を着用された軍司令官は、不動の姿勢のまま、一同に対し、「自分は、軍全力をもって、北、中飛行場地区に出撃するに決しました。よろしくお願い致します」といつもと同じ、ぎこちない口調で、申し渡された。

全責任を負う軍司令官が決心した以上、参謀たる者は、己を空しくして、その決心の遂行に努力しなければならぬ。だが人間精魂を傾けて研究し、善しと信じた策案、しかも上下これを認めて準備してきたことをさらりと棄て、白紙状態に帰るのはなかなかむずかしいものである。ビルマ進入作戦当時を思い出す。慎重主義の軍司令官に対し冒険奇策敢行主義の私は、しばしば自らの身分を忘れて、ゴム林の中で、軍司令官に食ってかかった。自らの全生命を打ち込んで、樹立した策案の用いられぬ場合ほど残念なことはない。つい「勝手にしろ！」と言いたくなる。そして指揮官の決心に基づいて、やって失敗したり、成績が芳しくないと、「だから言わんことではないか」と嘲笑したくなる。このわがままを抑え得る人でないと参謀になる資格はない。女中的性質が必要なのだ。

私は、自らの経験に鑑み、陸大教官当時学生によくこのことを話した。もちろん私のみではない、これは陸大の教育方針の一つでもあったのだ。しかるに、今や私は、その最大の試練に遭遇したのである。初期のビルマ作戦では、どうせわが軍が勝つに決まっていた。ただ上手に勝つかどうかの問題に過ぎない。今回の作戦は、勅語にもある通り、国家の安危興亡に関するものである。十万の将兵が、一挙に徒死するか否かの重大な岐路に立っているのだ。私の生来の性格が強烈にもたげ始めたのも、また已んぬる哉である。

わが陸軍将校、なかんずく高級将校や参謀らは、陸軍大学校で気分本位の上滑りの作戦や、本質を離れた形式戦術を勉強し、しかも卒業後はほとんど用兵作戦の勉強をしない。もっとも彼らの多くは、素質不良な支那軍相手の大陸作戦や、太平洋戦争前段の、戦意に欠けた英米蘭の植民地軍との戦闘経験はもっている。がこの体験がかえって太平洋戦争の後段の作戦指導に禍しているのだ。

アメリカ軍が日本軍を評して、兵は優秀、下級幹部は良好、中級将校は凡庸、高級指揮官は愚劣といっている。それは素質劣等な軍隊と戦った経験をもって、強大な陸海空軍を擁するアメリカ軍に、攻勢一点張りの作戦を強行しようとするからではないか。私はあえて先輩や同僚をこきおろして快とするものではないが、今この重大な関頭に立って、上は大本営より下は第一線軍の重要な地位を占める人々の多くが、用兵作戦の本質的知識と能力に欠けているのではないかと疑う。

嗚呼、現在の戦況において、攻勢を要望する大本営や方面軍のばかさ加減は何事であるか。彼らは航空優先の過去の亡霊に取り憑かれているのだ。沖縄戦は、航空兵力で決着をつけるという謬見の虜になっているのだ。四月一日のアメリカ軍の大手を振った上陸振りを見ていない。そして続々あがる航空戦果にかかわらず、沖縄島周辺の敵の大艦隊は、一向その勢力に衰えを見せない。北、中飛行場は遅くも、去る三月十日の軍の意見具申の通り、破壊しておくべきであった。現にこれら飛行場はかねて準備してあるわが十五サンチ加農砲で制圧している。よしんば、この飛行場を敵が利用するに至っても、夜間行動を主体とするわが特攻機のために、そう生命取りになるような騒ぎをする要はない。極言すればわが航空作戦の失敗を第三十二軍のせいにするものである。

牛島将軍や長軍参謀長もあまりに腰が弱い。敵が嘉手納に上陸すれば、参謀長自慢の一トン爆弾や十六サンチ砲を嘲笑する堅固な主力陣地において戦うとの方針は、昨秋から決まっていたことではないか。そして戦闘の始まるずっと以前から、中央や方面軍の圧迫に抗してこの方針を堅持してこられたのは、両将軍自らではなかったのか。

どう考えても、この攻勢を強行すれば、全軍十万の将兵は、前田、仲間の線以北、島袋東西の線以南の狭隘地帯で、アメリカ太平洋艦隊とその一千機を超える空軍、すでに上陸を完了した数個師団の地上部隊の集中攻撃を受け、拠るに陣地なく、隠るるに所なき裸の状態で、悲愴な最期を遂げること必定である。北、中飛行場の奪還など夢である。各師団が昨秋以来奮励努力した戦略持久の作戦準備は、実に今日のためであった。過去数か月の努力を、一朝にして放擲し、徒手空拳、敵と戦わんとするのは、戦略戦術両面より考えて実に狂気の沙汰と言わざるを得ない。

兵学教官として、陸軍大学に職を奉ずること前後約十年、今やその蘊蓄を傾けて世界注視の下、戦友十万の生命を預り、祖国の安危を賭けて戦わんとするに当たり、いかに中央の要求、軍司令官の決裁なりといえども、後世、物笑いになるような戦はやりたくない。自分の一生もこれで終わるのだ。男子一生の仕事、今生最後の願いだ。今からでも遅くない。今一度攻勢中止の意見を具申しなければならぬ。

私は物の怪に憑かれたように、むっくと立ち上がり、参謀長室に歩を進めた。折りよく両将軍は、参謀長室前の坑道で何か打ち合わせをしておられる。私は不動の姿勢を取り、全身の勇気を振い起こして、口を開いた。

「すでに閣下が一大決心をなされた今日、再びご意図に反する意見を申し上げるのは誠に無礼でありますが」と前提し、攻勢の不可なる所以(ゆえん)を力説した。「この攻勢を実施致しますれば、全軍数日を出でずして潰滅し、史上空前の哀れな最期を遂げること明らかであります」と決言した時は、思わずはらはらと落涙を禁じ得なかった。

両将軍は、切々として意見を述べる私を、半(なか)ば蔑(さげ)すむように、また半ば憐むように注視しておられたが、互いに顔を見合わせたまま一言も発せられない。とりつく島もなく、私は退去せざるを得なかった。

無限の憾みを呑(の)みつつ、私はこの夜、長野参謀を相手に攻勢作戦計画を立案した。別に妙案はない。人海戦術で、ただひた押しに押すだけである。その概要は次の通りである。

### 第三十二軍攻勢計画の概要

方　針

軍は四月八日夜、全力を挙げて、攻勢に転じ、北、中飛行場地区に上陸せるアメリカ軍を撃滅し、まず標高二二〇高地東西の線に進出する。

兵団部署の概要

一、第六十二師団は、四月八日夜、全力を挙げて攻勢に転じ、敵を紛戦に導きつつ、まず島袋東西の線に進出する。

同線進出後の行動は、当時の状況によるも、なし得る限り、一挙に北、中飛行場方面に攻撃前進することを予期する。

二、第二十四師団は第二線兵団とする。
四月八日夜半までに、第六十二師団後方近く兵力を集結し、同師団の攻撃前進に伴い、これに続行する。

第六十二師団島袋東西の線に進出するや、その右翼を超越展開し、標高二二〇高地ならびにその東方地区に向かい、攻撃前進することを予期する。
三、独立混成第四十四旅団は、第三線兵団とする。四月九日払暁までに、現作戦地域内において、随時第二十四師団に続行し得る如く態勢を整える。
四、海軍陸戦隊は第四線兵団とする。四月九日払暁までに、現作戦地域内において、随時独立混成第四十四旅団に続行し得る如く態勢を整える。
五、軍砲兵隊は、まず第六十二師団の戦闘に協同しつつ、逐次島袋付近に陣地を推進し、第六十二、第二十四両師団の戦闘に協力し得る如く準備する。
六、爾余の後方諸部隊は暫く現在の態勢にあるものとする。
七、軍司令官は、第六十二師団の攻撃前進に伴い、まず仲間高地に前進する。
右攻撃計画は四月五日夜中に完成し、軍参謀長、ついで軍司令官の決裁を得た。

四月六日、軍司令官は各兵団長を招致して、軍の企図を親しく明示せられることとなった。

この日、第二十四師団長雨宮中将は、木谷参謀長を帯同、弾雨を冒して、無事大里師団司令部から首里に到着された。牛島将軍は、参謀長と私を立ち会いさせ、軍司令官の決心ならびに攻勢一般の要領を口達された。私は、雨宮中将が攻勢反対に有利な証言をされることを内心期待していた。しかし同中将はすこぶる従順な態度で、「欣然全力を傾けて、攻勢に参加します」と返事をされた。

私は、ちょっと失望したが、軍司令官の前を辞された師団長と、木谷参謀長は、感慨深げに、私に向かい腹を打ち明けられた。「このたびの攻勢においては、敵の砲爆に制せられ、砲兵はもちろん歩兵の重火器も追随させるのは至難である。結局白兵と小銃のみをもって戦うのほかはない。その結果は明らかであろう」と。私は、軍参謀として適当な態度ではないと思ったが、つい、ここぞとばかり、「私も同じような意見であります。閣下がそういうお考えならば、至急軍参謀長に、率直にお話し下さっては」と勧めてしまった。

第六十二師団長藤岡中将は、師団司令部付近に敵砲弾が盛んに落下しているので、暫く猶予を願いたいとのことで、作戦主任の北島参謀がまずやって来た。彼は沈痛な面持ちで、「何故の攻勢ぞ！　軍は現在の主陣地帯で頑張るべきだ」と私の顔を睨んだ。そして「当初からの方針通り、現在の陣地でいつまでも、いつまでも持久しなければならん」と弱く呟いた。

かくて軍命令が下達され、あいついで師団命令、各部隊命令と下級部隊へ軍の攻勢態勢は滲透して行った。方面軍、大本営へ報告したのは、もちろんである。ところが六日夕と記憶するが、攻勢一辺倒の軍を再び戦略持久態勢に反転させる一大事件が生じた。実に天なる哉、幸いなる哉である。情報部将校が私に一通の電報をもって来た。曰く、「五、六十隻より成る敵の新しい輸送船団が沖縄島西南地区に近接中」というのである。

私は電報を手に、すぐ駆け出した。軍司令官室前の坑道を、もの思いに沈んで歩いて来られた参謀長を呼び止め、いきなり電報を読みあげた。参謀長の表情が崩れた。将軍は宙を泳ぐような、弱々しい態度になり、「この新来のアメリカ軍は、軍主力が出撃するころに、戦場に到着する。もし万一わが左側背、特に南飛行場方面に上陸されれば一大事である。高級参謀！　攻勢は中止しよう」と申された。

アメリカ輸送船団の情報が確実かどうか、またそれが兵員、軍需品いずれを積載しているか、はたまたわが側背に上陸するかどうか、単なる一片の電報では判断できない。しかし状況の変化いかんにかかわらず、こんなばかな攻勢は止めるべきだというのが私の心にある。将軍の決心変更に、とびついて賛意を表したのは当然である。参謀長が、敵輸送船団近接中の情報に驚いて攻勢放棄の決意をなされたのか、あるいは私の強硬な意見具申や、第一線兵団の不評ですでに心動いていたのを、この情報を渡りに舟と決心変更の口実とされたのかは明らかでない。私の推察では後者であったような気がする。

私は、身分が参謀だから、純作戦理論を展開して攻勢に反対した。しかし軍司令官、参謀長はそうは参らぬ。四月上旬中央を始めとする方面軍関係航空軍よりとび込んだ電報の数々はどうであったか。実に軍を腰抜けと嘲罵するが如きものが多かった。軍司令官、特に強気の参謀長が、戦略持久の方針を放擲して、武士の面目にかけてという気持ちになられたのではないかとも解せられる。この意味においても、敵輸送船団の新たなる現出の情報は救いの船ではなかったろうか。軍司令官は、常に参謀長の意見通りである。あっさり攻勢は中止すると申し渡された。大本営および関係各軍には概要次の如く報告した。

「敵の新たなる輸送船団は、近く沖縄に到着せんとしあり。しかもその上陸方面は予断を許さず。よって軍は四月八日の攻勢を中止するに決せり」

危機は、かくして回避し得た。攻勢に賛成した参謀たちは度を失したような表情で黙している。ただ神参謀のみが「高級参謀殿の索引力にはかないませんね」と諦めとも、冗談ともつかぬことをいった。そしてじっと心を落ちつけようとする私たちに、軍司令官の当番娘がちやほやしながらお茶とお菓子を運んで来た。

顧みるに四月八日の攻勢事件は、第三十二軍全体を驚くべき混乱に陥れた。

数か月来、敵が嘉手納に上陸した場合は、戦略持久と固く決意して作戦準備してきた第一線各部隊に、思いもよらぬ攻勢を命じた。命を受けた各部隊は、あわてふためき、にわか仕立ての攻撃準備を始めた。命令が第一線に伝わり、準備まさに完了せんとするや、今度はまた中止である。この時、敵軍主力の第一線は、すでにじわじわとわが軍主力陣地に押し寄せていたのである。

数か月間、一定の方針で準備した十万の大軍が、まさに敵と輸贏を決せんとする瞬間に、このていたらくである。なんたる滑稽事であろう。軍司令官の威信は失墜し、第一線将兵の士気は阻喪する。特に軍の作戦に任ずる私は、まったく困惑し脳震盪を起こしたような状態にあった。ことここに至った理由は何か。私は敢えて繰り返していうことを辞さぬ。それは、過去の航空優先の亡霊に捉われた戦略思想であり、空軍的海軍的発想に基づく地上戦闘の現実を無視した誤れる戦術思想である。

緒戦劈頭に受けた一大ショック（四月六日の攻勢）に因る動揺は大きかった。しかし軍紀厳正にして、戦意満々たる日本第三十二軍は、直ちにショックから立ち直った。否、南上原―我如古―牧港の軍主力陣地全線に亘ってすでに彼我主力の戦闘は始まっていたのである。

**註**

大軍の作戦方針――目的、戦場、時期――は事前に練りに練り、確固不動のものであるべきで、軽々にこれを変更してはならない。特に敵が絶対に優勢で、我として多くの作戦準備を要する場合においては然りである。

日本の最後の総決戦と呼号した、比島方面捷一号作戦において日本軍が惨敗したのは、ルソン島で決戦する方針を急遽レイテ島に変更したからである。

日本軍をしてかくの如く作戦の常道を逸せしめたのは、一は航空決戦――航空優先――の妄念に捉われた結果として、その戦果を過大に軽信し、かつ飛行場群の保持に拘泥したことであり、他の一つは地上戦闘における火力の価値に対する認識が浅かったことである。

沖縄戦においてもまったく同じ欠陥を暴露した。四月一日、アメリカ軍四個師団の上陸になんらなすところのなかったわが空軍は、第三十二軍の意見通り破壊しおくべきであった北、中飛行場確保に狂奔した。そして比較を絶する強大な敵火力の前に、第三十二軍を引き出そうとしたのである。日本軍中央部の最高責任者の一高官が、沖縄失陥の最大の因子は現地軍の航空軽視にあるといったとか。笑止である。

## 連合艦隊の出撃

第三十二軍が、北、中飛行場への出撃で、てんてこまいしている四月上旬のある一日、中央から一通の電報が舞い込んだ。簡単な電文であったが、その要旨は、「戦艦大和を基幹とするわが残存艦隊が、軍の攻勢に策応して、沖縄に出撃する。そしてその巨砲をもって、我に対抗する敵地上軍を撃破しよう」というにあった。

私はこの電報を手にして感動した。海軍が残存戦力を、沖縄に投入し、軍と運命をともにしようとする決意がありありと感得されたからである。しかし、沖縄周辺の、敵の海空軍が蟠踞(ばんきょ)する様を思うと心が暗くなる。制空権は完全に敵手にある。戦艦十余隻を中心とする敵の大艦隊が、沖縄の周辺を常に遊弋(ゆうよく)している。これでは、わが艦隊が内地から長駆戦場に到着し得るとは考えられない。万一沖縄に近接し得たとしても、袋叩きに遭(あ)うことは必定である。無益である。私は電報を手にしてから十分もしないうちに、返電案を起草した。その要旨は、「連合艦隊が、沖縄に出撃、軍と運命をともにせんとするは、真に感激に耐えず。しかれども、沖縄周辺の敵海空軍の情勢は、これを許さずと判断せらるるにつき、出撃を中止せられたし」であった。

私は電文案を手に、軍参謀長の許に駆け込む。ちょうど牛島将軍も同席しておられる。中央からの電文を読み、ついで私の意見を申し上げて返電案を差し出した。両将軍はぼおーとした様子であったが、黙ってサインをされた。

中央に返電した後、連合艦隊の出撃について、軍首脳部はなんらの情報にも接しなかった。我々は軍の電報によって、わが艦隊の出撃は中止になったものと考えていた。

戦後、軍の発した電報について、某方面の調査によると受電した者がないということである。確かに軍司令官の決裁を得て発電したに相違ない。あるいは公表するのが都合が悪いので、一部局で握り潰しになったのではないかと思う。

## 首里洞窟内の軍司令部

三月二十九日夜を限りとして、陽光を見ない洞窟生活が始まった。

駒場少佐の率いる野戦築城隊が、昼夜兼行の努力をして、首里高地北側諸坑道と、南側諸坑道との開通に成功し、爾他の諸設備も次々と完成する。坑道の開通に伴い、軍首脳部は洞窟の北部から中心部に移転した。地下三十メートル、延長千数百メートルの大洞窟、多数の事務室や居室、かつての銀座の夜店もかくやと想う。二六時中煌々たる無数の電灯、千余人の将兵を収容して、さながら一大地下ホテルの観がある。

洞窟の構成は、要図（九八ページ）の通りだ。一トン爆弾と四十サンチ砲弾に抗するのを目安として構築したものだが、我々は当初、果たしてそれだけの強度があるかどうか不安であった。しかし戦闘勃発と同時に皆はすっかり自信を得た。敵の砲爆はまず戸数五千の首里市街を跡方もなく吹き飛ばして、教会堂のみ残し、ついで首里山の鬱蒼たる老樹の密林、丈余の城壁、木造ではあるが各種の記念すべき大建築物を爆砕してしまった。四月中旬ごろには、首里高地だけでも一日数千発の砲爆弾が落下した。日露戦役で有名な二〇三高地などものの比ではない。

敵の大型爆弾や四十サンチ砲弾が洞窟に命中すると、強震の時のように洞窟はぐらぐらと揺れるが、中型以下の砲爆弾は、無数の豆を鉄板上に落としたように、ただぱんぱんと跳ね返るのみである。とにかく、洞窟内は危険絶無、絶対安全だ。洞窟内日々の生活は、実にこの安全感の上に、構成発展したのである。

洞窟内の異色ある存在は、女性の群れである。彼女らは、死なば諸共の平素の願いを許されて、平時態勢をそのままに洞窟入りをした。嗚呼、軍司令部のみならず、これら健気な沖縄の花ともいうべき幾百千の妙齢の子女が、全軍の将兵とともに、島尻の山野至る所の地下に潜り、鬼哭啾々、悲歌断腸の運命を甘受せんとしつつあるのだ。彼女らの中には、その父や兄弟と同じ戦線に立っている者も少なくない。

参謀長の指令で、戦前と同じく軍首脳部洞窟に崎山、与儀、仲本、渡嘉敷、奥村らの諸嬢が引き続き勤務していた。彼女らは皆良家の子女である。したがってどうこうということはないが、作戦を議し、死の命令を起草する参謀室に濫りに出入することは遠慮願いたい。考えを同じくする神参謀らとともに、婦人当番制廃止を参謀長にお願いした。

将軍は笑いながら、「女のことが気になるようでは、お前たちは修養が足らぬ。お前たちは廃めたければ廃めるがよい。軍司令官閣下と俺はそのままにしておく」とさっぱりした裁決振りだった。

洞窟内には、また別種の女性の一群がいた。参謀室から遠く離れた第六坑道には、はるばる内地から渡来し、長堂の偕行社に勤務していた芸者十数名と、辻町の料亭若藤の遊女十数名が収容されていた。一日一回ぐらい第六坑道を通るのは、気分転換によろしいとあけすけに冗談をいう者もある。しかし彼女らの態度は、今や猥らなものでもなく、また浮いた調子でもない。炊事の手伝いもすれば、野戦築城隊と一緒に泥まみれになって土運びもする。軍司令部の洞窟に入れてもらい、大切な軍の糧秣を頂戴しているのだから、全力を尽くして軍隊のお手伝いをするというのが、いじらしい彼女らの端的な気持ちなのだ。

軍司令部内の食生活は、当初のうちは不自由はなかった。管理部長葛野中佐以下関係者の努力で、一千人以上の数か月分の糧秣が、洞窟内に集積してあり、将兵は三度の食事を、定量にとることができた。四月初め、師範付属小学校に格納してあったかん詰め類や調味品を多量に焼失したが、もちろん大勢には影響しなかった。

参謀長が、沖縄料理は油っこくていけないと、昨秋わざわざ福岡から呼び寄せられた腕利きの料理人もおれば、佐伯准尉のような料理通もいる。また野戦建築隊から転属した菓子職人もいるというわけで食事は寧ろ贅沢であった。三時のおやつも出るし、小夜食もある。左利きの者にはビール、日本酒、航空用葡萄酒もある。参謀長とっておきのオールドパー、ジヨニーウォーカーなどのスコッチさえもご馳走になれる。肉類も、初めのころは、塩漬けの牛、山羊などの肉から魚類まで準備してあった。海軍根拠地隊から、ときどき赤飯、雑煮などのかん詰めを強奪してくる。またその携帯口糧のビスケットは陸軍のものと異なり、美味だったので、黒糖をつけて食えば結構よいおやつになる。

　野菜は不自由だった。しかし命知らずの当番兵たちが砲弾の閑散時をよく知っていて、付近の農民がほったらかしにした菜園からトマト、白菜などを失敬して食膳を賑わすこともある。ある日坑道を歩いていたら、一側の寝棚に寝ころぶ一兵士の枕元に、真っ白い白菜の葉が二、三枚おいてあるのを見かけた、いじらしいような、また羨ましいような気がしたことがあった。煙草は、壕内の蒸熱でカビが生えていたが、「金鵄」があり、さして不足はなかった。海軍参謀の前川大佐や中尾中佐が連絡に来るたびに、「光」「桜」などを寄贈してくれるのも楽しみであった。

　右のほか、戦闘の進捗するにつれ、時折り第一線から戦利品——敵の遺棄した戦車の中や、あるいは戦死者の軍服のポケットから、さては幸運にも友軍陣地内に間違って投下された落下傘の中から失敬したチェスタヒールド、カメルなどの煙草、チーズ、バターなど——が送られてくる。アメリカ煙草は在米当時愛用したものなので、立ち上る紫煙の中に、今は敵となったアメリカの友人や景色などが懐かしく幻の如く思い出され、変な気持ちになる。

　敵の戦車といえば思い出す。ある日、わが軍が破壊した敵戦車の中に放棄してあった、敵の上陸作戦計画書が軍司令部に送られてきた。膨大な秘密書類である。軍の通訳官に翻訳させる前に、私はむさぼり読んだ。私の最も興味をもったのは、沖縄島の上陸予定地点であった。上陸予定地点は、現に敵が上陸した嘉手納海岸と、敵の陽動した港川を中心とする知念半島の二つであった。二地点ともに、有力な主力上陸地点として研究されており、上陸の細部計画書までつけてあった。

すでに、本書の秘密性はなくなった段階ではあったが、機密保持に厳重な敵にしては、戦車の中にこんな書類を携行するとは失策だなと思った。

以上のように、戦闘初期には、わが将兵も敵の砲爆に圧倒され、苦しい洞窟生活をしながらも、多少は人間らしい日々を過ごしていた。それでも皆は一様に敵は贅沢な戦場生活をしているものと思い込んでいた。敵は物持ちだ。夕方ともなれば、敵の大部は、自動車で戦線の後方に退り、武装を解き、思うさま大気を吸い、ご馳走は食い放題、美酒に酔い、立派な幕舎にはあかあかと電灯をつけ、従軍看護婦と毎晩舞踏会でもやっているだろうと話しあった。

実際、夜ともなると敵戦線の後方はもちろん、海上無数の艦船はことごとく電灯をつけ、一大都市を現出する。それが真っ暗くなるのは、わが特攻が死の攻撃をかけるほんの二、三十分間に過ぎない。夜といえども、洞窟外に出るには、決死の覚悟を要するわが将兵とは、なんという違いであろう。わが方の苦しさや、不自由さが加わるに従い、ますます敵の境遇に対する羨望の念は、いよいよ強くならざるを得ない。

主陣地帯の戦闘が始まったある夜、第六十二師団から、「わが挺身斬り込みの一隊は、宜野湾に侵入、電灯をつけ、楽を奏し、盛んに舞踏中のアメリカ軍高等司令部を襲撃、高級将校多数を刺傷せり」との報告があった。これを聞いた一同は、その華やかな舞踏の場面を誇大に空想し、わが決死の手榴弾に狼狽する敵将校の様子まで脳裡に画き、溜飲を下げたものである。

洞窟内は二六時中夜だ。太陽はもちろん、月も星も見ることはできない。狭くて、奥深い坑道内には、人間が充満しているから、空気の流通が悪く、酸素が稀薄だ。停電した時は、ロウソクの灯も途絶えがちである。温度は常時八十五、六度、湿度は百パーセントに近い。身体は懈怠く、心気は朦朧となる。将兵の活動力を殺ぐこと甚しく、到底長く人間の住める場所ではない。それをしも耐え得ているのは、戦いの緊張のお陰だ。そして皆が一緒に起居しているからだ。

洞窟の中心部がいちばん条件が悪いので、半月もすると軍首脳部はすっかり参ってしまって、再び第一、第二坑道口近くの旧位置に復帰せざるを得なくなった。ここは出口に近く、比較的空気の流通がよいからである。およそ人間、新鮮な空気が吸えず、陽光に接し得ぬくらい苦しいことはない。しかし、窮すれば通ずで将兵はいつの間にか対策を発見した。敵の砲撃も子細に観察すると、間隙がある。六時と七時、十八時と十九時の間は、砲撃がばったりと止む。敵が食事をとるのであろう。この時間がくると我々はそれ！とばかり洞窟外に出て、記念運動場の一角を逍遥する。その時の空気のうまさ、天を仰ぎ見る楽しさ、日々深刻な様相に変貌しゆく戦場を眺める感慨、それは長い航海の後、大地を踏む心地である。しかし、この自由を楽しむ時間は、そう長くは続かなかった。地上戦闘が激化し、戦線が首里に接近するにつれ、敵は終日終夜砲撃を続けるようになったからである。

　これに代わって、我々にささやかな自由を与えてくれた場所は、第四坑道の出口であった。ここは巨岩が懸崖（けんがい）状に出口を掩（おお）い、空中に対してはもちろん、東、北、西の三方向に対しても、遮蔽掩護が利いた。僅か三坪大の地域ではあるが、安全な上に、正午過ぎからは、日光浴もできる。牛島将軍を始め、誰（だれ）も彼も、暇を見ては、ここに落ち合った。万雷の如き砲爆声もすっかり馴れっこになって、のんびりと世間話をする一時（ひととき）は、実に心楽しいものであった。しかしこれとても絶対安全というわけではない。視界の開ける南方遥か糸満沖には、必ず一、二隻の敵艦が見え、その放った一弾で、懸崖の一部が破壊されたことがある。

　我々のいちばん当惑したのは用便であった。当初便所は、洞窟の外部にこしらえてあった。だれも、生理上日に数回はこの危険きわまりない剣呑（けんのん）な場所に厄介にならざるを得ない。小便はまだよいが、大便の最中、敵機が頭上に舞い下りて、カタカタグワンと銃爆撃を始めたり、ヒュウヒュウと艦砲弾がやってくると、まったく気が気でない。中止して退却するにも手間がかかる。さりとて便所の中での戦死は、醜を後世に残す。一同困ったあげく、洞窟内に便所を造ることになり、問題は解決した。

　軍司令官は、戦闘が始まってからも、その態度は平素と少しも変わらなかった。一切を参謀長以下に任せて、自らは悠々（ゆうゆう）としておられる。決裁書類には、例の如く一字一句も修正されない。静かに読書されておられる場合が多く、世間話の相手には、専門外の女子師範学校長西岡氏が選ばれていた。同氏は、すこぶる率直遠慮のない人である。あるとき将軍に、「閣下は何故作戦指揮について、一言もされんのですか？　私がもし司令官だったら、とてもじっとしておれません」と申し上げると、返ってきた将軍の返事は、こうであった。「軍司令部には、それぞれの専門家がおる。俺がかれこれいうよりは、その専門家たちに頼んでやってもらった方が結果が良いのだ」

戦闘が、逐次激化するに従い、軍司令官の感状を授与される部隊が、次々と出てきた。文案は、愛媛県出身の三宅参謀が起案した。皆相当長文のものであった。それを将軍は、必ず自ら墨書された。実に、丹念に、根気強く、奇麗に楷書で書き続けられた。将軍は、第一線から連絡や報告に来た者には、好んで面接され、詳しく戦況を聞かれた。相当誇張した自慢話でも子供のように喜んで聞き、最後には必ず特有の口調で、相手の階級のいかんを問わず、「今後もどうぞよろしくお願いします」と挨拶されるのが常であった。

参謀長の仕事振りは、戦闘が始まるといよいよ賑やかで、しかも徹底していた。日常の業務は、各責任着に委任しておられたが、信頼し得ない者や、あるいは何か失策した直後には、相当峻烈に突っ込み、遠慮なく修正を命じ、時には例の得意の赤インキで、根本的に変更される。戦闘開始後の参謀長の態度性行は、以上の通りで平素とさして変わりはないが、唯ひとつ異なるものがあった。従来将軍は、中央部や方面軍に対しては、公々然と率直大胆な批判をされるのが常であった。ところが、戦闘開始後は、かかる言動がいささかもない。いかなる心境の変化かと疑うばかりである。察するに、平素根本理念としておられた忠則尽命の主義を、身をもって実践せんとする決意の結果であろう。

今回の戦闘は、幕僚、特に作戦参謀にとっては昼夜を弁ぜず、息をもつがさぬ多忙さであった。事実洞窟内においては、昼夜の別はない。況(いわん)や戦いは連日連夜三か月間続いた。

通常大陸作戦は、古往今来、会戦なるものが一週間ぐらい続き、その前後二か月ほどは準備および終末の運動があるのが例となっている。しかるに沖縄の戦闘は、会戦が九十日間ほとんど一日の休みなく継続し、その戦いの多くが受動的な防勢作戦である。敵の出ようによって、わが態勢を整えねばならないので、いよいよ目が回るように忙しくなる。

敵は、その物量を有利に利用するために、昼間我を攻撃する。我は、弱者の戦法で、夜間を利用し態勢の立て直しをし、かつ反撃に出る。わが夜間反撃の重要な手段は、砲撃、少数人員をもってする挺身斬り込み、それから陣地奪還のための夜襲である。挺身斬り込みは、損害多くして効果伴わぬのが常で、なるべく控制すべきである。しかし昼間敵の物量に圧倒されて、くしゃくしゃしている第一線将兵の士気高揚のためには、ある程度斬り込みの実施は認めねばならぬ。

いずれにせよ、被彼の戦線に大きな変化の生ずるのは夜間でなく、昼間である。昼間の戦況は、交通通信の関係で日没後暫くせぬと軍司令部に集まらぬ。これを総合判断し、対策を樹立し、命令化し、これを発令し終わると、夜中の二時、三時になる。したがって、私と長野の就寝するのは、明け方になるのが例だ。

夜明けともなれば、急に砲声が激しくなる。特に第一線を最も悩ます迫撃砲弾——第一線では単に「迫」と呼び慣わした――が、一挙に数十発ずつ各所にドドゥ、ドドゥと破裂する音や、わが特攻に対する敵の砲撃音、ドロ、ドロ、ドロの轟音を寝台上に横たわって、うつらうつらと聞いていると、魔の世界にひきずり込まれるような、救い難い気持ちに襲われる。

少しずつではあるが、砲声が日ごとに首里に近づき、やがて機関銃声まで、微かに聞こえ始め、ついには迫の弾がドドゥと水をかけるように、首里の山を掩い、馳駆する敵戦車や、敢闘するわが勇士の姿まで見えるようになった五月下旬までの朝な朝な、深まりゆくもの悲しく、頼りない気持ちは、実に名状することのできぬものがあった。

私は、幼いころ蛇や虎やそして悪漢に追われる夢を見ると、必ず逃げ出さんとして逃げることができず、絶体絶命の土壇場で目が醒めたものだが、長ずるに及び、修練の結果、気が強くなり、かかる場合、必ずこれを征服せんと抗争する夢を見るようになった。それほど、私は気力が強靭になったが、自制力の弱った眠りに落ちる寸前や、目の醒めた直後などに、この呪わしいドドゥやドロドロの音が聞こえてくると、つい地獄の底にたたき込まれるような無力感に襲われる。

負傷は化膿せず、順調に快方に向かい、日常の業務に支障はない。しかしやや体力の衰えたところに、今度は風邪を引いてしまった。セキが連発し、鼻汁がひっきりなしに出る。ところが参謀長もまた風邪を引いてしまわれた。二人は、仲良く、毎日のように崎山嬢のお世話になり、酸素吸入を続ける仕儀になった。

洞窟内の安全感、第一線将兵の敢闘による一日二、三十メートルに過ぎぬ敵の攻撃速度、そして戦線には急激な波乱は生じないとの自信も手伝い、いつしか洞窟内の将兵の悲壮な緊張感は、日ごとに激化する戦況とは反対に緩和され、慢性不感症となった。軍司令部内には、のんびりした、否一種鈍感ともとれる空気さえ流れ始めた。この雰囲気(ふんいき)の裡(うち)、身辺若干異色ある現象が起こりつつあった。豪放磊落(らいらく)、強酒高論を特色とする参謀木村中佐が、平素のそれとは似もつかず、仏書を手にするようになった。時には、声をあげて読誦する。彼の心中は、皆も同じである。しかし、若い参謀らは心気臭(くさ)く思ったのであろう。せめて読誦だけは止めて欲しいと抗議したが、彼は別に争いもせず、そして仏書を手放さなかった。

第五坑道と第六坑道の分岐点付近には、野戦築城隊の一大尉が、陣どっていた。彼は熱烈な日蓮信者で、南無妙法蓮華経の大旗を立て、太鼓を叩き、付近の者や通りすがりの将兵に法話するのを常とした。その将兵の中に、木村中佐の姿を見ることが多かった。一軍の安危を身をもって任じ、日々の作戦業務に没頭しつつあった私には、形態的な宗教行為が、なにかそらぞらしくてならぬ。至大至高なものに、端的に触れて見たい爆発的な感情が、形態的なものに反発するからであろう。

宗教的、末世的な木村参謀と、対蹠(たいしょ)的な存在は神(じん)参謀である。彼は嘉言、善行の現実主義者なのだ。新聞記者や官民連絡者に、特攻の戦果を大々的に発表し、――戦艦一隻を轟沈すると、アメリカ兵三千が海底の藻屑(もくず)となる。累計すでに沖縄付近海上の敵の損害は云々式――にわが空軍の威力を称揚し、必勝の信念を鼓吹する。自己の机上には、戦陣訓を大書して掲げ、軍紀風紀の取り締まり（彼の業務の一つでもあった）も厳重である。実に現実的な模範参謀である。私は、時々机越しに彼の戦陣訓を拝見する。その言や誠によしである。だがその言々句々に血が通わず、読む者をして感動せしむるものが足りない。三宅坂の下僚が、絶体絶命の境地に身をおかず、煙草を吹かしながら理念の上だけで執筆したものと、私が思うからであろうか。

戦闘開始後間もないある日、司令部勤務のある女の子が、私の許に駆けて来て報告した。

「今女スパイが捕えられ、皆に殺されています。首里郊外で懐中電灯を持って、敵に合い図していたからだそうです。軍の命令（？）で司令部将兵から女に至るまで、竹槍で一突きずつ突いていています。敵愾心を旺盛にするためだそうです。高級参謀殿はどうなさいますか？」

私は、「うん」と言ったきりで、相手にしなかった。いやな感じがしたからである。「スパイ」事件はときどきあった。二世が潜水艦や落下傘で、沖縄島に上陸して活動しているとか、軍の電話線を切断する奴とか、そしてこの女スパイのように、火光信号をもって敵と相通じるとか。しかしこれまで真犯人はついぞ捕えられたことはなかった。

私は、ふっと、三月二十五日午後、首里山頂天主閣跡の広場で見た狂女らしい女を想い出していた。私はそこにあった監視哨に状況を聞くため、一人で広場に立っていた。空は曇り、かなりひどい風が吹いていた。沖縄の三月下旬といえば、春はすでに濃いはずだのに、まったく秋の暮れの感じであった。風は、病葉と砂塵を捲いて吹き上げていた。風蕭々易水寒い危機感でいっぱいのかなり広い広場に、たった一人の琉装の狂女が呪文を唱えながら、両手を大きく振り、天を仰ぎ、舞いの仕草を続けている。あるいは狂人ではなく、沖縄破滅の一大事出来(しゅったい)と、天に祈っていたのかも知れぬ。

私は、竹槍の一突き一突きに痛い！と、か細い声をあげながら、死んでいったという女スパイが、この狂女ではなかったかと、憐れに思えてならなかった。

## 四月十二日の夜襲

軍の上層部が、攻勢論で動揺している間に、第一線の激闘は本格的に始まった。

独立歩兵第十二大隊に追尾して、潮の如く南下殺到した敵は、わが北方主陣地帯の第一線歩兵第六十三旅団の堅陣に激突したのである。宜野湾(ぎのわん)街道の東側が、内田大尉の独立歩兵第十四大隊、さらにその右、中城(なかぐすく)湾に至る間が三浦中佐の独立歩兵第十一大隊、宜野湾街道の西側が原大佐の独立歩兵第十三大隊の守備陣地である。さらに原大隊の左翼城間(ぐすくま)付近は有川少将の歩兵第六十四旅団指揮下の西村中佐の独立歩兵第二十一大隊の陣地であった。

手ぐすねひいて待ち構えていたわが第一線各大隊は、無血上陸して、気をよくして急進して来たアメリカ軍に、初めて日本軍の真価を、いやというほど味わわせた。

宜野湾街道以東の山地においては、主陣地直前の前進陣地を成す制高地点を、歩一歩敵手にまかしてはいるが、実によく頑張っている。宜野湾街道の西側原大隊は、その陣地の突出部九五高地を、十数回にわたり、昼はアメリカ軍、夜は日本軍という要領で、争奪戦を繰り返し、伝統を誇るわが軍の実力を遺憾なく示している。

私はこの九五高地の戦闘こそ、日本軍主陣地の緒戦であり、戦いの将来を卜(ぼく)するものと最大の関心を払っていた。そうしたところに、続々至る同高地守備隊の戦闘の報告である。これなら十二分に戦えるという確信を深めた。

初めて火蓋を切った和田中将の軍砲兵隊の威力も、また絶大で、その野戦重砲弾の集中する所、敵の攻撃は必ず頓挫する。

軍砲兵隊は、山根大佐の野戦重砲兵第一連隊、神崎大佐の野戦重砲兵第二十三連隊主力、河村中佐の独立重砲兵第百大隊主力、入部中佐の独立臼砲第一連隊、樋口中佐の独立重砲第七連隊、駄馬崎少佐の軽迫撃第一大隊、吉田少佐の同じく第二大隊より成り、区処部隊として野砲兵第二十四連隊、混成旅団砲兵隊などがあった。

戦後のアメリカ軍戦史によると、沖縄の日本軍は、太平洋戦争で初めて砲兵の統一指揮をし、その精練した威力を発揮したと称賛している。砲兵運用の妙は、これを第一線歩兵連大隊に配属することなく、一指揮官が統一掌握し、一定の計画に従い、その火力を随時随所に機動集中するにある。軍には、砲兵各部隊を統一指揮する機関として、和田中将の第五砲兵司令部が配属してあり、また計画準備に要する時間は十分にあった。軍は、かねてから、敵が陸海いずれの正面より来攻しても、この強大な各種火力を統合発揮する方針であったし、その効果に多大な期待を寄せていたのである。洞窟陣地の構築、砲兵陣地変換の機動路建設等のため、昨秋から植松大尉の独立工兵第六十六大隊を、軍砲兵隊の専属とし、その使用に供した如き、軍砲兵隊の活躍を期待する軍司令部の気持ちを示す一証左であった。

軍がかねて判断していた通り、何か日本軍が湾内に仕掛けをしているのではないかと警戒し、敵艦隊は、敢(あ)えて中城湾には侵入して来なかった。しかし四月六日に至り、湾口の津堅(つけん)島(じま)に、敵の一部が上陸を始めた。数十年前の旧式加農砲二門を有するわずか百余名の堀内中尉指揮下の同島守備隊は、これを軽く一蹴撃退した。

これは敵の偵察攻撃であったらしく、越えて十日早暁敵は舟艇約八十隻をもって、真面目の攻撃を開始した。「敵と数十メートルの距離に対峙し、わが死傷続出、玉砕の機切迫す」との堀内中尉の報告を手にして、つい胸がつまり、ほろりとする。慶良間(けらま)部隊の最後の報告と同じだ。

津堅島守備隊の任務は、これを頑守することでなく、恰(あたか)も堅固に要塞化された如く見せかけるための欺瞞(ぎまん)であった。その目的は、十分に果たしたと見てよい。軍司令官は「刳舟(くりぶね)その他百方手段を尽し、海上を突破して、軍主力に合せよ」と命令された。奇跡的にも堀内中尉以下数十名の将兵は、まず勝連(かつれん)半島に血路を開き後退し、ついで敵線を背後より突破し、軍主力に合することができた。海陸に充満した敵の戦線にも、断固として行なえば、なお乗ずべき隙があったのである。

かく戦面が、中城湾沿岸にも拡大しつつある間、一応中止となった攻勢論は、容易に屏息(へいそく)しなかった。軍司令官は、大本営や関係各軍に対し、武士の面目にかけても、なんらかの形で攻撃を実行しなければならんと考えられた。特に参謀長は、その気持ちが強く、四月八日強圧的に、私に対し、左記骨子に基づく夜襲計画の立案を命ぜられた。

一、夜襲実施は四月十二日夜とする。

二、夜襲使用兵力は、まず少なくも歩兵一旅団とする。
三、全線にわたり、小部隊群をもって、敵戦線深く楔入（せつにゅう）し、紛戦に導きつつ、島袋東西の線――敵砲兵陣地帯の後端で、しかも北、中飛行場を制する戦術的要線――に進出する。
四、砲兵部隊は短時間、攻撃準備射撃を実施する。
五、夜襲所望の如く成功すれば、これに乗じ、全力をもって攻勢に転ずる。

軍参謀長の夜襲実行の決意は牢乎（ろうこ）たるものがあり、私を始め参謀らをして、かれこれ論議する余地を与えなかった。参謀長が去られてから、私は若い参謀たちの意見を聞いてみた。木村、薬丸らは支那戦場における自らの体験を基礎にして、一夜にして十キロ内外の敵線突破は可能であると主張した。長野は新米参謀で、しかも輜重兵科出身なものだから、歩兵部隊の夜襲を十分に理解せず、気鋭に走って同じような意見である。

私は思った。古来の戦史や、列強陸軍の戦闘原則に照らし、この夜襲は、必ず失敗する。素質劣等な支那軍相手とは、戦が全然異なる。軍は今、素質の立派な絶対優勢なアメリカ軍と対戦している。瞬々刻々、彼我の態勢は変化し、今日をもって明日を予察するのは至難である。古来夜襲の成功した例は、間々あったが、それは一つの高地とか、村落とか限られた目標に対した場合である。今正面十余キロの全戦線に亘って、特定の目標もなく、漫然たる夜襲に出ようなどというのは、まったくむちゃだ。

軍の歩兵部隊は、久しく正規の夜襲訓練をしていない。それに夜襲準備のための時日が少ない。地形を観察しても、宜野湾街道以東は錯雑した山地帯で、夜間の行動は至難、同街道以西は平坦開豁（かいかつ）地帯で、敵火の威力は夜間といえども絶大である。小部隊群で、敵線に滲透する戦法は一理があるが、以上の条件において、一夜にし十キロの敵縦深を突破するなどはまったく狂気の沙汰である。況（いわん）や、この夜襲は軍の戦略持久方針から根本的に逸脱している。

私はこの夜襲にはまったく賛成できなかった。しかし軍参謀長の決心は固く、これを覆（くつがえ）す術（すべ）はなかった。空しく、何千という将兵を、徒死させることを思えば、気が重くなる。だが先の四月八日の攻勢にも、渾身の勇を振い起こして反対したばかりだ。今また夜襲にこれ以上反対することはできぬ。私は「やるならやってみろ！」と匙（さじ）を投げ出してしまったのである。

私は、進まぬ気を押えて、参謀長の意図に合する如く、夜襲の計画を立案した。計画の細部については、長野の努力に負うところがもちろん大きかった。そして夜襲の失敗は火を見るよりも明らかであったから、その損害を減少し、かつこれが失敗の暁は、現在戦闘中の第一線を崩壊せしめぬよう万般の注意を払った。

立案された夜襲計画の概要は、次の通りであった。

一、歩兵第二十二連隊（敵艦隊が中城湾に侵入し、敵の新たなる上陸が、与那原（よなばる）正面に予想せられるため、小禄飛行場付近にあったこの連隊は、首里東方弁ヶ岳付近に転進集結したばかりである。敵がもし与那原海岸に上陸する場合は、第二十四師団をして同連隊を軸としてこれを攻撃せしめる腹案で、師団各級幹部を同方面に招致し、準備中であった）はその主力二個大隊をもって、速かに宜野湾街道以東第六十二師団の第一線近く前進して攻撃を準備し、十二日夜、敵線深く侵入攻撃し、十三日払暁までに島袋東方地区に進出する。
二、第六十二師団は、依然現主陣地帯を確保するとともに、歩兵約三大隊をもって、宜野湾街道以西の地区において、攻撃を準備し、十二日夜敵線深く侵入攻撃し、十三日払暁までに島袋西方地区に進出する。
三、軍砲兵隊は十二日日没後、敵砲兵の制圧に努めるとともに、敵線内部に擾乱射撃を実施し、第一線歩兵の攻撃を容易ならしめる。
四、夜襲一般の要領は、挺身斬り込みに準じ、小隊以下の小群多数をもって、敵線深く侵入し、紛戦状態に導き、敵の砲爆を不可能ならしめ、かつ地上火力の優越を発揮し得ざらしめつつ、戦果を拡大する。状況已むを得ざれば、昼間は各群ごとに地下に潜り、極力戦闘を回避する。
突破縦深十キロに及ぶをもって、大隊長は、要すれば各中、小隊長に、適宜中間目標を与え、掌握に便ならしむるを要する。

軍の命令に基づき、第六十二師団は、那覇正面にあった独立歩兵第二十三大隊主力ならびに師団予備だった独立歩兵第二百七十二大隊（長下田大尉）を独歩二十三大隊長山本少佐をしてあわせ指揮せしめ、これを右攻撃隊とし、同じく予備だった独立歩兵第二百七十三大隊（長楠瀬大尉）を左攻撃隊として夜襲を実施するに決した。

四月十二日夜、この攻撃は軍砲兵の射撃を皮切りに予定の通り敢行された。

最左翼独立歩兵第二百七十三大隊は、大謝名付近第一線を超越前進した途端、敵の集中火を受け、大隊長楠瀬大尉以下大半死傷し、攻撃は完全に失敗した。中央山本少佐の指揮する部隊は、戦上手な同少佐の指揮で、宜野湾街道に沿い、局部的に千数百メートルを突破したが、十三日払暁とともに、陸海空よりする敵の集中火を浴び、約二分の一の損害を出し、同夜主陣地帯内に後退するの已むを得ざるに至った。右翼歩兵第二十二連隊は、敵情地形の不明、準備不十分のために、その先陣を承った一部、まず夜襲に失敗して、混乱し、連隊主力はこれに参加するに至らなかった。

したがって損害は比較的少なく、私のあらかじめ予想した状態において、攻撃中止となった。

軍参謀長の一途に思いつめた十二日の夜襲も、ついにその目的を達する能わず、惨たる戦績に終わった。四月八日の全力攻勢を中止した経緯もあり、中央に対する面目もあっての夜襲と思われ、参謀長の心中察するにあまりある。

薬丸参謀が、「軍の作戦指導は、先見洞察が足りず、急に思い出したように、後手後手にことを実行するから失敗する。いやしくも大軍の作戦は、遠く状況の推移を洞察達観し、事前に打つべき手を打ち、周到な準備の下に実施すべきである」と皆に高言した。

私は呵々大笑し、「貴官は、陸大時代、教官から教えられた文句をよく記憶している。だが、先見洞察とは、いかなることか知らんようである。軍は、数か月前から貴官のいう先見洞察をもって、戦略持久の方針を定め、ちゃんと作戦準備を進めてきている。しかるに、戦闘始まるや、上下軽挙妄動し、平素の作戦方針も準備も打ち忘れ、思いつきばったりのことをやるから将兵を徒死せしめ、弾薬を浪費する結果となる。やれ全力攻勢だとか、夜襲だとか、騒ぐ者が大軍の統帥を弁えざる者である。軍の統帥どころか、こんな夜襲が成功するなぞと主張した者は、初歩の戦闘指揮さえも知らぬ者である」と訓戒した。

全軍でわずか二十三個大隊の正規歩兵部隊中、一個大隊はほとんど全滅し、二個大隊は相当の損害を出し、歩兵第二十二連隊の二個大隊は緒戦において混乱した。

軍砲兵隊もまた貴重な弾薬を浪費した。加うるに、軍首脳部は奔命に疲れた。この夜襲は戦略持久の軍の根本方針を錯乱し、軍の爾後の作戦指導上幾多の禍痕を遺したのである。

## 陸海空必死の反撃

「ドロドロ」に明け、「ドロドロ」に暮れゆく日々、そして月美しい夜は、粟国島や、慶良間群島のあたり、さては港川沖に、その「ドロドロ」の轟音は終夜続き、凄惨な火焔は天を焦す。

わが特攻により、轟爆沈する敵艦船の統計数は、日ごとにぐんぐん増加する。四月も半ばとなれば、轟爆沈した敵の大型艦は十数隻、中、小型艦は無数である。信ずべきハルピン情報によれば、現在のような猛烈な特攻がさらに続けば、アメリカ軍はついに沖縄島攻略の企図を放棄するに至るかも知れんとのことで、一時的に我々を喜ばせた。

だが、わが沖縄島を包囲攻撃する敵艦隊の数は、一向に減らない。特に嘉手納、牧港沖の海上には、二、三百隻もの大小艦船が海を埋めて自由な行動をとっている。夜になっても、沖合に避退せぬものが多くなり、海上、海岸一帯に無数の灯火がともり、一大海港都市が出現する。わが特攻機が接近すると、サイレンの警笛一声、消灯したちまち美しい防空曳火弾幕を構成する。

我々は、わが航空部隊の士気を阻喪させないために、努めてその戦果を、大きく関係方面に通報報告することにしていたが、地上将兵の空中特攻に対する期待は、日ごとに薄れていった。

敵空軍に散々痛めつけられるわが将兵中には、一機でも、二機でもよい、直接我々と闘っている敵地上部隊を攻撃してくれたらどんなに嬉しいだろうと、心から希望する者が多くなった。敵艦船のみ攻撃して、敵地上部隊を省みない、わが空軍の作戦指導振りは、いかにも軍に対して冷めたい仕打ちのようである。北、中飛行場出撃に応じなかった軍に対する、しっぺ返しではないかとも疑われる。しかし私は理論上空軍の作戦は正しいと確信していた。地上の敵に対する夜間爆撃は至難であり、効果も乏しい。それよりか、海上の艦船を一隻でも撃沈すれば、敵に与える損害ははるかに大きいのである。理論上はそうであるが、心からなる将兵の願いを無碍に無視はできない。ある日、三宅参謀がたまりかねて、長将軍には無断で、方面軍参謀長宛て空軍の地上戦闘参加を懇請する電報を打った。しかし、方面軍からは、冷静水の如き返電が来たのみであった。

沖縄島周辺への空中特攻は、宮古、石垣を躍進拠点として台湾から、徳之島を前進基地として九州から、そして時には東支那海を越えて支那大陸から、実に根気強く連日のように繰り出して来た。しかしその数は、日に十数機ないし数十機で、かつて中央航空関係者が豪語するを例とした、「敵輸送船団は、その上陸前後、特に上陸直前に撃沈する。島嶼守備隊は、陣地を構築するよりも飛行場を一つでも多く造れ。そして、この飛行場は一週間も敵手に渡さずにおれば足りる」といったようなことは今やはかない夢でしかない。

わが空軍は、軍に大挙出撃を要求するなど、他に望むところは強かったが、自らは兵力をちびちびと送り出して、持久消耗戦をやっているのが現状である。

中央の威令ようやく行なわれず、航空兵力使用の自由を関係各軍に委した結果、台湾は台湾、九州は九州、そして支那大陸は支那大陸と、それぞれ敵の鋭鋒が自らに回ってくる場合を顧慮し、兵力の出し惜しみをした嫌いはなかったか。もし本土決戦の方針に基づき、沖縄戦には空軍兵力の一部を割いているというのであれば、事理すこぶる明白、また何をか言わんやである。

空中特攻の向こうを張って、水上特攻も連日出撃を続けていた。慶良間にあった三個戦隊二百数十隻は、敵の奇襲に惜しくも潰滅したが、なお本島には四個戦隊三百余隻が、糸満、港川および与那原に分駐していた。空中特攻は、随分野蛮な攻撃法であるが、モーターボートに爆薬を積み、敵艦船に体当たりして撃沈しようとする水上特攻もまた、原始的な戦法である。攻撃に任ずる紅顔可憐な特別幹部候補生たちも、この原始的攻撃法に疑念を抱いていたことは前述の通りであって、自棄的な諦観に身命を委せんとするかに思えた。

軍の水上特攻用法は、敵の上陸直前、その輸送船団に対し、空軍の大挙出撃に相呼応し、全舟艇をもって集中攻撃する予定であった。しかし慶良間部隊の喪失、わが空軍の無力さが判明した上、至厳な敵の海上警戒ならびに実行の困難性等に鑑み、小数群をもって、奇襲攻撃を反復する持久消耗戦法に変更した。

水上特攻の戦果は、空中特攻と同様夜暗の攻撃なので、確認することが至難であった。沖縄戦の終始を通じての総合戦果は、中型以下のアメリカ艦船十数隻を撃沈したように記憶するが、果たして然るや否や確言はできない。だが、敵に相当の脅威を与えたことは間違いなく、水上特攻の出撃する夜など、アメリカ軍が生の無線電話で「ジャップ・スカンク」と大騒ぎするのが、しばしば傍受されたものである。彼らはわが特攻艇を「スカンク」と呼んでいたようだ。

水上特攻で哀れな一挿話がある。平素から挺身攻撃に疑念をもち、行動消極的であると非難されていた戦隊長がいた。長野参謀と陸士同期で、よく同期生らしい打ち明けた話をしていたが、ある夜ついに率先出撃し、数日後屍体となって、沖縄神宮裏の海岸に漂着した。これを伝え聞いた長野は顔を掩い沈痛久しいものがあった。

海空に、原始的ではあるが、必死の攻撃が展開しているとき、陸上においてはこれに数十倍する大規模をもって、必死の勇士らが急造爆雷を抱いて、敵戦車群に突入していた。対戦車砲や、地上任務を仰せつかった高射砲も相当数あったが、敵戦車の二、三も破壊し得たときにはこちらもやられてしまう場合が多かった。効果威大な軍砲兵隊の十五サンチ榴弾砲も、弾薬使用を制限されているので、全戦線に、絶えず協力することは不可能である。したがって第一線将兵の主として頼むところは、自ら携行する対戦車急造爆雷である。

戦車肉攻は、彼の空中特攻の如くには、内地の新聞やラジオで華々しく宣伝されなかったようだが、なんらそれに劣るものではなかった。血と涙の三か月間の持久戦は、彼ら急造爆雷を抱えた必死無名の勇士によって、遂行されたのである。

## 一歩前進、二歩後退

昼間敵が鉄量にもの言わせ、戦車を先頭に強引にわが陣地に侵入すれば、我は夜間手榴弾をもって逆襲し、これを撃退する。敵が昼間二歩前進すれば、我は夜間一歩前進する。結局我はわずかではあるが、歩一歩後退の余儀ない戦闘の継続である。

我々はアメリカ軍の攻撃法を「耕す戦法」と称した。それは、敵がその前進地域を無尽蔵に近い鉄量をもって、田畑を耕す如く掘り返し、地上一切の物の存在を許さぬ如く清掃した後、前進するからだ。負けぬ気の強いわが将兵も、さすがに昼間は地下陣地に圧倒されがちである。軍首脳部はこの傾向を極度に警戒し、砲爆撃に膚接して近迫する敵歩兵に対しては、最後の瞬間において、断固地上に出撃格闘する如く指導した。わが精練な第一線部隊の多くは、軍の指導を待つまでもなく、平素の準備訓練通り、よく行動した。しかし稀にはあまりにも堅固に構築された洞窟陣地に逼塞（ひっそく）し、馬乗りされ、さらに敵中深く残され、戦うこともなく生存を全うした部隊なきにしもあらずであった。

いずれにせよ、一般のわが第一線は、昼間地下生活を余儀なくされる場合が多かった。そこで我は夜間反撃し、陣地を奪還する。奪還した陣地は工事の補修や、配備の整わぬうちに夜が明け、再び敵の耕す戦法にやられてしまう。かくして昼間二歩後退、夜間一歩前進という戦闘になる。のちには、敵は慣れたもので、夜になるとお先に一歩後退し、ここに各種火力の集中を準備し、我の一歩前進を待ち構え、この機会に我に痛撃を加える場合がしばしばであった。

四月十二日夜襲の直後、方面軍から次のアメリカ軍情報を打電して来た。

「日本軍を地下陣地に攻撃するのは、犠牲が多く、かつ至難であるから、今後はややもすれば陣地外に躍び出したがる日本軍を、その欲するままに行動せしめて撃滅する」

私は、軍参謀長以下軍首脳部が、戦理を無視して盲目的、かつ衝動的な攻撃精神を抑制するのに悩まされ通しであるが、わが第一線将兵中にもまた同様冷静打算に徹した戦法を取ることのできぬ、性格的弱点を有する者のあるのを痛感せざるを得ない。

四月六日主陣地帯の戦闘が始まって以来、この二歩後退一歩前進の血戦は、日ごとに繰返された。四月十八日までの間は、敵が無血上陸の余勢を駆ってわが主陣地帯に殺到した戦闘であって、敵沖縄攻略軍の全般的攻撃計画に基づくものではなかったようである。しかしその攻撃は激烈であり、軍首脳部としては、十九日以後の敵の本格的攻撃と、あまりその圧力に大差はないように感じた。とはいえ敵全軍の統一的攻撃開始後は、その肉薄突進振りはいよいよ凄烈となり、戦闘の焦点となった南上原高地帯、我如古、牧港などは彼我幾万の勇士の鮮血に彩られるに至った。

## 国頭支隊

四月一日、嘉手納に上陸したアメリカ軍中、その海兵部隊は、所在のわが青柳中佐の特設第一連隊、村上大尉の第三遊撃隊、岩波大尉の第四遊撃隊らの抵抗を排除しつつ、一路名護方面に北上した。該方面の戦況は、本部半島八重岳付近に陣する宇土大佐の国頭支隊から、ときたま通じる無電報告により、承知するのみで詳細は判然としない。

主戦場から遠く離れた国頭支隊方面は、敵の攻撃が遅く、戦機は容易に熟しない。初期のうちは、主力方面の戦闘を高見の見物をする形である。宇土支隊長からは、本部半島や伊江島周辺における空中特攻の戦果が続々軍に寄せられていた。

第三十二軍は、本部半島、伊江島方面における敵の作戦を次の三つの場合と予想していた。

一、伊江島をまず攻撃し、すでに破壊されたとはいえ東洋一を誇った同飛行場を略取した後、本部半島の宇土支隊を攻撃する。

二、本部半島を攻略した後、伊江島の占領を企図する。

三、両方面同時に攻撃する。

いずれにせよ、彼我の関心は伊江島飛行場である。したがって公算最も大なるは一の場合と予想した。この際、我々は八重岳付近を極力固守し、その長射程砲（朝鮮出身の平山少佐指揮の十五サンチ加農砲二門）をもって、敵の伊江島飛行場使用を妨害するよう準備をしていた。

アメリカ軍は、わが予想、否希望に反して四月十日ごろよりまず本部半島の攻撃を開始した。国頭支隊は、素質装備ともに十分でなく、兵力もわずかに一個大隊半に過ぎず、案外に早く敵に一蹴され、四月十四日支隊長宇土大佐から、「支隊主力は、十四日夜暗、八重岳を放棄し、第三遊撃隊の根拠地名護東北方タニヨ岳に転進し、遊撃戦に移行す」との報告が到達した。その後通信途絶し、五月になって、村上大尉からの決死伝令が到着するまで、該方面の戦況は知る術もなかった。

元来国頭支隊主力は、八重岳を死守する予定であったのを、私が死守は徒に将兵を犠牲にするのみと思い、努めて長く同地を保持し、已むを得ざるに至れば遊撃戦に転ずるよう軍司令官に任務を変更していただいたのである。

伊江島は、本部半島西方沖合いにある小島である。島の東部に小高地、城山があるほかは全島概して平坦な、飛行場として最適の土地であった。沖縄本島より見れば、誠に蕞爾たる小属島に過ぎぬ。しかしこの島は、沖縄の前に陥落した硫黄島よりも大きいのである。もって沖縄作戦の広袤さが想察し得るのである。硫黄島は、軍司令官栗林中将の率いる一万数千の将兵が守備したのに反し、伊江島は国頭支隊〔独立混成第四十四旅団第二歩兵隊（第三大隊欠）〕主力のうちから大隊長伊川少佐が自らの大隊（一部欠）を率いて守備に任じていた。これに田村大尉の飛行場大隊が協力していたが、もちろん戦闘用には訓練してなかった。

硫黄島の十数分の一の微弱な部隊で守備していたこの伊江島に、敵は八重岳攻略の翌十五日上陸して来たのである。上陸兵力は微弱一個師団、伊川少佐、田村大尉らは、伊江城山の陣地に拠(よ)り、孤軍奮闘善戦したが、衆寡(しゅうか)敵せず二十日払暁までに、ほとんど全員壮烈な戦死を遂げた模様である。その戦闘状況は、途絶えがちの無線通信のため、軍司令部にはほとんど判明しなかった。

敵は軍の希望に反し、まず八重岳の国頭支隊を撃破した後、伊江島に上陸した。本部半島に準備した長射程砲は、ついにその威力を振るうに由なく、無用の長物化してしまった。さすがに敵は至当な作戦行動をとったものと認めざるを得ない。

しかし敵に至当な行動をとらしめたことにより、伊江島の攻略はわが将士の貴重な犠牲と相俟(あいま)って、四月二十日まで遅延した。その上に東洋一を誇る同飛行場は、三月十日以来徹底的に同島守備隊の手により破壊されていた。したがって軍としては希望以上長期に亘り、敵の同飛行場使用を阻止し、完全に同方面における作戦目的を達成し得たのである。

## 南上原高地帯の戦闘

軍主力陣地右翼の一大拠点である南上原(みなみうえばる)高地帯は、中島少将の旅団主力独歩十一、十四大隊、のちに同方面に増強された独歩十二大隊等が、その守備に任じていた。

この高地帯は、中央前田、仲間の高地と相関連し、軍主力北面陣地の骨幹を成す要地である。

前田、仲間高地は、北方敵側に対し、数十メートルの断崖を形成して屹立し、敵戦車群の突入を許さざるのみならず、遠く島袋、桑江付近にわたる敵線内部を俯瞰する絶好の観測地帯であるが、反面一度敵に領有を許せば、逆に首里に至るわが陣地内部を瞰制支配される最重要高地である。

しかしこの要点も、南上原高地帯を失えば、地形上突角を形成し、半身不随となり、やがて危篤に陥る。すなわち首里を神経中枢とする軍主陣地帯を堅持せんと欲せば、前田、仲間高地帯を確保するを要し、さらにこれがためには南上原高地を敵手に委してはならぬ。

なお大本営や航空部隊が躍起になっている北、中飛行場の制扼もここに秘匿待機させてある長距離砲の威力に頼るほかはない。軍は十五サンチ加農砲二門を棚原東北一四二高地の地下に、大規模な洞窟を構築してこれに拠らしめ、敵が中飛行場を使用し始めたら、急襲射撃を実施し、悠々その目的を達する計画であったし、また実際戦機熟するに従い、遺憾なくその威力を発揮し、敵空軍を震駭させている。敵もまたこの軍の「十五加」が痛いらしく、これを撲滅せんと、猛砲撃を集中して来る。

軍は中央に対する北、中飛行場制圧の約束達成のためにも、極力長時間「十五加」陣地を抱擁する南上原高地帯を頑守するを要するのである。

この方面の戦闘で、私がやや意外に感じたのは、敵戦車の恐るべき踏破力であった。過去の戦訓で敵戦車はいかなる地形でも行動するものと考えて戦闘準備をすべきであることは我々も十分承知していた。しかし南上原高地帯は、標高百数十メートルもあり、地形も錯雑しているので、敵戦車の行動は相当に困難と判断し、地形の利に多少期待するところがあった。ところが戦闘が始まるや、敵は十数輛の戦車を連ねて、堂々と攻撃して来るので、わが防御戦闘に一段と困難を加えたのである。

南上原高地帯を攻撃して来たアメリカ軍は第七、第九十六の二個師団、これを邀え撃つわが軍は歩兵第三十三旅団の四個大隊であった。一寸刻みの争奪を争う死闘三週間ののちには、総員千余名の各大隊は数百名に激減した。

敵は正面よりの力攻にあぐみ、中城湾に侵入した艦隊の協力で、逐次地歩を獲得し、三浦大佐の独立歩兵第十一大隊の守備する一一〇高地およびウシンクンダ原に猛攻を加えてくる。与那原東南高地に陣地を占領する重砲兵第七連隊が、湾岸道沿いに前進する敵に対し、最も有効に威力を発揮した。しかしこの砲兵も堅固な洞窟陣地に拠っていたが、中城湾からする敵艦砲に破壊されるにおよび、敵はわが南上原高地帯を、その右側背より攻略せんとする態勢を強めてきた。

### 前田、牧港、伊祖付近の戦闘

この正面を攻撃する敵は、中央に第九十六師団、左翼に第二十七師団を指向した。

原大佐の指揮する精鋭独歩第十三大隊、途中これに代わった独歩第二十三大隊、ならびにこれに協力する独立臼砲第一連隊および軽迫撃大隊等の奮戦により、敵は嘉数および七五高地正面を突破する能わず、四月十七、八日ごろより、わが左翼牧港方面に侵入を始め、わが虚に乗じ、四八高地を奪取、さらに勢いに乗じ、東南進して伊祖城趾に突入して来た。前田、仲間付近わが守備隊の左側背を脅威せんとするものである。

従来この方面は、地域狭小であり、地形も堅固と信ぜられており、しかも敵の攻撃もあまり積極的でなかったので、軍としては比較的安心していた。敵は、よし嘉数正面を力攻奪取しても、直ぐ次には地形険阻な前田、仲間の高地にぶっつかるので、賢明な策ではない。

南上原高地帯を攻略し、のちわが右翼方面より前田、仲間高地を席捲するのが攻撃の常則であるが、敵の滲透戦法よりすれば、業が大きく、多くの時間を要する。これに反し、今現に敵が取りつつある牧港、伊祖を経て直路端的に、仲間の左側背に進出せんとする攻撃法は、手法は細かいが確かに妙案である。

私は三か月前、この進路を自動車で通った。そして戦車を主体とする敵に対して、この地区は人の容易に気づかぬ地形的弱点を形成するのを察知し、かつこの攻撃路に沿うわが防御施設の不十分なのを知った。さっそく第六十二師団参謀長の注意を喚起したが、上野参謀長は自分もその点承知しているので、近く対策を強化するとのことであった。

大体伊祖より牧港を経て那覇に至る正面は、歩兵第六十四旅団の防御地区であって、当初陣地配備の重点は、陸正面よりもむしろ西海岸方面より敵が上陸する場合を顧慮して、決定されていた。ところが敵が嘉手納に上陸して以来、陸正面の戦闘は主として右翼歩兵第六十三旅団が担任しており、有川少将の第六十四旅団はいつまでも海正面に気を奪われ、配備を陸正面に転換することにやや手抜かりがあった。特に伊祖、牧港正面の守備に任じた平林中佐の独歩第二十一大隊においてその感が深い。

かかるちょっとした虚隙が、敵の滲透戦法の餌食となってしまったのだ。

滲透戦法とは、水が低きを求めて流れるが如く、弱点へ、弱点へとじわじわ突入する攻撃法をいう。列強陸軍の陣地攻撃一般の原則は、敵状地形を綿密周到に偵察した後、主攻撃正面を決定し、十分攻撃を準備し、その主力を集中し、陣地の全縦深を一挙に突破するにある。アメリカ軍はかかる原則的攻撃方式に出でず、いわゆる滲透戦法を採用したのである。

この戦法によれば、敵は特に主攻撃正面など選定する要はない。陣地の全正面を、豊富な鉄量に支援された戦車群と一部歩兵をもって、至る所を攻撃する。さすれば神ならぬ防者には必ずどこかに小さな弱点がある。この弱点に乗じた部隊は必ず成功する。そこでその成功した部分に、水の溜るが如く兵力を注入して、堅実にこの成功を確保増大する。虚を衝かれた防者は、立ち直るまでには相当の時間を要する。しかしアメリカ軍は、初めから大計画をもって攻撃したのではないから、急速にこれを拡大することはできない。わが軍もいつしか対抗策を立てる。そうすると、敵はこの正面の攻撃を一時中止して、他の部分で新たな局地的成功を求める。かくして多数の部分的成功を集大成して、全陣地攻略の目的を達成せんとするのである。

迅速な成功を望まず、人命の犠牲を極限し、豊富な鉄量を駆使して攻撃の目的を達成する。確かに賢明な戦法である。しかし究極において、この方法と、一挙突破といずれが有利であるかは遽に断定し難い。終戦後、アメリカ軍将校の話によれば、海兵軍団は一挙突破を主張し続けたとのことで、同軍団の天久台への突破要領、特に沖縄戦末期、糸満南方のわが第二十四師団の陣地に対する攻撃は、縦深突破の色彩が濃厚であった。

とにかく滲透戦法に対する防者の心得は、その水溜りが深く広くならぬ前に、速かにこれを排除することであった。

独歩第二十一大隊長平林中佐は、責任を感じたか、十九日夜大隊主力をもって、牧港から伊祖への攻撃進路を制する四八高地に対し、回復攻撃を試みたが、損害のみ多く失敗に終わった。かかるうちに敵の滲透は伊祖からさらに安波茶および、その西南地区にじわじわと拡大する。

南上原高地も、前田、仲間も今なお堅持しある際、はしなくも牧港正面から生じた戦線の破綻に対し、上下挙って憤激した。つい皆の口が荒くなり、有川将軍や平林中佐に対する個人攻撃にまで発展する。第六十二師団長の藤岡中将の憤激は、実は軍首脳部以上である。面目にかけても伊祖四八高地の線を奪回しなければならぬ羽目となった。

旅団司令部といっても、陣容は貧弱で、真に旅団長の補佐役になる将校は寥々だ。そこで方に重大な奪還攻撃を実施せんとする有川旅団を援助するために第六十二師団から楠瀬参謀、軍司令部から薬丸参謀が派遣された。

薬丸は、将軍と同郷の鹿児島出身で、平素から懇意なので特に指名されたのである。彼は長野参謀と同じく、陸軍士官学校の最優秀組であった。鹿児島藩示現流指南の家柄に生まれただけあって、体力もまた衆に優れていた。積極的な性格なのでときどきやり過ぎ、私の怒りを買うことはあるが、純情熱血漢で、戦場勤務はすこぶる勇敢である。

かくて有川少将の指揮する伊祖奪還攻撃は、四月二十一日夜実行された。従来南飛行場正面の守備に任じていたのを旅団長が独断安波茶付近に転用集結していた飯塚少佐の独歩第十五大隊をもって安波茶方面より、平林中佐の独歩第二十一大隊をもって城間東側地区より、ともに伊祖に向かい夜襲を決行した。両大隊の中間地区に増加されていた歩兵第二十二連隊の田川大隊や、協同戦闘中であった独立臼砲第一連隊の一部も、またこの夜襲に協力した。

この夜襲においては、須川中尉の歩兵砲中隊が砲車を馬に牽かせ、ガラガラと伊祖城趾に侵入し、同地で孤立無援のまま戦闘を続けていた臼砲連隊の一小隊約七十名と合流するような、奇跡的成功があったのに、主力歩兵部隊はどうしたのか、全線攻撃不成功、犠牲甚大との報告である。泰山鳴動して鼠一匹というが、その鼠一匹の成功を勝ち得た歩兵砲および臼砲の各一部も、後援続かず翌二十二日夜暗、囲みを破って退却してしまったのである。

時々刻々変化する戦線において、しかも晝間砲爆に制せられて思うように夜襲準備のできないわが防御部隊が、火力装備優秀なアメリカ軍に対し、夜間攻撃を実施しても成功の望みないことはいよいよ明瞭となった。

伊祖城趾より生還した臼砲の小隊長は、意気昂然と牛島軍司令官に次の如く報告した。

「沈着に戦闘すれば、アメリカ軍は恐るるに足りません。アメリカ軍に対しては、その出鼻を挫くことが肝要である。三十二サンチ臼砲の一発でも食った地域にはその後二、三日間は、敵は決して寄りつきませせぬ。挺身斬り込みの際には、軍刀は無用の長物です。軍刀は、月光や敵照明弾で光るので、発見される端緒となるし、軽快な行動を妨害する。携帯する兵器としては、手榴弾と軽機がいちばんよいです。

敵は戦死者や負傷者の収容にはすこぶる熱心で、徹底的である。戦友が一人でも殪れると、いかなる犠牲を払っても、収容にやってくる。わが軍としては、この機会を捉えて、さらに次々とこれを殺傷できる。しかし、我々も、殉教的な行為には感動させられ、つい鋭鋒も鈍りがちになります」

軍や師団の激昂を買い、しかも奪還攻撃にも失敗した有川旅団は、爾後日々一歩ずつ南方に圧倒されたが、よく戦った。特に平林大隊の主力は城間付近の陣地に拠り、四月二十日ころから五月七日ごろに至る約二週間余、力戦奮闘した。上野師団参謀長も、平林は十分名誉を回復したと称揚するに至った。私もまた同感であった。

有川少将が独歩第十五大隊を安波茶に転用したために、安謝川両岸地区はほとんど無防備の状態となった。しかも該方面陸上第一線を承る独歩第二十一大隊が甚大な損害を受け、その陣地が漸次蚕食されてゆくので、那覇海岸を守備していた平賀中佐の特設第六連隊の三個中隊を安謝川の線に推進し後詰めとした。

ところがこの部隊は、敵戦車がわが第一線独歩第二十一大隊の陣地の間隙を濾過して侵入し、かつ敵の迫撃砲の集中火を受けるに至るや、風声鶴唳一夜にして四散し、姿が見えなくなった。よく調べると、三キロも後方の旧陣地に退却している。軍首脳部も実にあいた口が塞がらぬ。元来この部隊は、海の勇者として命知らずの南方回航の機帆船乗組員をもって、臨時に編成したものである。なんといっても、陸戦の訓練をしてないので、このような始末になったのだと思う。日本人だから、日本軍と名のつくものだから、と漫然その働きを期待しても、未訓練の部隊はやはり烏合の衆に過ぎない。これは今に始まったことでなく、古来のわが戦史に間々見るところである。

### 敵側の記録にみる彼我の激闘

四月六日より五月四日の軍の決戦攻勢に至る約一か月間、敵第二十七、第九十六、第七の三個師団を相手とするわが第六十二師団主体の軍の防御戦闘は、まったく私のかねて理想とする方式に従って戦われた。遺憾ながら、この善戦敢闘した将兵は、ほとんど戦没し、その戦況を明らかにするよすがもない。幸いにして、アメリカ軍側の戦史はその詳細を明らかにしている。もとより、敵側の記すものなので、多少割り引きして読むべき点はあるが、大体においてその叙述は公正である。いざその戦史に拠り、わが将兵の善戦振りを偲ぼう。

**その㈠　四月八日より十二日に至る嘉数高地付近の戦闘。**

(1)　四月八日、メイ大佐は、第三八三連隊の第一、第三大隊に対し、翌日嘉数高地を奪取すべきことを命じ、翌四月九日朝、両大隊は攻撃前進を起こした。第三八三連隊前面の日本軍主として原大佐の独歩十三大隊の占領地区は、防御の利点を発揮するに理想的である。深い壕、天然または人工の陣地を有する高地、高地背後の厚壁家屋の集団、これらは嘉数陣地の基本的要件である。

敵(日本軍)はこれらの要素を遺憾なく利用した。そのうえ、嘉数は尖塔高地の如き前進陣地とは異なった首里地帯の一部を形成し、死活に関する一堡塁――わずか四千ヤード南方の第三十二軍司令部の所在を囲繞する陣地帯内からの増援と、強大な火力支援を受け得る――ともいうべきである。

第一、第三大隊は、嘉数主要高地北東、数百ヤードの高地に前進した。アメリカ軍の所在地と、嘉数との中間地区には深い谷間があり、その谷の中は、通過困難な樹木や、柴の叢林でなかばかくれていた。ところで嘉数高地そのものは、この谷間の向かい側に、北東より南東に亘(わた)り、約千ヤードに亘り、西方は海岸の平地に向かい、緩傾斜をなし、東方は第五公路に至る稜線である。嘉数は、鞍部(あんぶ)の両側に跨(また)がる二つの高地よりなる。東方のは、比較的大きく、長さ約五百ヤードにして、その頂上は幅約二十五ヤードでまったく水平である。アメリカ軍は、これを呼んで、嘉数高地という。この高地の西端には、南北に亘る一つの鞍部があり、南方に対して、緩徐な昇り斜面をなしている。この鞍部には亀甲墓が点在している。この鞍部の西側は、嘉数高地帯の一部を形成し、嘉数高地との関係位置においては、T字の頭部にあたり、南北の約二百五十ヤードに連なる。この高地は、のちに第二十七師団では、グロッカー高地と呼び、第九十六師団では、西部嘉数として知られた。西部嘉数の北方斜面は、洞窟のアバタ面の嶮(けわ)しい急斜面をなし、東方斜面は嶮しいけれど、それほど急斜面ではない。

嘉数は、その外貌からすれば、必ずしも怖(おそろ)しい様相をもつものではない。この高地は高くはないし、ゴツゴツした高地でもなく、特に嶮阻でもない。嘉数の彼方には、南方約五百ヤード前田高地の断崖が、アメリカ軍の位置からは、恰も通過不可能な絶壁の砦のように見えた。前田断崖に比べると、嘉数はなんのことはない、醜いうずくまったような丘阜で、もともとは一面に植物があったのだが、間もなく裸になった木の幹が、空際にわびしく立っているのみである。嘉数高地のすぐ下の東南方に、嘉数部落があり、瓦ぶきの建物が密集し、各家は生籬または石壁を繞らし、周囲の野原から遮蔽している。

嘉数高地帯内およびその周囲の日本軍の陣地は、沖縄で最も堅固な陣地の一つである。反対斜面に配備した迫撃砲は、前方の谷間と丘阜頂上との中間地区の、攻撃され易い地区に対し、火力を集中し得る如く標定されていた。臼砲数門も、また該高地の防備にあてられた。コンクリート製掩体やトンネルや洞窟内に配置された機関銃をもって、綿密な火網組織を編成し、敵の前進地域を、くまなく掩う如くした。日本軍は、また首里築城地帯内に配置せる野戦砲の支援を受けた。なお嘉数の厚い壁々、生籬は、――ついに廃墟になってしまったが――日本軍にとり、無数の抵抗拠点として利用された。

第三八三連隊第一大隊（長キング中佐）は、嘉数高地の奪取を、第三大隊（長ステイブ中佐）は西部嘉数の奪取を、それぞれ命ぜられた。各大隊は奇襲の目的を達するため、準備砲撃を行なうことなく、払暁攻撃を行なうことになっていた。将兵はその攻撃地区の地形に関しては、ぼんやりした認識しかもたなかった。空中写真および地図は、不正確か、さもなければ細部について不明であった。戦線の出発点からは、嘉数高地手前の谷間は目視し得なかった。

(2) 小銃中隊の嘉数強襲。

攻撃部隊が進発したときは、天未だ明けず、第一線中隊は東から西へ、第一大隊のC、A中隊、第三大隊のL、I中隊である。CおよびA中隊は、谷間を越えて、日本軍に発見せらるることなく、天明時嘉数高地の頂上に達した。L中隊の前進部隊は、西部嘉数に至る途上数名の日本兵を殪した。そのころ敵主力は未だ気づかなかったようだ。I中隊は、その出発が遅れたため、天明ごろやっと宇地泊南方約百五十ヤードに達したに過ぎなかった。

午前六時やや過ぎ、日本軍は活気を呈した。孤立した一掩体から、A中隊は機関銃射撃を受けたと見るや、その瞬間、全戦線は激烈な迫撃砲射撃を浴びせられ、機銃の猛射は、断続的にこれに和した。アメリカ軍は、日本軍にだまされた。AおよびC中隊の大部は丘阜の頂上にあったが、前進の間分離し、連絡はまだ回復されていなかった。そのうえA中隊と西部嘉数に前進中のL中隊間の連絡もとれていなかった。L中隊は、最初の時機は谷間通過後であったので、同谷地に指向された掃射火網の危難は、脱れ得たけれども、同じ掃射火網のために西方の開闊地を前進中のI中隊の行動が阻止されたので、L中隊は西部嘉数の頂上において孤立無援に陥った。一方ではAおよびC中隊の兵士たちが、猛火を避けようとして、嘉数高地の頂上や、北東斜面の穴をもとめて混乱しているとき、一方では、L中隊は、西部嘉数の頂上を占領せんとして突進した。L中隊の長ミッチェル中尉は機銃の猛火に直面したとき、とっさに「見つけろ！　神は死の中にいます」と叫んで、部下たちを頂上に導いた。兵士たちは着剣して、頂上に向かって突進し、たちまち接戦格闘を演じた。この戦闘は午前中続いた。

L中隊が、西部嘉数の頂上を占領したころ、嘉数高地の状況は、真に危急に迫った。日本軍は迫撃砲の火力を挙げて、アメリカ軍に集中した。特にA中隊正面では、格闘戦がやむ間もなく、猛烈に続いて、午前七時四十五分に及んだ。支援小隊は、谷間と丘阜間の平地に釘づけられていたので、一兵の増援も得られず、敵はますます増勢しつつ近迫してきた。

A中隊長ロイスター大尉は報告して曰く、増援を得るか、さもなければ第三大隊が右翼に、斉頭面(せいとうめん)に進出しないかぎり、退却か全滅のほかはなかるべしと。当時A中隊長は、右隣接第三大隊のL中隊が、西部嘉数高地において、死闘を交えつつあったことを知らなかったのである。B中隊は、A中隊の後方に向かって前進を命ぜられたが、谷間に対する敵の掃射のために阻止された。敵は谷間に銃火のカーテンをひいて、アメリカ軍の増援を遮断するとともに、逆襲部隊は、あの嶺頂の一小部隊を片づけてしまおうと努めた。

「万難を排して高地を保持せよ！」

午前八時三十分、C中隊はその暴露せる左外翼に対し、猛攻を受けた。第一大隊長キング中佐はロイスター大尉に向かい、いかなることがあるも、同高地を確守せよと命じた。が今や勝敗は明瞭だった。彼は連隊長にラジオ報告して曰く、「高地上の残兵五十、予備隊は前進不能、迫撃砲および野砲の猛火とともに機銃の十字火を受く。増援なければ、我らは退却あるのみ」。連隊長メイ大佐は、猛烈果敢に攻撃前進すべしとの師団野戦命令に基づき行動を律していたのである。大佐はせっかく爪先をかけた高地を、放棄するのを肯(がえん)じない。というのは、この企図の放棄は、死活を制する高地を喪失することを意味するからである。さらに考うるに、第一大隊が退却するものとせば、高地にかじりついているより、さらに以上の損害を招く虞(おそれ)がある。そこで大佐は第一大隊にラジオ命令した。曰く。「増援のためG中隊を派遣す。……もしその大隊の中隊が、ビクビクしているのなら、実行力のある将校に引き継がせよ。いかなることがあろうと高地を保持せよ」

かくて大佐は、第一、第三大隊の間隙を閉塞するため、第二大隊に対し、G中隊を前進せしむべきを命じた。しかし、G中隊は千ヤードの後方にあって、第一大隊の危急を救援するのに間に合わなかった。嘉数高地上においては、ロイスター大尉は、その位置を保持し難しと判断した。敵迫撃砲弾の爆発下において、能(よ)く前線を保持しつつ、退却行動を庇掩(ひえん)するための煙幕を展張し得た。化学中隊の最初の煙幕は戦線から流れ去ったが、午前十時にはCおよびA中隊の撤退を、庇掩し得るに至った。傷者の収容を終わるまで、後衛は高地頂上を保持した。嘉数高地上の残部および谷間付近の開闊地に、釘づけになっていた諸部隊も迫撃砲弾を受けて撤退した。

AおよびC中隊の先頭に退却した兵士たちは、谷間で午前十時三十分増援のB中隊の長バンバルデペン中尉と会った。

同中尉は、大隊長の攻撃命令に基づき、部下の四、五名の頑強な兵士たちを率いて、谷間の南岸開闊地の出口に進出した。爾後(じご)数ヤード前進するや、迫撃砲および機銃火のために数名を喪(うしな)った。敵火の制圧下の前進は不可能であった。年後いっぱいかかって、この三個中隊の残存部隊は大隊の線に後退するに、苦闘を続けた。このほうほうのていの行動は、多くのものにとって、危機一髪の脱出の悪夢であった。大隊軍医の判断では、残存者で将来役に立つものは一人もいなかった、と。

(3) L中隊の戦闘続行。

四月九日午前中、CおよびA中隊の退却に伴い、L中隊は嘉数高地上にあるアメリカ軍唯一の部隊となった。ミッチェル中尉とその部下兵士たちは、鞍部を占領し、少しく遮蔽した位置に機銃を据えることができた。けれど、その南方の丸い丘を奪取することはできなかった。日本軍は、その主力を嘉数高地のCおよびA中隊に指向したので、西部嘉数北端のアメリカ部隊に対しては、手榴弾の投擲や、爆薬を使用し得るほど近距離に迫ったけれど、ついにこれを撃退し得なかった。

正午ごろとなるや、敵は西部嘉数上のアメリカ部隊は、大なる抵抗を発揮し得ざるに至ったと判断したようだ。日本軍は午後に至るや、一小隊ないし一中隊の兵力をもって、四回に亘(わた)って逆襲してきた。日本歩兵は、友軍迫撃砲火を冒(おか)して、手榴弾や爆薬を投げつつ攻撃してきた。ミッチェル中尉の防御戦闘を指揮するどなり声は、戦闘の喧騒(けんそう)の裡(うち)に響きわたった。

L中隊の危急を救援するため、必死の努力を尽くしたが、ついに奏功しなかった。メイ大佐は、第二大隊をして、G中隊を西部嘉数上のL中隊と、嘉数高地上のA中隊との中間地区に向かって前進せしめた。G中隊は午後なかばころまでは、谷間に到着し得なかった。宇地(うち)泊(どまり)南方地区に釘づけされていたI中隊は、同時ごろ一名または二名の逐次躍進によって、前方に地歩を占めんと努力中であった。IおよびG両中隊は、午後二時協力してL中隊の左側に進出せんとした。しかし激烈なる敵火のために、谷を越えることはできなかった。この谷間に沿う敵火のカーテンは、依然通過を許さない状況であった。

(4)　西部嘉数より後退。

午後四時に至るや、ミッチェル中尉は陣地保持の見込みのないことを悟った。西部嘉数上に達した八十九名中十五名戦死し、負傷しないものはわずかに三名に過ぎない。某兵の如きはアメリカ艦砲弾の炸裂によって、三十フィートも空中に吹き飛ばされた。最も困ったことは、この中隊は弾薬まさに尽きんとしたことだ。わずかに数発の弾薬を持っているものも、それは戦死傷の戦友のものを取りあげたものであった。さもない者は、一発の弾薬も持っていなかった。機関銃は無為に放置せられ、弾帯は空っぽだった。午後三時半、百ないし百五十名の日本兵が逆襲を決行してきた。ミッチェル中尉はこの微力をもってしては、この大逆襲に立ち向かうべくもないことを悟った。

退却に決定したミッチェル中尉は支援火力を要求した。四・二インチ煙弾をもってする煙幕は、強炸裂の煙弾により展張されて、敵の前進を阻止せんとした。煙幕の庇掩下に、L中隊の残兵は負傷兵を携えて、丘阜から谷間に撤退することになった。ミッチェル中尉は、部下を西部嘉数高地の頂上と北側斜面に集結させた。日本軍の機関銃は、煙幕内に向かって盲射を続け、後退中二名の兵士を殪した。

この日は第三八三連隊にとり、実に暗黒の日であった。連隊は三百二十六名の死傷を出した。第一大隊は半減し、ほとんど用をなさないものと判断された。メイ大佐は、第一大隊のキング中佐を交代せしめ、新たに大隊長としてエリクソン中佐を任命した。L中隊は、中隊本部を含め残兵わずかに三十八名であった。かくてこの連隊は、寸土も獲得し得なかったのである。

(5) 嘉数に対する攻撃、四月十日。

四月九日の攻撃が崩壊する以前に、副師団長イーズレイ代将、第三八三連隊長メイ大佐、第三八一連隊長ハローラン大佐は、第三八三連隊指揮所に集合し、翌十日の攻撃について議した。四月九日の攻撃において、一個連隊をもって失敗せる嘉数攻撃に対し、イーズレイ代将指揮の下に二個連隊を指向せんとするものである。第三八一連隊は、宇地泊南方位置より西部嘉数を攻撃せんとするものである。戦車は、攻撃大隊に協力せしめられなかった。嘉数高地基底部は戦車の通過に適しない。といって宇地泊南方地区から遠く迂回させようとすれば、水田や階段斜面の障害に遭い、日本軍の直射に暴露する。さらに谷間の最深部の東方に遠く迂回せんとする場合においても、第三八三連隊が歩々前進する地区において、開闊した日本軍の掃射地帯を通過しなければならぬ、結論として、戦車は首里の主陣地帯攻撃には欠くべからざる戦力なので、今次の嘉数攻撃には使用しないことに決した。しかし両連隊は異例に優勢な支援砲兵力——第九十六師団に属せられた砲兵大隊を含み、七個大隊の野戦砲の協力を与えられた。艦砲および海軍戦闘機三個中隊も参加することとなった。

四月十日午前六時四十五分より、十五分間の準備砲撃が開始された。しかし、イーズレイ将軍は、その弾着が目標線に対して十分有効に発揮できないのを認め、さらに十五分間の砲撃を命じた。歩兵第三八一連隊の第二大隊は、宇地泊郊外から躍進を起こし、西部嘉数に向かったが、たちまち敵の迫撃砲と機銃の猛火を受けるに至った。同連隊第一大隊は、第二大隊の後方に続行した。第三八三連隊は当初大なる抵抗は受けなかった。かくしてこの早朝の攻撃は第三八一連隊の活躍をめぐって進展した。

第三八一連隊第二大隊の一部は、間もなく谷間北側の開闊地――そこは前日の攻撃で、第三八三連隊のI中隊の停止した同一の場所――において、日本軍のために釘づけにされた。しかし一部は、谷間に達しようとして努力した。日本軍はあらかじめ谷間に沿うて火網を構成していたので、第二大隊の兵士たちは、敵火を避けようとして谷間の岩角へすがりついた。熾烈な迫撃砲火は、部隊の前進をめがけて落下した。

午前八時五分、第二大隊の先頭部隊は谷間を進出し、争奪点たる西嘉数の北方斜面を登って行った。抵抗は激しくはなかった。西嘉数頂上の敵機銃は小迂回によって撃退した。午前九時三十分西部嘉数上に達した部隊は、ここここそ前日第三八三連隊のL中隊がついに放棄せざるを得なかった嶺上と思い、急遽陣地の構築に努めた。間もなく二個中隊が同地に達した。ここで第三八三連隊の、左翼方面において嘉数高地に達するのを待った。

(6)　嘉数高地における完敗。

しかるに、第三八三連隊の前進は進捗しなかった。両大隊は右に第三、左に第二大隊をもって前進したが、谷間の直前において、敵火のため阻止された。この谷間こそ、この日もまた昨日の如く戦況に支配的な影響を与えた要素である。メイ大佐は敵火はさほど重要なものではないと思い、両大隊に対し、嘉数高地に向かい前進すべきことをラジオで命令した。が両大隊は前進できなかった。その結果、両大隊は側方機動を実施した。第二大隊の一部は、谷間北側地区にへばりついていたが、その他は宇地泊（うちどまり）—我如古（がにく）道に沿うて南東に機動し、第五公道のところで右折（南）—公道に沿う部落に掩蔽しつつ、谷間の方向へ迂回した。しかし状況は決して改善されたわけではない。というのは敵はこの開闊地にも、また火力を準備していたからである。かくして爾後（じご）第二大隊は、ここ嘉数高地前面の谷間の東端付近において終日を過ごした。

　第三八三連隊第三大隊は、谷間の所で停止するや、次に第二大隊の迂回方向とは反対方向に、第三八一連隊の戦闘地域内へ迂回した。第三大隊は、第三八一連隊戦闘地境内で西部嘉数基底部の谷間を横断した。かくて第三大隊は、該高地の北側斜面を、第三八一連隊第二大隊と連接しつつ、その東北方地区を攻撃前進した。午前十一時までに、第三八一および第三八三連隊の部隊は西部嘉数の頂上、その北斜面、西部嘉数と嘉数高地間の鞍部の一部を占領した。この占領地区の保持は、決して確実なものではなかった。というのは、敵は逆襲に用いる兵力の余裕があり、かつ西部嘉数に対し、重機関銃および迫撃砲の断続的射撃が指向されたからである。

　嘉数高地は未だ占領するに至らない。正午ごろ、第三八三連隊第三大隊は、嘉数高地と西部嘉数間の鞍部に向かい、東面して高地を奪取する意気込みで攻撃した。この企図は失敗に終わった。攻撃部隊は約百ヤード前進したが、嘉数高地からの機銃および迫撃砲火のため阻止された。かくするうちに雨が降ってきて、行動はますます困難になった。第三八一連隊第二大隊は、西部嘉数高地上を南に向かって地歩を進め、嘉数部落や、西部嘉数の敵方斜面を制し得る地域を占領しようとした。諸隊は若干の地歩を獲た。ところがたちまち敵の激しい逆襲を受け、西部嘉数北側の旧位置に撃退された。

かくの如くにして、嘉数高地に対する奮戦力闘は行き詰まってしまった。日本軍は、アメリカ軍の前進を阻止はしたが、昨日敢行したように嘉数から撃退し得るほど有力ではなかった。アメリカ軍は、沖縄でしばしば繰り返されたような状況に直面したのである。すなわち敵は、高地の頂上や敵方斜面よりは、むしろ反対斜面に有力な戦火を配置した。反対斜面に位置すれば敵眼に遮蔽し、かつ敵火に対し掩護し得るからである。

状況は正に危機に瀕した。第三八三連隊の第三大隊は、終日に亘り多大の損害を出し、殊に下級部隊指揮官において然りであり、しかも敵の激しい逆襲を受けた。午後一時四十五分、イーズレイ将軍は、歩兵第三八一連隊第一大隊に命じて、鞍部にある歩兵第三八三連隊の部隊の右（西）側を経て攻撃せしめ、一方第三八三連隊には、増援の到着まで、その位置を確保すべきを指示した。

午後二時までに、第三八一連隊の第一大隊は、中隊の縦隊をもって、けさ第二大隊がとったと同じ道路に前進した。大隊がその半分をもって例の谷間を通過しようとしたとき、敵はあらかじめ準備した迫撃砲と機銃の集中射撃を、この関所に向かって指向した。後続部隊と分離されて、第一大隊の先頭部隊は、はげしい雨の中を西部嘉数の斜面にたどりついた。近くの若干の部隊もそれに参加したが、その他はこの日ついに西部嘉数に到着しなかった。

午後二時三十分ごろ、第三八一連隊第一大隊は、鞍部にある第三八三連隊第三大隊の救援に到着した。しかし遺憾ながら、有効な増援の時機はすでに過ぎてしまった。第三大隊の一部は日本軍の猛攻に屈し、増援部隊が到着したとき、そこにいるはずのアメリカ兵は姿を見せず、日本兵がいた。でも第一大隊は、嘉数高地に沿い、南東に向かい攻撃した。しかしこの攻撃は力攻とまではいかず、失敗に帰した。後刻、先ごろ谷間で残留した部隊の若干は、大隊主力に追及し、夜暗までに嘉数高地の頂上から二十ヤード手前の北斜面に前進した。

(7) 四月十一、十二日、日本軍、依然嘉数高地を頑強に保持す。

嘉数高地を奪取すべき連隊命令を受けた第三八一連隊第一大隊は、四月十一日午前七時、鞍部を越えて攻撃前進した。諸隊は、高地の西方斜面を登ろうとしたところ、嘉数南方地区から激しい平射弾道の野砲火と、高地南方斜面から曲射弾道の迫撃砲火を受けた。日本兵は、また嘉数高地から爆薬包を投げ込んだ。攻撃部隊は、西部嘉数から支援火力を受けたが、頂上付近に塹壕(ざんごう)を掘らなければならなくなった。これに対し、敵は二回に亘り逆襲してきたが、ロバートソン軍曹はほとんど兵一人で食い止めた。

第三八三連隊第三大隊は、鞍部北側斜面においてこの日の午前中を過ごし、敵火の下で谷間を越えて前送された食糧と弾薬を受けた。午後一時、この大隊は右(南面)方の第三八一連隊第一大隊とともに、嘉数高地の北西斜面を登った第一大隊長は、谷間を越えて前進できなかったので、第三大隊長ステアー中佐が攻撃の指揮に当たった。

攻撃部隊が約百五十ヤード前進すると、嘉数高地頂上と反対斜面から、迫撃砲および機銃の猛火を受けた。当時まだ敵の手中にあった西部嘉数の敵方斜面からさえ、激しい敵火を蒙った。ステアー中佐が判断するには、諸隊の攻撃続行は、西部嘉数北端を占領している第三八一連隊の第二大隊の攻撃によって、西部嘉数南部にかじりついている日本軍を攻撃する以外に途はないと。彼は、猛火を冒して第二大隊指揮所に至り、グレービル中佐と、この攻撃について議した。まさに攻撃を起こそうとしたとき、日本軍は西部嘉数に逆襲して来た。グレービル中佐の部下は、その位置を保持するに汲々(きゅうきゅう)たるありさまであった。ステアー中佐は嘉数高地に対する攻撃を中止し、傷者を煙幕下に撤収するよう命じた。嘉数高地北西斜面の両大隊は、旧位置に後退した。敵は再度嘉数の主要陣地を奪回した。

四月十一、十二日夜、日本軍は宇地泊、嘉数地域に対し、大型迫撃砲弾（日本側は臼砲と言う）を射撃した。そのうちには三十二サンチ口径のものもあった。その一弾は第三八一連隊第一大隊の救護所に落下し、軍医二十名、兵十一名を殪し、他の九名を負傷させた。四月十二日、第九十六師団は最後の嘉数奪取を企図した。嘉数高地頂上および反対斜面に対し、空中攻撃とロケット攻撃を実施した後、第三八一連隊第一大隊をもって該高地の北側斜面に向かって攻撃した。日本軍は、空中攻撃の終了を待って、未だ見たこともないほど猛烈な迫撃砲の集中攻撃を開始した。一時間以上に亘り、その弾丸は一分一発以上の発射速度で岩山に破裂した。第三八一連隊は三回も攻撃を反復した。毎回ともに如上(じょじょう)の砲弾のほか、さらに機銃や小銃射撃、手榴弾、爆薬包の反撃に直面して、攻撃は頓挫した。諸大隊は四十五名を失った。迫撃砲火は、アメリカ軍が撤退すると間もなく止んだ。日本軍は依然として嘉数高地の状況を強く支配した。

首里外郭に対する難戦苦闘の最中、諸隊は、ほとんど信じ得べからざるニュースに接した。四月十二日早朝、沖縄戦線の後方地区から前線へとルーズベルト大統領の逝去（せいきょ）の言葉が伝わった。敵側もこのニュースを聞いた。

### 論評

無血に近い嘉手納上陸に気を好くしたアメリカ軍は、その先鋒第七、第九十六の二個師団をもって、わが主陣地帯に突っかかって来た。まず四月八日より十二日に亘（わた）る約五日間の彼我主力の激闘が惹起したのである。前記アメリカ軍の戦闘記録は、その戦いの一場面に過ぎない、すなわち嘉数付近を守備したわが第六十二師団原大佐指揮する独歩十三大隊に対する敵第九十六師団主力の攻撃経過である。独歩十三大隊の陣地編成ならびに防御戦闘は、軍首脳部の期待にそむかぬ、否それを越えた理想的なものであった。敵約二個連隊の前後五日に及ぶ猛攻に対し、善戦健闘これを挫折せしめ、よく嘉数付近一帯の陣地を厳として確保した。

第六十二師団の第一線各大隊の正面において、ほぼ原大隊と同様な戦闘経過を経て、わが軍は緒戦における勝利を獲得した。敵の損害約三千、わが軍の死傷も多大であったが、この時期においては、わが軍の損害は敵に比してはるかに少なかった。

その(二)　アメリカ軍の第一回総攻撃。

第二十四軍団司令官ホッジ将軍の攻撃計画は、首里周辺の敵の複雑な防御組織を撃破して該高地を占領し、那覇—与那原(よなばる)道に到達せんとするにあった。

第七師団は、東方において一七八高地を奪取し、爾後その作戦地域を那覇—与那原道に向かい攻撃前進する。第九十六師団（第三八三連隊欠）は、直路首里中央部に向かい突進し、首里およびその南方の公路に至る地区を占領する。

以上両師団の攻撃発起はH時（四月十九日午前六時四十分）と規定された。

第二十七師団は、H+50分、前夜占領した陣地より攻撃発起する。その任務は、嘉数(かかず)高地、前田断崖、その南方地帯および海岸地帯の那覇—与那原道に至る地区を占領する。第二十七師団の攻撃発起の時機を遅らせたのは、砲兵の集中火を東方より逐次西方に指向せんとする計画に基づくのである。

この攻撃における最強威力は、おそらく攻撃発起前四十分間に実施する、熾烈(しれつ)な準備砲撃であろう。野戦砲二十七個大隊は、戦線のいずれの方面に対しても、集中砲火の準備を命ぜられた。準備砲撃は、最初の二十分間、敵の前線に火力を集中し、次に射程を延伸し、十分間に亘り、敵後方地帯を制圧し、敵前線をして地下掩蔽部より進出せしめるように努め、H時に至る最後の十分間は再び敵の最前線に火力を転ずる。この射撃実施要領は、第二十七師団の攻撃にも反復適用する。準備砲撃間、飛行機および海軍艦砲は、敵の後方地域に攻撃を指向する。首里の敵軍司令部にはロケットおよび千ポンド爆弾の攻撃を指向する。一上陸部隊は、飛行機および艦砲協力のもとに、輸送船により、南部沖縄の東南海岸に欺瞞行動を実施する。

ホッジ将軍は、戦局の進展に多大な期待をかけた。もとより、これに先だつ困難に関しては冷厳な判断を加えつつも、「これはいよいよ困難になってくるわい」と攻撃の二日前に述べた。「六万五千ないし七万の日本兵は、南端で穴にこもっている。彼らを駆り出すには一寸刻みに爆破するより他に手がない」と。

四月十九日、朝霧のはれるのを待って空中攻撃が実施された。それは、太平洋戦争中、一回の空中攻撃としては最大のものであった。午前九時、与那原は六十七機からナパーム弾攻撃を受け、地上に存在する一切が焼き尽くされた。稲嶺は百八機のために荒廃に帰し、首里は百三十九機によって攻撃された。合計六百五十機に及ぶ海軍航空部隊は、爆撃し、ロケット、ナパーム、機銃射撃を実施した。

第五艦隊の戦艦六、巡洋艦六、駆逐艦六は、その砲火をもって地上および空中火力を増強した。これら大鉄槌打撃は、陣地を占領しある日本軍第六十二師団の四千の勇士の頭上にうちおろされたのである。

太平洋戦争中の最大の集中砲撃は、天明とともにその序曲を奏し始めた。軍団および師団に属する二十七個大隊の三百二十六門の砲は、午前六時第一発を射ち出した。この集中砲火は、戦線一マイル平均に、七十五門の割合であるが、実際における射弾集中は、東より西に逐次集団的に実施されるので、さらに有力なものであった。射弾は、敵の第一線に対し、震撼的に落下すること二十分にして、射程を五百ヤード延伸して、あたかも歩兵の攻撃前進を思わしめ、ついで第一線に射程を変更し、約十分間射撃を実施した。かくてアメリカ軍砲兵は、四十分間に一万九千発の弾丸を、敵戦線に打ち込んだ。午前六時四十分、砲兵は敵後方地域に射程を延伸した。

攻撃に任ずる諸隊は前進した。莫大な鉄量と炸裂によって、敵は撃滅されてしまったか、それとも茫然自失なすところなき状態だろうと期待した。が、攻撃部隊は間もなく幻滅を感じた。というのは、日本軍は、洞窟内深く潜(ひそ)んで、ほとんど手を触れられず、最適の機に戦闘配置についたのである。第二十四軍団砲兵指揮官シーツ将軍の後日述べるところによれば、彼はこの朝の準備砲撃では、いったい敵兵を百九十名殪(たお)したとでもいうのか。それとも、百発で一名殪したとでもいうのか、疑問に堪えない、と。

論　評

一トン爆弾と十六サンチ砲に抗する最も堅固なわが主陣地帯は、如実にその威力を発揮し、アメリカ軍三個師団の将兵をして瞠若(どうじゃく)たらしめた。彼らの楽観的な攻撃計画は、一挙にして頓挫したのである。かくて独歩十三大隊の嘉数正面における戦闘よりもさらに激烈な戦闘が東は和宇慶(わうけ)より、西は城間(ぐすくま)に至る十余キロの全戦線において、戦われたのである。

中央正面においては、原大佐の大隊は、用意周到に準備構成した陣地に拠り、進入して来た敵戦車三十輛のうち二十四輛を一日にして撃滅する大戦果を挙げれば、軍の左翼有川旅団の正面においては、敵第二十七師団は攻撃を逡巡する連隊長を即座に交代せしめ、強引に突入を図るなど、凄惨な死闘が至る所で展開された。

敵第二十四軍団長ホッジ将軍が、四月十九日攻撃開始に先だって、指揮下第七、第九十六、第二十七の三師団長に与えた前進目標は、那覇—首里—与那原道の線であった。しかし敵の総帥バックナー中将が西に海兵軍団、東に第二十四軍団を第一線として悪戦苦闘の末、ようやくその前進目標に進出し得たのは六月初めの四十数日後であった。わが軍首脳部は、敵の攻撃法を「耕す戦法」と感じとっていたが、これは現実の戦闘経過より得た感想に過ぎなかったようである。アメリカ軍は、一挙に那覇、与那原の線に進出する覚悟で攻撃を始めたが、わが第一線の予想を超えた頑強な抵抗に遭い、自然に耕す戦法となってしまったのである。

### 四月二十一日ごろにおける状況判断

四月十九日、敵が再び攻撃を開始して以来、全線に亘って彼我の間に英雄的死闘が演ぜられている。わが軍は最左翼歩兵第六十四旅団の正面において一部の陣地を突破せられたが、大局的にみて依然、陣地の大部を頑守している。わが損害も大で、第六十二師団の戦力も概ね二分の一に低下している。しかし攻撃中の敵三個師団も、我に劣らぬ死傷者を生じている。

この際、軍として新たにとるべき処置はないか。それはある。第一は、軍の主力である第二十四師団と混成旅団をもって、宜野湾街道以東の地区より攻勢に転じ、宜野湾街道以西の地区にある敵第九十六、第二十七両師団の左側背に進出し、まずこれを撃滅するにある。第二は、第二十四師団を目下激闘中の第六十二師団の第一線陣地に増加し、防御態勢を強化することである。

第一案について、

全沖縄作戦を通じ、第三十二軍が攻勢をとるのに唯一最高の機会であった。

軍においては、第六十二師団が戦力二分の一に減少したとはいえ、概ね軍主力陣地を確保し、善戦健闘中である。特に攻勢に有利なる支撐となるべき上原高地帯は、依然わが有である。軍主力である第二十四師団は、一部若干の損害あるも、ほとんど無傷の状態である。さらに混成旅団（歩兵四個大隊基幹）はまったく無傷であり、軍砲兵隊も健在である。

第六十二師団を猛攻中の敵三個師団、特に西方平地方面の第九十六、第二十七師団は、深くわが左翼に楔入し苦戦中であり、その退路はやや西海岸に偏している。このとき、第二十四師団、混成旅団および軍砲兵隊の戦力を結集し、東方山地帯を突破して、西方敵二個師団の背後を席捲する如く攻撃前進すれば、少なくも敵主力を撃滅し得るやに思考される。

由来、兵学上の攻勢防御は、理論的には最も好ましい戦闘方式である。十分時日をかけて、地形を利用し、築城をほどこし、作戦を準備して敵を邀える。攻者は、通常防者の二倍三倍の兵力を使用しなければならず、その損害ははるかに防者より多い。この攻防両者の関係がクライマックスに達したとき、防者は控置してある有力な新鋭部隊をもって攻勢に転ずるのである。

だが、かくの如き攻勢防御の成功した例は古来きわめて少ない。一度防勢に陥った軍隊は、自然に受動退嬰となり、攻勢の気力を失い、攻撃発起のチャンスを見失うからである。

しからば、第三十二軍はこの古来の戦例通り、受動に陥り、攻勢移転のチャンスを失したのであろうか。軍は、少なくとも作戦参謀である私に関する限りは、敵が嘉手納に上陸した場合は戦略持久を方針とすることに終始変わらなかった。戦略持久は、必ずしも攻勢はとらぬという意味ではない。真に状況有利ならば、敢えて攻勢に転ずることを拒否するものではない。

四月上旬、軍の内外に俄然台頭した攻勢要望論を押えるに必死となっていた私は、続いて四月十二日の夜襲に煩わされ、反動的に一層持久戦に固執する傾きのあったことは事実である。だからといって、攻勢の好機を看破するに盲目となってはいなかった。

それでは何故攻勢移転の発議をしなかったのか。当時の敵兵力を考察するに、当面の敵は確かに三個師団である。しかし敵は後方に海兵軍団（海兵第一、第六師団）が国頭地方の掃討をほぼ終わる状態にあり、さらに伊江島の攻略を完成した陸軍第七十七師団がいる。これら師団は南部戦線の危急を知れば、両三日中に戦場に駆けつけることができる。

軍が当面の敵主力を撃破して北方に圧迫中、新たに出現する敵三個師団と、中頭、島尻両郡の接際部の狭少な地域で激突することとなる。結果は明らかに予想し得る。軍は四月中に全滅することとなるだろう。

況や戦艦十数隻を基幹とする敵の大艦隊が、砲門をわが方に向けて、常時沿岸に遊弋しているし、制空権を完全に掌握した敵の大空軍が、絶えずわが戦場上空を乱飛している状況に鑑み、わが敗北の算はいよいよ確定的である。すなわち一時的に得られるかも知れぬ局部的勝利を求め、自らの敗北を早めて、根本的な持久作戦の方針を逸脱することは敢えて欲しなかったのである。

第二案、軍主力を第六十二師団の戦線に増加することについて、

第一案の如く攻勢をとることはしないが、これを目下激闘中の第六十二師団の戦線に増加投入し、現主陣地帯をあくまで確保せんとする案も一応考えた。

第六十二師団の第一線諸大隊が、過去数か月をかけて築造した陣地に拠り、目下善戦敢闘している。しかし鉄量豊富な敵に対し、四日五日と激戦を継続しているうちに、守備兵員は減少するのが当然である。ついに減員の結果、最後には敵に占領される。この奪取される前に軍後方部隊を増加し、わが第一線戦力を強化して対抗し、あくまで現在の主陣地帯において、戦闘を行なうというのは首肯し得べき一理がある。しからば何故にこの挙に出でなかったのか。

その最大の理由は、連日の激闘の結果、いかに堅固を誇るわが第一線陣地も、敵の砲爆の前に大半は破壊されると判断したことである。ついで激闘中の第一線に、編制の異なる他師団の部隊を投入しても、果たして整々たる戦闘が続行し得るだろうかと疑念に思ったことである。

軍の作戦の根本方針を顧みるに、努めて長く努めて多くの敵を沖縄に抑留し、かつ努めて多くの出血を敵に強要し、もって本土決戦に貢献することである。さすれば南上原（みなみうえばる）の高地帯がいかに重要だといっても、これに軍の全力を投入し、争奪を争う必要はない。首里東西の線以北において、新たなる防御線の構成は可能であり、かつ十分な地域の余裕もある。したがって一要線一地点の確保に全力を投入するのは、愚策であるとの結論に達したのである。しさらに付言すれば、敵は必ずしも正面よりの力攻に拘泥（こうでい）せず、随時わが側背に上陸しくる公算があり、われとしては常にこれを顧慮するの要があったのである。

## 軍主力を北方へ

四月二十一日、二十二日と前章の如く自問自答しているうち、右翼の拠点南上原（みなみうえばる）の高地帯は中城（なかぐすく）湾沿岸より漸次崩壊せんとし、左翼も伊祖（いそ）四八高地付近の突破口が拡大しつつあった。

すでに我々の承知した敵の上陸兵力は、六個師団で、なお一、二個師団は随時沖縄の戦場に投入し得る余力あるやに察せられる。

果たして、敵はわが側背に新たな上陸を行なわぬであろうか。我々は、作戦開始後はもちろんのこと、作戦開始以前より、敵が主力をもって北方陸正面より来攻する場合、その攻撃を容易ならしめるために、機を見て島尻南部海岸に新たに上陸し、北面して戦うわが軍の背後に殺到、南北鋏撃（きょうげき）の作戦に出ることを極度に警戒し、絶えず不安に襲われていたのである。

すでに軍は北方戦線に一か月の激闘を続け、第六十二師団は戦力二分の一以下に低下している。今後この戦線を保持せんとすれば、依然島尻沿岸に配置しある軍主力第二十四師団、独立混成旅団その他の諸部隊を急遽北方に転用しなければならぬ。しかしこのことたるや、軍としては一大決心を要する。

海正面にある軍主力を北方に転用すれば、敵の新上陸を誘致する恐れがある。もし上陸されれば直ちに側背から殺到されるので、現在の首里戦線をそのままに維持することは不可能だ。どうしても、あらかじめ準備してある石嶺、弁ヶ岳、一三九高地、識名、松川、末吉の円形複郭陣地に拠らねばならぬ。この場合、島尻全域に分散集積してある莫大な軍需品も、急速にこの複郭陣地内に輸送するを要する。ところが、輸送機関の自動車車輛の大部はすでに破壊され、馬匹はほとんど全部戦死している。よく輸送し得たとしても、これら莫大な軍需品を格納するに足る洞窟設備はない。なお生存を予想せられる七万以上の兵員をさえ収容するに足る洞窟陣地がないのだ。

以上のような最悪の場合を忍んでも、軍主力を北方に転用するか、あるいは現在の戦線は、第六十二師団を基幹とする諸部隊をもって戦えるだけ戦い——私がうっかりこうした主旨を洩したら、第六十二師団参謀長は、実に沈痛な表情をした。今も私は、このときの深刻な彼の顔を忘れることができない——第二十四師団は喜屋武半島地区、混成旅団は知念半島地区の現根拠地に拠り、三点防御方式を採用するか、今や軍としては、まさに一大決心を要するの秋であった。

もし、敵が北方のみより攻撃を続けるものとすれば、軍司令官の決心はすこぶる簡単である。だがアメリカ軍がいかなる策に出るかは、まったく敵の自由意志である。我々としては、勝手に敵の今後の行動を決めつけて考えるわけには参らぬ。アメリカ軍が新上陸を決行すれば、特にわが軍主力が北方に転進した後において、その作戦は敵にとってすこぶる有利である。制海、制空権を完全に掌握し、地上兵力においても、余裕のある敵として、この策案の実行は、実に容易であり、可能だと考えられた。

しかし、敵には、わが軍の総兵力や、軍主力が北方に転進することなどが、すべてわかるとは限らない。嘉手納の上陸はほとんど無血で成功したが、主陣地帯内部沿岸の上陸はそう簡単には行くまいと考えるかも知れぬ。現に敵は去る二月の硫黄島の上陸で痛い目にあっている。そんな冒険を敢（あ）えてするより、現に敵がやっているように、鉄量に物言わせ、歩一歩陸正面の攻撃を続け、首里東西の線に進出すれば、地形上このとき敵は沖縄全島を制したと同じ作戦効果を獲得することができる。そうすれば敵としてこの案を続行するのが最も堅実な策案であると考えられる。

終戦後、アメリカ第十軍の参謀将校と彼我の作戦について懇談した際、談たまたまこの件に至るや、アメリカ軍側においても二つの案があったことがわかった。陸軍は攻撃続行を、海軍は新上陸をそれぞれ主張し、終始論争の種であったとか。敵は日本軍の総兵力を実際より一、二個師団過大に判断していたようである。いずれにしても、実際アメリカ軍が新上陸をしなかったことは、日本軍にとって最高の僥倖（ぎょうこう）であった。もし捷（しょう）一号のレイテ決戦におけるオルモック新上陸の如き状況が現出すれば、沖縄戦は急速に、そしてさらに一層悲惨な形で終結していたであろう。

作戦上の理論は暫く措き、当時我々としては敵が六個師団以上の兵力を沖縄北部に揚陸したこと、ならびに過去一か月に亘り、わが北方正面に猛攻を続けていることなどから、直感的にわが背後に対する新上陸はないとの感が強かった。もちろん玉砕の最後まで敵のわが背面に対する新上陸の悪夢に脅威され続けではあったが……。実を言えば、私は軍主力北上があまりにも重大な問題であるので、どこか容易に咀嚼し切れぬものがあり、理念が明確化するには、なお若干の時日を要する心理状態にあった。

しかし、今や決断のときである。躊躇逡巡しておれば、日ならずしてわが主陣地帯は崩壊するのだ。私は意を決して、参謀長に如上縷々記述した要旨の状況判断を具申した。ところが、参謀長は、実にずばりと軍主力北上に断を下された。さすがに参謀長である。平素の勇断明快な性格が躍如として出現したのだ。私は溜飲が一度に下がった思いで、心から参謀長に敬意を表したのであった。

かくして四月二十二日ごろから、軍主力の思い切った首里戦線への投入が始まった。

軍主力北方転用後、依然戦略持久方針を堅持するのか、あるいは機を見て攻勢に出るのか、軍司令官、参謀長の腹は明瞭ではなかった。しかし私は戦略持久一本槍の方針で、北上後の軍主力の配置を概要次の如く立案し、そのまま軍司令官の決裁を得た。

一、第二十四師団は第六十二師団の右翼第二線陣地を占領する。

主陣地帯の前線は、我謝、小波津、幸地、前田の線とし、与那原付近にある戦車第二十七連隊、第二歩兵隊第三大隊、独立速射砲第七大隊の一部は、第二十四師団長の指揮下に入れる。

南上原高地帯は早晩敵手に委するものとし、現に同高地帯において戦闘中の第六十二師団の諸部隊、ならびに歩兵第二十二連隊の一部は、第二十四師団主力の陣地占領を掩護する。

二、独立混成第四十四旅団（第二歩兵隊欠）は、第六十二師団の左翼第二線に陣地を占領する。主陣地帯の前線は、真嘉比以西、安謝川南岸の線とする。

与那原付近にあった諸部隊は、そのまま残置し、第二十四師団長の指揮下に入れる。現に戦闘中の安波茶、城間の第六十二師団左翼戦線は、早晩敵手にはいるものと覚悟し、その場合、混成旅団を軍の左翼第一線兵団とする。

三、特設第一旅団は、軍主力後方（海軍守備地区を除く）島尻全域の警備に任じ、敵がその正面に上陸するや、歩々抵抗しつつ、首里に後退する。特に沿岸における絶対沈黙主義を踏襲し、もってわが主力北上を極力秘匿する。自今これを軍直轄島尻警備隊と呼称する。

四、各兵団部隊の作戦地境を左の如く変更する。

第二十四師団、第六十二師団間

首里城趾、大名、経塚、仲間、嘉数の線（線上は第六十二師団に属す）。

第六十二師団、混成旅団間

識名、松川、真嘉比、内間の線（線上は混成旅団に属す）。

第一線兵団、軍直轄島尻警備隊間
新里、平良、宮平、いちにち橋、真玉橋、国場川の線（線上は警備隊に属す）。

この私の作戦構想は、前章に述べた決戦あるいは現主陣地帯確保のための増加ではなく、新たに第二線陣地帯を設け、持久作戦を続行する方針に基づくものであった。

各兵団の機動新配置は、夜暗を利用しつつ実行し、第二十四師団は四月二十四日朝までに、混成旅団もまた、ほぼ同時ごろまでに、概ねこれを完了した。これらの行動は、夜間といえども絶え間ない海陸よりする敵の砲撃下に行なわれたので困難を極め、時日も要したが、損害は予想外に少なかった。損害は、むしろ機動間より機動後拠るべき洞窟陣地もなく、態勢整わぬうちに夜が明けた場合の方がはるかに多かったようである。

### 五月四日の攻勢

軍主力が首里戦線に加入するまでの約一か月間、第一線を承った第六十二師団と軍砲兵隊は相協同して、実に理想的に善戦を続けている。

第六十二師団の陣地編成は、巧妙適切であり、兵員は皆支那戦場で鍛え抜かれた精鋭揃いである。当初ぶつかってきた敵第七、第九十六師団を厳然としてはね返し、ついで第二十七師団を加えて四月十九日からの三個師団の猛攻にも、主陣地帯の大部を確保した。敵の第九十六、第二十七両師団は、損害と疲労に耐えかねて、四月末までに後方にあった第七十七師団、海兵第一師団と交代するに至った。実に第六十二師団は一個師団で敵三個師団の鋭鋒を挫き、さらに新鋭の敵二個師団と激闘するの余力を残していたのである。

元来この師団は、歩兵四個大隊の旅団二つを統合して編成され、砲兵連隊も持たないで、第二十四師団とは異なり、いわゆる国軍師団中第三流のものであった。それが数か月間準備した巧妙堅固な築城地帯に拠り、奮戦したため、一流中の一流師団たるの実力を発揮したのである。

軍司令官は直ちに第六十二師団に感状を授与された。特に同師団の歩兵第六十三旅団の善戦は目ざましく、瀟洒（しょうしゃ）、貴公子然たる旅団長中島少将は、中将に進級するの栄誉を辱（かたじけ）なうした。軍砲兵隊は、その司令部、野戦重砲兵第一、第二十三連隊、独立重砲兵第百大隊、臼砲第一連隊等皆素質装備優秀で、国軍砲兵中の粋を集めたものである。その戦闘振りの卓越していることは、現に相対抗するアメリカ軍が称賛を惜しまないことで明瞭だ。

過去一か月間の戦闘で南上原高地帯を失い、安波茶付近で敵の楔入を許したとはいえ、前田、仲間の高地や城間付近は依然頑強に保持している。アメリカ軍の損害もまた我に劣らず大である。敵の発表によればその死傷一万数千という。

過去、太平洋戦争、大小幾多の戦闘で、わが第三十二軍の如く、整々堂々と一か月にわたり、組織的に戦い続け、しかもなお、主力をほとんど無傷のままに保持しているような軍隊があったであろうか。私は軍参謀として、かかる強大な敵と戦いつつ、常にひそかにニューギニア以来の諸戦例と比較し、軍がいかにその任務を尽くしつつあるかを考えた。そして自信を深め、内心莞爾（かんじ）たるものがあった。

ところが、わが軍首脳部は、次第に救うべからざる悲観的空気に支配されていくかに思えた。何故だろうか？　当面の状況は、これを判断する立場によって異なる。なるほど、消極的にみれば、悪条件が雪崩となって押し寄せるかに思われる。右翼南上原の高地帯はすでに敵手に委した。左翼伊祖、安波茶の正面は日ごとに滲透をほしいままにされている。中央の要地前田、仲間の高地は敵の猛攻の前に孤城落日の観がある。第六十二師団の戦力は急速に弱化しつつある。敵の攻撃速度は一日平均二、三十メートルではあるが、攻むれば必ず取る。この調子では、敵が首里山上に到達するのも遠き将来ではない。この一連の事実と、悲観的論理が軍司令官以下を憂鬱にさせるのだ。

天邪鬼の私はかかる折り、不思議に気が強くなる。私は首脳部の人々にいった。「なるほど我々は陣地要部の半部を失った。しかし敵が首里山頂を奪取するためには、さらに四キロもわが陣地帯を突破しなければならぬ。今までに敵と戦ったわが兵力は、全軍の約三分の一に過ぎぬ。それでさえ赫々たる戦果を揚げている。軍主力である第二十四師団、混成旅団、軍砲兵隊等はほとんど無傷のまま厳然として控えているではないか。敵の消耗は日増しに増大しており、その攻撃力にも限度があろう。わが軍の前途は自信満々である。落胆悲観する理由は存在しない」

実際、私は、軍の戦略持久作戦の将来について自信をもち始めていた。私の言はもちろん自他を励ます気持ちも手伝っていたが、この自信に出たものである。

あれほど必勝を叫んだ人々であるが――いや必勝を信じた人々であるがためであろう。今やいかに激励しても玉砕の運命を払い除けようと足掻き始めたのである。どうせやられるなら力のあるうちに攻撃に出よう。このまま消極受動に立って、敗北と死を待つのは耐え切れぬ。この心理は、責任ある人々をして、戦略持久するという軍本来の任務から逸脱させ、打算的野心を忘却せしめる。そして人々の心をさらに惑乱して、攻勢をとれば必ず勝利を克ち得る。したがって、死の宣告から免れ得るだろうと、迷妄な結論に到達するのである。絶体絶命の境地に臨むと、知意の活動が衰え、本能に動かされるのが人間普通の欠陥だが、その傾向は日本人において特に甚だしい。

世上、攻勢は最良の防御という。我々軍人は平素の訓練において、攻勢至上主義で訓練されてきた。陸軍大学校の教育においても、わが一個師団はソ連軍の三個師団に相当するという前提で演習を実施した。装備我より優秀なソ連軍に、どうしてその三分の一の兵力のわが軍が対抗できるのか？　曰く統帥の妙と旺盛な攻撃精神に依るのだ、と。自惚れも極まれりというべきである。精神教育よりすれば、こうした主観的な思想も一理あるが、いやしくも高等用兵を研究すべき陸軍大学において、戦いの本質から外れた教育演習は避くべきであった。

こうした長年の雰囲気に育った日本軍、そしてわが第三十二軍首脳部において、呪うべき盲目的主観に基づく攻勢論がまたもや急速かつ狂的に台頭しだしたのである。

四月二十六日、私はメモ帳に「司令部内に、再び狂風吹き始めたり。警戒を要す」と記録した。

かん詰め箱を積み重ねて急造した寝台の上に、身動きもならぬほど所狭くぎっしりとならんで眠る将兵、その夢路に通うものは、前線の暴風雨の如き銃砲声である。剛強鬼をも拉ぐ参謀長の「母ちゃん痛い」のあどけない、不思議な寝言が夜ごと聞えるようになった。厳格な母堂に折檻を受ける、手に負えぬ腕白小僧のころの夢を見ておられるのかも知れぬ。

昼間ともなれば、首里全山を揺り動かすような砲爆の集中！　坑口に立つ司令部衛兵が次々と朱に染まって斃たおれ、爆煙が坑道内に濛々と噴入する。「それ！ガス攻撃！」と叫んで、息苦しい防毒面をつけること幾回。司令部内の空気は日ごとに殺気を帯びてくる。狂風の吹かんとするまた宣なる哉である。

攻防の論争は、四月八日の全軍出撃、同十二日の大夜襲の際にも増して白熱化する。いうまでもなく攻勢反対論者は私唯一人である。

四月二十九日朝まだき、わずかばかりの水で洗面をすました私の前に、参謀長が突如として姿を現わされた。思い詰めた態度で私の手を握り、真に熱烈な口調で、「八原君！君と僕とは常に難局にばかり指し向けられてきた。そしてとうとうこの沖縄で、二人は最後の関頭に立たされてしまった。君にも幾多の考えがあるだろうが、一緒に死のう。どうか今度の攻勢には、心よく同意してくれ」と申され、はらはらと落涙された。あまりの突然さに、私はぎょっとしたが、握った将軍の手の温みが伝ってくるとともに、私もまた心動かずにはおられなかった。

私は司令部内唯一人、大勢を押し切って、曲りなりにも過去一か月、軍を戦略持久の線に引っ張ってきた。私もまた人の子である。今や、ともすれば心弱くなり、もはやこれ以上、周囲の力に抗し難いと思う折りから、参謀長が至誠を披瀝して自らの部下である私に攻勢を懇請されたのだ。攻勢の失敗はあまりにも明瞭であるが、私は感動し、心弱くなるまま、参謀長に「承知しました」と答えたのである。もっとも、従来の太平洋戦争における日本軍のいずれの部隊にも勝るとも劣らぬ戦績をすでに残したとの自慰もあったからではあったが――。

万感こめて握手して立つ参謀長と私の傍らに、いつの間に来合わせたのか、参謀長の当番娘が呆然として立ちすくんでいた。参謀長の命により、私は薬丸、長野両参謀を相手にして、概要次の如き攻撃計画を立案した。

**方　針**

軍は、重点を右翼方面に保持し、五月四日黎明、当面の敵を攻撃し、普天間東西の線以南において、これを撃滅す。

**兵団部署の概要**

一、左逆上陸隊

船舶工兵第二十六連隊主力

海上挺進第二十六、第二十八、第二十九各戦隊の一部。以上総員約七百。

大発、戦隊用快速艇および刳舟による部隊ならびに干潮時を利用して、珊瑚礁上を徒歩前進する部隊をもって、五月三日日没後、那覇沿岸出発、大山付近敵背後に上陸し、敵の砲兵陣地、高等司令部等を急襲し、軍主力の攻撃を容易ならしむ。
二、右逆上陸隊
船舶工兵第二十三連隊（連隊長および一部欠）
海上挺進第二十七、第二十九戦隊の一部。以上総員約五百。
左逆上陸隊と同要領により、五月三日日没後、与那原付近出発、津覇付近に逆上陸し、軍主力の攻撃を容易ならしむ。
三、第六十二師団は、極力現在線、特に前田、仲間高地を保持して、軍主力攻勢の支撐となる。
四、第二十四師団は、五月四日午前四時五十分より約三十分間、攻撃準備射撃を実施したる後、攻撃前進を開始し、まず南上原高地を攻略し、引き続き普天間東西の線に進出する。
五月三日夜、敵線内二キロの縦深に亘り、軽機、手榴弾を携行する挺身隊を、努めて多数潜入せしめ、攻撃開始とともに一斉蜂起して紛戦に導き、主力の攻撃を容易ならしむるものとす。
五、軍砲兵隊は、五月四日午前四時五十分より三十分間、主として第二十四師団正面敵第一線に対し、攻撃準備射撃を実施し、爾後主力をもって同師団の攻撃に協同する。
攻撃準備射撃に関し、第二十四師団砲兵を区処する。
六、独立混成旅団は、第二十四師団の攻撃進展に伴い、首里東方地区に機動し、同師団が南上原高地に進出するや、機を逸せず、第一線両兵団の中間地区より大山方面に突進し、まず第六十二師団左翼方面に深く楔入しつつある敵海兵師団の退路を遮断し、これを撃滅する。
現在地、天久台(あめくだい)より首里東北地区への機動は五月四日夜と予定する。
七、海軍陸戦隊は、精鋭四個大隊を編成し、随時戦闘に加入し得る如く、現在地に待機する。
八、軍司令官は、第一線の戦闘進展に伴い、前田高地に至る。

以上完成した攻撃計画書は、長野をして参謀長の許(もと)に持参させた。私は気分を一新さすために、例の如く勝山を伴い、第六坑道の近くにある浴場に出かけた。一浴びして何か重い負担をおろした気持ちで軍医部の前にさしかかると、参謀長の当番娘がやって来る。会釈して過ぎる顔を見ると、何か容易ならぬ表情である。参謀室に帰って見ると、全般の空気が変だ。かかる重大な計画書は、自ら参謀長に提出すべきであったと反省する。と思う間もなく、軍司令官が、「八原ちょっと来い」と言われる。沈黙しておられる参謀長の傍らを通り過ぎて軍司令官の前に立った。

司令官は膝組んだまま、いままでにない沈痛な態度で、「貴官は攻勢の話が出るたびに反対し、また吾輩(わがはい)が攻勢に決心したのちも、浮かぬ顔をして全体の空気を暗くする。すでに軍は全運命を賭けて攻勢に決したのである。攻撃の気勢を殺(そ)ぐようなことはないよう」と申し渡された。例の訥々(とつとつ)とした静かな口調である。

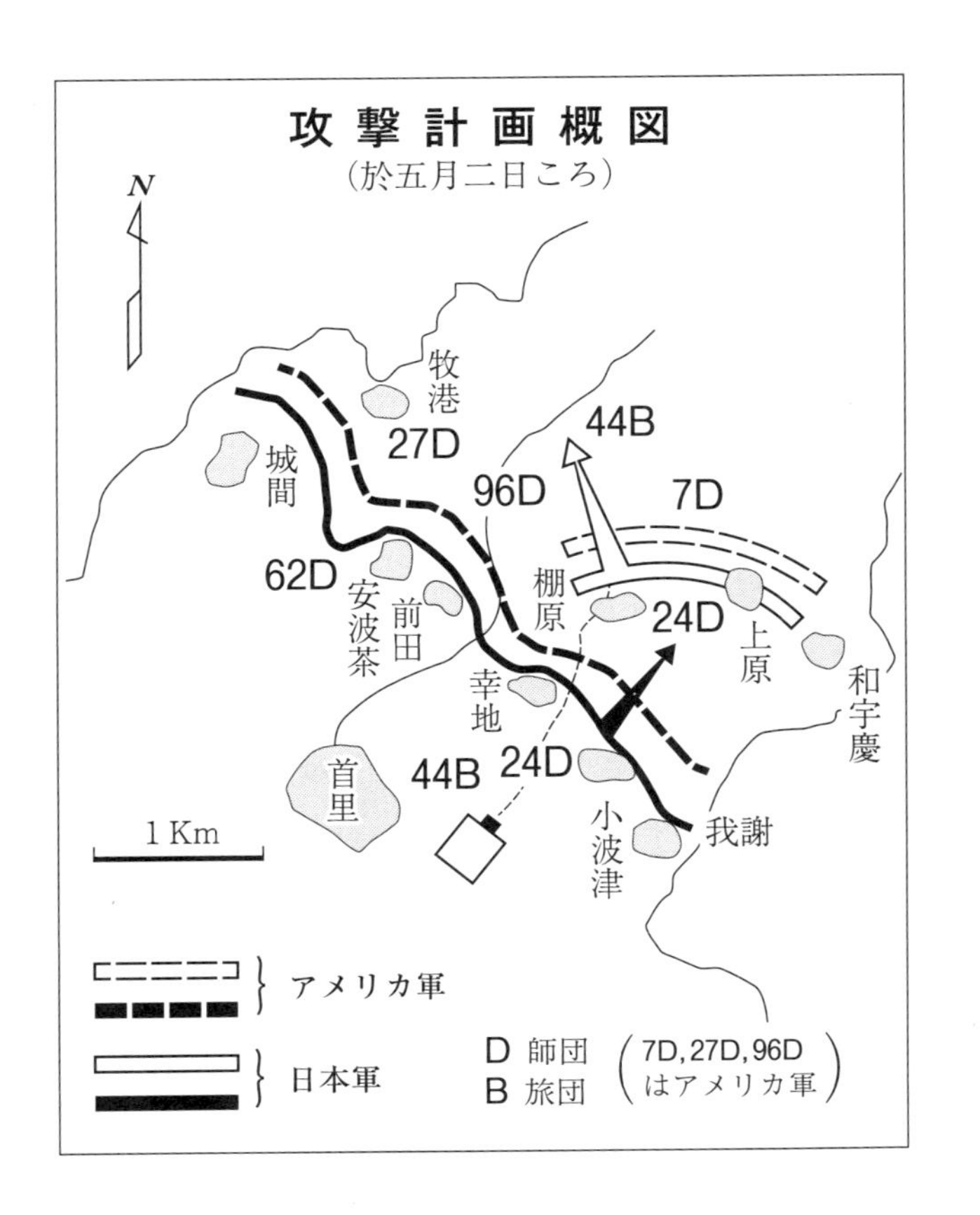
攻撃計画概図
（於五月二日ころ）
N
牧港
44B
27D
城間
96D
7D
62D
棚原
安波茶
前田
24D
上原
幸地
和宇慶
首里
44B
24D
小波津
我謝
1 Km
アメリカ軍
日本軍
D 師団
B 旅団
7D, 27D, 96D はアメリカ軍

私は後にも先にも、将軍から叱責の言葉を頂戴したのは、実にこのときだけである。瞬時にして私は全般の空気より判断し、軍参謀長が司令官に策動されたものと察した。私は言が過ぎると思ったが、暗に参謀長も聞いておられることを意識しつつ、「私は失敗必定の攻撃の結果を思うと、つい憂鬱にならざるを得ません。今回の攻撃が成功するやに考える者が多いようですが、おそらく数万の将兵は、南上原の高地にも手をかけ得ず、幸地付近を血に染めて死んで行くでしょう。これは、無意味な自殺的攻撃に過ぎぬものと思います。しかし、すでに閣下がご決心になったことでありますので、私としては、もちろん、その職責に鑑み、全力を尽くしております。また私の態度については、今後十分注意いたします」とお答えした。将軍は私の暴言に怒られた様子もなく、「もちろん玉砕攻撃である。吾輩も、最後には軍刀を振るって突撃する考えである」と言葉静かに申された。

憮然たる気持ちで、司令官の前を罷り退らんとするや、おそらく今までの両者の問答を聞いておられたと察せられる参謀長が、突如として声をかけられた。「八原！　攻撃計画書第六項において、混成旅団は五月四日夜、首里東北地区に機動するようになっているが、これは五月三日夜に改めねばならぬ。いやしくも攻撃に決した以上は、すべての兵力部署が、首尾一貫し、必勝の一途に透徹集中すべきである。旅団は、一夜でも早く攻撃正面に移動させ、少しでも多く攻撃準備の余裕を与えるべきである」と申し渡された。

私は、参謀長はうまい点を衝いてこられたと感心した。私は攻撃には同意しますと言った。攻撃計画の策定にも全力を尽くした。現状況においては、最善の策案とも自負した。しかし子細に戦闘経過を想察するに、攻撃はその劈頭において頓挫する公算が大である。そうすれば、頑固な攻撃論者も――前述の如く、成功を夢みればこそ、攻撃を主張するのだ。決して自殺攻撃に徹底した考えではない――犠牲の甚大とならぬ前に、その主張を放棄するかも知れぬ。そしてもう一度、戦略持久の態勢に帰りたいとの願望が生ずる公算がある。この場合を顧慮して、混成旅団は過早に首里東北地区に移動させず、早晩崩壊を予想せられる、第六十二師団左翼後方の固めとして、極力天久台地区に残置することが好ましい。

攻撃の成否は、五月四日の昼間戦闘で明瞭となるはずだ。そこで全般の空気が攻撃中止に傾けば、旅団は右往左往の要はなくなり、軍の左翼は安全を期し得る。もし万一、第二十四師団の攻撃が有望となっても、その攻撃推移には相当の時日がかかるから、旅団が四日夜転進しても、十分間に合うだろう。況や軍の統帥は、常に事前の準備を周到にすることを原則としている。今回の攻撃においても、四月二十九日攻撃に決心するや、直ちに旅団長、連隊長、大隊長、各中隊の幹部を首里に招集し攻撃の準備に専念させていた。いずれにしても、旅団は攻撃参加に支障ない状態にあったのである。

しかし、攻撃一途に考えれば、参謀長の申される通りである。慧眼にも――あるいは攻撃計画に参加した長野、薬丸らがしゃべったかも知れぬ――参謀長は、私の腹中を見抜かれたのである。

私は、「三日夜、首里東北地区は、第二十四師団砲兵や、後方部隊が錯綜している。そこへ、さらに混成旅団を投入すると、混乱が激化する。師団の攻撃は近代戦史にも鑑み、線香花火式に進展するはずはない。旅団は四日夜機動しても、十分機に合する」と申し開きしたが、将軍は頑として許容されない。軍司令官が、私を抽象的な言葉で叱責された裏には、かかる具体的な問題が伏在していたのだ。攻撃、攻撃。いつの世でも、攻撃論者は英雄であり、勇者である。彼らは皆有頂天の喜びかただ。最後の希望をかけた私の処置は、水泡に帰した。混成旅団は三日夜転進に決したのである。

第二十四師団の攻撃部署は、隷下三個連隊を第一線に展開し、縦長に乏しい薄紙のような攻撃部署である。一度敵の鉄壁の火力に衝突すれば、一挙に兵力の大部を失い、縦深突破はもちろんのこと、戦略持久態勢へ復帰する弾撥力空に帰する算大である。第二十四師団は、軍が攻撃に決心した四月二十九日より攻撃発起の五月四日まで、南下前進する敵をまず阻止しなければならぬ。そして阻止の態勢から、攻撃に転ずるのだ。どうしても、穿貫力を欠いた、のんべんだらりの攻撃部署とならざるを得ない。

攻撃には、三倍以上の戦力を集中指向するのが原則である。日露戦争において、日本軍は連戦連勝したというが、その多くの場合、迂回包囲により、敵を後退せしめたるにとどまる。正面戦闘において敵を撃破した唯一ともいうべき遼陽会戦首山堡の攻撃において、日本軍はロシア軍に対し、数倍の兵力を使用してようやく成功した。旅順要塞の攻撃においても、また然りである。欧州戦史においても、攻者は、攻撃点にまず防者の数倍の戦力を集中するのが先決であった。

太平洋戦争においても、その初期の作戦は、絶対優勢な戦力を駆使して勝利を得たが、彼我戦力の逆転した「ガ島」戦以後、日本軍の攻撃の成功した例を知らない。

第二十四師団当面の敵は、第七師団と新鋭第七十七師団であり、さらにその後方には、わが第六十二師団を攻撃、多大な損害を受け、戦力補充中の敵第二十七師団、第九十六師団、それに新鋭の海兵師団がいるはずである。況や絶対制空、制海権を握る敵の大空軍、大艦隊が、沖縄島を囲繞(いにょう)して睨(にら)みを利かしている。大本営は、戦訓で、戦艦一巡洋艦一を基幹とする数隻の艦隊の砲力は、日本軍五個師団を基幹とする一軍の砲力に匹敵すると教えているではないか。沖縄島周辺には、今なお、七、八隻の戦艦が遊弋(ゆうよく)している。彼我の戦力比は、今でも一対十、否二十である。第六十二師団が数倍の敵を相手にして善戦しているのは、十分準備した陣地に拠り、敵の長所を殺して戦っているからだ。第二十四師団が、裸で、比較を越えた敵を攻撃するのは、無謀、無意味な玉砕攻撃にほかならない。

長将軍の豪快な指導力に引きずられ、攻撃のための軍命令は下達せられ、諸隊は着々として攻撃の部署につく。将軍は豪傑笑いして曰く、「五月三、四日は天気予報では雨だ。敵の戦車は泥に滑って動けず、飛行機は飛べないだろう。五日の端午の節句には戦勝祝賀会をやるぞ」。

第二十四師団、独立混成旅団および海軍陸戦隊の各司令部は、攻勢参加のために、首里軍司令部洞窟内に集合した。第六十二師団および軍砲兵隊の両司令部は、すでに開戦当初から軍司令部付近の洞窟に位置していたからここに全軍の首脳部は、首里山下蜘蛛(くも)の巣の如く、縦横に掘開された洞窟内に、勢揃いしたことになり、攻勢の気はとみに揚った。

左右両逆上陸隊が、粛々として暗夜の海上を、決死進撃の最中の五月三日夜、戦勝前祝会が牛島、長両将軍の居室になっている壕内で開催された。参会者は将官のみで、その氏名は次の通りであった。

軍司令官　牛島中将
軍参謀長　長　少将
第二十四師団長　雨宮中将
第六十二師団長　藤岡中将
歩兵第六十三旅団長　中島中将
歩兵第六十四旅団長　有川少将
混成旅団長　鈴木少将
軍砲兵隊司令官　和田中将
海軍陸戦隊司令官　大田少将

洞窟の中ではあるが、電灯は明るく、食卓の準備も奇麗にできあがり、酒も不足せず、ご馳走はかん詰め材料ながら本職の料理人の手になり、相当なものである。

各将軍はアルコールの回るにつれ、朗らかになり、明日の戦いを語り、必勝を論じ、談笑尽きない。盛装の娘たちが、華かに酒間を斡旋する。自信に満ちた、和やかな楽しい空気が洞窟のすみまでゆきわたり、ご馳走にありつけぬ、幕外幾多の将兵もなんとなく楽しくなる。さんざめきの間に間に嵐の如く聞こえてくる砲声が、メロドラマ的情調をそそる。

かつて見た映画「ワーテルロー」の決戦前夜、英将ウェリントンが催した夜会の光景を思い出す。宴会場と天幕(テント)一つで仕切られた参謀室に独座する私は、暫(しば)し恍惚(こうこつ)として、命令起案紙の端に悪戯(いたずら)書きをした。

　将星の集うて飲めばなんとなく
　　勝つような気のする今宵かな

　幕間にかいま見える将軍中、たれ一人として明日の戦い――否、すでに今夜、その先鋒は、東西両海岸に沿い、汐(しお)吹雪を浴びて、必死攻撃に移っている。――を憂うる気配はみえない。立派な態度、悠々(ゆうゆう)たる将軍振りである。

　あまりのことに、夢見るような情感は冷却して皮肉に嘲笑したくなってくる。将軍たちも頼むに足らず!!　歓談数刻、「天皇陛下万歳！　第三十二軍万歳！」の唱和を最後として宴は散じた。上機嫌な将軍連は、幕外の私に、「高級参謀ご苦労」「明日は大いにやろう！」などとお世辞を振りまきながら、それぞれ自らの司令部に帰られた。

　私は、この夜眠ることができなかった。

　左右両逆上陸隊からは、さっぱり報告がない。しかし、那覇港を出発した大島少佐の率いる左逆上陸隊は、勇敢に前進を続けているようだ。敵の無線電話を傍受すると、敵陸海軍が混乱、相撃、口論している状況が、手にとるようによくわかる。逆上陸の発案者薬丸参謀の顔は嬉しさでいっぱいだ。

　五月四日午前三時、あらかじめ勝山に準備させておいた乾パンをポケットにして、私は洞窟中央部から山上に通じる高さ三十余メートルの垂坑道の梯子を登っていた。今日は、一日中山頂の観測所で昼寝をしてやろうと考えていた。戦況は報告を待たずして明らかだ。攻勢論者は、今日こそ自らの不明のもたらす結果を満喫するがよい。俺は知らぬぞといったなかば捨て鉢気分を抱きながら、歩一歩螺旋状の梯子段を登った。監視哨長茶屋本大尉が私の案内役だ。

垂直坑道の開口部は、つい先刻敵砲弾を一発食って坑木や土砂が散乱し狼藉たるありさまだ。負傷した下士官が暗い岩陰で呻きながら戦友の看護を受けている。四囲はまだ暗い。前田、仲間高地方向に揚がる照明弾が、印象的に戦場を明滅させている。一分間十数発の割りで、艦砲弾がヒュー・ガンガンと猛り狂って首里市街に集中落下している。右手の高さ丈余の首里城壁は、なかば崩れ、かつて昼なお暗く生い繁った老樹もほとんど薙ぎ倒されている。観測所は、開口部から交通壕伝いに城門を通り抜け、五十メートルほど行った場所にある。

砲爆に破壊された交通壕を匍匐し、身体を隠して前進する。息苦しいので、城門と観測所の中間で一息入れる。あたりを見れば、敵の照明弾にゆらゆらと照らし出される付近の光景——一切のものが薙ぎ倒され、掘り返され、そして崩れ落ちている——は凄愴を極め、むしろいうべからざる快感をさえ生ずる。

なかば破壊され、鉄筋のはみ出した入り口を、辛うじてくぐり抜け、ようやくの思いで観測所の中にはいる。私、茶屋本大尉、二名の監視兵、皆で私の携行した乾パンを食いながら、夜明けを待つ。ひっきりなしに巨弾が、直ぐ前の師範学校のあたりに狂暴な炸裂を続けている。壁厚わずか五十センチのコンクリート製観測所だから、直撃弾を受けたらおしまいだ。間もなく長野参謀が泥んこになり転げ込んで来た。「参謀長が、ここに来るため垂坑道の開口部のところに来ておられます。いかが致しましょうか」という。私は「危い。いや狭くてだめだから、おいでにならん方がよい」と伝令に伝えさせた。

午前四時五十分、友軍砲兵数百門が一斉に砲門を開いた。一瞬轟々たるわが砲声は敵を圧し、沖縄の全戦野に轟き渡った。識名付近に陣する高射砲隊の砲弾が、ひときわかん高い音を立てながら、私たちの頭上を越えて、敵陣に落下するのも印象的である。今や、俄然攻防所を異にし、戦場の支配者はわが軍であるとの実感がひしひしと全身に充実する。攻勢反対の理論はしばらく忘れて、壮快まさに極りない。天はようやく白みかかってきたが、暗雲低迷の空模様だ。

前田、仲間の高地が、相も変わらず薄気味悪く、戦場に突出している。それから手前、経塚、沢岻、石嶺のあたり、重畳する丘陵上には、焼け残った樹幹のみが枯れ薄のようにパラパラと立ち残り、部落という部落は、皆姿を消し、硝煙は谷間を這うて緩やかに動き、大小の砲弾は、所嫌わず全戦野に落下して黒煙を吹き上げている。春煙模糊たりしかつての平和郷も、今や幾万の将兵の血を吸うて、悪鬼羅刹の様相に一変している。望遠鏡を手にすると、硝煙の間に間に、前田高地上に人影が見える。「米兵だろう」「いや友軍だ」と監視兵らが思い思いの意見を述べる。同高地は彼我争奪中だから、どちらともいえぬ。しかしその悠々たる行動よりすると、同高地を馬乗り攻撃中の敵兵と考えるのが至当のようだ。

前田高地のわが方斜面に、時々落下する巨弾は友軍の三十二サンチ臼砲らしい。その爆発する光景は、真に壮絶である。その付近火焔、攻撃中の敵戦車数輛が隠現している。子供のように望遠鏡をひねくり回し、壮厳極りない戦場に、彼我死闘する光景を詳かにせんとする。が、いつの間にか、全戦場は莫々たる煙に包まれてしまった。かねての計画に基づき、わが第二十四師団の第一線が、大規模の煙幕を構成し、いよいよ死の突撃を開始したのだ。

長野が、「この首里高地にも、やがて砲撃が集中し始め、敵機もうるさくやってくるでしょうから、今のうちに洞窟に帰りましょう」とやかましくいう。初志を翻すようだが、展張された煙幕で、戦場の観察は不可能になり、狭いこんな所で昼寝もしておられぬので、「長野、貴官も一緒にゆこう」と二人で、先刻の交通壕を引き返す。途中混成旅団の砲兵隊長が、観測掛将校数名と、崩れ落ちた城壁上に観測所を設置すると言い、あてどもない様子なので、「軍の観測所を利用せよ」と指示して別れる。

畳一畳大の事務兼寝台用の自分の座席に落ち着き、平常飲みもしない航空用葡萄酒をグラスで二、三杯ひっかけ、重苦しい気分を払いのけつつ、第一線からの報告を待つ。

多忙な軍参謀らの頭越し、五十メートルも離れぬ第一、第二坑道の交差点に店開きした混成旅団司令部では、鈴木将軍が京僧参謀、内田少佐らを相手にしきりに地図を按じておられる。問題になった昨夜の旅団の機動が気にかかる。問うまでもなく、京僧参謀がやって来て、「今払暁までに、旅団主力は弁ヶ岳地区に集結を終わりました。機動間の死傷は約七十です」と報告した。

正午やや前から、主力攻撃部隊である第二十四師団の状況がぽつぽつ判明し出した。「師団の右翼第八十九連隊は、予定の如く敵線に突入、小波津(こはつ)北方高地斜面を進撃中」の第一報に皆気をよくする。続いて、二つ三つ景気のよい、しかし摑(つか)みどころのない報告が来る。

お昼ごろには、軍を始め各司令部は、何か大きなものを期待する空気が充満して、人々は攻勢の前途に自信を強めたかにみえる。私はいうまでもなく、攻勢反対論者であるが、皆とともに順調らしい攻勢の発足を心から喜んだ。運命の打開を願う心は同じだからだ。軍司令官が、上気した顔つきで「八原！　そろそろ軍司令部を前田高地に進める時機ではないか？」と申される。

しかし一軍の作戦に任ずる者が、かかる断片的な根拠不確実な報告を基礎にして一喜一憂するが如きは軽率である。中央歩兵第二十二連隊からは未だ確たる報告なく、攻撃前進しているのかさえさっぱりわからない。左翼歩兵第三十二連隊からは、前田高地を完全に奪回したとの報告に接しない。首里山上の監視哨は、正午過ぎから戦場一帯の煙幕が薄れつつありと報ずる。発煙剤を使用し尽くしたのであろう。

朝焼けの後は雨だ。戦勢は急速に悲観的になる。本攻勢の花形、歩兵第八十九連隊の戦況は漸次不吉を訴えてくる。曰く、「第一線は、上原高地脚にへばりついたままである」。曰く、「敵艦砲や迫撃砲の集中で死傷者甚大」等々。

中央および左翼は依然として手ごたえがない。中央吉田連隊は、四月十二日の夜襲ですでに相当の損害があり、しかも中堅田川大隊は第六十二師団長の指揮下にあって、安波茶(あはちゃ)付近において激闘中である。この連隊に、目ざましい攻撃前進を期待するのが無理なのかも知れぬ。左翼北郷連隊も急遽第六十二師団の右翼に増加展開し、地形は未知なうえに錯雑を極め、部隊の掌握十分ならざるままで攻撃を開始している。拍車の利かぬのも当然である。

左逆上陸は昨夜の攻撃相当成功したようではあるが、その後報告に接せず、右逆上陸は与那原出発後、間もなく敵に発見され、壊滅的打撃を受けた模様である。

五月四日の夕陽は、全軍悄然たるうちに第四坑道口の南方、集中する敵砲爆に黒煙濛々たる識名(しきな)高地の彼方に没した。第二十四師団の攻撃は完全に失敗した、と判断して間違いはない。縦長兵力のない師団が、攻撃の初動において大損害を受け、しかもさしたる戦果を挙げていない現状は、攻撃失敗の明瞭な証左である。

混成旅団長鈴木少将は、情勢を憂慮し、このうえは今後予定の如く、旅団を戦線に投入して戦局の進展を図らんことを提案された。私は前田高地やその東北一四三高地さえも、未だ完全にわが手中に帰していない今夜、さらに混成旅団といっても実力一個連隊に過ぎない兵力をここに増加してもただ混乱と犠牲を深めるのみで、戦略的突破など望み得べくもない。不同意だ。

得々然と気負い立って攻勢を主張した軍首脳部の人々は、うなだれて一言も発せず、お通夜のようなありさまである。いよいよ明日は、全軍玉砕を覚悟し、幸地付近に総突撃を敢行しなければならぬ。私は冷静に両将軍の言動を注視し続けた。

首里山に月美しくかかる夜

　手榴弾投じつつ死せんとぞ思う

と、かねて期していたが、いよいよわが最後の地は、首里山ではなく、幸地かはた、前田高地か。上下の無謀な攻勢論に、敢然独り抗して曲りなりにも克ち得た戦略持久も、いよいよこれで終わりだ。おそらく東京方面では、俺をつむじ曲りの頑固者として葬るだろう。だが安価な毀誉褒貶がなんであろう。真に作戦のわかる人が、一人でも私の主張を理解してくれたら、もって瞑すべきである。

　ちょっと生意気だが、悲憤のあまり、私はメモ帳に次の文句を記した。

**日本軍高級将校**

先見洞察力不十分——航空優先の幻影に捉われ、一般作戦思想、兵力配置、戦闘指導ことごとくこの幻影より発する。

感情的衝動的勇気はあるが、冷静な打算や意志力に欠ける。

心意活動が形式的で、真の意味の自主性がない。

地上戦闘に対する認識が浅い。支那軍相手や太平洋戦争初期の戦闘経験に捉われ、比較を絶する強大な火力部隊に対する心構えが乏しく不十分だ。

死を賛美し過ぎ、死が一切を美しく解決すると思い込んでいる。「武士道は死ぬことと見つけたり」との葉隠論語の主義は、一面の真理である。が、それは目的ではなく、手段である。勝利や任務の達成を忘れた死は無意味だ。

**日本軍幕僚**

主観が勝って、客観が弱い。自信力が強過ぎる。
戦術が形式的技巧に走って、本質を逸する。
軍隊の体験が乏しい。等々
技巧は良いがデザインは下手。感情に走って大局を逸し、本来の目的本質を忘れる。形式に生き形式に死ぬる。形式の徹底は、軍隊に必要であるが、しかし形式からは真の力が出てこない。人間として幅広さ、強さが足りぬ。人間が幼稚なのである。アメリカ軍が日本軍を評して、兵は優秀、中堅幹部は良好、高級首脳部は愚劣といったが、必ずしも的を外(はず)れた言葉とは申されないであろう。

軍の攻撃態勢――攻撃活動はすでに実質的に死滅し、格好ばかりの攻撃態勢となっている――は五月四日夜からさらに五日に続いた。

五日の夜が明けてから、間もなく一大ニュースがはいった。第三十二連隊長北郷大佐の報告によると、部下伊東大隊が棚原(たなばる)高地占領の火光信号らしきものを揚げたというのである。沈鬱な空気に滅入っていた軍司令部洞窟は、急に生気が蘇(よみ)がえった。軍首脳部の努力は、伊東大隊の戦果確認に集中した。第二十四師団に対し、速やかに状況を明らかにするよう指令が出されたのはもちろんである。ところが昼間は敵の独り舞台で、わが軍相互の通信連絡は意の如くならぬ。北郷連隊長と、伊東大隊長との間の連絡は、全然途絶えているらしい。師団にいかに督促しても、火光信号らしいものが揚がったという最初の報告以外に確たる返事がない。

第一線大隊が戦果を揚げた際には、機を失せず連隊長が予備隊を増加して戦果の拡張を図り、ついで、師団長が、師団予備を投入し一層大きく、戦勢を有利に導くのが、戦場指揮の常套である。五日の午後になっても、第二十四師団にこうした動きは見られず、伊東大隊の奮戦はなかば夢物語的印象に止まった。

私は、伊東大隊の攻撃成功がもし事実であったとしても、右翼八十九、二十二連隊の第一線諸隊が壊滅的打撃を受けて敵前にへばりついている現状では、軍の総予備である混成旅団を投入しても、戦略的突破はもちろん、戦術的戦果も、期待し得ないと考えた。況や伊東大隊の行動が、真疑さだかでないにおいてますます然りである。

戦後明らかになった伊東大隊の行動は、概要こうである。大隊は、五月四日払暁、軍の攻撃計画に基づき砲兵隊の攻撃準備射撃に引き続き、前進せんとしたが敵情上至難と判断して独断中止した。そして敵の配備を子細に偵察し、四日夜敵の間隙を狙って四列側面縦隊で悠々棚原高地を攻略した。ところが、五日払暁より、敵の激烈な回復攻撃に遭い、昼間死闘を続け、多大な損害を出し、同夜命令により、退却した。

歩兵第八十九、第二十二連隊は軍命令を遵守して五月四日、払暁攻撃準備砲撃に引き続き、攻撃前進して壊滅的損害を受け、攻撃頓挫してしまった。伊東大隊は、軍命令通り前進するのは不可能と判断し――当時の状況から考えて、至当な判断であったと思う――独断攻撃を中止してしまった。しかし、軍の攻撃命令に対しては完全に命令違反の行動であった。次に、伊東大隊が独自の見解で、夜間攻撃に見事成功を収めたのは、さすがである。しかしこれは敵の虚を衝いて、棚原高地を奪取したのであって、力をもって敵を制圧したのではない。そのため五日払暁とともに壊滅的打撃を受けるに至ったのである。

かく、当時の事実を観察すれば、伊東大隊の行動は、全般の軍の攻撃計画より逸脱している。したがって確かに卓越した指揮振りではあるが、その戦果を利用し、軍が全面攻勢に出るにはすでに軍全般の態勢は活力を喪失していたのである。

私は所在ないまま、第二十四師団司令部を訪れた。先日まで、軍司令部首脳部の位置した所で、首里洞窟の中央部にある。あまりに高温多湿なので、実を言えば、先日我々が逃げ出してしまった位置であった。ここは、青息吐息の軍司令部と違い、戦況不利なりといえども、なお活況を呈している。第一線から命令受領者や、報告に来る将兵で、室はいっぱいだ。彼らの殺気に満ちた顔には泥がつき、その軍衣は破れ、中には、血に染まった包帯姿の者もいる。木谷参謀長や苗代作戦参謀らは、私に対し当惑気な表情ながら、活発に動いている。いちばん奥に席を占められた雨宮師団長の重厚そのものの顔にも、さすが部下の過半を一挙に失い、しかも攻撃成功せざる責任感の重苦しさが、歴然としている。ここでも多くを語ってはいけないのだ。私はそっと自室に引き揚げた。

村上中佐の戦車連隊は、前田高地の東側に進出したが、協同攻撃に任ずるはずの歩兵部隊との連絡がとれず、すでに昨四日旧陣地に後退したとの報告があった。

攻撃第二日の五月五日も、惨たる空気のうちにようやく暮れ落ちんとする。参謀長からはなんの指示もない。軍司令官の決心や如何！　私は、一切私見を具申せず、玉砕攻撃に徹底するか、あるいは攻撃を中止するか、両者いずれにも応ずる対策を沈思黙考していた。

# 第三章　戦略持久戦

## 攻勢中止

五月五日十八時、自席に座して依然黙座する私を参謀長ではなく、軍司令官が直接お呼びになった。重い足どりで参謀長室の前まで来ると、奥の司令官室から「八原大佐！　高級参謀ちょっとこい」と牛島将軍の声がする。私はそれ！　いよいよ最後の突撃命令か？　いよいよ最後かなと、はっ！とした。参謀長に黙って敬礼して傍らを過ぎ、静かに、司令官の前に直立不動の姿勢で立つ。

将軍は、平素の如く、畳の上に膝組んでおられる。やや暫し、沈痛な面持ちで、しげしげと私を見ておられたが、ようやくにして、静かに口を開かれた。

「八原大佐。貴官の予言通り、攻撃は失敗した。貴官の判断は正しい。開戦以来、貴官の手腕を掣肘し続けたので、さぞかしやりにくかったろう。予は攻撃中止に決した。濫りに玉砕することは予の本意ではない。予が命を受けて、東京を出発するに当たり、陸軍大臣、参謀総長は軽々に玉砕してはならぬと申された。軍の主戦力は消耗してしまったが、なお残存する兵力と足腰の立つ島民とをもって、最後の一人まで、そして沖縄の島の南の涯、尺寸の土地の存する限り、戦いを続ける覚悟である。今後は、一切を貴官に委せる。予の方針に従い、思う存分自由にやってくれ」

軍の戦力尽きんとする今日、司令官の言は何事ぞ！　すでに手遅れである。憤怒の情さらに新たなるものがあったが、真情を吐露して訥々と語られる将軍の素直な人格に打たれ、ともに軍の運命を悲しむ気持ちに変わった。

いかなる重大事も参謀長以下に任せ、いささかの疑いも挟まぬこの将軍をして、今のようなことを述べねばならん苦境に突き落としたのは、結局私の補佐が十分でなかったからである。真に軍の安危にかかわると信じたならば、死を賭しても、その主張を貫くべきではなかったか。もちろん私は、全力を尽くしたと信ずる。しかし必死の誠意に欠けるものがあったことを、悔いずにはおられぬ。

それにも増して気の毒なのは参謀長である。軍司令官と私の問答は、つつ抜けに参謀長の耳にもはいっているはずだ。参謀長は攻勢に決するに当たり、私に対し一緒に死のうと申された。長将軍はこの攻勢に、死を賭けておられたのだ。その死を賭けた攻勢が失敗に終わったのだ。攻勢予測の当否は別として、心中同情に耐えぬものがある。しかも軍司令官は、今後のことは、一切私に委すと断言されたのである。この後参謀長は冗談とも、まじめともつかぬ口調で、「八原！　俺の切腹の時機はまだ来ないか？」と申されるようになった。攻勢失敗の責任を感じ、戦いの将来に希望を失われた参謀長の言葉と解した。

戦後沖縄戦に関する書物は、多数世に出ている。その多くは、攻勢決定の際、私が司令官から叱られたという私の回想は、麗々しく、特筆大書している。しかし、攻勢失敗後、司令官が私に申された、前述のお言葉をとりあげたものは、実に寥々たるものである。もし、これが、私の虚構とし、オミットしたとすれば、笑止の至りである。軍統帥の重大秘密事項であるので、公にしないというのであれば、私もまた何をか言わんやである。いずれにせよ、叱られたという回想を掲記する以上、さらに重大な攻勢失敗後の軍司令官の言葉を公表するのは至当である。軍司令官は自らの本心を述べ、一切を私に委すと申された。沖縄作戦中、軍司令官の、たった一度の、そして重大な決心をされたのである。

攻勢中止に伴う対策は、私の腹案通りとし、直ちに左記要旨の軍命令を起案し、各兵団に下達した。もとより活力を失った戦線に、起死回生の妙薬があろうはずなく、カンフル注射的処置に過ぎなかった。

一、軍は、諸隊の勇戦敢闘により、敵に痛撃を加えたるを機とし、持久態勢に復帰せんとす。

二、第二十四師団は、即時攻撃を中止し、旧陣地線に復帰し、敵に出血を強要すべし。

三、独立混成第四十四旅団は、速かに天久台の旧陣地に転進復帰し、第六十二師団左翼の突破に備うべし。特設第六連隊は、現陣地において旅団長の指揮下に入らしむ。

四、第六十二師団は、現任務を続行すべし。

五、軍砲兵隊は、依然第一線各兵団の戦闘に協同すべし。軍の戦略持久方針に即応する
　如く弾薬を節用するを要す。
六、海軍陸戦隊は依然現任務を続行すべし。

左右両逆上陸の発案者である薬丸参謀は、「それだから支那戦場の経験は、役に立たんというのだ」と同僚の参謀に話している。三宅参謀は、今は呼び戻す術もない逆上陸隊の最期に想いを馳せ、深刻な表情である。彼ら若い参謀を心から責めるわけにはゆかぬ。陸大、否国軍将校の教育があまりにも主観的、攻撃思想に偏したからだ。そして、若い血潮は、じっとしたまま玉砕の運命を甘受することができなかったのだ。

最後に、五月四日の攻勢の総決算を、掲記しておかねばならぬ。

一、第二十四師団の戦力が三分の一以下に弱化した。
二、軍砲兵隊が弾薬の大部を射耗した。攻撃中止直後、同期の軍砲兵司令部高級部員砂野がやってきて、私の耳元で囁いた。「軍砲兵は、弾薬をほとんど射ち尽くした。今後は、一日一門十発程度に制限して、五月いっぱいもつかどうかわからぬ」
三、船舶工兵二個連隊と、多数の海上挺進部隊が、ほとんど壊滅した。
四、わずか二日間の攻勢で、約五千の将兵――精鋭中の精鋭――が死傷した。
五、もし攻勢をとらなかったら、第二十四師団も、混成旅団も、第六十二師団の援護下で、十分準備を整えた後、適切な砲兵部隊の協力を得て防御戦闘ができたはずである。

当時、我々は、本土決戦を念頭において戦っていた。したがって、降伏の八月十五日

などという日付けは、夢にも描いていない。これは戦後観に過ぎないが、もし攻勢を実行していなかったら、そして整々たる第二段の防御地帯で、有力な砲兵支援の下に、戦闘を実施していたならば、さらに一か月余りの持久は可能であったとも思われる。軍司令部以下数万の軍隊を擁して、八月ごろまで、なお生存し得たはずではないかと悔まれるのである。

攻勢をとって失敗したために、混成旅団はあわてて再び天久台に馳せ帰り、半遭遇的に戦闘を開始する羽目に陥り、第二十四師団は敗残の状態で、敵の攻撃を受けるに至った。そして軍砲兵は、申し訳的な砲撃を実施するのほかはなかったのである。

六、第六十二師団の戦線は、攻勢により自己正面の圧力を緩和されたかに見えるが、その失敗によりいよいよ危機を増大した。

七、攻勢失敗のため、全軍の士気が頓に阻喪した。県の荒井警察部長も、このころ軍司令部を訪れ、この点を強調した。

しいてこの攻勢の利益を求むれば、敵をしてその行動をますます慎重ならしめる——軍の背後に、新しく上陸作戦を試みるが如き——に役立ったとも解し得ようか。

### 針の穴から天を覗く

私は日々の戦闘に忙殺されてはいたが、祖国の一般情勢や世界の戦局の推移にも、注意を怠らなかった。それは、我々は重大な任務を担って、脚光を浴びつつ、内外監視の檜舞台に立っているのだとの自意識があったし、また外部的情勢の変化によって、十万将兵の運命が好転せばやとの、淡い空頼みもあったからである。

ニュースは主として同盟通信記者が提供してくれた。戦闘初期は、わりに的確にニュースをキャッチしていたが、いつの間にか途切れ途切れとなり、最後には軍無線に頼るほかはなかった。それも目前の戦闘に忙殺されるニュース掛将校の無関心さが原因となり、督励しても、必要な情報は思うほどに手にはいらなかった。

四月初期、ハルピン機関報として、わが特攻機の活躍がこの調子で十日も続けば、アメリカ軍は沖縄攻略を断念するだろうという情報が、いかにも権威あるが如く伝えられたころ、アメリカ大統領ルーズベルトの死去のニュースが舞い込んできた。沖縄では陸上戦闘も始まったばかりで、敵に占領された陣地は必ずこれを奪還するといったぐあいに、士気大いにあがっていた際である。かれこれ思い合わせ、何か沖縄戦の将来を卜する吉兆の如くにも思いなされ、一時将兵を大いに嬉しがらせたものである。

このころ、祖国においては、小磯内閣が挂冠して、鈴木内閣がこれに代わったことを承知した。何故内閣が代わったのか、知る由もない。一般の将兵も別に気にもとめなかった。私は、敵が易々として、沖縄に上陸した直後であり、大本営が躍起になり、沖縄軍に出撃を強要している際なので、何か軍の作戦が政変の一因となったのではないかと想像を逞しくした。また欧州戦局が急転回して、ドイツの崩壊必至の情勢からして、新内閣は平和政策に転ずるのではないかとも考えた。

どうせ敗北的平和、即降伏するのならば、わが十万の将兵と、沖縄四十万の島民が犠牲にならぬ前に、実行してもらいたいと、心ひそかに願わずにはおれなかった。後日談になるが、私は戦後時の首相であった鈴木大将の回顧談を新聞で読んだ。その一節に、「沖縄の日本軍が、敵を一度海中に突き落としてくれたら、これを契機として、具体的平和政策を開始しようと考えていたが、期待に反して云々（うんぬん）」とあった。

いやしくも一国の首相が、沖縄戦にこんな期待を寄せていたとすれば、沖縄の軍状をご承知なかったものといわねばならぬ。あるいは、中央部が急にがなりたて始めた沖縄航空決戦を過信したのであろう。沖縄戦は、すでに戦闘開始数か月前から、希望を失っていたのだ。中堅たる第九師団を始め、幾多の戦力を台湾、比島方面に抽出された際、沖縄防衛の責任は負えないと、軍司令官署名の一札を、大本営作戦課長服部大佐を通じて提出してある。また敵が嘉手納（かでな）に上陸した場合は、戦略持久方針をとるとの作戦方針は、三か月前から公にして大本営に報告してあるし、大本営もまた「決戦は本土でやる。沖縄は本土の前進部隊である」といっておったではないか。

戦闘開始後間もなく賜わった勅語には、沖縄戦は国家の興廃安危に関するとのお言葉がある。かほどまでに、重要な島に、何故必要の兵力を送らず、また前進部隊だなどといったりする。それも本土で決戦する腹を、十分決めての話ならば文句はないが、いざ戦いが始まると、前進部隊のはずの軍に決戦を強い、本気になって戦勝を期待したりする。いわんや沖縄戦をもって、国家和戦の指標とするに至ってはあまりにも空々しい。

沖縄戦の始まる前年、昭和十九年十月ころ以来、上は参謀総長より下は参謀本部部員に至るまで一人として、わが沖縄に来て、直接連絡視察したり、将兵を激励したりする者はなかった。現に軍の作戦主任者である私と、膝を交えて親しく南西諸島の作戦について、談合した人はなかった。すべて文書か、あるいは電信による連絡のみである。緒戦において、百八十度の意志の疎隔を生じた原因の一部は、こうした事情によるものであることは否めない。彼らがやって来ないのは那覇の辻町が全焼したり、南西諸島の空や海に敵の飛行機や潜水艦が頻(しき)りに出没しだしたからだと、口さがない者は悪口をいう。

敵国においては、ルーズベルト大統領や、チャーチル首相は、重要な戦場には自ら出かけて、親しく将兵と語り、実相を明らかにし、政戦両略の調和一致に努めている。なんという意気込みの相違であろう。四月二十六日鈴木首相が、軍や島民に対して行なった激励の放送は、私などついぞ知らずに過ごしてしまった。

わが軍の運命が、ほぼ決定的になった五月中旬、ドイツの崩壊降伏が首里洞窟内にも伝わった。かかる世界情勢と、太平洋戦争の現段階において、依然戦闘を継続するのは、まったく無意味であると思った。個人の場合ならば、自らの意地や面子(メンツ)に身を滅ぼしてもそれまでであるが、国家民族の場合は、そうはゆかぬ。特に指導的地位にある人々の、個人的な意地や面子のために、国家民族が犠牲に供せられるようなことがあってはならぬ。

大東亜戦争は美しい口実で開始されたが、畢竟(ひっきょう)支那事変の処理に困却し果てたわが指導グループがその地位、名誉、権力等を保持延長するための、本能的意欲から勃発したものとも考えられる。今この絶望的な戦闘段階において、もしこれらのグループの保身延命のために、わが将兵が日々幾百千となく、珊瑚礁上に殪れつつあるとせば、義憤を禁じ得ないであろう。

### 洞窟内の人々の動き

五月四、五日の攻勢は中止され、各兵団は一応それぞれの部署についた。軍首脳部は力が抜けた感じのうちに、またほっとした一時のやすらぎを味わっていた。こんなある日、突然私の机の上に一枚の書き付けがおかれた。神参謀を連絡のため東京に派遣するとの命令書で、軍司令官、参謀長の署名がしてある。あまり急なことなので、ちょっと私は途惑った。派遣の目的を聞くと、軍の戦力激減した今日、国軍航空の総力を挙げて沖縄周辺の敵艦船を攻撃し、もって敵の沖縄攻略の企図を断念せしめるほかはないとの意見を直接に具申するというにあった。一見軍の危急を救う壮大な妙案のようである。しかし開戦以来国軍航空は、総力を沖縄に指向して戦ってきた。その方針は沖縄戦の主役は第三十二軍などではなく、俺たち空軍であるというにあった。なるほど空軍は、その特攻部隊をもって、私どもが感激するほど連日敢闘してきた。だが彼我空軍力の隔差はいかんともする能わず、わが空軍の戦果は沖縄戦の主役たるにはほど遠いものになり、敵は地上兵力六個師団を上陸させて確固たる地歩を築いてしまっている。現在までの戦果で明らかな如く、わが空軍がいかに躍起となっても、その結果は推して知るべきである。況や沖縄攻略の企図を断念せしむることなど、夢に過ぎないではないか。

本土では、今決戦準備に狂奔しているはずだ。沖縄では、どうしても勝てない戦である。私は当初より、上手に闘って、なるべく多くの敵を牽制抑留し、これに出血を強要し、かつ、なるべく長く沖縄の要地を確保し、もって本土決戦に貢献する主義である。夢のような勝利を、特にこの段階において、望むのは適当でない。私は内心この案には賛成できなかった。だが、本案には、すでに軍司令官、参謀長の署名がしてある。本土決戦のことなど考えず、軍のみの見地よりすれば、少しでも多く特攻機がやってきて、敵の船舶を多少でも多く撃破してくれるのは望むところで、敢えて反対する要はない。私は黙認した。

この案の目的主旨の論議は、以上のようであるが、いかにして本土に脱出するかがまた重大な問題である。海空を完全に敵に掌握された現況において、敵の目をかすめ、その包囲圏を突破するのは容易ならぬ業である。まったく決死の行である。彼はまず、摩文仁付近に至り、ここで本土から派遣されるはずの水上機に乗る計画を立てた。

彼が首里出発に当たり、私は乱雑に書きなぐったメモ帳を、東京の岳父に届けてくれるように依頼した。私と立場を異にし、常に日本空軍の側に立っていた彼。その彼が天運を全うして、万一東京に帰着した際、私の主義主張を、どのように中央部に報告してくれるかに多大な不安を抱かざるを得なかった。彼の報告いかんによっては、私が命を賭けた沖縄作戦指導方針に対する論理が、永久に葬り去られる懸念なきにしもあらずだからである。

神参謀出発の決したとき、一つの茶番劇が起こった。混成旅団司令部付の森脇中尉が神の前に立ち「参謀殿。飛行機を操縦する方法を教えて下さい」と奇問を発した。神が驚いて「藪から棒に、なんという質問だ」とやり返すや否や、森脇は、「私は友軍のでも、敵のでもよい。飛行機を捜し出して、自分で操縦し、本土に帰りたいのです」といった。この青年将校の一途な気持ちは、察するに難くない。彼は、元来歩兵学校の職員であった。対戦車戦闘法の普及教育のためその道の専門家京僧少佐に随行して、歩兵学校から沖縄に出張中戦闘が勃発したのである。やむなく、軍は京僧少佐とともに、彼を混成旅団司令部付として、戦闘に従事せしめていた。思うに彼は、神の東京派遣を聞き、思わず若い激情が爆発したのであろう。

　もともと彼ら両人を沖縄に招待した発案者は、私であった。対戦車戦闘、とくに障害を重視した私が、とくに参謀長にお願いして中央部に要請した結果、京僧、森脇の二人の将校が、沖縄に来る運命となったのである。後日森脇は沖縄脱出の命を受け成功したはずである。

　神参謀の東京派遣と相前後して、首里洞窟内を彩っていた女性たちの撤退が始まった。五月四日の攻勢失敗後は、若い娘たちもいつしかなり振りをかまわぬようになった。化粧どころか、顔に泥のついたままの者もいる。将兵は首里の陣地を枕に討ち死にすべきであるが、彼女たちをここで殺すには忍びない。速かに戦線後方に退けて、悲劇の舞台外において静かに傷兵の看護をさせ、その最後の運命は天に任すべきであろう。

　女性総撤退の命、全洞窟に伝わるや、彼女たちの大部は声をあげて泣いた。「私たちは、戦の始まる前から皆さまと一緒に死ぬ覚悟だったのに、この期におよんで、後方に退れとはあまりに酷(ひど)い」、「私たちは、もはや女とは思っていない。皆さまが女と思われるから、後退などと申される」など美しい不平や抗議が続出する。かつて、沖縄の島に秋風薫ずるの日、賑(にぎ)やかに開幕した演芸大会の舞台に美しい舞い姿を競うた彼女ら。春日麗(うら)らかな午後のひととき、私の宿舎の庭に椿の花をこっそり手折りに来た無邪気な人々。いざさらばである。両将軍は身辺の品を、彼女らに与えられた。特に参謀長は、日本に五つしかないという自慢の茶器も手離された。

夕陽与座岳に没し、砲声暫し衰えた五月十日の夕まぐれ、娘たち数十名は重いリュックを肩にして、将兵と別れを惜しみつつ、首里の山から繁多川(はんたがわ)の谷間に姿を消して行った。「敵弾で、ひと思いに死ぬるのはよいが、大切な顔にけがをするな」と誰かがとばした冗談に、緊張した一行の空気は、暫し和らぎ、その前途を祝福するかのようであった。

### 前田、仲間、安波茶付近の激闘

前田、仲間(なかま)の高地は、敵側より望見すれば、実に突兀(とっこつ)たる岩山で、比高七、八十メートルの峻嶮な断岩を形成し、地形上敵を威圧するの感がある。軍が主陣地帯の重要拠点としてこの高地を選んだ理由の一つもこれにあった。しかしこの高地単独では、地下防御組織の編成が困難で、両翼潰(つい)えた後は、直ぐ孤立に陥る危険がある。

四月二十三日夜、南上原高地帯を放棄した後は、前田高地においては、賀谷中佐を長とする独立歩兵第十一、第十二、第十四大隊の生存者ならびに後日増加された歩兵第三十二連隊の志村大隊が、旧歩兵第三十三旅団司令部および付近の洞窟に拠り、地上を占領するアメリカ軍を地下より反撃し、激闘を続けた。奇才に長ずる賀谷中佐は、楠公の故知に倣い、洞窟内から人糞を投下し、敵を悩ましたという。

他方仲間、安波茶付近においては、山本中佐中核となり、独立歩兵第二十三大隊、独立機関銃第十四大隊、歩兵第二十二連隊田川大隊（後日連隊主力に合一した）、海軍中村防空隊の一部などが堅陣を布き、敵に多大な損害を与えつつ、痛快無比な戦闘を続けている。

賀谷、山本両大隊長は第六十二師団双璧の驍将で、先には支那戦場で感状を受領し、今またこの付近の戦闘で牛島将軍から感状を授与された人々である。

両中佐は、五月十日ごろまでの約三週間、敵の包囲圏内で孤軍奮闘して敵に譲らず、再度の後退命令で初めて敵線を突破し、軍主力に合したのであった。実に、わが軍のため、万丈の気を吐いたと称すべきである。惜しむらくは、志村大隊が賀谷中佐と行をともにせず、終戦まで連隊長の掌握を逸してしまったことであった。

前田、仲間が敵手にはいるや、地形上その攻撃衝力は、一挙に首里高地に殺到するかに感じた。軍司令部は、恐るべき敵迫撃砲の有効射程内にはいり、首里全山――敵方斜面もまた反対斜面も同時に――その恐るべき集中射を、釣瓶の水を浴びるが如くに受け始めた。凡そ軍司令部が、敵と僅々二、三キロを隔てる戦線に位置し、長期にわたり戦闘を指揮するのは戦史上稀有のことである。わが軍司令官や各兵団長が、かくも戦線近く位置したことが、第一線将兵の信頼感を高め、その戦闘振りを頑強ならしめたのは争うべからざる事実であった。

他面ややもすれば、高等司令部が第一線の波乱に敏感になるのも人情上自然である。

神参謀去り、女性たちも落ちて行った五月十日の夜半過ぎ、敵の砲声を屋外の村しぐれと聞き流しながら、私は彼我戦線を青、赤のチョークで記入した地図を、虚心に眺めていた。前田、仲間高地を失ったわが主陣地帯は、図上で見るといかにも薄弱になったような感じがする。

とつおいつ思案するうちに、ゆくりなくも自らの心的態度の誤っていることに気がついた。今、軍司令部が首里高地に位置すればこそ、わが主陣地帯が崩壊せんとするかに思われるのだ。もし司令部が約二キロ後方の津嘉山（つかざん）にあったとすれば、必ず考えが変わってくるはずだ。危険が、既成観念に捉（とら）われたり、あるいは軍首脳部、そして私自身に迫まると、ものの観方が変わるのだ。

首里山を中心とした高地帯は、前田、仲間の高地帯より制高の位置を占め、地域もはるかに広大で、縦深もあり、防御組織に適した一大防御拠点である。これを右翼運玉森（うんたまもり）より与那原（よなばる）へ、また左翼天久台（あめくだい）や、国場川（こくばがわ）の線に連接して考えれば、堂々たる縦深のある陣地帯となるのだ。

どうしてこんな簡単な考えが、頭に浮かばなかったのか。軍司令部の現在位置に拘泥していたからなのだ。なるほど、軍司令部が彼我戦線上に立っていることは、既成の観念よりすれば重大事であり、全軍の将兵に、一種の敗戦感を抱かしめる一面がある。そして軍首脳部自体の感ずる危険感は、一層軍全体が危険に瀕（ひん）したような錯覚に駆り立てられる。

そうだ。決して既成の観念や、自己の危険感から全体を観てはいけない。全体は全体としての存在があるのだ。ありのままの全体は、未ださほど危急を告げていない。首里高地を軍司令部の所在地としてではなく、主陣地帯上の一大拠点として観ずれば、首里戦線は地形上なお相当長期に亘（わた）り命脈があるのだ。指揮官、幕僚たる我々は、頼（たよ）りない感情や薄弱な意志によって、明知の活動を歪曲（わいきょく）されたり、極限されたりするようなことがあってはならない。私はこの新たなる戦線観に、形容すべからざる歓喜を覚え、自信力の湧（わ）き出るのを制することができなかった。

翌朝、私は鬼の首でもとったような揚々たる気持ちで、参謀諸君はもちろんのこと、長将軍にも私の新たなる見解を披露した。

## 天久台の血戦

五月五日、軍の攻勢断念に伴い、混成旅団は六日夜以後逐次弁ヶ岳（べんがたけ）付近より、再び天久台（あめくだい）の旧陣地に転進復帰しつつあった。そのころ第六十二師団の左翼有川旅団はアメリカ海兵軍団に圧せられ、辛うじて沢岻（たくし）北方高地より内間（うちま）を経て、勢理客（じっちゃく）の線に踏み止まっていた。天久台の戦闘は、内間、勢理客の陣地を突破し、安謝川（あじゃがわ）を渡って南下するアメリカ海兵軍団と、弁ヶ岳付近より駆けつけたばかりのわが新鋭混成旅団との間に、半遭遇的に始まったのである。

五月三日夜、私の腹案に反し、攻勢に徹底するとの主義のもとに、天久台より弁ヶ岳方面に抽出控置せられたのであるが、今や不幸にして私の状況判断は的中し、ほとんど無準備のまま不利な戦闘を交えねばならぬ結果となったのである。

凡そ、野戦陣地の防御ならば、二、三日の間に守備地域の地形を理解し、一応の火力組織を概成し、かつ上下左右の協同連繋の関係を律し得る。しかし、軍の主陣地帯の如く、地下洞窟を拠点として、編成された複雑な陣地に、新来の部隊が配置についても、これをマネージするためには一週日以上の日子を要する。況や敵の砲爆のために昼間は地上の行動不可能なのはもちろん、四囲の地形を目視することだに困難である。わずかにわが行動自由な夜間といえども、海陸両方面よりひっきりなしに飛んでくる敵砲弾の中なので、これまた容易ではない。各小、分隊が命ぜられたそれぞれの洞窟陣地を探し出すのでさえ一夜を要するのだ。混成旅団の陣地占領のむずかしさは、実際かかる戦場に臨んだ者でないと容易に想像しがたい。

敵は、九日内間を奪取し、十日安謝川を渡河攻撃して来たのであるから、混成旅団——といっても、美田大佐の独立混成第十五連隊が主力である——の第一線が、陣地につくや両三日を出でずして戦闘を開始したことになる。当時各第一線部隊が無準備のまま、西も東も弁ぜず、混沌たる状態であったろうことは疑う余地がない。かかる陣地と戦況において、無準備の部隊を戦わすほど無理かつ不得策なことはない。

鈴木少将指揮下の独立第二十八大隊は、最左翼安謝、天久の両部落付近で、まず戦闘を開始した。安謝川は、幅員六、七十メートル。干潮時は徒渉可能である。南岸台上には、本道に沿うて前進する敵に対し、堅固な地下陣地があり、さらに水陸両用戦車でわが左側背に海上機動を策する敵に対しては、海岸に沿い高さ数十メートルの一連の断崖があった。この付近一帯、すこぶる堅固な陣地帯を形成しているので、アメリカ軍がいかに強引に攻め立てても、当分大丈夫持ちこたえると考えていた。しかるに、この大隊は、例の海上挺進基地大隊を臨時改編した訓練装備ともに不十分な部隊である上に、陣地についたばかりだったので、期待に反し一挙に突破され、天久部落西側四九五高地の洞窟陣地に拠る大隊本部は馬乗り攻撃を受けるに至った。

独立大隊が、敵に蹂躪された後、天久国民学校北側丘阜に陣した機関銃、速射砲を中心とする北村大尉の戦車撃滅隊は、実によく戦った。激闘二日間の後、ついに衆寡敵せず全滅するに至った。

天久台は立派に耕作された、緩徐な波状の台地で、艦砲射撃に暴露するとともに、敵戦車群の行動はすこぶる自由であるが、他面洞窟陣地の構築、組織が至難な地形である。したがって、遺憾ながら旅団主力は天久台の台上を放棄し、その後端の線、すなわち真嘉比東南側高地、安里北側五二高地、崇元寺、高橋町、泊各北側高地の線に拠るのほかはない。

軍首脳部はもちろん、旅団長も、今の調子では一気に天久台から突き落とされ、那覇市に侵入されるのではないかと憂慮した。軍首脳部の焦燥は、直ぐ真向かいの洞窟に居を占める旅団長にぴんぴんと響く。鈴木旅団長は、敵弾のため断線しがちな電話につききりで、松川に位置する独立混成第十五連隊長美田大佐を激励しておられる。旅団長の穏かで低い、かつ熱のこもった声は、恰も愛児を教え諭すようであり、当の相手の美田大佐の温厚篤実な顔まで目に見えるようだ。実に切々たる好い情景である。

ついに耐えかねた旅団参謀京僧少佐が弾雨を冒して連隊本部に駆けつける。旅団長自らもまたこれに続かれた。敵は是が非でも、島の首都那覇市――昨年の十月十日の敵機動艦隊の空襲で、すでに廃墟となっていた――占領の功名を克ち得んとし、我はまた必死これを食い止め、首里戦線左翼の守りを全うせんとして敢闘する。旅団の右翼真嘉比付近は、熱血漢西村少佐の大隊、中央五二高地付近は、陸士五十四期尾崎大尉の大隊、左翼高橋町付近は、幹候出身井上大尉の大隊がそれぞれ頑張り、さらにこれに独速第七大隊、独立第二大隊などが参加し、壮絶な争奪戦が展開している。

以上各部隊の死闘により、一挙潰えるかに思われた天久台の戦闘は、不思議にも一旬に亘り継続した。台上をすっかり占領されながら、かくも長期に亘り台端を確保し得たのは、各隊の奮戦によることもちろんであるが、戦術的にも理由があった。天久台陣地は、理想的な反斜面陣地を形成し、わが歩兵は敵の砲撃に対し、比較的安全なのに、敵の占有する台上は、首里、識名、国場川南岸の諸高地より手にとる如く瞰制せられる。これら高地に拠る軍砲兵隊、旅団砲兵隊、ならびに仁位少佐の指揮する海軍砲隊（機動力を有しない十五榴四門、二十サンチ二門）が第一線歩兵の戦闘に協同したからである。だが砲兵弾薬は、五月四日の攻勢にほとんど射耗していたので、その威力は瞬間的な効果しか望み得なかった。もし砲弾を豊富に保持していたら、わが砲兵使用に理想的な地形の天久台の戦闘は、わが軍の勝利に帰したとも考察せられるのである。

砲弾が思うにまかせずとも、この際軍に精鋭歩兵二個大隊もあったら、混成旅団と第六十二師団との中間地区から安謝川に沿い、西北面して局地的な逆襲を敢行し、台上で攻撃力萎(い)微(び)、沈滞している敵を撃滅し得たと確信する。

逆襲の好機を見ながら、これを実行し得ないのは実に残念である。なんとかしてこの有利な態勢を利用して、旅団正面の重圧を緩和しなくては腹の虫がおさまらぬ。そこで着手したのが海軍陸戦隊の大規模な挺身斬り込みである。海軍部隊は戦闘開始以来すでに二か月にもなるのに、依然として小禄飛行場周辺の陣地に拠り、ほとんど戦闘らしい戦闘をしていない。おそらく脾肉(ひにく)の嘆に耐えぬものがあろう。今や陸軍部隊の戦闘に加入すべき秋(とき)である。

海軍部隊は総員約八千と称する。が軍隊らしい格好のつくのは約三千、その他の五千は陸軍の防衛召集者に準ずる沖縄の県民に過ぎない。そしてその三千のうち正規の海軍軍人として教育を受けた者は半数に満たないであろう。かくの如く陸戦の訓練不十分なるが故に、部隊として戦闘行動させるよりは、小群の斬り込み隊に編成して戦闘させるのが有利だと考えた。

編成された斬り込み隊の総数約百組、各組の人員三ないし五名、これを第六十二師団長の指揮下に入れ、前述の逆襲コースをとって、二夜に亘り、大挙出撃させることにした。大田海軍少将は、非常な張り切りかたで、攻撃状況を見届けようと、わざわざ小禄から軍司令部に進出して来られた。軍首脳部も会心の方向から、絶好のチャンスを利用して、敵の横腹にメスを入れるこの徹底した総斬り込みには、胸の躍るような期待を寄せた。ところが、彼らは全員弦を離れた矢の如く、敵中深く突入し、再び帰還するものなく、遺憾ながらその戦況は詳らかにすることはできなかった。

五月十七、八日ごろになると、混成旅団の精鋭約四千の大半は、その陣地を固守したまま戦死し、強靭な梅花の如く綻び、凋んだ様相を呈するに至った。そして左翼泊、高橋町方面からアメリカ軍は徐々に那覇市に侵入し、同市守備部隊である平賀中佐の特設第六連隊の一部との鍔競合いが始まった。

軍は天久戦線が潰えても、さらに首里山に連繋し繁多川、識名、国場川の線に至る縦深地帯に拠り、あくまで戦闘を続行する決心である。これがため特設第一旅団中最精鋭の集成大隊（野戦兵器廠廠員伊藤少佐を長とする）を、旅団の右翼松川北側高地に増派して、これが頑守に努め、さらに海軍部隊で編成した丸山、田渕、伊藤の三個大隊を鈴木少将の指揮下に入れ、識名、国場、古波蔵の高地線を占領させた。蓋しこの線を保持すれば、首里が半包囲の状態になっても、軍の輸血線である津嘉山方面は安全で、右翼第二十四師団の弁ヶ岳、運玉森の線確保と相俟って、依然首里戦線は陣地として成立するのである。

この激闘のさなかに、第十方面軍から敵側のラジオ・ニュースが送られてきた。「天久台の戦闘に参加中の敵海兵師団の損害は甚大で、二百五十名の中隊が炊事当番まで繰り出して戦い、ついに戦闘員は八名になった」「他の中隊も生存者二、三十名になった。こんな中隊はいくらもある」等々。

我々は狂喜した。この情報は直ぐ混成旅団を通じて美田連隊長に伝達された。敵と同じ悲惨な状態で悪戦苦闘中の連隊長からは、早速、「叱咤激励されるのも結構だが、時には、このようなニュースをちょうだいした方が、第一線の将兵には効果的である」との返事が返ってきた。

実際美田連隊はよく戦った。第六十二師団第一線大隊の、四月における戦闘振りに毫も劣らない。否、第六十二師団は、数か月来準備した陣地に拠り、しかも各種砲兵の協力を得た戦であったが、連隊の場合は急遽占領した陣地であり、砲兵は弾薬をほとんど消耗し、意の如く協力できないのである。

「真嘉比付近のわが歩兵が洞窟から躍び出し、折り敷きの姿勢で射撃しながら、戦車に続行する敵歩兵と渡り会っています」といった報告がしばしばやってくる。海軍砲隊を指揮して、国場川南岸高地上から敵情を観測していた仁位少佐は、安里北側五二高地付近のわが歩兵の敢闘振りを次の如く報告して激賞した。「五二高地付近のわが守備隊は、敵砲爆の集中間は、洞窟陣地内に待機し、そのやんだ瞬間哨煙うずまく高地上に散開し、砲爆に膚接して近迫する敵と格闘これを撃退しつつあり」。五二高地の争奪戦は、高地の頂上を挟んで、実に一週間以上に亘って継続した。敵も、死闘の結果丸坊主の砂山に変じたこの高地を、シュガローフの高地と名づけ、その激戦を記録している。では暫く敵側の戦史により、その戦闘の様相を覗いて見ることにしよう。

### 一、アメリカ軍一般の状況

アメリカ軍司令官バックナー中将は、日本軍攻勢の失敗を機とし、五月十日首里陣地帯に対する総攻撃を開始した。

右より海兵第三軍団（第六、第一師団）、陸軍第二十四軍団（第七十七、第九十六師団）の四個師団を第一線に並列し、二個師団（第七、第二十七師団）を後方に控置する攻撃部署であった。

天久台方面の攻撃に任じたのは、海兵第六師団であった。師団長シェパード少将は、部下将兵に「南部沖縄における戦闘は、今まで太平洋方面で戦ってきたものとは趣きを異にするだろう」といった。各小隊長が、その部下に二度も読んで聞かせたといわれるその訓練命令の中で、少将は日本軍砲兵の優れた用法、十分なる補給、甚大なる損害を払うことなしには正攻法で突破し得ぬ防御線、およびいつでも反撃に出んとする日本軍の攻撃精神等を説明している。シェパード少将は部下将兵に対し、掩体偽装の利用、正攻法よりむしろ機動力を生かす包囲および間断なき攻撃を力説した。「敵は諸君に比し、頭の働きが鈍い。したがって、自分自身と、その武器に信頼をもち、決断力と攻撃精神に富む海兵隊に、敵し得るものはない」といった。

## 二、「シュガローフ」への肉迫

海兵隊と「シュガローフ」防御の日本軍との最初の戦闘は、五月十二日ほとんど突発的に起こった。第二十二海兵連隊のG中隊は、十一輛の戦車とともに安里川へ向かって前進した。敵の拠点として知られていた「シュガローフ」に向かい、先頭を前進中の歩兵と戦車は、逐次増加する小銃の射撃を冒(おか)して突進した。海兵隊が「シュガローフ」に達したとき、数名の日本兵が、陣地から躍び出してきた。これが敵の計略であったのか、アメリカ兵の突然の出現で恐惶(きょうこう)の結果であったのかは判断できない。「シュガローフ」に達した四名の兵と中隊長は、大隊に対し増援要請の無線を狂気の如く送ったが、損害甚大のため、中隊長に撤退を命ぜられた。アメリカ兵の撤退後、敵は猛射の火蓋を切った。たちまち戦車三輛が破壊された。部隊はおもむろに後退したが、その途中にまた損害を受けた。その晩G中隊の総員はわずかに七十五名に減少した。

　第六海兵師団は、そのとき「シュガローフ」地域の総攻撃を計画していた。この高地は低いため十メートルごとに等高線で表わした陸軍標準地図には示されていなかった。しかしながら「シュガローフ」およびそれを支援する他の高地は、敵に絶好の地の利を与えていた。ほとんど東西に走っている稜線は、両端が少し後ろに曲がって反射面上にある日本軍の火器を、アメリカ軍の正面攻撃および側射から掩護していた。右後ろにあって、「シュガローフ」を支援するは「クレセント」高地、俗に、「ハーフムーン」高地として知られ、その左後方には「ホースシュー」山があり、多数の迫撃砲陣地をひそめた長い湾曲した稜線をなし、これらの三山は、たがいに支援し合い、「シュガローフ」を攻撃せんとすれば、他の山より射撃を招く。ここの日本軍は、北西方に対し良好な長射界を有し、この射界をわずかに妨げるものは幾つかの小さな円丘だけで、それらもそれぞれ反対斜面に防御陣地が構成されていた。首里高地帯の日本軍は、この地区の大部分を瞰制(かんせい)し得たのである。

五月十三日、第二十九海兵連隊第三大隊は、第二十二海兵連隊の東側にて戦闘に参加した。その日は、日没まで安里川の制高高地奪取のための遅々とした、しかも犠牲の多い行動に終わった。大隊は師団の左側において数百ヤードの進出を見たが、敵の抵抗は次第に増加した。五月十三日の夕方、第六海兵師団は攻撃再開のため、第二十九連隊を投入した。支援航空隊は、ロケット百ポンド、五百ポンド爆弾、数百発をもって、砲兵陣地、建造物および貯蔵地域をいく度も空爆した。戦艦一、巡洋艦四、駆逐艦三も、またこの攻撃を支援した。本攻撃間この大量の火力が、随時地上部隊の要請に応じ得たのである。敵の残存砲兵の巧妙なる使用によって、安謝、安里に向かう海兵隊の前進は困難であった。敵第四十四旅団の砲兵は、八門の百ミリ榴弾砲と四門の山砲より成り、加うるに隣接部隊よりしばしば砲兵および重迫撃砲の捕捉射撃があった。秀れた観測の下、日本軍は火器を一門あるいは二門ごとに使用し、海兵隊および戦車に対して非常に正確な射撃を行なった。あるときの如きは、観側所の真っ只中に敵弾が落下し、第二十二連隊の第一大隊長と三名の無線手および三名の戦車将校が即死し、三名の中隊長が負傷した。

### 三、「シュガローフ」に対する突撃

五月十四日の攻撃には、ウッドハウス中佐の指揮する第二十二連隊第二大隊は、「シュガローフ」西および北にある高地を奪取し、この高地より「シュガローフ」を突破する計画であった。

海兵隊は、「シュガローフ」の掩護高地の前斜面を占領することはできたが、これらの高

地を越え、あるいは迂回せんとする機動は、必ず敵の猛射を受けた。進撃に当たった五十名の将兵の生還したものはわずか十名のみで、午前中は武器運搬車による死傷者の後送に終わった。しかしながら海兵隊は「シュガローフ」の北方を掩護している「クィン」高地を攻撃して成功した。「シュガローフ」に対する最初の攻撃は、猛射に会って停頓した。薄暮二個小隊を編成し、一小隊が第二回の攻撃を実施した。猛烈な迫撃砲火のため、午後二時までには小隊長は戦死し、部下の大部分も死傷したが、生存者は斜面にくっついて退かなかった。

第二大隊の副大隊長は、第二十二連隊G中隊の二十名と補給部隊の二十五名をかり集め、生存者の増援を企てた。彼は、部下とともに小さな谷を渡り「シュガローフ」の坂を登り、約四十ヤード前方に機関銃二挺を据え、それを支援する射撃チームをおいた。海岸班から二十名が増援に到着した。が、それには戦闘未経験の将校が二名もいた。手榴弾や擲弾筒の弾が部隊付近に盛んに落下するので副大隊長は、部隊を高地の頂に移した。この高地を攻略し得る唯一の方法は、わが方で日本軍得意の突撃を行なうことであると彼はいった。「シュガローフ」山上の海兵小部隊は、反対斜面の至近距離に達していたので、敵は手榴弾を効果的に投ずることはできなかったが、迫撃砲弾の落下は増加した。各個掩体の中にいた副大隊長は、破片を首に受けて即死した。高地上の一小隊長も戦死した。他の小隊長も増援部隊を率いて登坂中に負傷した。瞬時集まった四、五名の将兵の真っ只中に砲弾が落下したため、彼らは伏せたまま暫く動かなかった。迫撃砲火および滲透戦術により、海兵小部隊の数は漸次減少し、五月十五日黎明には「シュガローフ」陣地には、わずか将校一名と疲労した兵士十九名のみであった。夜明けとともに、敵は「ホースシュー」山および「クレセント」高地の陣地よりアメリカ兵に対し、正確な射撃を浴びせ、事態は悪化した。午前十一時、大隊より受領した命令によれば、交代部隊がすでに出発したとのことである。海兵隊は、すでにある程度後退していた。敵は頂上に集中射撃を行ない、日本軍歩兵は、反対斜面にある横穴より出て、高地の坂を這(は)い登っていた。猛射のため交代は困難を極めた。第二十九連隊の一小隊は、頂に達せんと試みたが、交代を有効に行なわんがためには、高地の頂を奪還せんとする日本軍に対し、まず攻撃を行なうことが必要であると感じた。小隊長マーフィー中尉は着剣突撃を命じた。海兵隊は頂上に達し、直ちに敵と手榴弾戦闘を交えた。彼らが持っていた三百五十発の手榴弾はたちまち尽きてしまった。

　マーフィー中尉は、中隊長メイビー大尉に撤退の許可を要請したが、メイビー大尉はいかなる犠牲を払っても高地を死守するよう命令してきた。今や「シュガローフ」の前斜面一帯は迫撃砲弾の炸裂で哨煙と戦塵が渦巻いていた。マーフィー中尉は、独断で撤退を命じた。坂を下って後退する部下を掩護していた中尉は、一人の負傷した海兵隊員を救わんと立ち止まった際破片に斃(たお)れた。メイビー大尉は撤退する生存者を掩護するため、彼の中隊を前進させた。彼は同時にウッドハウス中佐に次の如く通知した。「撤退の許可を乞(こ)う。マーフィー中尉戦死す。当初六十名の小隊の現存者は十一名のみ」と、二分後にウッドハウス中佐の返事は「死守せよ」であった。さらに五分後メイビー大尉より返事がきた。「小隊の撤退完了、陣地は死守し得なかった。日本軍は今や山頂を奪還せるものの如し」と。

　このときに当たり、日本軍は「シュガローフ」周辺の地域に砲火を浴びせ少なくとも大隊ぐらいの兵力で、第六海兵師団の左翼を攻撃していた。午前九―十時ごろまでには、敵の攻撃は九百ヤードの幅に亘って行なわれていた。「シュガローフ」奪取戦および「クレセント」高地前面の激戦の結果、第六師団左翼全般は手薄であった。第二大隊は「シュガローフ」北部において直ちに後退したが、敵はそれ以上有利な戦闘を押してこなかった。午前一時十五分には、敵攻撃は勢力を減じた。同日第二十二連隊の第二大隊は戦闘任務を免除された。大隊は過去三日間の戦闘で四百名の損害を蒙（こうむ）った。

## 四、「シュガローフ」攻撃続行（五月十六、十七日）

　五月十六日、一層強力な支援を有する攻撃が実施されたが、これも失敗に終わった。

　午前八時、千フィートの正面に亘って、五個中隊が「シュガローフ」、「クレセント」地域を攻撃した。状況は最初よりもひどかった。支援飛行隊が三十分遅延したため、攻撃開始の時機が遅延し、しかも数輛の戦車は接敵前進中道を迷ってしまった。二個小隊は、迫撃砲、手榴弾および自動火器の射撃を潜り、険阻な北斜面を登って「シュガローフ」頂上に達した。と、たちまち過去数日と同じような苦戦が展開された。

　反対斜面上の日本軍は、迫撃砲および砲兵の射撃をもってしても駆逐することはできなかった。種々の方向からくる対戦車砲火のため、戦車は「シュガローフ」の西斜面を迂回して前進することが不可能であった。加うるに、随伴する歩兵もまったく策を施し得なかった。日本軍陣地間の完全なる調整は十分に発揮され、「シュガローフ」上の海兵隊は、隣接高地よりの射撃のため、頂上を占領することができず、また隣接高地に向かった海兵隊も「シュガローフ」よりくる射撃により阻止されたため、機動は不可能になった。「シュガローフ」頂上をめぐる凄惨な近接戦闘の後、海兵隊は前夜の陣地に後退した。

この戦闘に参加した第六海兵師団の兵は、五月十六日を指して、沖縄戦の中で最も苦戦の日であったと後で述懐している。海兵第六師団の二個連隊が全力を傾けて攻撃して、なお失敗したのである。過去二十四時間に亘って「シュガローフ」の防備は著しく強化されたと情報将校は報告している。海兵隊は、連日、引き続き甚大な損害を蒙ったのである。

五月十七日の攻撃計画は「シュガローフ」に対し、東方より側面攻撃を実施することであった。

第二十九海兵連隊の第一、第三大隊は、「クレセント」高地を攻撃後、該地区を確保し、もって「シュガローフ」を攻撃せんとする同連隊第二大隊を支援することになっていたのである。攻撃に先だち、十六インチ砲、榴弾砲および千ポンド爆弾による激烈な砲爆撃が行なわれた。午前八時三十分、第一、第三大隊は「クレセント」高地の西端を攻撃した。砲兵に支援された歩戦チームは、多数の築城陣地を撃砕した。この攻撃により「シュガローフ」の東側が暴露するに至ったので、第二大隊E中隊は、この高地の左側より側面攻撃を開始した。「クレセント」高地に対する攻撃がたけなわなるころ、一方第二大隊の部隊は「シュガローフ」に向かって進撃した。当初迂回により、鉄道の切り通しを奪取せんとしたが、左方よりする敵火のため不成功に終わった。次に行なった近接一翼包囲の試みも、険阻な斜面のため失敗に帰した。さらにE中隊の二個小隊は、高地の北斜面より進撃して頂上を奪取したが、その直後敵の突撃に見舞われ、頂上から撃退された。

F中隊の一個小隊も、稜線に沿って西に攻撃せんとしたが小隊長が戦死し、小隊は重迫撃砲火の下を撤退するに至った。E中隊は屈せず、さらに三回にわたり山頂を攻撃した。二度までは白兵戦闘ののち撃退された。三回目に中隊は、日本軍を撃破せるも弾薬を消耗し尽くし、百六十名の死傷を出し、ついにひとたび奪取した陣地を棄て撤退するの已むなきに至った。

……以上の戦闘が続き、十八日ようやくアメリカ軍は「シュガローフ」を攻略した。この「シュガローフ」攻防戦に要した十日間に、第六海兵師団は二千六百六十二名の死傷者と千二百八十九名の精神病者を出した。沖縄作戦中、アメリカ軍は万をもって数える多数の精神病患者を出した。それは自らの激烈な艦砲射撃、爆撃、砲撃に圧倒されアメリカ軍第一線将兵が半狂乱状態に陥ったもので、いかにその大量の火薬の炸裂がもの凄かったかを示す一証左である。日本軍は主として陣地に拠り戦闘したので、かかる患者の発生は稀であった。そして、海兵第六師団の二個連隊すなわち第二十二、第二十九連隊においては、三名の大隊長と十一名の中隊長が死傷したのである。

独立混成第十五連隊は、東京都およびその付近出身者をもって編成された部隊である。また第六十二師団の兵員は、京阪地区出身者が多い。由来都会出身者は戦いに弱いというのが定評だが、必ずしもその強弱は出身地によって差があるものでない。第六十二師団、独立混成旅団は、ともに堅固な陣地に拠り、地上兵力のみにおいても、三倍以上の敵を陣前に撃破している。一様に古来の定評を打破する赫々たる戦果を揚げた。軍隊の強弱は、その出身地によるにあらずして、その指揮官、特に連、大隊長の素質いかんによって決する場合が多い。同一の部隊でも、優良な将校が指揮すると然らざる場合とでは数倍の差を生ずる。

かつて愛馬を駆り、軍司令官のお伴をして春秋旦暮の風光を賞でた。東西三千メートル、南北千メートルの天久台が、彼我幾千の青年の血を流す修羅の巷と化しつつあるを思えば、そぞろ今昔の感に耐えぬ。今や、この台上をわがもの顔に走る敵戦車が、わが司令部に対し、トントンと戦車砲を射ってくるようになった。砲爆声に交じって終日終夜間断なく機関銃声が聞こえるようになり、わが戦線の後退するにつれ、軍司令部の左後方、真和志部落付近に機関銃声が起こる。戦況いよいよ切迫の感は深刻である。しかし私は友軍の機関銃声が激しければ激しいほど、喜んだ。友軍歩兵が今なお健在で、洞窟内に逼塞せず、敢闘している証拠だと思うからである。

井上大隊長以下同大隊の大部が死傷して、独立混成第十五連隊の左翼が崩れ行くにしたがい、特設第六連隊の戦面が拡大する。「沖縄神宮の境内に米兵が見える」「首里、那覇街道上牧志町付近を米戦車約三十輛が前進中」「女子師範付近は依然友軍が保持している」等々の報告がくる。過去一年間の思い出の数々が念頭に浮かび、戦いが真にわが庭におよんだ感切実である。

ある夜、京僧参謀は、例の不死身性を発揮して、那覇市東南側三六高地にある特設第六連隊平賀中佐のもとに連絡に行ってきた。帰来、次のような微苦笑談をした。

「連絡の帰途、牧志町付近で、特設第六連隊の一小隊が夜襲に出発するのに出会ったが、皆右手に小銃、左手に飯盒、腰に洗面袋といういで立ちで実に奇妙な服装だった」

軍司令部の人たちは、厳粛な気分もしばし忘れて大笑いになった。しかしよく考えて見れば、これは笑いごとではない。彼らは、一度陣地を出れば、次はどこで戦をするようになるかわからない。最も簡単な基本的必需品は、常に身につけているのが当然である。確かに至当のことではあるが、戦況非なるわが将兵の姿に、哀憐の情を感ぜずにはおられない。

余談はさておき、特設第六連隊は連隊長平賀中佐の積極敢為の気象と、部下将兵の船乗り精神を発揮し、訓練の未熟、装備不良にかかわらず、那覇市周辺の戦闘には、予期以上の粘りを発揮して戦っている。独混十五連隊、特設第六連隊および海軍陸戦隊の三段構えのわが左翼戦線は、各陣地ごとに全死するまで後退しない。文字通りの死闘により、崩壊せんとして容易に崩壊せず、加うるに敵側苦戦の報ひんぴんとしてあがり、軍首脳部をして、一種不可思議なる闘魂を振起せしめるものがあった。灯火の消える寸前の明るさであったかも知れぬが、異様な闘魂にかきたてられた軍首脳部は、士気昂然、中央部に対し、航空作戦の持続強化を要請して、左記要旨の電報を打ったのは実にこのころであった。

「軍は、敵三個師団に甚大な損害を与え、ついに戦線より離脱するのやむを得ざるに至らしめ、さらに当面の敵三個師団の攻撃力を破摧しつつあり。わが精鋭もまたほとんど殪れたりといえども、皇国の不滅を信じて、戦闘中にして、全軍の士気いよいよ軒昂たり。願わくば、中央においても、航空作戦を持続積極化し、もって沖縄周辺の敵艦船撃滅に邁進せられんことを」

日本航空部隊は、すでに長期に亘り、沖縄周辺の敵艦船に対し、必死突撃を継続している。いまこの電報により、にわかに奇蹟的効果が出現するとは期待し得ない。しかもなおかくの如き要請をするに至った軍首脳部の気持ちの変わり方にも問題がある。単純な士気昂揚とはかたずけられない。自ら全力を尽くし終わらんとするに当たっての、悲しい中央に対する訴えではなかったろうか。

中央も、今では、沖縄作戦は航空決戦であるとの主観を棄てた。したがって、沖縄地上軍を、航空作戦の見地から自由に駆使しようとする意欲を棄てたようである。玉砕の一途をたどりつつある軍を救助しようと一生懸命であり、堅固な陣地に拠り、極力持久戦を継続するよう心から我々を激励してくれた。今もって毎夜のように、遠く海上を伝わって聞こえてくる「ドロドロドロ」の敵艦隊の砲声、わが特攻部隊が、今夜も命を賭けて果敢な突撃を行なっているのだ。地上戦闘の非なるに従い、いよいよこの「ドロドロ」の轟音が悲しくも、また決然とした調子で、我々の心耳にささやく。「地上部隊よ頑張れ。今夜もまた我々特攻部隊がやって来たぞ」と。

特攻部隊が、連夜敵艦船に突入しても、実のところ、地上戦闘には別に具体的な効果はない。戦術的に考えて、軍の戦闘に直接的に貢献したとはいえぬ。五月二十四日夜の義烈空挺隊の北、中飛行場への突入も、冷静に観察すれば、軍の防御戦闘には、痛くもかゆくもない事件である。むしろ奥山大尉以下百二十名の勇士は、北、中飛行場ではなく、小禄飛行場に降下して、直接軍の戦闘に参加してもらった方が、数倍嬉しかったのである。

だが二十四日夜、我々は首里山上から遥か北、中飛行場の方向にあたって、火の手の揚がるのを目撃した。わが空挺隊が敵飛行場に降下し、命のある限り獅子奮迅の働きをしているさまを想像して、感動を久しくした。

連夜に亘る特攻隊の突入、「ドロドロ」の轟音、そして空挺隊の降下は、軍司令部将兵はもちろん正面二十キロの戦野で死闘中の兵士一人一人に、戦うのは我々のみではないとの感懐を深く心に抱かしめたのである。

## 有川旅団、首里市内に後退

五月十日ごろ、前田、仲間、安波茶付近を放棄した後、第六十二師団正面においては、左翼有川少将の率いる歩兵第六十四旅団は、残兵を糾合して経塚、澤岻の線を占領し、また右翼前田、大名間の錯綜した丘阜地帯は、杉本少佐の師団輜重隊と第二十四師団の北郷連隊が、前後混合して守備に任じ、中島中将（進級）の歩兵第六十三旅団は、首里市内に撤収していた。第六十二師団の右翼正面は、北郷連隊の担任とする予定であったが、陣地および地形に未熟な新来の部隊なので、杉本輜重隊を依然この正面に残置し戦闘に協同させたのである。敵は、錯雑した地形と、これを巧みに利用する無数の地下陣地に拠るわが輜重隊正面を避け、その左右から首里正面に向かい浸透攻撃をしてくる。かくて、有川旅団は、正面より猛攻撃を受けるのみならず、天久台に敵が進出するや、旅団の左翼は暴露して危険となった。今や旅団司令部と独立歩兵第十五大隊は沢岻において、また独立歩兵第二十一、第二十三の両大隊は、経塚において、それぞれ完全に包囲馬乗り攻撃を受けている。

経塚、沢岻は、全般の関係上、早晩敵手にはいる。しかし首里の表玄関にあたるこの正面は、あくまで頑張らねばならぬ。そこで、与那原を守備していた混成旅団第二歩兵隊の尾崎大隊を、陸戦隊の山口大隊と交代させ、これを第六十二師団長の指揮下に入れ、急遽大名、末吉の線につかしめ、もって有川旅団の崩壊に備えた。

第六十二師団は、状況急を要したが、敢えてこの尾崎大隊を第一線につける前二日間、後方で教育した。従来師団は、新配属の部隊を、いきなり至難な正面に投入するとの悪評があり、この点も考慮した処置であったろう。事実、未経験な部隊を、急に戦場の焦点に増加しても、損害のみ多く、役に立たぬ。第六十二師団の如く、支那大陸の戦場で、幾多の激戦を体験している部隊は、そうでもないが、初陣部隊は、三分の一から二分の一の損害を受けて、初めて靭強(じんきょう)な戦闘力を発揮するのを例とした。

さて有川旅団司令部は、五月十二日には、完全に包囲馬乗り攻撃を受け、旅団長自ら手榴弾を投じつつ、戦闘するといった悲境である。これを見殺しにするか、あるいは重囲を突破して後退させるか、重大な問題になってきた。有川将軍は、鹿児島出身で、薩摩隼人(はやと)型の人物である。斗酒なお辞せず、辺幅は飾らず、悠々たるタイプの人だ。軍司令官が同郷の誼(よし)みで、「貴様は田舎(いなか)の百姓おやじのような風采だったのに、将官になったら、多少将官らしい感じになってきたな」と揶揄されると、旅団長は、「閣下も、近ごろは軍司令官振りが板についてきましたが、まだまだ十分とは言えませんな」と應酬するほど、遠慮ない打ちとけた間柄だった。かつて、将官たちの宴会で、軍参謀長が、「有川、貴様生意気だ！」とばかり、蠻勇を振るったという噂まである。軍参謀長や第六十二師団首脳部は、有川将軍は軍司令官と同郷なのを鼻にかける嫌いがあるというので、心快からず思う節があった。しかも有川旅団は、牧港、伊祖方面の戦闘以来勇戦はしているが、戦績が芳しくなく――それには、それなりの戦術的理由があった――軍、師団首脳部の印象が、あまり良くない。そこに今回のような状況が起こったので、問題がややこしくなる。

十三日夕方、第六十二師団参謀長から、私に電話がかかってきた。上野参謀長は、例の熱気のある早口で、「八原君、ご承知の如く、今、有川少将が馬乗り攻撃を受けている。師団長は、少将に対し、現陣地を固守して死ぬるよう、すでに親書を送られた。従来このような境地に追い込まれた指揮官は、後退を命ぜられるのが常であるのに、有川少将を、ここで見殺しにするのは情において忍びない。部下も、まだ相当数生存していることだから、なんとか救出し、今後の戦闘を続けて、指揮してもらいたい。しかし、師団長がすでに厳命を下しておられるので、自分としては手の下しようがない。軍の方で良い思案はないだろうか」という相談だ。

こんな場合、私もまた人並みに気が弱くなる性分である。戦術理論上からして、沢岻付近を、全滅を賭してまで死守する必要はない。私は軍参謀長に、「師団長藤岡将軍の真摯にして、厳然たる処置は、師団長の立場上命ぜられたことと存じます。軍としては、この際有川将軍に後退を命ぜられるのが、適当であります」と意見を具申した。参謀長、軍司令官ともに別に拘泥される様子もなく、すぐ同意して下さった。私は大喜びで後退させる旨を、上野大佐に伝えたが、彼の喜びは私以上のものがあった。

この夜遅く、有川将軍以下同司令部の生存者は、巧みに敵の包囲を突破し、無事首里市内に後退した。

### 玉砕の地を何処に求めん

軍の左翼混成旅団、中央第六十二師団の各正面における戦況は、前述の通りである。軍の右翼第二十四師団方面はどうか。大局的に観察して、やや安定しているかに見える。しかし実際は五月二十日過ぎにおける状況は肺病患者の第三期的状態に陥っていたのである。形ばかりで中身はがらん洞といった方が、手っ取り早いだろう。

首里飛行場東側一四六高地は暫(しばら)く、彼我争奪の焦点となっていたが、やがて完全に敵手にはいり、ついでアメリカ軍が「チョコレート」高地と呼称した一四〇、一五〇の両高地もまたその領有するところとなった。

第二十四師団のホープ的存在となった、歩兵第三十二連隊の伊藤大隊が奪還に向かったが、大隊長以下二十数名の兵力になるまで死闘の末後退するのやむなきに至り、ついに策の施すべき余地はなくなった。

「チョコレート」高地は蟹の褌のような存在であった。褌をとると、直ぐ甲が剝げるように、この高地を奪取されると、首里の表玄関を成す一連の陣地が易々として剝ぎとられる関係にある。ただ、この正面には、村上中佐の戦車第二十七連隊が堅陣を布き、建設途上にあった首里飛行場の滑走路を利用して一挙に首里に突入せんと、数十の戦車を先頭に、強行突破を策する敵を、ことごとく撃退しているので、やや安心である。この防御戦闘で、最も威力を発揮した連隊所属の九〇（式）野砲を、敵は世界水準に達したものであると推賞している。たしかに敵戦車群にとって、わが九〇野砲は一大脅威だったのである。

　第二十四師団の第一線は、図上配置によれば、五月二十日過ぎにおいても、まだ中城湾岸運玉森から弁ヶ岳東北高地を経て、石嶺付近に亘る要線を確保している。しかし不完全な借り衣装的陣地に拠る師団は、日一日と兵力が減耗し、敵が多少でも纏った兵力をもって一押しすれば容易に崩れる状態で、意外の経路を経て、意外の地点で、アメリカ戦車群の突入を許す羽目になった。

　強気な電報を大本営に打って、見栄を張ったが、静かに戦局の推移を達観すれば、軍の運命が、いよいよ最後の段階に近づきあるのを否むことはできぬ。このころの参謀部の業務は激甚を極めた。とても独りで、静かに軍の断末魔を嘆ずるような遑はない。むしろ参謀旅行演習を統裁したり、高等司令部演習の指導をする際のような、用兵作戦理念に一徹した心境であった。

　現在までの軍首脳部の漠然とした考えでは、首里において、玉砕することになっている。

だが私は、彼我一般の情勢より判断して、喜屋武半島地区に後退し、新しい陣地に拠り、最後の抗戦を試みるのが軍の根本目的に照し妥当であるとの印象を強めつつあった。しかし戦闘開始以来、心なき人々より見れば、消極的な戦略持久主義を主張し続けた私である。今また首里を放棄して、後退するなどといえば、例の調子の参謀長のことだから、感情的に反対される懼れがある。戦闘もこの段階に陥ると、私も利口になった。従来、あまりにも理論一点張りで通そうとした、自分の態度が悪かったと気づいたからである。自分の主張がいかに正しくとも、集団を動かすには、政治的配慮が必要であることを痛感していた。ことを行なうには、まず根気よく、根回しをなすべきであったのである。そこで、喜屋武半島後退案は、長野の案として、長野をして参謀長の心を牽かしめるに限ると腹を決めた。

幸い長野参謀も、首里複郭陣地を最後の場とするのを好まないふうである。人が悪いようだが、長野に軍最後の陣地を計画立案するように命じた。そして、慎重に、決定的な案を参謀長に強いるのを避け、およそ考案し得る各種の陣地を羅列し、その利害得失を明らかにしてご覧に入れるよう取り計らった。概要次の通りである。

**一、喜屋武半島に後退し、玻名城、八重瀬岳、与座岳、真栄里に拠る案。**

1. 八重瀬岳および与座岳を拠点として、陸正面は自然の陣地帯を形成し、正面幅約八キロ、わが残存兵力に比し、必ずしも過広ではない。

2. 海正面の大部は、高さ三、四十メートルの断崖絶壁を形成し、敵の上陸至難で、ほとんど我は配兵の要がない。

3. 彼我の現態勢よりすれば、この方面への退却が、最も容易かつ自然である。特に交通網の関係は、砲兵、自動車等、重車輛を後退させるのに適している。
4. この地帯は、今後における中核兵団たるべき第二十四師団の旧陣地であって、師団将兵が地形および陣地に親炙(しんしゃ)しあるほか、相当量の軍需品が集積してある。
5. 第二十四師団が構築した洞窟陣地のほか、多数の自然洞窟が存在し、軍主力を直ちに収容し得る見込みがある。
6. 陣地内部は概して、戦車の行動自由である。対戦車砲の大部を失い、急造爆雷補充の途絶えた今日、敵戦車の脅威大となる。この陣地最大の欠陥である。

**二、知念半島に後退する案。**

1. 三方海に面し、四囲断崖を繞(めぐら)し、守備地域概(おおむ)ね緊縮しており、一つの陣地たるを失わず。特に対戦車防御に有利なるやの感あり。
2. 地形、交通網および彼我の態勢より推して、後方の整理および軍の退却すこぶる困難である。
3. 知念半島は、混成旅団の旧根拠地であるが、洞窟陣地の収容力貧弱にして、集積軍需品もまた少量である。
4. 守備地域は予想残存兵力に比し狭小である。
5. 台上は、地形平易にして、至る所、敵の砲爆に暴露する。

**三、首里複郭陣地に拠る案。**

1. 軍隊、軍需品を移動後送する労ほとんどない。
2. 地域最も狭小にして、敵の物量攻撃の好餌（こうじ）となる。
3. 洞窟陣地の収容力は、残存兵力に比し著しく狭小である。
4. 砲兵部隊の陣地占領ならびに火網構成の余地が少ない。
5. 両翼を後退しつつ、円形複郭陣地を構成する間に、首里陣地の正面を突破せられる危険、極めて大である。いわんや南方正面陣地は、図上で一応研究しある程度にして、現に軍の両翼で戦闘中の各種部隊を、その配備につかせるのは至難である。
6. 喜屋武、知念後退案の如く、退却途中における地域持久抵抗の利を収め得ない。
7. 短期間ではあるが、那覇、与那原両港ならびに沖縄南、東、首里、小禄各飛行場の敵の使用を妨害する。しかし現段階においては、敵にとり大なる使用価値はない。

もし第一、あるいは第二の案を採った際、敵が攻撃してこないような場合は、どうなるか。敵としては、首里当面の要線が手にはいれば、沖縄全島を領有したのと同じであるから、敢（あ）えてさらに犠牲を払って攻撃前進する必要はないのではないか。現にニミッツ提督は、北、中飛行場奪取後は南下して、日本軍主力を攻撃する必要はないと、放言したともいう。そうなればブーゲンビル、ラバウル、ルソン島等の日本軍の如く、我々は孤立生存することが可能となる。事態かくの如くなれば、軍として、最後の一兵まで本土決戦に貢献するという本来の任務を放擲（ほうてき）、自己の生存を求めるとの譏（そし）りを受けるのではないか？

だが、ほとんど戦力を喪失して退却するわが軍に、最後の止（とど）めを刺すのは難事ではない。

況や、沖縄南部の地形より判断し、敵が首里東西の線に踏み止まるが如き場合は、あり得ない。沖縄を日本本土攻撃の基地とするためには、沖縄南部を完全に掌握する必要があることは言をまたない。もし、我々が自らの生存を欲するならば、最初から沖縄南部を棄て、北方国頭郡に陣地を占領したはずであって、この際かかる懸念に動かされ、第一第二案の採用を躊躇すべきではない。

さて軍爾後の作戦指導方策のお膳立てができあがったので、五月二十二日の朝、私は何食わぬ顔で、長野参謀をしてこの方策を参謀長に提示させた。いかにも、彼が発案者であるかのように、説明の衝に当たらせたのである。参謀長と私とは、近い距離に席を占めていたから、長野と参謀長との問答は、手にとる如く聞こえる。

将軍は依然首里案が念頭にあるのか、なかなか態度が煮え切らぬ。とうとう例の語尾のあがった調子の、八原参謀！の呼び出しとなった。将軍は、おもむろに口を開いて、「軍爾後の作戦をいかに終末に導くかは、重大問題である。貴官はいかに考えるか？」と問われた。私はここぞとばかり、かねてから練りに練っていた通り、各案の利害を説明した後、「首里案は、かねてから一応頭の中で描いていた案で、相当未練がありますが、後退案、特に第一案である喜屋武半島案も、有力な一案と存じます」と答えた。喜屋武半島案に限ると断言したいところだが、柔克く剛を制するの戦法で、明言を避けた。将軍は「貴官が首里案が良いというのなら、それも良いが……」とつぶやきながら、やはり容易に決せられない。

五月五日、攻勢中止の際、軍司令官が私に申された「今後の作戦は、一切貴官に委す」との言葉を承知しておられる参謀長、攻勢失敗の責任を感じて、よく「八原、戦略持久はまだ終わらぬか」と繰り返されるようになった参謀長の心境を知る私は、ここで結論を出してはならぬ、と考えた。そこで、私は、さらに将軍に申し上げた。「昨年来、第九師団を抽出された後、軍が沖縄南部地区で作戦する方針を決めた際、兵団長の中には、かかる全軍の運命を決する重大方針の策定には、あるいは統帥の本義に反するやも知れぬが、一応各兵団長の意見も聴取すべきであると、不満を述べられたことを記憶します。今回の作戦案は、全軍の最後を定めるものでありますから、各兵団の参謀長を招致して、その意見を聞いた上で、決定したらいかがでしょう」と具申した。将軍は直ちに私の意見を採用された。もっとも、私は各兵団の意向がいかなるものであるかはほぼ察知していた。

二十二日、夜幕おりるとともに、各参謀長ならびにこれに準ずる人々は、砲爆の間断を利用して参集した。その氏名は次の通りである。

軍司令部　私以下参謀全員
第六十二師団　上野参謀長、北島参謀
第二十四師団　木谷参謀長、杉森参謀
混成旅団　京僧参謀
軍砲兵隊　砂野高級部員
海軍根拠地隊　中尾参謀

集合場は、軍司令官の居所に隣接した軍参謀の寝室にした。軍参謀長が出席されると、忌憚のない意見が出ないので、私が主宰することになった。

　集まった人々、皆見慣れた顔である。達磨顔の上野参謀長、童顔の木谷参謀長等々、二か月間の激闘に憔悴せぬ者はない。斉しく、暗い運命に直面して索然たる思いながら、互いに労わる心は融け合って、和気自ら場に満ちる。席上には、パインアップルや、帆立貝のかん詰めが出され、航空用葡萄酒までが準備されていた。

　私は、軍全般の状況を説明、今や最後の策を定むべきときである旨を強調し、準備された三つの案に対する、各兵団の率直な意見を求めた。

　上野参謀長は、平素ほど激越ではないが、濁み声の早口で、次第に自らの言に熱しながら大要左の如く意見を述べた。

「今となって、軍が後方に退がるという法はない。師団は軍の方針に従い、首里複郭陣地を準備した。これを棄て、後退するとしても、師団には輸送機関がない。数千の負傷者や集積軍需品を後送する術がない。師団は初めから、首里で討ち死にと覚悟している。祖国のために散華した数千の戦友や、さらに同数の負傷者を見棄てて退却するのは情において真に忍びない。我々はここで玉砕したい」

　戦友の血をもって彩った戦場を去ることはできぬ。との言葉は、座にいる者すべてを感動せしめた。

　木谷参謀長は、優しい小さな声で、軍主力の喜屋武半島後退案に賛成した。京僧参謀は知念案を支持し、砂野中佐は、軍砲兵運用の見地から喜屋武陣地案に同意する。海軍には別に意見はない。各兵団、それぞれ自己の旧陣地に拠るよう主張している。これは人情の自然というものである。私は、会同の論争に陥るのを避け、「軍司令官がいずれの案を採用されるか、今断言することはできぬが、結局喜屋武案になるのではないかと思う。その理由は……」と既述の利害得失をさらに繰り返し、ついで傷者および軍需品の輸送は、主として第二十四師団の中村輜重連隊が任ずる。その輸送力を基準として概算すれば、後方整理は第一線の退却開始五日前から実施すればよろしい。なお第六十二師団および混成旅団の軍需品の補給は、第二十四師団のものをもってすれば、相当間に合うはずだから、この点ご安心を願いたいと結んだ。

人々はアルコールの力で、萎(な)え切った気持ちも多少は和らいだらしく、暫時軽い談笑を交えた後、暗い弾雨の中を、それぞれの司令部に引き揚げていった。自席に帰った私は、参謀長が、どこに行かれたか姿が見えないので、一杯機嫌も手伝って薬丸や長野をつかまえて、自慢話を始めた。もっとも、従来自分は、理論のみを主張してこれが達成のための政治的配慮や行動をおろそかにしたと痛感していたので——大学の教官時代、一部の学生から朴念仁(ぼくねんじん)と仇名(あだな)された——宣伝的効果を狙っての言葉であった。

「俺(おれ)は陸軍大学校の学生時代、用兵上の着眼が卓抜であると、当時の教官連から激賞されたものだ。俺の決心や判断は最高のものである」と高言しつつ軍司令官の方を盗み見すると、牛島将軍はうす暗い電灯の光りで、書見しておられる。私は、司令官の存在を考慮に入れつつ、語を続け、「軍の最後の陣地は、喜屋武案でなければならぬ」と結んだ。その瞬間、司令官のあてどないような表情が、急に動いて嬉しそうな顔つきに一変した。将軍は黙しておられるが、心ひそかにこの案を希望しておられるな、と推断し私はしめた！と心に喜んだ。

やがて居室に帰られた参謀長に、会同の事情を報告し、「第六十二師団の意見もあるが、これは人情論である。彼我一般の状況に鑑み、首里城を中心とする複郭陣地に移るのは至難である。本土決戦を少しでも有利ならしめるためには、あくまで抗戦を続けるべきである。ひと思いに死んでしまうといった野蛮人的感情論で、軍今後の作戦方針を決めるのは極力避くべきである。この意味において、喜屋武半島後退案こそが最も現実的で、軍本来の作戦目的にも適うものだと思います」と今度は断固たる態度で意見を申し上げた。参謀長も、すでに十分考慮されていたらしく、素直に私の意見に同意された。

二十三日朝、参謀長が一通の書簡を私に手渡された。第六十二師団長藤岡中将から軍参謀長宛ての手紙である。内容は「軍の一高級参謀が、各兵団の参謀長をみだりに招致して軍の重大な作戦を論議し、しかもわが師団の希望に反する案を押しつけるが如きは専断も甚しく、生意気である。いったい昨夜の会議は、軍司令官、参謀長の許可を得て実施したものかどうか承知したい」との激越な文句が連ねてある。参謀長は笑っておられる。私もまた笑った。藤岡将軍は何か勘違いをしておられる。しからずんば将軍として、おとなげない態度である。前夜の会議は、軍司令官の許可を得て開いたのはもちろんである。しかも各兵団への親切心から、特に開催したものである。

同将軍は、戦闘開始直前師団長として来任せられたので、親しくその人柄に接する機会はほとんどなかった。体軀頑丈で、威厳に満ちた相貌の方だったので、いかにも師団長らしい頼もしい将軍だなとの印象はあった。だがこの書状を読んで、相当頑迷な人と思わざるを得なかった。しかし書中「予の大切な参謀長を、弾雨しきりなる中を、わざわざ軍司令部に招致するが如きは、今後注意を願いたい」の字句に接し、頑迷らしいうちにも、その部下を愛護される真情があふれており、私は好感を寄せずにはいられなかった。

### 軍の右翼崩壊に瀕す

軍の右翼の要点運玉森高地は、金山大佐の率いる歩兵第八十九連隊の主力がこれを占領し、同高地東南麓与那原の町は、海軍陸戦隊の山口大隊が陣し、その南方雨乞森(あまごいもり)は、船舶工兵第二十三連隊の残存部隊、大里(おおざと)城趾は樋口大佐の重砲連隊がそれぞれその守備についていた。大里城趾のわが重砲隊は、運玉森高地を攻撃する敵の側面を砲撃し得る有利な地位にあったほか、以上の諸陣地は有機的に相支援し、もって軍の最右翼の守りを安全ならしめていたのである。しかるに、軍が、左翼那覇、天久台方面の戦線維持に躍起となっている間に、いつしかわが右翼戦線にも罅(ひび)がはいりつつあった。

敵は、我々が、退却作戦を議していた五月二十二日夜、運玉森高地の東側斜面——歩兵第八十九連隊は山頂を乗り出すと、中城湾内の敵艦隊に集中射を浴びせられるので、内方斜面にいわゆる反斜面陣地を占領していた——の死角を横這(ば)いして与那原に侵入、山口大隊を急襲して、二十三日払暁までに与那原西側鞍部を占領してしまった。

私は二十三日朝、用便の途中、第二十四師団司令部にたち寄り、偶然この状況を知った。与那原に侵入した敵兵は、数十名に過ぎぬとのことであり、かつ該方面のわが防御力を相当に評価していたので、さして驚きはしなかった。しかし、例の敵の滲透戦法の端緒と見たので、本夜中に、ぜひともこのアメリカ軍を排除しなければならぬと注意した。ちょうど居合わされた雨宮師団長も、「なあに！ 八原心配するな。今夜反撃を加え、一挙に撃攘し明二十四日朝、貴官に『トルーマン給与』をうんとご馳走してやるよ」と自信たっぷりに申されるので、私も、「きっとそのような、嬉しいことになるよう、期待致します」と答えた。

二十四日早朝、むっくり起きるや、私は第二十四師団司令部に駆けつけた。威勢のよい「トルーマン給与」の約束どころか、師団司令部首脳は皆青菜に塩の浮かぬ顔である。状況を質すと、昨夜の攻撃は成功せず、山口大隊は、与那原西側鞍部からさらに押し退けられ、その西方稜線に、ようやく余喘を保ち、与那原の敵兵力は数百名に増加し、雨乞森高地の保持も怪しいという。歩兵第八十九連隊も、運玉森高地の保持に精いっぱいで、他正面の救援に手を伸ばし得ないという。

形勢は重大となってきた。運玉森高地――標高百一メートル――は、軍の後方内部を瞰制する要点であり、これに連絡する与那原、雨乞森高地の線を失えば、敵は、一挙にわが背後津嘉山地区に殺到することになる。軍が現戦線を能う限り保持するためにも、また喜屋武半島への退却のためにも、どうしてもこの戦線を能う限り、長く保持しなければならない。

私は直ちに、沖縄着任以来相識の仲である樋口連隊長に電話で雨乞森の保持に最善の努力を要請するとともに、軍砲兵司令部の砂野中佐に、砲兵火力を与那原に集中するよう要求した。

樋口大佐は、景気のよい返事をよこしたが、実際は、同連隊の兵は、大里城趾より一歩も前進せず、その砲は、中城湾の敵艦隊に粉砕されて威力を喪失し、重要な雨乞森高地には、船舶工兵第二十三連隊の残兵がしがみついているに過ぎないことが逐次判明する。

軍は天久台、那覇方面の激戦に予備兵力を使い果たして、この危急を救うための持ち駒が一見なくなったように感じた。ところが、よく考えて見ると、まだいくらでも兵員はある。軍砲兵隊、歩兵的戦闘訓練はほとんど受けていないが、とにかく頭数は相当数あるのである。軍砲兵隊、高射砲部隊、通信部隊、築城部隊、兵器廠、貨物廠、防衛召集者等々兵器の大半を失い、あるいはその本来の任務が著しく軽減した部隊の兵員を、直接戦闘任務につかしむれば、よいのである。戦後のアメリカ軍側戦史は、日本軍のこの戦闘兵員の補充振りを見て、わが軍の機略縦横振りに驚嘆し、かつ日本軍の兵力判断を誤ったことを反省しているのである。

余談はさておき、大田海軍少将は、山口大隊の正面から与那原戦線の破綻（はたん）を生じたことに痛く責任を感じ、数十名の斬り込み隊を同部隊の正面に投入すると約束した。同期生の誼（よし）みで、私が困っているときはいつでも真剣に援助してくれる砂野が、砲兵部隊から徒歩二中隊を編成して、今夜二十四時までに与那原正面に増加してやる、と力強く申し出た。さらにもと与那原正面の守備を担当していた第二歩兵隊の尾崎大隊（大隊長以下七、八十名に減少していた）を、中央末吉正面から抽出、旧位置に復せしめるとともに、電信第三十六連隊からも徒歩一中隊を編成して増援することとした。

かくして、以上の諸兵力のほか、重砲第七連隊、船舶工兵第二十三連隊を第二十四師団長の指揮下に入れ、ぜひとも与那原正面の敵を撃退するよう督励した。第二十四師団長は、これら救援部隊を、第八十九連隊長金山大佐に与え、彼をこの戦線の主宰者と定め、これが指導のために、師団作戦主任参謀苗代少佐を派遣した。

二十四日夜における与那原奪還攻撃は、全軍多大なる期待をもってその成功を祈った。徹夜して成否を待つ師団司令部に、二十五日未明苗代参謀が帰って来た。彼は疲労し果てた様子で、口も重く、夜襲失敗を報告した。「増加部隊は訓練未熟なうえに暗夜急遽駆けつけたばかりで、指揮掌握も容易でなく、敵の迫撃砲弾が集中し始めると、せっかく攻撃前進中の部隊が皆潰乱してしまう。督励して突撃を繰り返さすが、結局同じ結果となる。この間に、敵はますます地歩を拡大強化する。金山連隊の守備する運玉森高地も保持は困難で、雨乞森高地はすでに敵手にはいり、同高地上には米軍が盛んに行動している。要するに、与那原奪還はもちろん、同戦線の維持も至難というのが、実際の戦況である」

報告を終わった苗代参謀は、責任を感じてか、悄然（しょうぜん）としている。そして金山大佐や樋口大佐に対する不信任の気分が、師団首脳部の間にきざし始めた。

つくづく考えるのに、右翼戦線の破綻は、戦力尽きた今日、自然の帰結で、何人の罪でもまた過誤でもない。軍は与那原の危機発生前に、すでに退却のやむべからざるを予察し、秘かに後方の整理に着手しつつある。左翼のみならず、右翼の戦況も喜屋武後退作戦の実行を促しつつあるのだ。那覇戦線の一時的交綏（両軍が互いに退く）に力を得て、右翼与那原さえ保持すれば、なお若干期間は、首里戦線において、戦闘を続行し得べしとの一縷の希望も、絶え果てんとしているのだ。

## 退却攻勢

二か月間の固定した首里戦線は、今や大きく動かんとしている。野戦の機動的術策を試むべき機会が到来しつつあるかに感ずる。この際、何か打つべき手はないか。退却を意識しつつも、長い間の動きの乏しい陣地戦から解放される喜びが、私を野心的な戦術的考案に熱中させた。

あった。あった。今こそ、与那原を突破、わが右側背に侵入しつつあるアメリカ軍に、退却攻勢を実施すべき絶好の機会である。彼我の態勢を、五万分の一図上に記入して大観すればすぐわかるように、現在戦線の大部は、第二十四師団と混成旅団が担当し、第六十二師団は、一部をもって狭小な首里正面を守備し、その主力は首里市内の陣地に集結し、態勢を整理中である。この師団主力をこそいま活用すべき秋なのだ。

第六十二師団を、直ちに津嘉山を経て与那原西南地区に転進させ、敵の突破口の南翼を東北に向かい、攻撃させ、第二十四師団の右翼部隊は、これに協力し、北方より南方に向かい敵を圧迫攻撃させる。軍砲兵隊も、衰えたりといえども、地域狭小な与那原に火力を集中すれば、敵に与える脅威は少なくないはずである。加うるに、わが軍待望の雨季が、数日来沖縄の島を襲い、道路も山野も泥濘と化し、戦車は滑って行動至難、自動車をもってする弾薬その他の軍需品の第一線への輸送が、困難を極めている。悪天のために、飛行機も意の如く飛べず、空中観測も利かぬから、敵艦隊ならびに地上砲兵の射撃も乱射乱撃に陥り易い。

　実に、今こそ進んで、局地的攻勢をとるべき好機である。もしこの攻撃が功を奏しなくても——もちろん不成功の公算が大きいかも知れぬ——喜屋武半島に退却する軍主力の右側背に殺到せんとしつつある脅威を除去し、軍全般の退却行動を安全かつ容易ならしむる利益は大である。

　私は、この退却攻勢案を案出したのが嬉しくてたまらなかった。子供のようになってナポレオンのマレンゴの戦闘、第一次大戦のフランス軍のマルヌの反撃、ソ波（ポーランド）戦における波軍のワイクセルの反撃まで誇大空想するありさまである。長野、薬丸らも進んで賛意を表したし、参謀長、軍司令官も直ちに同意された。

　さて、この攻勢に任ずべき第六十二師団司令部においては、作戦主任参謀北島中佐が二か月間の不眠不休の激務に体力消耗し、病臥するに至ったので、軍参謀を一名増派してくれとの注文である。長野をと思ったが、参謀長は彼は貴官の補佐で欠かせぬだろうから薬丸を差し向けよと申されるので、再び薬丸が出かけることになった。たびたび彼に、危険な任務を課するは、ちょっと気がひけたが、鼻柱が強く、常に攻勢を主張する彼にとっては、今回の任務は打ってつけとも考えられるので、参謀長の申される通りとした。

　以上の如くにして決定した、軍の退却部署は概ね次の通りである。

一、第六十二師団は、現在首里西北正面を守備しある独立歩兵第二十二大隊（長、磯崎中佐）を現位置において、第二十四師団長の指揮下にはいらしめ、爾余の主力をもって、速かに津嘉山付近を経て同地東南地区に転進し、与那原方向より突進しつつある敵の南翼を求めて攻撃、これを与那原以北に撃攘する。已むを得ざるも、高平以北に敵の突破を阻止し、軍主力の退却を容易ならしめる。
大里付近において、戦闘中の重砲第七連隊、船舶工兵第二十三連隊、津嘉山東方喜屋武付近において戦闘中の特設第三連隊（長、土田中佐）ならびに知念方面より北進中の特設第四連隊（長、伊藤大佐）を第六十二師団長の指揮下にはいらしむ。
二、第二十四師団は、現陣地を保持して第六十二師団の転進を掩護し、かつその退却攻勢に協力する。自今首里正面第六十二師団の守備地域は、第二十四師団の担任とし、独立歩兵第二十二大隊をその指揮下にはいらしめる。
三、島尻地区直轄警備隊は、特設第四連隊その他なし得る限りの兵力を与那原方向に急派し、第六十二師団長の指揮下にはいらしめる。
右退却攻勢計画に基づき、第六十二師団長は、まず麾下歩兵第六十四旅団をその先鋒として二十五日夜、行動を開始し、退却攻勢の第一歩を踏み出した。
退却作戦計画の概要
喜屋武半島後退の一般方針に基づき、軍および各兵団の後方整理は、第一線の動きに関係なく着々進捗している。

戦列部隊の退却部署も逐次具体化され、五月二十五日夜左の如く概定した。

**第一、喜屋武半島防御部署の概要**

一、具志頭(ぐしかみ)、八重瀬岳(やえせだけ)、与座岳(よざだけ)、国吉(くによし)、真栄里(まえざと)の線をもって、軍の新主陣地帯の前線とする。

二、混成旅団は、具志頭付近より八重瀬岳に亘る間に陣地を占領する。

三、第二十四師団は、右は混成旅団に連繋し、与座岳を経て、真栄里に亘る間に陣地を占領する。

四、第六十二師団は、軍の背面海岸正面の守備に任じつつ、兵力の整頓、休養を行ない、随時陸正面随処に、応援し得る態勢を整う。

五、軍砲兵隊は、主力をもって真栄平(まえだいら)付近以東の地区に陣地を占領し、随時随処に、主火力を集中し得る如く準備する。戦闘準備の重点は、第二十四師団正面とする。

六、海軍陸戦隊は、軍主陣地内中央部に位置し、軍の総予備隊となる。

**第二、首里戦線より、新防御陣地への退却部署の概要**

退却一般の方針は、退却作戦の原則に従い、一挙に喜屋武陣地帯に後退するのを主眼とした。しかし、軍本来の作戦目的が、本土決戦のため戦略持久するにあるので、新陣地線に至る約十二キロの間の、地形的要線ならびに無数に存在する洞窟を利用して、ドイツ軍のいわゆる地域的持久抵抗を実施せんとする意図も相当濃厚である。

その概要は次の如くである。

一、第二十四師団および混成旅団の主力は、x日夜、現戦線を撤退する。
わが主力の後退を秘匿（ひとく）し、かつ努めて長く現陣地において敵の追撃を阻止するために、一部の部隊を残置する。残置部隊後退の時機はx＋2日夜と予定する。

二、軍砲兵隊はx－1日夜後退する。一部砲兵を、退却地域内に縦深に配置し、軍主力の後退を掩護するとともに、第一線各兵団の行なう地域的持久抵抗に協同する。

三、小禄地区海軍根拠地隊は、長堂（ながどう）北側高地以西国場川（こくばがわ）南岸の線を占領し、軍主力の退却を掩護する。退却の時機は、軍司令官後命する。

四、第二十四師団は、有力なる一部を、津嘉山東西の線、ならびに饒波川（のはがわ）の線に各配置し、敵の追撃を遅滞せしめる。これら部隊は、右翼方面においては、第六十二師団主力、左翼方面においては、海軍部隊と、それぞれ密接に連繋し、間隙を生ぜざる如く注意する。第六十二師団主力と、津嘉山東西の線を占領する第二十四師団一部との連繋を確実ならしむるために、津嘉山に、軍情報収集所を開設する。
右両部隊退却の時機は、x＋4日夜と予定するも、軍司令官後命する。

五、第六十二師団は依然現任務を続行し、与那原方面の敵の撃攘に努め、已むを得ざるも極力その追撃を阻止し、軍の退却作戦を容易ならしめる。

六、各兵団の退却地域の境界を、左の如く定める。

第六十二師団、第二十四師団間
宮平（みやひら）、神里（かみざと）、東風平（こちんだ）、世名城（よなぐすく）の線（線上は第二十四師団に属す）

　第二十四師団、混成旅団間
　　松川、国場、嘉数、小城の線（線上は混成旅団に属し）、小城以南の地域は共用し得ることとする。
七、軍司令部はｘ－２日夜、まず津嘉山に後退し、ｘ日夜、摩文仁南方八九高地に移動する。
八、ｘ日は五月二十九日と予定する。

### 退却近きころの軍司令部

若い娘たちの存在によって百花爛漫の趣きを添えた軍司令部洞窟も、彼女らが姿を消してから、冬の荒野にも比すべき風情となった。若い将兵の中には、何か忘れ物をしたような者もいるが、かくして初めて厳粛な戦いの雰囲気に徹し得るのだ。生半可な空気はついに一掃することができたのだ。

五月下旬になると、沖縄の雨季が訪れてきた。我々は、この雨季の到来をどんなに待望したことであろう。アメリカ軍の戦車や飛行機の活動が衰えると思ったからだ。しかしこの降雨期の来訪は、例年より遅く、わが作戦の上から考えればもう半月ほど早く来て欲しかった。でも今年は、降り出すとめちゃくちゃに降る。そしてどこからともなく雨水が洞窟内に浸透して、坑道は小川のようになってしまった。寝台を高くするやら、堰を造るやら、皆大騒ぎだ。坑道内の生活は、一段とうっとうしくなったが、これで司令部内の風景がいよいよ凄惨な戦いの最中にある司令部といった感じを深化し、私を満足させた。

　彼我の機関銃声が首里山の背面にまで盛んに聞こえるようになり、弾道の湾曲する敵の迫撃砲弾が、繁多川谷地に面した各坑道口近くに炸裂し出し、そして糸満沖の敵艦隊が、ここを狙撃し始めると、もはや唯一のオアシスだった例の坑道口の日向ぼっこも、命がけでなければできなくなった。

　戦勢が日に悪化しつつあるにかかわらず、司令部内の軍紀は依然厳正であり、かつ、さして動揺の色がない。軍司令官始め高級将校や、多数の戦友とともにあるとの意識が自然に皆をそうさせているのであろうか。最後の地は、今や首里ではなく、喜屋武半島地区になったことが、将兵の切迫感を緩和したのも争えぬ事実である。そしてまた過去二か月間にわたる第一線将兵の死の頑張りにより、戦線の変化は極めて緩漫で、急転直下劇的な破綻はない、との体験からくるものがあるからであろう。

　軍参謀長は、しきりに書き物をしておられたが、これが一段落すると、皆を集め、「今日は、参謀諸君の考科表を整理した。中央との通信連絡が利く間に報告する考えである。諸君の考科を例を挙げると、まずこんなものだ」と大声で、遠慮なく次の如く読みあげられた。「高級参謀は、第一線視察の際負傷せるも、屈することなく任務に邁進し、用兵作戦に関する該博な薀蓄と、透徹せる判断力とをもって、参謀長を補佐し、作戦の企画、運用、適切機詣に適し云々」。「長野参謀は、よく高級参謀を補佐し、命令、通報等の起案敏速、的確、昼夜不眠不休の努力を続けて倦まず、真に感激に耐えざるものあり云々」。等々。

我々としては、流汗三斗であるが、参謀長の仏心も、一段と深くなってきたようだ。

軍司令官は、相変わらずひっそりと、三宅参謀の手になる感状文の浄書に余念がない。軍参謀長の主張を認めて、感状は次々と麾下全部隊に授与されたので、牛島将軍も日々多忙なわけだ。洞窟中央部の、第二十四師団司令部の位置は、軍首脳部が逃げ出したほど蒸熱がひどい場所だ。心身の機能を低下すること甚しく、師団の統帥能力に影響することを憂い、なんとかして空気の清涼な位置をと工夫努力したが、限られた洞窟内のこととて、結局適当な場所がない。師団長は、重厚にして、忍耐強い人なので、一言も不満をもらさず、最後まで旧軍司令官室で頑張られた。

木谷参謀長と、苗代、杉森両参謀は、我々の勧めに従い、軍参謀の寝室で一緒に休むことになった。今では、軍も師団もない。皆が労りあって最後の努力をなすべきときである。夜半過ぎると毎夜のように木谷参謀長は、私の隣で五分か十分世間話をした後、寝につくのが例であった。

ある夜、歩兵第二十二連隊の緒方少佐が、漂然と司令部にやって来た。彼は、戦闘開始前、徳之島に転任を命ぜられたが、出発に先だち、戦闘が始まり、そのままとなった宿命の中の一人である。長野と同期生で、よく飲み、よく語り、大いに気焔をあげた。長野は、昼の疲れもあって、いつしか私の傍に横になり、熟睡してしまった。電灯は、私の席のものを一つを残して、皆消され、将兵は皆雑然と横になり、深い眠りに落ちている。その中に独座した彼は、一升瓶を相手に、ちびちびやっていたが、夜明け前、砲声のやや衰えるのを待って、また漂然として立ち去った。彼の後ろ姿を見送る私は、何かなしに、赤垣源蔵徳利の別れの感がしてならなかった。

軍司令部を訪れる、親しき戦友たちの去り行くとき、期せずして、互いに今生の別れ、永遠の訣別の心が一段と強く動く昨今である。平素多くを語らぬ勝山伍長が、浴場で薬丸、長野両参謀の肩を流しながら、ぜひ戦に勝ってくれと懇請したと聞いて、思わず暗然となったのもこのころである。彼は真剣に私の世話をしてくれ、ちょっとでも健康を害したり、食欲が進まないと、ひどく心配した。もちろん彼の温かい人情味の然らしめるところであったが、私に思うさま活動してもらって、戦勝の願いをかなえようとする、人知れぬ意識が働いていたとも考えられる。彼の真摯、純朴な性格の故に、そしてまた新婚早々軍隊にはいり、すでに六年の歳月を閲する彼の心境をよく承知するが故に、そのいじらしさは限りない。

わが空軍の画期的な沖縄援助を求めんとして、首里軍司令部を去った神参謀は、十数日を経た今日、まだ摩文仁付近に滞留したままであった。本土帰還のため、まず水上機に頼ろうとした彼は、ここで毎日のように、飛行機の来着を待っていたのである。特攻機でさえ、夜間を利用しても沖縄上空に到達するのが至難の状況である。況や水上機では、なおさらのことである。敵情、気象、相互の打ち合せ等の関係で、容易に望む飛行機はやってこない。ようやくきたかと思うと、海上波が高くて着水ができぬ。犠牲になった飛行機もあるという噂が飛ぶ。

神参謀の本土連絡に当初協力したという三宅参謀が、とうとう私に、取りやめさせるべきだと意見を具申した。軍の運命は旦夕に迫った。今さら空軍の積極的援助を依頼するなど笑止である。しかも神自身敵の重囲を突破する術も望みも失っているというのである。成り行きに委すほかはないと思い、私は彼の意見を聞くのみで、なんら処置するところはなかった。

## 首里山よさらば

　首里山に月美しくかかる夜
　　手榴弾投じつつ死せんとぞ思う

かねて、最期の地と思い定めていた首里山に、別れを告げるときはきた。

五月二十七日、薄暮ごろから第一ないし第五梯団(ていだん)に区分された司令部将兵は、梯団順序に次々と首里洞窟をあとにする。第一ないし第三梯団は、直路摩文仁へ、直接戦闘指揮に必要な人員より成る第四、第五梯団は、まず津嘉山に向かう。第四梯団は軍司令官、高級参謀その他約五十名、第五梯団は参謀長、長野参謀ら同じく約五十名である。

混成旅団司令部は、同時刻ごろまず識名(しきな)に、第二十四師団司令部は、二十八日まず津嘉山に、それぞれ後退することになった。木村、三宅の両参謀は、残務処理のため今夜首里に残留し、明二十八日夜摩文仁に直行する予定だ。さしも諸施設完備した軍司令部の大洞窟も、数日来の豪雨で、すっかり水攻めにされ、深い所は膝を没するほどだ。所々に、まだ残る電灯の光りで、わずかにその陰惨さが救われている。

薄暮になっても、敵の砲撃は衰えない。恰(あたか)も、退却せんとするわが軍を、追い立てるかのように、巨弾は首里全山を揺がして、炸裂している。「第四梯団は、第五坑道に集合！」の声に、軍司令官は地下足袋、巻脚絆の軽装で、扇子片手に自室を出られる。私、吉野専属副官も遅れじと続行する。参謀室に残るは、木村、三宅の両参謀のみ。向かい側の旅団司令部は、全員引き揚げて、付近一帯ががらんとしている。両参謀は、残ったビールを処理するのも、残務整理の一つだと、盛んに飲み、かつ気焔をあげている。

一切の書類を整理し、そしてアメリカ軍の手に渡った際、あまりに見苦しくては、名誉にかかわるとばかり、注意してきちんとあと始末を終わった。参謀室よ、さらば！

じゃぶじゃぶと、水浸しになった坑道を思い切って歩く。下脚部はびしょ濡れになるが、覚悟しているから別に苦にならぬ。第二十四師団司令部の前を通る。木谷参謀長以下が暑さにうだりながら、まだ頑張っている。一足お先へと挨拶して過ぎる。第四、第五両坑道の分岐点の所は、水脈にあたるのか、地下水が滝のように、天井から勢いよく流下している。第五坑道の階段を降りたあたりから、出発を待つ将兵が充満している。各梯団の出発は、混雑せぬよう、時間で規制してあったが、砲撃の間断を見ての出発だから、なかなか計画通りにはゆかぬ。将兵らは完全武装したうえに、弁慶の七つ道具よろしく持てるだけの物を持っている。屈強な兵士は、一人で二十三貫も背負っている。摩文仁では、弾薬、糧秣、日用品等すべて思うようにならぬと知らされているからである。

彼らは、重武装のまま膝を没する濁水中に立って、いつとも知れぬ出発の命令を待っている。平素ならば、耐え得ぬところだが、まさに砲弾雨下する危険地帯に進発せんとする緊張感で、別に苦痛は感じぬらしい。混雑のために、見失った戦友を呼び求める声のみが頻りである。私は寿司詰め縦隊の中を「高級参謀だ！　通せ通せ」と無理矢理に坑口に向かって押し進む。全長約百五十メートルの第五坑道を、ようやく坑口に接近、一度見失った司令官の後ろ姿を見つけたが、この辺は混雑極点に達し、司令官との距離わずかに十数メートルに過ぎぬが、これ以上は近づけそうにない。

一九一五（午後七時十五分）出口付近に盛んに落下していた砲弾が、やや間遠になったのを機に、牛島将軍は決然として進発され、第四梯団の相当数はこれに続行した。私も、これに続こうと揉み合いながら、出口に接近する刹那、突如十数発の迫撃砲弾が、轟然至近のところに破裂した。同時に二、三十名の兵が後退してきた。私の前進は、またも不可能になった。時間的に考え、将軍は難を免れておられるはずだ。私は残念ながら、さらに好機を見て出発することとし、出口に近い側室にはいった。この室には長参謀長、長野参謀、それから鈴木将軍以下混成旅団の幹部の姿が見える。皆乾パンを食いながら、雑談の真っ最中である。敵の砲撃状況を統計的に観ると、各時間の最初の十五分ないし二十分間は、概して緩徐である。そこで参謀長以下二〇一〇（午後八時十分）出発に決めた。

とかくするうちに時間がきた。あんのじょう砲撃がやや衰える。長野、私、坂口、参謀長の順に洞窟を躍び出す。洞窟より直ちに左に折れ二、三十メートルの緩斜面を登る。一行が登り切ろうとする瞬間、右斜面前方近く、例の耳をつんざく迫撃砲の集中爆裂音だ。思わず私と長野は離列して、左側斜面の灌木の中に身を伏せる。断雲の流れ迅い梅雨空ながら十七夜の薄明に振り返れば、坂口副官が決然たる態度で、閣下早く！と声を励まし、参謀長を斜面の上に引きあげている。参謀長の口を引き緊めた俯向き加減の無言の顔が、つと傍を過ぎて行く。

私は、身を伏せながら、こんな密集縦隊の中で前進するのは、地形地物の利用が不便と判断し、かつ任務上一分一秒を争って、津嘉山に到着する必要もないので、縦隊をやり過ごし、例の側室に引きあげた。勝山、長野、小島（長野の当番兵）らは、混乱の中にもはぐれず、私の後ろに続いて来ている。面はゆげに後退した我々を、鈴木将軍が軽く揶揄される。洞窟生活を続けると、外部の状況がよく呑みこめず、とかくおっかなびっくりとなる。鈴木将軍は、後半夜になって出発されるらしい。

二一一〇（午後九時十分）、今回は、いささかの躊躇なく出発する。一気に先刻の斜面を駆け登る。敵の砲弾は、今首里山頂と識名の台上に落下しつつあり、繁多川谷地は案外に平静である。

さらば首里城趾よ、と仰げば、雲間にもれる月影に、硝煙に黒ずんだ峯が、威厳に充ちて、聳え立っている。小島、勝山、長野、私の順序で前進する。当番兵たちは、昨夜荷物運搬のために、津嘉山に行き、比較的弾丸のこない道を知っているので、今夜は道案内役である。泥濘化した粘土質の道は、すこぶる滑り易く、数歩に一度は転ぶほどで、なかなか思うように進めない。わずか一行四人なのに、ともすれば離れ離れになり、大声で名を呼びかわすありさまである。第六十二師団の退却攻勢の機動が、いかに困難であるかをちょっと想察する。

繁多川の谷地を、三百メートルほど行くと、路傍に武装凛々しい一兵士が俯伏せに殪れていた。かつて、初陣の北支子河河畔の戦闘で、初めて見た友軍の一戦死者の姿を想い出す。死屍累々たる光景もさることながら、知る人もない路野辺に、一人、二人生けるが如く死んだ戦友の姿ほど生々しく、「戦死」の感がぐっと胸に迫るものはない。

敵の照明弾は、首里山、識名、小禄および津嘉山の上空に間断なく揚がり、我々の足もとを照らす。何故敵はこんなに照明弾を乱用するのだろう。戦術的に考えても、また夜間射撃の技術からしても、さして意味はないように思われる。夜間におけるわが行動を威嚇するにしては、あまりにも贅沢な弾薬の使用ぶりである。

十五ミリ級の艦砲弾が数発あて、やや遠く、前後左右に落下する。我々を追っかけて落ちてくるような気がするが、戦場心理の故であろう。いちばん苦手の迫撃砲の射程外に脱出し得たので、安心である。ときどき糠雨が降って、流汗淋漓たる頬を心地好く冷やしてくれる。そして、自由に吸える大気の空気のうまさは、また格別である。気持ちが自然と落ち着いてくる。数名ないし十数名の群れと、ときどき行き交う。参謀部書記高橋曹長、参謀長当番中塚兵長らも我々と落ち合い、行をともにする。

繁多川谷地を上がり切るやや手前、右側にある工兵第二十四連隊本部の洞窟をみつけて、暫し休憩する。連隊長に、お茶のご馳走になりながら、津嘉山に至る進路上の砲弾落達状況を聞く。壕内は蒸熱著しいうえに、炊煙や煙草の煙りがもうもうと立ち罩め、息苦しい。

繁多川の谷地を上がり切ると、道は大分平易になる。我々の予定進路は、「死の橋」と称する一日橋――敵の交通遮断射撃の熾烈な地点で、数十の死者横たわるも、収容することができぬ。それで死の橋と称するようになった――を避けて、その上流百メートル付近で国場川を渡り、津嘉山に行くように決めている。前進するに従い、敵の突破を受けて崩れつつある与那原戦線の喧(かまびす)しい銃砲声が、左前方にはっきりと聞こえ出した。敵は津嘉山の東方千五百メートルの付近に侵入はしているが、一昨二十五日夜以来、続々この方面は第六十二師団の部隊が増援中であるから安全であると自問自答する。

　道はなだらかな小盆地の底に行きつく。奇しくも、ここに一軒の農家が完全な姿で残っている。疲労しきった一同は、安全と見て休憩に移る。石垣に寄りそって伏臥し、悠々(ゆうゆう)煙草に火をつけ、付近の状況を観察する。敵弾は半径二百メートルばかりのこのささやかな盆地の縁辺に、数発ずつ緩徐に落下している。安全休息、空気はうまい。五月雨(さみだれ)空に、暫し姿を現わす月さえも賞(め)でる気持ちになる。私は去り難いまま、皆の急ぐのを制して、容易に腰をあげようとしない。しかしそれもわずか十分ばかりであった。今まで約二百メートル前方の稜線上に落ちていた砲弾が、だんだん我々の方に近づいてくる。危険と思った瞬間、轟然真紅の火焔を吹き上げて、続けざまに三発、目前に炸裂した。やられた!と思ったが、かすり傷さえ受けた者がない。仲間台上に負傷したときのことを思えば、当然やられたはずだが、実に不思議である。よく考えて見ると、皆伏臥していたし、弾着点が数メートル高い斜面だったので弾片は全部頭上に飛散したものらしい。もはや長居は無用と前進を始める。

　津嘉山が見え出すに従い、砲撃はいよいよ激しくなる。慶良間海峡、中城湾、そして首里戦線の三方面から敵弾が飛んでくるので、死角を求めようとしても基準が立たなくなり、弾着も乱調子で危険極まりない。死体は収容されるのか、ほとんど見当たらないが、銃器、装具類がそこここに散乱している。この辺は確かに津嘉山と見当はつくが、小丘阜が薄明の裡にぼんやりと起伏重畳しており、洞窟の入り口を発見するのが容易でない。一行もばらばらになってしまった。

　前を行く黒い影を追って深い谷を半ば転げながら駆け降り、そして駆け上がったところに、ようやく一つの洞窟開口部を発見した。目的の津嘉山洞窟とは、はっきりわからぬまま奥にはいると、武装したわが将兵が充満している。進むほどに、「高級参謀殿」と呼ぶ者がある。薬丸参謀だ。有川将軍もおられる。通路の一側の寝棚の上に、あぐらを組んで莞爾(かんじ)としておられる。確かに目的の津嘉山だ。「戦況は後刻承ります」と、さらに歩を進める。幸い勝山と案内の下士官の二人と落ち合う。

　洞窟は長々と続く。兵器部長室を覗くと、兵器部長梅津大佐、獣医部長佐藤大佐、法務部長和田少佐の三部長がいかにも安心した面持ちで、仲好く座っておられる。与那原を突破した敵は、すでに津嘉山東方千五百メートルの八五高地に迫り、一時は軍司令部と通信連絡途絶し、津嘉山危うしとまで心配される状況だったのに、今や第六十二師団は続々この方面に南下集結しており、軍司令部も到着するというわけだから、各部長の安心するのも無理はない。

　行くこと数メートル、右側寝棚の上に、大柄な色白の年増美人が当惑気に半身を起こして、こちらを見ている。洋灯の光りが薄暗い上に、私の眼鏡が洞窟の蒸熱で曇って、さだかではないが、昨年末「秋深し、花の都を落ち行きて」の句を残して、首里から国場に移った辻町の某料亭の女将だったと思ったが、無言で通り過ぎた。

さらに上がったり下ったり、かつ曲がりくねった細い坑道を進むこと百数十メートル、ようやくにして割り当てられた一室にはいる。長野を連れて隣室の軍司令官に着到の挨拶に罷(まか)り出る。牛島将軍は参謀長、経理部長とともに上機嫌で食事中だ。長将軍は、「無事到着してお目出度う。なかなかお前たちの顔が見えぬので、心配していた。万一のことがあれば、参謀長自ら命令起案をやらねばならぬと、冗談まじりに話していたところだ」と申された。私は、両将軍のご安着を心からお祝い申し上げ、随行できなかったことをお詫び申し上げ、自室に退った。二坪大の室、両側には寝台が二つ、中央に事務机が置いてある。ロウソクの灯ながら、かなり明るく感ずる。汗と泥でぐしゃぐしゃになった服、靴一切を取り換える。軍の補給策源地だからまだなんでもあり、資材は豊富である。新しくもらった兵隊靴は室外の坑道に揃えておかした。

夜はなかば過ぎているが、心尽くしのご馳走を頂戴する。長野がさらにどこからかパイかんを三つばかり入手してくる。酒もある。危険を冒して目的地に着いた喜びと、不利な戦況の裡にも作戦が順調に進んでおり、まだ喜屋武陣地での一合戦も期待できる。平素あまり嗜(たしな)まぬ酒ではあるが、今夜は豪酒家の長野の相手を気持ちよくする。この才気英発する青年参謀は、実によく食い、飲み、かつ談ずる。私の食い残した料理まで奇麗に平らげてしまう。

　暫（しばら）くして奇麗な娘さんが一人出てきて、接待をしてくれる。軍司令官室の反対側の室に起居しているそうだ。某銀行支店長の女中さんの娘さんだそうだ。数年前まで、アルゼンチンにいたとのことだ。一週間前まで、母娘二人で、焼け野原と化した津嘉山の部落でタコ壺を掘って起居していたが、支店長の肝煎りで軍の許可を得て、ここに収容されたという。

　二人で飲み談ずるうちに、話は自然首里戦線三度に及ぶ攻勢問題に移る。私は一杯機嫌に駆られて論じた。

「昨年秋以来、戦略持久方針の下に作戦を準備し、かつこの通り実行するのだと内外に公言し、主張してきた。しかるに予想の通り、嘉手納に上陸して南下する米軍に対し、藪（やぶ）から棒に、方針を根本的に変更して攻撃に転ぜよとは何事であるか。大体、空軍で決戦するという考え方が間違っている。大東亜戦争初期の夢を、未だに見続けているのだ。もちろん大洋島嶼作戦では、空軍が物をいうのは兵学上当然の論理であるが、現実は違う。マリアナ沖海戦、レイテ決戦と、次々にわが空軍の実力はがた落ちに弱まってきた。それだのに、大本営や空軍の思想はいつまでも航空優先、空軍絶対の妄想に捉（とら）われている。その結果は、沖縄戦開始以来今日までの航空作戦の推移を見れば明瞭である（我々が体験した通り、アメリカ軍側戦史に拠れば、わが特攻で撃沈されたのは駆逐艦以下の小艦艇のみで、その数は二十六隻に過ぎなかった。損害を受けたもの大、小艦船約百六十隻を加えてもわが中央部の考えた航空決戦は夢物語に終わったようである）。去る三月十日、俺（おれ）が意見具申した通り、北、中飛行場は、伊江島飛行場と一緒に徹底的に破壊しておくべきであった。

それから、地上部隊を空軍的あるいは海軍的発想で、軽率に使用するのは間違いである。微弱なわが地上戦力をもって、絶対優勢な敵に対して攻勢をとり、勝利を夢みるなんて狂者か愚者の考えである。彼我地上戦闘力を比較するに、我は二個師団半、現に戦闘中の敵は六個師団だ。我は人的にも物的にも損耗すればそのままだが、敵は兵員も弾薬も絶えず補充を受けており、戦闘の初期も終わりも一個師団は一個師団の勢力を保持しているのだ。それに敵の空軍も、艦隊も地上戦闘に終始参加している。現に敵艦隊は、多いときには戦艦十四隻、巡洋艦十四隻を中心とするものであった。大本営の戦訓にも、戦艦一、巡洋艦一、駆逐艦数隻より成る敵の一艦隊の砲力は、わが五個師団を中心とする一軍の火力に匹敵すると述べている。こんな比較を絶する敵に対し、陣地を棄て、裸になって攻撃する結果の悲惨さは、すでに我々はいやというほど体験した。

開戦劈頭のころ、敵が嘉手納に上陸し、未だ態勢整わざるに乗じ攻撃すべきだと、台湾軍や中央が喧く言ってきたが、これもまったく浅はかな戦術論だった。敵は、過去幾度か日本軍のこの種攻撃を受けた経験から割り出し、陸正面を嘉手納の場合の如く限定し、前述の大艦隊と空軍をもって、上陸部隊を科学的に掩護する戦法をとったのである。こんな正面に、裸で突撃するわが地上軍なんか、まったく飛んで火に入る夏の虫である。機に乗じ、などと言う空念仏的な戦術用語に捉われることなく、真に敵の半渡に乗ずるためには、わが主陣地帯内島尻沿岸における防御配備の如く、敵の上陸正面に、一トン爆弾と十六インチ砲弾に抗する拠点を縦深に編成した築城地帯を準備することが、絶対に必要である。この構えなくして、大軍の作戦方針を一変し、攻勢に出よなどとは児戯に等しい戦術論である。

軍はどうしても勝てぬのだという現実を正視し、本土決戦のために行なう戦略持久戦に専念すべきであった。あの第六十二師団を中心とする堅陣に拠る防御戦闘こそが、私の理想であった。それを主観的形式に堕した戦術論で攻撃を主張し、かつ実施したから、今残念にも首里戦線を放棄して退却しなければならぬ羽目に陥ったのである。同じ敗退するにしても、私の意見に従えば、おそらくさらに一か月後になっていたろうに……」と私の従来の主張を繰り返した。

さらに語を続けた。「君は、俺の補佐者であるのに、いつも俺より先に狂者の主張にへこまされてしまった。どうもよろしくないぞ」と愚痴る。年少に似合わず円転洒脱な長野は、「それだから、戦の始まる前に、『戦略持久』と大書した額を軍司令官室に掲げて置きなさい、と私が申し上げたのですよ。私は、茲二か月間というもの、高級参謀殿と攻勢論者との板挟みになり、随分苦労しました」と応酬する。

私も語を和らげ、「両将軍が攻勢論に執着するようになられたのは、中央や方面軍があんなきついことを、やんやと喚き立ててきたので面子上やむを得なかったのかも知れぬ……」と嘆じているところへ、ひょっこり、両将軍が覗きこまれ、とぼけ顔で、「二人ともなかなか元気がよいな」と揶揄された。私はすっかり赤面した。しかし明朗寛大な両将軍の表情には、少しも部下の暴言を咎める気配はなかった。

確かむべき情報、処置すべき事項も若干はあったが、夜明けも近い。話は止めて、暫しの眠りにつく。盛んな与那原戦線の銃砲声を、子守唄のように聞きながら……。

### 津嘉山戦闘司令所

津嘉山戦闘司令所は、当初軍司令部予定地として昨年夏から構築を始め、軍築城班と第二野戦築城隊がこれに任じ、付近住民の多大な協力により完成したものである。昨年末、軍司令部は首里城趾に移るよう変更され、軍軍医部を除く軍各部が現在までここに位置していた。築城班長平山少佐は、三月下旬戦闘開始間もなく、その辛苦になる陣地付近で誰よりも先に戦死したのは残念である。

昨年七月以来、私は度々ここを訪れ、工事の促進を激励した。飛行場造りのために血気盛んな人々はことごとく徴用され、ここには女子や少年の労務者が多かった。あるとき、地下深く漏水がはげしい洞窟内で、作業中の彼女らに慰労の言葉を述べると、可憐にして、しかも厳然と、「勝つまでは、頑張ります」と答えて私を感動させたことがある。

熟睡暫し、時計を見ればすでに夜明けの時刻だ。もちろん洞窟内は、どこでも夜も昼もない。洞窟を叩き、揺り動かす砲爆の炸裂が、首里と較べて間遠い。戦線より遠ざかった感が深い。長野はいつの間にか事務室へ行ったらしく姿が見えない。昨夜室外に揃えておいたぴかぴかの軍靴がない。皆いつ死ぬるかわからん極限状態にあっても、盗む人があるのかと苦笑する。自らの靴をはいて、娘たちの忙しく働く炊事場を通り抜けて、坑口に出る。敵の偵察機が夜明けたばかりの梅雨空を執拗に旋回している。人口三千の津嘉山部落をはじめ、見渡す限りの村落は焼け野原となり、石垣や枯木のみ散見されるのも哀れである。新戦闘司令所と、各兵団司令部との連絡通路網は逐次完成していくが、なかなか意の如くにはならぬ。

まず砲兵団司令部の砂野少佐から、「司令部は長堂に後退を了し、与那原正面の敵に対し火力を集中すべく努力中」との書簡が、徒歩伝令によって送達された。ついで、混成旅団司令部の森脇中尉が連絡に来て、旅団の現況を報告する。旅団司令部は、今暁無事国場北方高地に後退し、戦闘を指揮中であって、那覇市街方面は戦線大なる変化ない模様である。

さらに旅団長から直接私に、次のような意見具申があった。「軍の計画に従い、二十九日夜旅団主力が現戦線を撤し、国場川左岸に後退した場合、一部の残置部隊のみをもって、六月一日夜まで現戦線を保持するのは不可能のおそれがある。過早にこの戦線が崩壊すれば、軍全般の退却作戦に蹉跌を生ずること必定である。むしろ旅団主力をもって五月三十一日夜まで現陣地を保持し、爾後一挙に喜屋武半島陣地に退却するのが有利である」。旅団主力を、一日でも早く新陣地に後退させることは、軍爾後の作戦上必要ではあるが、旅団長が自ら至難な任務を進んで買って出られたので、軍司令官は直ちにこれを許可された。

不十分ながらぼつぼつ集まる情報を総合判断するに、敵の攻撃は依然緩慢である。沖縄特有の豪雨で敵戦車、飛行機、艦艇の活動力が著しく減殺されているので、軍の退却行動は順調に進んでおり、まず危殆に瀕するようなことは起こるまい。最大の関心事は、第六十二師団の退却攻勢が成立するや否やである。薬丸参謀を招致して同師団の状況を聴取する。

　第六十二師団の退却攻勢成立の最大条件は、敵の突破口が、第二十四師団の右翼と樋口大佐の大里支隊とにより挟扼(きょうやく)せられ、その突破の尖端が未だ組織、強化されるに先だち、天候の不良を利し、迅速にこれを攻撃するにある。しかるに師団の先鋒たる歩兵第六十四旅団が、行動開始以来すでに二日を経過した今日、依然主力をもって津嘉山周辺に集結したままで、銭又屋取(ぜにまたやどり)南北の線に守勢をとり、しかもその第一線守備は依然軍後方諸部隊に委(まか)しあるはいかん？　また師団主力が右旅団を軸として旋回機動し、大里城趾西麓に沿い急進、直ちに攻撃に出ることなく、わずかに半旋回し、津嘉山東南地域に集結しあるはいかん？　師団の組織ある攻撃は、明二十九日に至るも実行し得ざること明瞭である。軍主力が二十九日夜退却すべき計画において、今明日中に、突破前進するアメリカ軍に決定的打撃を加え得なければ、退却攻勢の機は永久に逸するのだ。

　さすが元気者の薬丸も、状況を説明しつつ意気揚がらず、今回の攻勢は遺憾ながら絶望であると弱音をあげる。

　私は、第六十二師団が退却本位に兵力を部署し、攻勢に熱意のないことを疑わざるを得ない。軍が退却を決意しながら、攻勢を命じたのも不徹底であった。しかしわが第六十二師団は、今や昔日のものではないのだ。精鋭のほとんど大部はすでに殪(たお)れ、戦闘員わずかに数千に過ぎない。各級幹部は疲労困憊(こんぱい)の極に達している。機動の困難性も、昨夜の後退の際、私自身体験したことでよくわかる。勇敢無比であった楠瀬参謀も、喜屋武陣地偵察に先行の途上、賀数で敵艦砲全弾が命中して戦死したとの報もある。

砂野からも、「軍砲兵もまた昔のものではない。砲数も激減し、弾薬もいよいよ残り少ない。はがゆい気がするが与那原戦線に有効適切な協力はできぬ」との連絡があった。

大厦の倒れんとするや、一木のよく支えうるところにあらずとか。退却攻勢の夢は棄てなければならぬ。今後同師団に期待するところは、敵のわが右側背に進出せんとするのを阻止し、全主力の退却を容易ならしめることである。私が大きな夢を抱いて発案した退却攻勢は、ついに夢として消失したのであろうか？　アメリカ軍側の戦史に拠り、その反響を簡単に記しておく必要がある。敵将シモン・バックナー将軍は、与那原突破口に向かい求心的に集中しつつある日本軍——知念方面より北上中の特設第四連隊、津嘉山方面より東北進中の第六十二師団主力等——の状態を空中偵察により知った。未だ日本軍の退却企図を察知していない将軍は、与那原突破口の拡大に専念している第七師団長アーノルド少将に、敵の反撃に対処し得る策があるのかと質問している。敵将も、日本軍の退却攻勢に着目し、不安を抱いていたのである。

海軍部隊は、かかる状況に処し、軍命令通りに動いているだろうか？　二十八日夕までに得た諸情報を総合するに、海軍部隊は意外の行動をとりつつある。海軍の主力はすでに昨日喜屋武半島に後退し、軍の計画を無視して同地域各所の陣地を占領し、小禄地区には数百名の弱小部隊が残置してあるに過ぎない。しかも、砲台、機関銃座の全部を破壊したという。

海軍の小禄地区撤退は、軍が後命することになっている。小禄地区に海軍が健在することは、軍全般の退却作戦に重要なことであった。海軍のかかる行動は軍命令の誤解に基づくものと推断される。軍としてこれを黙過するか、あるいは無慈悲に旧陣地に復帰を厳命するか、至急態度を決定しなければならぬ。憤然たる長野は、復帰命令を起案して私に提示した。この命令の巻き起こす混乱を予想して当惑したが、大局より判断し、これを認めることに同意した。

二十八日も夜の時刻となった。経理部員の心尽くしで、赤飯のご馳走になる。経理部高級部員桑原主計中佐と久方振りに面会する。中佐は、昨春軍司令部創設以来の僚友だ。私は率直に、「在津嘉山各部の将兵は、退却を控えて、あまりに悠長過ぎる。従来第一線の後方にあったので、自然そうした気持ちになるのもやむを得ないと思うが、今少しく督励しなければ整然たる退却が難しくなる」と昨夜来のここに来ての感想をあけすけに述べた。中佐は、快く私の注意を受け入れ、さらにしみじみと、「状況いかに困難になっても、お互いにむだ死にせぬようにしましょう」と別れを告げた。

暇を利用して、壕内の各部を歩いて見る。空気の流通の悪い、狭隘な坑道の一側には、二階式の寝棚が構築され、まだ将兵がぎっしりつまっている。洋灯やロウソクの灯を頼りに、いかにも後方部隊らしく算盤片手に危急の今なお事務をとっている人もある。兵器部の坑道で、戦闘勃発前、砲弾獲得に大奮闘をした中尉を思い出したので、その安否を尋ねた。惜しい哉、彼は一昨日、津嘉山防御のために臨時編成された小隊長として八五高地に派遣され、奮戦壮烈な戦死を遂げたとのことである。今夜はまた特別に、与那原方向に当たって、彼我の銃砲声が激烈である。この耳を聾する銃砲声にいよいよ運命の切迫を感じてか、私の話し相手になってくれた一将校は、最後に、「高級参謀殿も惜しいことにいよいよ終わりですな」と言った。「私もまた……」を言外に匂わして。

二十九日も梅雨空だった。

摩文仁に先行した木村、三宅両参謀から、「摩文仁の洞窟は、軍の戦闘司令所としての機能を発揮せず」との電報がきた。「機能を発揮せず」の文句に参謀長も私もむっとした。通信連絡が思うに任せぬという意味ではあろうが、なんだか後方関係参謀の作戦関係参謀に対する、軽い反発が感じられる。今や、軍の最後の防御陣地だ。首里軍司令部におけるような贅沢は言っておられんのだ。第二十四師団司令部も、予定通り津嘉山に退ってきた。杉森参謀の報告によれば、同師団の後方整理は順調に進捗し、長堂および宮平付近にある小銃弾薬のほかはほとんど軍需品の全部を退却地域に後送し得るとのことである。

一時連絡途絶えていた第六十二師団の状況も、ぼつぼつ判明し始めた。左翼有川旅団は、特設第三連隊の線に兵力を増強し、右翼中島旅団も高平北方地区に逐次投入された諸隊を掌握して、一連の戦線を構成し、賀谷大隊は真境名(まじきな)より大里方向に積極的行動を開始したらしい。退却攻勢は絶望になったが、敵のわが右側背に対する突破侵入を阻止し、軍の退却を掩(えん)護(ご)する態勢は一応整った。さすがに今日は、軍司令部の出発準備で壕内はごったがえしている。後方機関だから糧秣(りょうまつ)は量、種類ともに豊富だのに、戦闘部隊に遠慮して、今まで一日二食で頑張ってきた人々。彼らもこれからは戦列部隊なみに、最後の地に向かって出発するのだ。

軍首脳部は、野戦兵器廠の木炭自動車二台に分乗し、今夜二十一時出発、爾余の者はできる限り糧秣を背負うて、日没とともに徒歩で進発することに決まった。

日が暮れるとともに、徒歩者は逐次出発し、壕内はひっそり閑となった。津嘉山下をクモの巣のように掘りめぐらした大洞窟も、今や人気稀に、怪奇の感がひしひしと身に迫る。

静かに自室に座して出発の時間を待つ。

### 津嘉山から摩文仁へ

五月三十日零時を過ぎて、ようやく自動車は津嘉山の麓に到着した。出発準備完了を見届けてから、将軍に出発していただくつもりだったが、例の調子で真っ先にさっさと暗い斜面を降りて行かれる。待ちあぐねた人々も、三々五々安全と見定めたコースを駆け降りる。私は、中腹にある深い交通壕に転落し、擦過傷を受けるやら時計を失うやらで内心ぶりぶりしながら、麓の自動車のところに辿り着く。敵の砲弾は、緩徐に四周の山頂付近にうなりをあげて落下している。自動車から数十メートル離れた斜面に生き残った老樹が、赤い焔をあげて燃えている。

じれったいことに、自動車が容易に始動しない。焼け落ちた石垣を楯にして出発を待つ。人々は砲弾に追われるようで気が気でない。ようやくにして動き出した一台のトラックに、まず首脳部のみ搭乗して出発する。がたがたの古自動車だが、運転兵はなかなか老練だ。荒れ果てた夜道をヘッドライトなしで巧みに前進する。

東風平街道に出ると、友軍が中隊もしくは小隊ごとに続々南方さして退却している。皆黙々としているがよく落ち着いており、到底退却中とは思えない堂々たる行進である。試みに部隊名を訊すと、捜索第二十四連隊と答える。歩兵第八十九連隊とともに、軍の最右翼で戦闘していた部隊だ。退却最困難な位置にあった部隊が、今ごろここを通過中とすれば、万事計画通り退却は順調に行なわれているのだ。

山川橋付近は、敵の交通遮断射撃の一焦点である。付近一帯大小の砲爆のあとだらけだ。死体が散乱し、死臭が強烈に車上に流れてくる。気のせいか前後左右に落下する砲弾が激しくなった。私の後ろに立っている勝山がそっと毛布を肩にかけてくれる。いちばん危険な橋の手前で輜重兵第四十二連隊のトラック数輛と行き交う。道が砲弾で半分削りとられているので、行き違いに時間がかかり、一同はらはらする。ようやくの思いで橋を通過して数十メートル、今度はエンジン・ストップだ。「自動車も意地が悪い」と誰かが言う。坂口副官が、「軍司令官閣下始め、皆様と一緒に死ねるなんて、こんな嬉しいことはない」としおらしいことを言う。再び行くこと百メートル、頭上すれすれに飛んだ敵砲弾が、左前の半壊の一軒屋に命中、土砂を飛散させる。

山川から東風平に出る鞍部の手前で、また自動車の意地悪だ。ここも敵の砲撃の一目標地点だ。皆車を飛び下りて、鞍部の向かい側に走る。鞍部を少し降った付近で、軍砲兵隊の十数名が砲弾を避けて休憩している。そのすぐ近くに、黒焦げになった死体が七、八つ転がっている。中に一つ腰かけた姿勢で焦げているのが心を打つ。東風平にさしかかるころ、七、八十名の防衛隊の一団が、軍需品を担いで前線へ北進するのに出会う。そっと車上より敬意を表する。

津嘉山を先発したと思われる数十名の娘たちの一群を追い越し、東風平部落の焼け跡にはいる。部落中央のなつかしい三叉路を右折し、志多伯に出る。軍砲兵隊の陣地があった関係か、敵砲爆の集中を呼び、随分荒れ果てている。再び死臭が鼻をつく。ふろしき包みを持ったままの避難民の死体が多いのが気になる。

ここまで来ると、首里正面からの砲弾はこない。代わって糸満沖の敵艦隊の砲撃がひどくなる。精糖所付近から路傍に散乱する軍需品が目だつ。後方部隊が敵機の機銃掃射を受けたのだろう。糸満への分岐点付近は特に甚だしい。トラックが二輛転覆したまま放置され、主を失った小馬が荷物を載せてうろうろしている。このあたりに落ちる砲弾は大型のものが多く、炸裂する火光、轟音も一段ともの凄い。

この荒涼たる戦野に、子供の泣き声が聞こえる。自動車の近づくままに、よく見ると七、八歳の女児が、荷物をこの島の慣わし通り頭上に載せ、両手で顔を掩い、泣き叫んでいる。親が砲弾に殪れたのか。それとも暗夜行きはぐれたのか？　思わず、「どうしたのか？」と呼びかける。砲弾の破裂音にかき消されて聞こえぬのか、ただ泣くばかりである。感きわまった、私は速度ののろい車上から両手を伸ばして引き上げようとすると、皆がこれを制した。なるほど付近には、まだ親類の者がいるかも知れぬ。摩文仁に連れて行っても、世話のしょうがない。戦場の常!と呟きながら空を仰げば、断雲は急流の如く去来し、淡い月光を無視するかのように敵の照明弾が頻りに揚がっている。戦場の後方地帯には、なお人の心に感傷を許すだけの余裕があるのだ。

大里国民学校前でまた車の故障だ。一同丘阜の斜面に身を寄せ、糸満海岸方面よりする砲撃を避けながら修理の終わるのを待つ。

百名あまりの歩兵が、一列になって左方貯水池の橋を影絵の如く渡り終わると間もなく、そこに二十サンチ以上と思われる巨弾が、一大轟音とともに破裂した。まるで、目の前全部が赤くなったような感じだ。長居は無用と、修理のすんだ自動車に躍び乗る。人員を点呼すると、軍司令官と専属副官が見えない。大騒ぎとなり、大声で呼んでも応答なく、付近を手分けして捜しても所在がわからぬ。先刻の砲弾で、もしやと不吉な想像までして皆色を失う。仕方なく、あるいは徒歩で先行されているかも知れぬと、車を進める。行くこと二百メートルばかり、松林の中をゆっくりと歩いている二人の将校がある。軍司令官と副官だ。参謀長は、今までの焦慮を爆発させ、専属副官に、「馬鹿者! 皆がこんなに心配しているのに、貴様なにをぼやぼやしている。先に行かれるなら行かれると、何故皆に告げなかったのだ」と大喝された。気持ちのよい、嬉しい叱咤であった。

ここらあたりから、砲弾は落ちなくなった。左方はるか与座岳付近に敵弾が集中するのを見るばかりだ。十五サンチ砲が、牽引車で逆行するのに出会う。志多伯で我々を追い越した部隊だ。何故あと戻りするのかと聞けば、「志多伯に陣地を占領して、友軍の退却を掩護すべき命令を受けたからです」と答える。私は、軍砲兵隊に与えた退却掩護一般の任務を想起するとともに、同期生砂野の毅然たる闘魂に触れたような気がした。

道は軍の予定主陣地内にはいる。路傍至る所、後送軍需品が、応急偽装のまま分散集積されている。歩兵部隊が甘藷畑や、まだ荒れていない疎林の中で忙しそうに散兵壕を掘っているかと思えば、一方通信隊が電話線の架線に夢中になっている。さすがに、村落はほとんど破壊し尽くされているが、この地方に比較的多い松林はそのままになっている。五月初旬、首里地区の住民をこの地方に避難させたせいもあってか、二、三の住民を目撃する。軍が退却方針を決めた際、喜屋武半島地区は激戦場になるから、知念地区に避難するよう指令を出したはずだのにと、首をひねる。燃えさかる一部落を通り過ぎて間もなく、米須(こめす)に出る。国民学校は焼け落ち、石の校門のみが淋(さび)しく残っている。

ここから摩文仁まで三千メートルもあろうか。空も晴れがちとなり、涼しい夜風が頬を撫(な)でる。歩くことに衆議一決する。七十日振りで、敵弾のこない大地をのんびりと歩行できるのは、実に嬉しい。この付近は首里近辺と土質が異なるのか、雨にぬれた道もあまり滑らない。また一部の人の話の如く、タコ壺陣地を造れないほど土地が堅硬ではなさそうだ。途中リュックを背負った若い洋装の娘さんに出会う。あてどない様子なので、親切気を起こして、「この地帯はやがて激戦場になるから、一刻も早く知念半島に行きなさい」と忠告する。気が荒んでいるのか、彼女は一向に耳を傾けない。

いよいよ摩文仁の部落だ。不思議に焼けずに残っている。民家の庭では、将兵が焚火(たきび)をして濡れた衣服を乾かしたり、炊事をしたりで、いかにものどかそうである。

案内者の誘導で八九高地に登る。夜明けの空に黒々と聳え立った、なかなかに威厳に充ちた高地だ。中腹まで階段斜面の畑地となっており、それから頂上は、雑木の密生する灌木地帯だ。

軍首脳部用の洞窟は、山の八合目付近にある自然洞窟に手を加えたものである。山肌から、垂直に梯子で数メートル手探りに降りると、水平に六、七十メートル洞窟が続き、さらに右折して五十メートル、海岸に面した絶壁上に口が開ける。屈折点からは垂坑道を経て山頂に達し、また左折すれば十数メートルで絶壁上に開口する（左ページ図参照）。

洞窟は天然自然のものだから、所により広狭区々で、狭い所は人一人がようやく通れるありさまだ。天井からは無数の鍾乳石がさがり、鉄帽なしでは油断すると頭に怪我をする。しかも、この鍾乳石の尖端からは絶えずぽとぽとと水が垂れており、気持ちが悪いことおびただしい。

一週間ほど前から先行していた葛野高級副官の割り当てに従い、それぞれ所定の位置に落ち着く。参謀部は洞窟の前半部、副官部は後半部である。両将軍と各参謀は皆一緒だ。私と長野は参謀長と向かい合わせである。鍾乳石が垂れているので、頭をあげて座ることもできぬ。私が寝返りすれば、長野は泥んこの坑道上に落ちるありさまである。

木村、三宅の両参謀は参謀長に、「機能を発揮せずとはどういう意味か。結構指揮がとれるではないか」といじめられ、仏頂面だ。高級副官は、「先発はしたが、設備が整わず、誠に申しわけありません」とやや浮かぬ顔である。事実私もまた寒むざむとした気持ちを払い除けることができなかった。強いて元気をつけ、「なるほど、この洞窟は地獄のような感じだが、空気はオゾンに富み清涼で、甚だ愉快だ。これで健康も保てるし、作業能率もあがるぞ」と言えば、参謀長も、「そうだそうだ、空気がよいのがいちばん肝心だ」と賛成され、さらに語をついで、「司令官や参謀長と一緒では参謀諸君も自由な研究討議もできないし、事務をとる場所もないから、あの中央屈折点の向かい側に、司令官室と参謀長室を造ることにしょう」と申された。

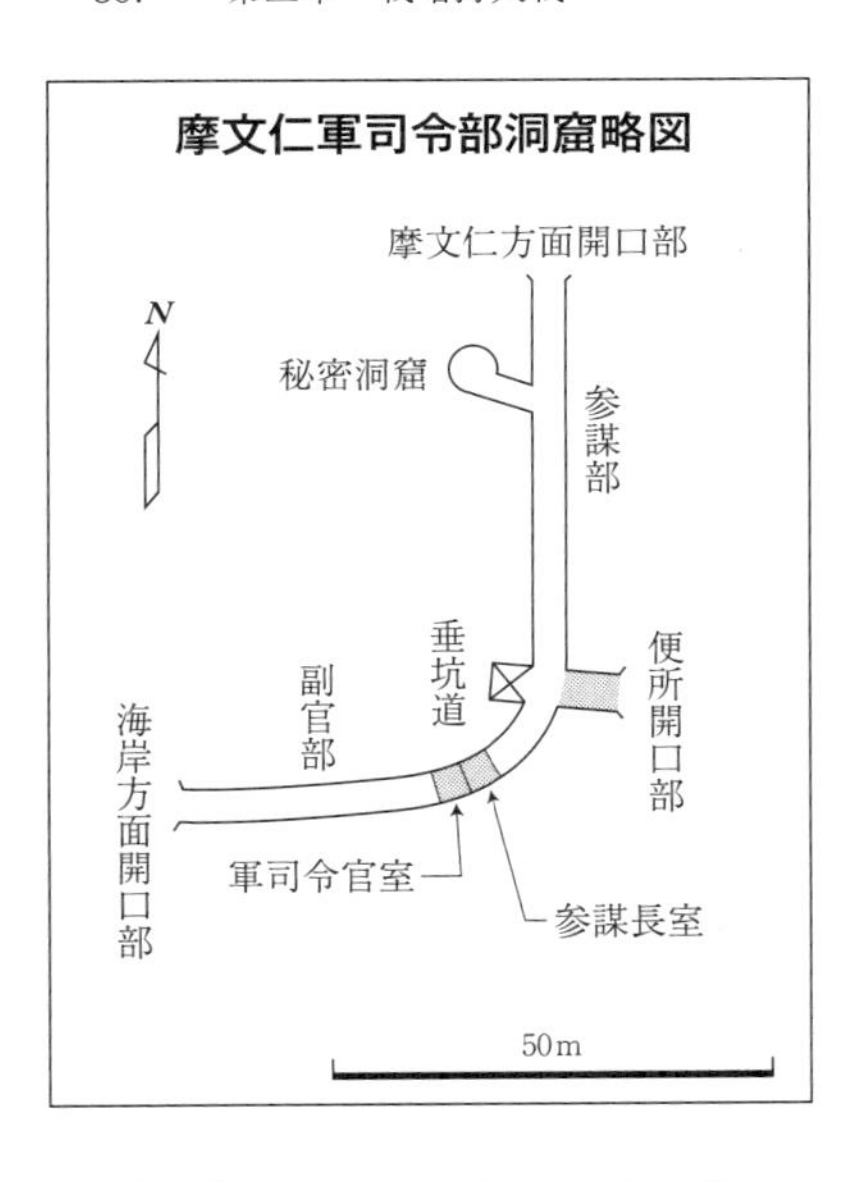


夜の明けるのを待って、摩文仁山頂に登る。山麓摩文仁部落を経て、東方の具志頭から西方米須に通ずる一条の自動車道が、夢の如く白く横たわり延びて、避難民や兵が三々五々往来している。この道路の北側は、疎林に掩われた広大な等斉斜面が緩やかに首里方向に高まり、その窮まるところ、東北八重瀬岳、西北与座岳となる。八重瀬岳の右方はるかに知念半島の糸数高地が、わが陣

地を威嚇するが如く聳立している。摩文仁より右具志頭、港川に至る海岸線は、数十メートルの断崖を形成して直ちに海に臨み、その台端付近は、見渡す限り灌木が密生している。

眼を西に転ずれば、与座の高地脈が尽きるあたり、はるかに慶良間列島が煙霧に薄れて望見される。摩文仁より西方、断崖が白波と嚙み合ってくっきりと弧状を画いて遠くのび、その末端が東支那海に突出するあたり、すなわち喜屋武岬である。この海岸線から与座岳に向かい、大海嘯が三線となって押し寄せるが如く山城、波平、真壁各東西の線に地皺を生じ、その北側はそれぞれ断崖となって天然の要塞を形成している。

東西約八キロ、南北約四キロのこの喜屋武半島こそ、軍が最後の戦いを試みんとする地である。願わくは、山河の霊よ！　第三十二軍将兵最後の勇戦を照覧あれ！と祈る。折りから与座岳上空に、敵の偵察機一機出現、射弾の観測を始め、浩々たる南方海上には未だ敵艦影を見ない。

わが退却計画や敵の追撃状況から考察して、喜屋武半島が戦場となるのは、数日後と予想される。今しばしここは極楽地帯である。

副官部洞窟の開口部から、断崖を斜めに海岸に降りる小径がある。この開口部が、かっての首里洞窟の繁多川谷地に面するそれと同じく、将兵の憩いの場所となった。皆思い思いに、腰掛けや敷き物を持って集まり、新鮮な空気を吸い、日光を浴びながら、事務をとる者もあれば雑談に興ずる人もある。七十日間の洞窟生活に身体が変調したのか、ここにしばらくいると、倦怠を覚え、全身が弛緩し、急に元気がなくなる。それでまた常闇の洞窟内に帰ると、急に活き活きと元気が出る。まるで土龍になったようだと話せば、皆同じだという。これを耳にされた参謀長は、「俺たちは、芸者になったのだ。昼は青菜に塩の態だが、夕闇迫り、灯ともしごろともなれば、急に瑞々しく潑剌となる」と呵々大笑された。

小径を下り尽くした脚下の海岸には直径十数メートルの泉があり、その傍らには巨大な奇岩に囲繞された洞窟がある。泉は命の綱とたのむ唯一の給水源で、洞窟は炊事場になっている。戦況急迫した場合、果たして山上の洞窟と断崖下の生命源が連絡を保持し得るや否や？　談たまたまこの問題になると、誰しも自信はない。

### 住民対策

津嘉山から摩文仁に至る途中のいたましい避難民の印象は、今なお脳裡に鮮明である。

各方面の情報を総合するに、首里戦線の後方地域には土着した住民のほか、軍の指示に従い、首里地域から避難してきた者が多数あることは確実である。これら難民を、再びここで地獄の苦しみに陥れ、戦いの犠牲とするのは真に忍び得ない。軍が退却の方針を決めたさい、戦場外になると予想される知念方面への避難は、一応指示してあるはずだった。しかし同方面に行けば敵手にはいること明瞭だ。今やそのようなことに拘泥すべきときではない。彼らは避難民なのだ。敵の占領地域内にいる島の北半部住民と同様、目をつむって敵に委するほかはない。そして彼らへの餞けとして知念地区に残置してある混成旅団の糧秣被服の自由使用を許可すべきである。

軍司令官は、この案を直ちに決裁された。指令は隷下各部隊、警察機関——荒井県警察部長は、首里戦線末期においても、なお四百名の警官を掌握していた。住民の保護指導のために、特に軍への召集を免除されていた。——鉄血義勇隊の宣伝班、さらに壕内隣組等の手を経て一般住民に伝達された。戦場怱忙の間、この指令は各機関の努力にかかわらず、十分に徹底しなかった憾みがある。指令に従い、知念に向かった人々も、潮の如く殺到する敵の追撃部隊を見ては、怖気を出し、具志頭付近から再び踵を返す始末である。かくて琉球島南端の断崖絶壁上において、多くの老幼婦女子をいたましい犠牲としたのは実に千秋の恨事である。

琉球王尚家の一族十数名もまたこの犠牲者であった。新戦場の戦いもようやく激化せんとする六月七日の夜半、齢七十余歳の老男爵を中心とする一族は、知念脱出の念願を果たさず、山城に引き返さんと敵砲弾頻りなる摩文仁部落を通過しつつあった。このとき哀れにも令嬢の一人が迫撃砲弾で重傷を受けた。この令嬢と付き添いの母堂、令姉の三人は、かねて懇意だった軍参謀長を我々の洞窟に訪れ、治療を乞うた。賀数軍医中尉の執刀で左腕を切断された令嬢は、付き添いの母、姉とともに顔色蒼白のうちにも毅然とした態度で、長将軍心尽くしの贈り物——かん詰め、食糧など——を携え、再び山を降りて麓に待つ一族のもとに帰って行った。

尚家一族の訪れた後数日にして、島田県知事が荒井警察部長を伴い、お別れを告げるためにやってきた。かつての宴会の折りには、「しょっ、しょっ、しょじょじ」の童謡を歌い、幼稚園の児童よろしく無心に踊った知事、そして元気だった警察部長も、ともに今は憔悴していた。「文官だからここで死ぬる必要はない」との牛島将軍の勧告を受けて、参謀部洞窟を出て行く両氏の後ろ姿は忘れることができない。

### 退却作戦の指導と後方処理

退却作戦で軍司令官の最も注意されたのは二つある。第一は後退する各兵団の行動を的確に規制して、戦線に破綻を生ぜしめないことであり、第二は持久抵抗に力を入れ過ぎて、新陣地への後退が遅れ、防御準備が疎かにならぬようすることである。

各兵団の抵抗すべき線、時間ならびに使用兵力は軍の退却命令で概要は統制した。しかし国場川以南の各抵抗線全般に亘り、退却の当初から細かくはっきりと決定するのは、実情に合しない。また通信連絡が不良なので、日々命令してその行動を律するのも困難である。そこで臨時に第六十二師団に配属してあった薬丸参謀を津嘉山に残置して、軍情報所長として、各兵団特に第二十四師団の残置部隊と第六十二師団主力との連繋調和に任ぜしめたのである。

薬丸は茶屋本大尉以下要員十名を配属され、六月二日夕まで津嘉山に踏み止まり、各兵団の退却状況を的確に掌握して、適時報告するとともに適切な意見を具申し、克く任務を達成した。特に退却掩護部隊として一時第二十四師団に属した独立歩兵第二十二大隊が、権威のない歩兵第六十四旅団命令で過早に首里を撤せんとして両兵団の間に悶着を生ずるや、適切にこれを処理した件、津嘉山周辺に、相連繋して陣地を占領した歩兵第六十四旅団および歩兵第三十二連隊の両司令部を津嘉山の同一場所に開設させて、その協同連繫を良好ならしめた件、ならびに六月二日、第六十二師団が饒波川の線に拠る歩兵第二十二連隊との連繫を失して、後退せんとするのを看破して迅速に報告し、軍司令官をして適時これを調整せしめ得た件等、さすが薬丸なりと称賛せざるを得なかった。

六月二日夜半、彼が任務を完了して摩文仁に帰ってきた際、私は風邪を引いて三十九度の高熱を発し、気分勝れなかった。

疲労困憊雨にぐっしょりぬれた彼を迎えて、快く労せず、かえって「指導積極に過ぎ、持久抵抗と防御準備が主客顚倒にならねばよいが」と皮肉な言葉をもらしてしまった。傍らで聞かれていた参謀長が、薬丸がやり過ぎたとでも思われたのか、さらに同じようなことを軽く注意された。彼の悄然たる姿を見て、実に気の毒でならなかった。

退却中、我々が警戒を怠らなかったことが、もう一つあった。それは沖縄南岸地域に、新たに敵が上陸しきたることであった。もちろん我々は、喜屋武陣地を決定するに際し、南岸地域一帯は数十メートルの断崖が連接しているので、敵の上陸は困難であると判断していた。しかし上陸は不可能ではない。もし、軍主力が新陣地につき終わらざるに、背後に上陸されれば、万事休すである。混成旅団長鈴木少将が、八重瀬岳、具志頭の線を占領する時間の余裕を得るために、再三再四第六十二師団の持久抵抗を強化せよとの意見具申があったにかかわらず、これを採用しなかったのは、実にこの背面の脅威に対応せんとしたからである。

軍の退却作戦は、右のような紆余曲折があったが、予期以上の成功をもって完了、六月五日払暁までには全軍新陣地に集結を終わった。この成功の主因は、退却方針の決定が早く、十分準備する時間の余裕がなしたことである。しかし、他面アメリカ軍の追撃が慎重を極め、知念山系を急追してきたアメリカ第七師団の一部のほかは、歩一歩前進の戦法をとり、わが軍もまたよくその要領を呑み込み、悠々秩序を紊さず、今なお大多数健在な中級以上の各指揮官が、よくその部下を掌握して後退したからである。

戦後のアメリカ軍側戦史によると、アメリカ軍は、日本軍が最後まで首里に拠って戦うと判断していた。したがって、敵将バックナー中将は、与那原戦線の突破口を急速に拡大して、日本軍の背後に迫り、これを捕捉殲滅せんとする夢を描いていた。同将軍は、五月二十八日の幕僚会議で、「日本軍は南部移動を試みたが、その決断を下すのが遅すぎた」と言い、また三十一日夕方開かれた会議では、日本軍は次の抵抗線を、西は那覇港と小禄の高台地から、東は馬天港にかけて兵を配置するだろうという見方が行なわれた。この会議で、バックナー中将は、「牛島中将は首里撤退の決断を下すのが、二日おそかった」と語ったが、その後において、日本軍の作戦範囲や戦術について、多分に過小評価していることがしだいに明らかになった。

我々日本軍首脳部は、首里戦線の推移を洞察し、アメリカ軍首将の思惟を越えて、すでに一週間も前から退却を決意し、その準備におさおさ怠りなかったのである。

輜重兵第二十四連隊は、連隊長中村大佐の周到適切な処置により、今なお八十輛の貨物自動車を保有し、しかも完全にその任務を尽くしている。戦列部隊を尻目に、師団中一番最初に軍司令官から感状を授与されたのもまた宜なる哉である。軍の退却作戦が成功したのも、この連隊の厳存に負うところ極めて大であった。

軍は、喜屋武陣地に全軍の約一か月分の糧秣を準備した。これに各部隊、各個人が携行したものを加算すれば、さらに余裕を生ずる見込みである。もし給与量を半減すれば、二か月は持久し得るはずである。敵が追撃に引き続き、さらに攻撃する場合、軍は六月いっぱいは戦闘を持続し得る見透しだから、食糧のために、先に参ることはない。また万々一敵が我を攻撃せず、長期攻囲の策に出る際は、守備地域内の甘藷、その他の農作物を利用することにより、相当長期に亘って頑張り得るとの自信があった。弾薬はすでにその大部を消耗したが、兵器の損耗もまた甚大なので、一銃一門あたりに考察すれば、歩兵弾薬は〇・三会戦分、砲兵弾薬は〇・二会戦分を保有しあるものと推算する。

後方整理にあたって最も苦慮したのは、傷者の処置であった。首里戦線二か月間のわが死傷は約三万五千である。古来戦場における死傷の比は一対三が普通であるが、わが沖縄戦においては、これが反対になった。その原因としては、戦況上、傷者の収容治療が至難で、当然助かるべき者が死んだこと、包囲馬乗り攻撃を受けても、さらに敢闘を続けて全滅するか、あるいは重囲を脱し退却する際、歩行に耐えぬ重傷者はその場で自決したこと、軽傷者は負傷者として数えなかったことを挙げることができる。

かくして五月末、首里、津嘉山付近はもちろん全戦線にあった負傷者の総数は一万に達したであろう。多少でも歩行し得るものはよい。そうでない重傷者を、いかにして新陣地に後送するかは重大問題である。輸送力が極めて少ない。時日にも制限がある。そして新陣地に後送しても、これを収容するに足る洞窟がない。

もちろん軍としては、全力を尽くして傷つける戦友を後送し、一名といえども敵手に委しては相成らぬ。だが実情は遺憾ながら相当数の重傷者は収容不能である。この不幸な人々をいかに処置すべきであろうか？　現代日本陸軍の理想精神よりすれば、答解はすこぶる簡単明瞭で、自決！の一語あるのみだ。しかし私情において我々は自決を強要するに忍びない。列強文明国の軍隊においては、負傷して戦闘能力を失い、敵手にはいることは、別に恥辱とも考えられないし、また、しかるべき治療待遇を受けることになっている。

本問題に関する軍参謀長の指示は、「各々日本軍人として辱しからざる如く善処すべし」であったように記憶する。事実、大多数の傷者は、平素教えられた如く――軍参謀長の指示を俟つまでもなく、「天皇陛下万歳」を三唱し、手榴弾、急造爆雷、あるいは青酸加里の如き薬品をもって自決した。また軍医が、そっと薬品注射を行ない、自決を補助した部隊も少なくはなかったろう。軍司令部においても、片岡獣医大尉の如きは、病衰の極、戦友の手足纏いになるのを喜ばず、独り津嘉山洞窟に残り最期を遂げた。

しかし、皆が皆あっさり自決したわけではなく、精神力旺盛な者は、驚嘆すべき力を発揮し、自力で新陣地に後退した者も少なくはなかった。ある傷者の如きは、両脚の重傷に屈せず、十余キロの泥濘の道を座行しながら所属部隊に合し、生存戦友を感動させた者もある。

傷者の収容施設は首里戦線においては曲がりなりにもあったが、新陣地にはもはやそれらしきものは存在しなかった。私は思いつくまま、これら傷者は、喜屋武岬の尖端部、彼我作戦上価値のない一地域を画して収容し、砲弾を免れて治療させてはと提案したが、後方主任参謀始め皆一笑に付し、相手にする者はなかった。

## 喜屋武半島に集結した兵力

首里戦線より喜屋武（きゃん）半島に後退した際、いくばくの兵力を集結掌握し得るかは、作戦上最も重大な問題であった。各部隊からは日々死傷者数の報告はあるが、部隊の移動、転属頻繁、しかも小部隊に分散して、無数の地下陣地に拠（よ）り、激闘を続けている関係上、その報告はすこぶる不正確である。第六十二師団に例をとれば、作戦主任は総員三千と言い、後方主任参謀は六千と報告する。万事がこの調子なので、軍として自信ある数字を掌握するのは至難である。

私は首里退却時、陸軍兵力約四万、退却中における損耗約一万、喜屋武陣地に集結し得た兵力約三万と判定した。この三万の兵団別、推定数は左の通りであった。

| | |
|---|---|
| 第二十四師団同配属部隊 | 一二、〇〇〇 |
| 第六十二師団同配属部隊 | 七、〇〇〇 |
| 混成旅団同配属部隊 | 三、〇〇〇 |
| 軍砲兵隊同配属部隊 | 三、〇〇〇 |
| 其の他 | 五、〇〇〇 |

合計　　三〇、〇〇〇

右数字は当たらずといえども遠からずの程度であって、実際はさらに多かったのではないかと思う。三万の兵力は相当のものであるが、実質を検討すれば次の通りで、軍の戦力は尽きたりと長大息せざるを得ない。

一、兵員の素質

軍の主戦力であった第二十四、第六十二の両師団および混成旅団の戦闘員の八十五パーセントは損耗した。連隊、大隊、中隊といっても、今ではこれを形成する人員の大部は、未訓練で素質不良な臨時転属された後方部隊や沖縄防衛隊の要員に過ぎぬのである。

二、幹部

中隊長以下の下級幹部は、前述戦闘員とほぼ同率の損害を受けている。

大隊長以上の損害は次の如く、極めて少ない。軍が現在なお比較的良好な指揮組織を維持し、秩序ある作戦指導を為し得るのはこれがためである。

第二十四師団　大隊長五、独立大隊長二

第六十二師団　参謀一、大隊長四

混成旅団　大隊長一、独立大隊長一、速射砲大隊長一

其の他

戦車第二十七連隊長

船舶団長

船舶工兵第二十六連隊長
特設第三連隊長
特設第四連隊長
高射砲大隊長一
海上挺進第二十六ないし第二十九戦隊長

三、兵器
歩兵自動火器は概(おおむ)ね五分の一に減少した。

歩兵重火器は概ね十分の一に減少した。

砲兵は損害比較的少なく約二分の一である。軍砲兵隊が新陣地に集結した砲は十五サンチ加農砲二門、十五榴弾砲十六門、高射砲十門である。

四、通信
有、無線ともに衰損消耗したが、戦場が狭小となったために、これに依頼する度合いは減少した。大型無線は摩文仁移転後は機能が落ち、台湾軍、第五航空軍、大本営等との通信にときどき支障をきたした。

五、その他、諸隊の困ったのは、築城用器材のなくなったことである。歩一歩の後退戦闘で、荷厄介になる土工器材は多く放棄してしまった。新陣地に退っても、土地は堅い、土工器材は少ないで、悲鳴をあげざるを得なかったのである。

## 防御方針の確立と配備の概要

防御の方針は、八重瀬、与座両高地を支撐とする主陣地帯上において、全戦力を傾倒して持久戦闘し、万一敵が海正面より上陸攻撃しきたる場合は、これを海岸地帯において撃破するにあり、防御配備上の問題点は次の通りであった。

**一、混成旅団方面**

「八重瀬岳を骨幹とする陣地」の意義について、混成旅団長鈴木少将から質疑があったのに対し、軍は、「八重瀬岳はぜひ確保しなければならぬ。これに連繫する右翼平地方面は、なるべく縦深性を付与すべきである」と回答した。

混成旅団長は、平賀特設連隊長をもって八重瀬岳を、爾余の旅団主力をもって与座、仲座を中心とする平地方面を占領した。ところがこの肝心な平賀連隊が八重瀬岳を直接占領せず、その東北麓断崖下に陣してしまったことが後日判明した。高地上は飲料水がなく、砲爆の目標となり、しかも拠るべき陣地がないためなのか、あるいは部隊の素質に鑑み、背水ならぬ背断崖の陣地を占領したのか？　いずれにせよ、重要な八重瀬岳ががらあきになり、万一平地方面から突破楔入した敵の一部が、この高地に駆けあがれば、空巣狙いにやられるように、苦もなく敵手に落ちる。そこで、私は同高地の占領を強化するように督励したが、旅団長は海軍勝田大隊（長以下百数十名）を山上に配置したのみであった。

具志頭には、数百名を収容し得る自然の大洞窟があって、良好な一防御支撐を形成していたが、全般の関係上突出し過ぎているので、有力な前進陣地とした。鈴木少将はこれに麾下最精鋭の野崎大隊を配し、前進陣地ではあるが、極力これを固守する旨、軍司令官に報告された。

敵の急追を受け、知念山系を後退しつつあった樋口大佐の大里支隊は、第六十二師団の喜屋武半島後退に伴い、鈴木少将の指揮下にはいった。六月五日夜、支隊長は残兵を率いて、与座、仲座に退いてきた。元来樋口大佐は、軍参謀長や鈴木少将の受け芳（かんば）しからぬ人であった。そういうわけではあるまいが、旅団長から糸数（いとかず）高地を根拠として、敵の背後を擾乱すべき命を受け、同夜さらに殺到する敵第七師団の真っ只中に引き返した。同支隊長は出発に際し、折りよく通じていた電話で、軍司令部に最後の挨拶をしたそうだが、私はたまたま熟睡中で、別れの言葉を交わすことができなかった。

**二、第二十四師団方面**

当初、歩兵第二十二連隊主力は、師団予備として同師団司令部付近に控置されていたが、敵が糸満付近より多数の水陸両用戦車で師団の左翼海正面を脅威し始めたので、第三十二連隊の左翼に増加され、真栄里（まえざと）付近水陸接際部の守備についた。

**三、第六十二師団方面**

師団は海正面の守備に任ずるとともに、軍の総予備として、混成旅団、第二十四師団両方面に随時機動増援し得る如く準備を命じた。特に歩兵二個大隊は、命令一下直ちに混成旅団に増強し得る如く待機せしめた。

**四、軍砲兵隊**

軍砲兵隊は、主力をもって軍主陣地内東半部に陣地を占領し、戦闘準備の重点を第二十四師団正面に置く如く命ぜられた。しかし、陣地および給水の関係上、砲兵主力はむしろ西半部寄りを適当としたし、海軍根拠地隊の小禄復帰に関連し、戦闘は予期に反し、まず混成旅団正面より展開したので、火力の重点も、まず該方面に指向せざるを得ざる状態になった。これは私の地形と戦況に対する判断が十分でなかったのに起因するもので、この点、軍砲兵隊の砂野高級部員に頭を下げざるを得なかった。

## 五、軍の各部

軍医、兵器、獣医、法務の各部は摩文仁（まぶに）の各洞窟――摩文仁高地付近には、軍司令部洞窟のほかに多数の自然洞窟があった――に、経理部は真栄平（まえだいら）付近に位置した。後になって、経理部は摩文仁、兵器部と法務部とは山城（やまぐすく）に移転した。

### 摩文仁洞窟の日々

神（じん）少佐は、沖縄脱出にかれこれ努力をしていたが、なかなかその方策がたたず、荏苒（じんぜん）日を過ごしていた。今から本土に帰還しても意味をなさぬというので、三宅参謀の起案した中止命令が軍司令官の決裁を得たのは、軍司令部が摩文仁に後退する直前であった。この中止命令といき違いに神は刳舟（くりぶね）に帆をかけて名城（なぐすく）を出発していた。そして幸運にも、日々北方への脱出に成功し続けた。与論島から徳之島へ、そしてここから飛行機で東京に飛んだ。神が徳之島に到着した旨の電報を入手したのは六月九日ごろと記憶する。この電報を入手した瞬間、参謀部洞窟にいる将兵は、皆しーんとなった。参謀長は電報を手にしたまま大声で、

「神を呼び戻せ！」と叫んだ。誰も応答するものはなかった。参謀長の残留将兵に対するゼスチュアに過ぎなかったのである。

摩文仁洞窟の平和な雰囲気は、ほんの暫しの間であった。六月四日の正午ごろ、参謀長以下副官部の将兵が、いつもの通り断崖の海岸出口で日向ぼっこをしている最中に、敵の哨海艇に急襲されたのである。坂口副官は手に軽傷し、脱ぎ棄ててあった参謀長の軍衣は、数発の機関銃弾が貫通していた。この事件以来、数隻の敵哨海艇が、絶えず海岸五、六十メートルの近くを遊弋し、機を見てはドン、バリバリ——ドンは小口径砲、バリバリは機銃の音——と掃射を始め、まったく物騒千万になった。

敵は、摩文仁付近一帯の将兵や避難民が、例の海岸の泉に水汲みに集まるのを知るや、哨海艇をその直前に配置し、これを妨害し始めた。この泉の辺りには、いつしか水筒や飯盒を手にした死体が見られるようになり、死の泉と恐怖されるようになった。しかし生きるためには、水は絶対必要だ。夜間ちょっとした敵の油断を窺って、皆勇敢に水汲みに突進する。そして海岸の洞窟で焚いた食事は、敵前百メートルの断崖の道を山頂の洞窟に、挺身斬り込みの要領で当番兵たちが運ぶのである。

この危険な任務に服する当番兵たちの表情は、日ごとに深刻になる。参謀長の当番兵の一人が、断崖の中腹で犠牲になったのも、このころであった。一緒に行動していながら、運よく難を免れた勝山は、例の無口で多くを語らなかったが、身も世もあらぬ様子だった。

今や軍司令部といえども、食糧の蓄えは十分でない。軍管理部長葛野中佐は、各人一日握り飯一個に制限してしまった。風邪をひいている上に、ビルマ戦の際罹ったアミーバ赤痢が再発気味な私には、別に、この食糧制限は苦にならなかった。しかし、若い人たちは、飢餓感を制しきれぬ。皆危険を承知の上で、夜になると洞窟を抜け出し、付近の畑から甘藷や砂糖黍を失敬してくる。ときには大豆などの獲物もある。

私がそんな危険を冒す必要がないと、いくら制しても、中村、中塚、児島、勝山、与那原らの当番兵は、日が暮れると競って食糧探しに出かける。甘藷は小指大のものが多かったが、夜ふけてそっと持ってきてくれる茹でたての二つ三つが、実に美味である。私と同じように、風邪で発熱している薬丸が、握り飯よりこの方がはるかに美味しいと子供のように喜んだ。砂糖黍も、軍司令官以下皆でよくかじった。司令官や、薬丸は鹿児島育ちで、かじりかたが上手だ。薬丸の手ほどきで私も直ぐ要領を呑み込んだ。いちばんたくさんかじったのは三宅だ。彼は長い砂糖黍の幹を、三本も四本も、身動きのならぬ寝棚に持ち込んで、暇さえあればとっくんでいる。

戦前、敵来攻後の沖縄の食糧問題が議題になった際、若い県の農事課長が、「沖縄はニューギニアなどとちがい、甘藷と砂糖黍があるから、戦が始まっても心配はいりません」と主張したものだ。今や我々は、彼の予言通りの恩恵に浴しているのだ。

軍司令部には、婦人もたくさんいるが、沖縄師範や沖縄水産学校の紅顔可憐な少年たちが、鉄血勤皇隊の一員として勤務している。参謀室にも二、三人の少年がいたが、中でも金城は美貌の可愛いい、そして銀鈴のような声で話をする少年だ。軍司令官さえ、足を伸ばして寝られない洞窟内の生活だ。一般の兵と同じく、特にどこが彼の寝場所とは定まっていない。どこでも空いた場所に寝る。私の寝棚の下、泥んこの通路の一側に、子犬のように眠りこけていることもある。そして夜となると、兵士たちと一緒に迫撃砲弾の降りしきる畑から砂糖黍を取ってきて、木村、三宅などに提供し、代わりに握り飯をもらって喜んでいる。私はこの少年を見るたびに、故郷に疎開している長男を思い出し、暗然となる。聞けば、内地もだんだんここ沖縄と同じように、総員戦闘参加の態勢に移りつつあるとか。この少年のように、どこかの軍隊でこんな生活をしているのではなかろうか？

七日の夜、首里軍司令部で一緒だった翁長、仲本、金城の三人の娘が帰ってきた。暗黒の洞窟内では顔を見ることができないが、聞き慣れた声で、長野や三宅に、その後の身の上話をしている。私は病臥したまま彼女らの話すのを聞いた。翁長らは首里撤退後、真栄平付近第二十四師団の野戦病院で勤務することになった。重傷者に接する怖しさもいつしか慣れたが、雨季の到来とともに、洞窟内は地下水が氾濫し、溺死者さえ出る始末で、彼女らは半身水つかりのまま、幾夜も過ごさねばならなくなった。おまけに食物が不自由で、こんなことなら早く死んでしまいたいと思うようになった。きょう幸いに、病院の将校さんが、希望ならば軍司令部に復帰してもよろしいと申されましたので、今夜ようやくここを探しあてて参りました。……これが涙まじりの彼女らの訴えである。

首里戦線で、一緒に死なして下さいと叫び続けた彼女ら、今やどこにいても、その運命は同じである。わが家の者は、結局わが家に収容すべきであろう。坂口副官は食住の関係からやや難色を示したが、強いて反対せず、また参謀長の寛大な取り計らいで、今夜から彼女らだけでなく、もと軍司令部にいた娘たちはできる限り再び軍司令部に収容することになった。

八日夜、砲撃のしじまを見て、洞窟を抜け出した私は、高地中腹に立って、通り雨に熱のある頬を気持ちよく冷やしていた。敵の照明弾が与座岳や港川の空で、花火のように揚がっている。照明弾が空中でぱっと炸裂する瞬間、付近一帯の物、人の顔まで弁別できるほど明るくなるが、すぐ鼻をつままれてもわからぬ漆黒の闇にかえる。この明暗相次ぐ高地の麓から、蕭々として登ってくる一列側面縦隊の一隊がある。よく看（み）ると、大きな荷物を背負った娘たち総勢約三十名だ。翁長さん！　渡嘉敷さん！と呼び交わす声に、ははーん、例の一行だなと察したが、黙ってやり過ごした。

私は首里以来の方針を堅持して、参謀室への女性の出入りを厳禁した。こんなに多数の女性を副官部洞窟のみに収容はできない。高級副官は百方工夫して付近一帯の洞窟を利用し、分散して落ち着かせた。崎山、与儀、仲本、平敷屋らは副官部に充当された。両将軍が例の改造された室に移られると、平敷屋は牛島将軍の、崎山は参謀長の当番をそれぞれ仰せつかった。

彼女らは洞窟が狭いものだから、中央垂坑道の上り口――参謀長室の傍らで、そしてまた副官部と反対側の開口部、即便所の入り口になる――の所によく屯（たむ）ろしていた。彼女らが到着した翌日、私は便所に行く途中、久方振りに彼女らに会った。年たけた平敷屋――中学教師の未亡人とか――は、やや憔悴（しょうすい）して見えたが、その他の娘たちは案外元気である。頬には白粉の代わりに、泥がついている。それがかえって可憐に美しく見える。高級参謀殿！と挨拶されたが、私はわざと通り一辺の応答をしたのみであった。副官部には、彼女らのほか、数名の女性が働いていた。辻町の妓女もいる。私は、ははーんと思ったが、今さら何をか言わんやである。最期に直面した人々の心理は、私にも解せぬわけではない。

室の改造成って、住み心地の多少よくなった牛島将軍は、ロウソクの灯を頼りに、相変わらず感状の清書や読書に余念がない。そして、これに飽かれると、小刀で静かに鰹節削りを始められる。鰹節削りは、精神統一にもってこいの作業だ。

参謀長室は、司令官室のすぐ隣だ。将軍は必ず誰かを集めて酒宴を開き、気焔をあげておられる。そうでないときは例の通り、でっかいパイプに金鵄を詰めて吸いながら、そこはかとなく本を読んでおられる。そして五月四日攻勢失敗後の口癖で、「高級参謀！　戦略持久もそろそろ切りあげてくれ。この生活には耐え切れなくなった」と冗談とも、弱音ともつかぬことを申される。前述の如く摩文仁にきた当座は、私と差し向かいに寝棚があったので、将軍の一挙一動悉くよくわかった。あるとき私が、「大きな虱を三匹つかまえました」と報告したら、「お前は虱にでも好かれろ」と揶揄された。私は「昔どこかの賢人は、日向ぼっこしながら虱を取るのがいちばん楽しいと言ったそうだが、こんな境涯に落ちると、虱狩りも案外楽しいものですな」と返事した。それから一日もたたぬうちに、「八原！　俺も捕えた。お前よりも数が多いぞ。五匹だ。おまけに、蚤も一匹いた」と声高に告げられたので、周囲の者は皆大笑いした。だがこの笑った連中もまた虱や蚤の掃滅戦に忙しいのだ。我々は対アメリカ作戦に多く夜暗を利用したが、暗がりの中で、こ奴らと戦闘するのはちょっと苦手である。

野戦築城隊の努力で、この洞窟に初めて電灯がついた。皆子供のように喜んだが、その嬉しさは長い暗黒生活をした者でないとわからぬ。しかしこれも数日続いたのみであった。発電所は水を必要とする関係上、死の泉の近くにあった。それを断崖を通じる電線で、頂上に送電していたのであるが、敵の哨海艇が乱射乱撃を始めるや、修理してもすぐ電線が切れる。そして万事休す！となったのである。

電灯がだめになると、再び洞窟は常闇の世界となる。ロウソクも欠乏し、命令を書いたり、報告を読んだりする間のみしか使用できぬ。それでも窮すれば通ずるで、発電用のあまったガソリンを、灯火に使用するようになってからは、洞窟の中も多少明るさをとり戻した。

拷問(ごうもん)台を想わせるような悲惨な寝棚にまいってか、それとも私に同情してか、長野は、三宅の向かい側に寝棚を急造して移転した。おかげで私も多少は身動きが自由になった。鍾乳石の尖(さ)きから滴る水を防ぐために、勝山が工夫して、毛布の屋根を造ってくれた。当座はよかったが、やがて毛布がびしょぬれになると、前と同じ結果になってしまった。両将軍が中央の垂坑道入り口の向こうに移転されて、参謀長の寝棚をちょうだいするに及んで、ようやく私は拷問の責め苦から解放された。西野少佐と松永大尉が、高級参謀のあとだから良かろうと思ったのか、喜んで拷問寝棚に上がりこんだが、一両日にして悲鳴をあげてしまった。

食住の苦しみにひきかえ、戦勢部署一段落してからは、連絡、情報収集、その他細かい部署は長野がてきぱきと処理してくれるので、とかく病気がちな私は大助かりだ。次から次にかかる電話も億劫がらず、彼は暗い泥んこの通路を手探りに電話所に往復する。

戦況沈静して、やや暇が出てくると、二人はよく雑談する。彼の恋愛結婚物語、新家庭生活の思い出話などを、なかば揶揄しながら何回聞いたことか。そして大阪の有名中学を総点九十六点で首席で卒業したと言うのも、彼の自慢話の一つであった。そう言えば、司令官以下我々はお互いの家庭のことについて話したことはほとんどなかった。奥様が元気なのか、子供が何人いるのか相互に知る由もなかった。ただ一度軍司令官が、何かの話のついでに、令息がニューギニア戦線に参加しているはずだが、今どうなっているかさっぱりわからない、と言われたのを憶えている。

首里の洞窟で仏書を音読して、皆にけむたがられた木村参謀は、もはや経本を手にしなくなった。彼の任務である軍需品の配当が終わり、ほそぼそながら急造爆雷製造の途が開けた後は、灯火もつけず、横になったままで、寝棚から降りるのは便所に行くときだけである。そして、二、三日間ほとんど一言も発せず、沈黙を続けるかと思うと、また二、三日間得意の美声で、知っている限りの歌を小声でうたい続ける。彼の心の中の戦いが、まざまざとわかるような気がする。黙ってばかりいる日には、「木村君、寂しいから、得意の歌を聞かしてくれ」と頼むと、「一日握り飯一つでは声を出すと腹が減るばかりだから、唄わない」と諧謔まじりの返事をする。

砂糖黍かじりの名人三宅は、通信業務でなかなか忙しい。摩文仁にきてからは、大型無線の通信所が、応急施設なので、台北、特に東京との連絡が思うようにならぬ。有線電話も、砲爆のため断線が頻々で、大胆不敵な通信兵の必死の保線作業にもかかわらず、不通に陥る場合が多い。特に在山城第六十二師団司令部との電話連絡は、不通のときが多い。これは、軍と師団との意志の疎通が悪くなったことにも起因する。ときどきは通じても、都合の悪いときは応答せぬらしいので、ますます然りである。

薬丸参謀は、相変わらず方面軍や、大本営に対する日々の戦況報告をしたり、各兵団の態勢や敵に関する情報の収集整理をやっている。参謀長の意図に従い、日々の戦況報告には、わが軍の悲惨な状態を遠慮なく、在りのままに記述するようになった。

航空関係業務は、今ではときどきしかやってこない特攻の成果と簡単な航空気象を報告するだけだ。神参謀去った後は、松原少佐が主任となり、西野少佐、松永大尉らがこれを補助していた。

茶屋本大尉は、あくまで任務に忠実に摩文仁山頂の監視哨長を勤めていたが、惜しいかな、十一日迫撃砲弾に一脚を奪われ、「ああ脚がない」の一語とともに、僚友に先だち、八九高地の露と消えた。後日談になるが、僚友ほか同士が戦後、同高地上に茶屋本大尉の死体を発見し、丁重に葬ってくれた。もし、彼が最後まで生存していてくれたら、二十二日の白昼、おめおめ小数の敵兵にこの山頂を占領されることはなかったはずである。

和才大尉、堀内中尉、その他参謀部付きの将兵は、参謀室と垂坑道上り口の中間二十メートル余の狭隘部に位置して、それぞれの任務に努力している。このあたり、漏水のいちばんひどい所なので、天幕を張って防ぎ、寝るのは半数ずつ交代しないと、手足も自由に伸ばせない憐れなありさまである。私はここを通るたびに、この筆舌に尽くし難い悲惨な境地において、なお一致団結して祖国のために戦うさまを見ては、ただただ頭が下がるのみであった。

## 喜屋武陣地の戦闘始まる

与那原(よなばる)正面を突破追撃してきた敵第七師団は、第六十二師団の喜屋武陣地へ後退するに伴い、意外に早く混成旅団の陣地に肉迫してきた。時間の余裕を得んがため配置された前進部隊の抵抗も空しく、さして効果なかった。

六月七、八日ごろから、具志頭(ぐしかみ)、波名城(はなぐすく)、安里(あさと)付近は漸次激戦が展開する。敵は面憎(つら)くも、港川に輸送船を入れて、軍需品の揚陸を開始した。独立重砲第百大隊の破壊を免れた十五サンチ加農砲二門をもって、これを撃沈しようとしたが、遺憾ながらこの虎の子砲兵も、陣地進入の折り、転覆したままで最後まで活動するに至らなかった。首里戦線で、あれほど活躍した砲兵だったのに、と思うが実に残念である。

陸海空三位(さんみ)一体で猛攻する敵に対し、旅団は頑強によく戦っている。陣地の右翼方面は珊瑚(さんご)岸地帯なのでほとんど工事はできず、タコ壺も意の如く掘れず、しかも海空に暴露した地形であり、損害は刻々増加する。

敵の攻撃法は、首里戦におけるそれと大差はないが、比較的大きな戦車集団で、歩兵を随伴することなく、自由奔放にわが陣地内に挺進して攻撃するようになった。わが防御の密度が疎になり、抵抗線が弱化したので、敵が大胆に行動できるようになったものと思われる。

旅団の威力ある兵器は、一〇八高地付近に布陣する十サンチ榴弾砲数門に過ぎない。軍砲兵隊も、この方面の戦闘に参加しているが、一日一門わずかに十発、しかも敵艦敵機の活動しない朝夕の一時、活動するだけだからあまり敵の脅威にはならない。旅団からは、「五、六十輌のM４戦車の攻撃に対しては、我として対抗処置の施しようがない。さらに強力な砲兵掩護と、急造爆雷の大量補充が必要である。わが砲兵の射撃も、戦機を逸した地域射撃は効果がない。敵戦車を目視しつつ行なう狙撃式射撃を実施して欲しい」との要求が喧しい。

砂野にこの旨連絡すると、「俺もその件はよく承知している。しかし軍砲兵も昔の通りと思われては困る。素質ががた落ちだ。通信も通じなくなった。観測所と砲兵陣地との連絡に二時間もかかることがある。機械的通信が頼りにならぬので、決死伝令で用を果たしているありさまだ。野戦重砲兵第一連隊長山根大佐は、自ら八重瀬岳の観測所で敵機の焼夷攻撃を物とせず、孤軍奮闘している。軍や旅団の希望には添うよう極力努力はしているが、這般の事情はご諒察を願いたい」との返事である。

急造爆雷は、十余トンの爆薬がまだ残っているから、どんどんいくらでも製造できると、軍兵器部長平岡大佐が請け合った。敵戦車群は、我々のあらゆる努力にかかわらず、わが陣内を暴れ回るのを止めない。幸い、日没ごろになると、その攻撃基地まで後退するのを例としたので、我々は夜間、陣容をなにがし程度建て直して戦闘を続けることができた。

十日ごろになると、混成旅団の正面は急速に悪化し始めた。まず具志頭が、敵の手にはいり、ついで安里付近の守備部隊が孤立に陥り、連絡不通となった。

十二日の夜半ごろ、元気のよい一下士官が軍司令部洞窟に迷い込んできた。事情を聞くと、「野崎大隊の機関銃分隊長です。具志頭を撤退する途中大隊主力とはぐれてしまい、断崖下の海岸伝いに三夜かかってようやくここにたどりつきました。機関銃一挺携行した部下六名を、壕外に待たしております。三日間も飯を食わずにいるから、なんとかして下さい」と頼む。三日間も食わぬにしては、元気がよすぎる。「大隊長はどうしたか？」と聞くと「『ギーザ』岬の辺りまで一緒だったが、見失いました」と言う。旅団司令部後方はるか三千メートルも退ってくるとは怪しからぬと思ったが、機関銃を手離さずにいるのが気に入ったので、「敵砲弾に吹き飛ばされぬよう、早く部下を洞窟内に入れよ」と言い、飯も与えた。

このころから放心したような顔の陸海軍の将兵が、ぽつり、ぽつりと司令部洞窟に紛れ込むようになった。私が命令を起案したり、作戦を研究したりしていると、いつの間にかこの種の兵たちが一切の思念を脱した顔つきで、ぽかんと私の傍に立ち、あるいは通路もかまわず、泥んこの上に眠りこけている。彼らは指揮官を逸し、道に迷い、あるいは戦線を脱走した者で、司令部洞窟とは知らずにはいり込んだのである。話しかけても、頑に黙っている者が多い。中には間諜ではないかと疑うものさえいる。無慈悲とは思ったが、千葉准尉や衛兵長に命じて、参謀室にはこの種の者は立ち入らないようにしたが、日に非なる戦況が、ひしひしと身にしみ、慨嘆これを久しくせざるを得ない。

第二十四師団正面においては、アメリカ海兵軍団は小禄の海軍部隊に阻止され、直路南下することができず、東風平（こちんだ）付近から西方に側面展開しつつある。師団は依然有力な砲兵を有し、かつ軍砲兵隊もこれに協力しているので、六月十日ごろにおいては、敵はいたずらに損害を受けるのみで、あえてわが陣前に近迫しようとしない。

軍主力陣地の中央および左翼がかくの如く厳然としている際に、右翼混成旅団の正面が過早に突破されては、軍統帥上の大失敗である。参謀長も私も心配した。いかなる手段に訴えても軍の右翼の過早な崩壊は防止しなければならぬ。そこで軍は相次いで左の兵力を増加した。

第十一船舶団　大木中佐を長とし、沖縄防衛隊を主とした総員約一千五百名の竹槍部隊

電信第三十六連隊で編成した約二個中隊

軍砲兵隊で編成した二個大隊（一大隊は数百名より成る）

野戦築城隊主力　一中隊は摩文仁に残置した。

以上のほか、軍は第二十四師団正面に指向していた軍砲兵の全火力、ならびに野砲兵第四十二連隊の一部をも、一時混成旅団に協力させた。

増加した徒歩部隊の多くは、歩兵的訓練に乏しいものばかりで、そのうえ戦車に対抗する兵器を持っていなかった。せっかく戦線に加入しても、ほとんど一日で全滅するありさまである。今では戦闘の様相が、既往のそれとは一変し、戦いは敵の一方的独り舞台になってしまったのだ。徒手空拳、敵の鉄量に圧倒され、空しく折り重なって殪（たお）れゆく戦友を想えば、

実に切歯扼腕の極みだ。

十二日の夕方、砂野から怒気を含んだ声で、電話がかかってきた。「敵の戦車十数輛が、二、三百の歩兵を伴い、安里から標高点一二二の東側を経て、八重瀬岳に進入中だ。同方面には旅団の兵が一人もおらず、今軍砲兵隊の一部で阻止している。一体旅団は何をしているのだ。不注意千万にもほどがある。八重瀬岳は東方に対する重要な軍砲兵の観測地帯だ。これを敵にとられては一大事だ。早く軍において、対抗処置をとってもらいたい」と凄い権幕だ。

平賀連隊が、八重瀬岳の山頂を棄て、その東麓に陣地を占領したことにより、自然に生ずる弱点、すなわち現に敵第七師団が乗じつつある攻撃行動は、防御部署決定の際、軍が厳重に指摘注意したところであった。しかるにもかかわらず、旅団はその過を犯し、敵に乗ぜられている。八重瀬岳は軍砲兵のためのみではない。実に軍主陣地帯の骨幹を成す要地である。さればこそ、あらゆる兵力を、涙を振るって容赦なく旅団の地獄戦線に投入しつつあるのだ。

私は逸る心を抑えつつ、京僧参謀を電話に呼び出し、軍砲兵隊からの報告通りの戦況なるや否やを詰問した。京僧は落ち着いた調子で、「こちらにも同じような通報があったので、将校斥候を派遣して、偵察させたが、八重瀬岳の山中には敵影を見ない。なるほど、一二二東側付近より米軍が突破侵入せんとする気配はあるが、すでに報告してある通り、旅団としては配兵しているし、さらに旅団長の指揮下にはいった臼砲第一連隊も、この正面におるこ明であるが、八重瀬岳に危機の迫りつつあることは明瞭である。

とであるからご安心願いたい」との返事だ。混成旅団、軍砲兵隊いずれの報告が真なりや不明であるが、八重瀬岳に危機の迫りつつあることは明瞭である。

私は、まさに第六十二師団を、該方面に増強すべき時機であると判断した。即時師団長に対し、まず既定計画に従い、二個大隊を鈴木少将の指揮下に入れ、爾余の主力をもって随時東方に機動して、混成旅団をあわせ指揮し、軍の右翼戦線を確保する如く準備すべき命令が下達された。幸い軍主力陣地の背後、海岸正面は、敵の新たな上陸の公算は薄れつつあった。

混成旅団長は、増加配属された第六十二師団の二個大隊のうち、独立歩兵第十三大隊を、歩兵第十五連隊の最右翼海岸地帯に、また独立歩兵第十五大隊を旅団の最左翼八重瀬岳に増加した。原大佐の独立歩兵第十三大隊は、機動極めて迅速、一夜にして所命の線に進出したが、独立歩兵第十五大隊は与座岳南方の線から一日経っても、二日過ぎても前進する模様がない。

不幸にして、八重瀬岳方面の戦況は、軍砲兵隊の報告が真相に近かった。旅団司令部は、平賀特設連隊の状況をほとんど掌握しておらず、しかも与座、仲座方面の戦況に眩惑され、その左翼に十分手を伸ばすことができなかったのだ。

六月十四日には、第二十四師団からも、「数百の敵が八重瀬岳に進入しつつある。何故混成旅団はこれを放置しているのか？　これでは師団の右側背が危険になり、正面の戦闘に専念することができない。已むを得ぬから、已当師団の作戦地境外ではあるが、与座岳南方地区にある捜索第二十四連隊をして、これを撃攘せしめるとともに、万一を顧慮して、右翼歩兵第八十九連隊の陣地を、与座岳を拠点として、南方一五六高地に退け、守勢鈎形を取る準備をした。独立歩兵第十五大隊には、師団捜索連隊に策応して進撃するよう慫慂するけれども、一向応ずる模様がない。実に不都合千万である」と木谷参謀長自ら電話に出て、その平素の悠容たる性格に似ず語気が荒い。これを聞いて私も憤激した。通信連絡の関係上、混成旅団司令部を経ず、第二十四師団司令部経由で、軍司令官から直接独立歩兵第十五大隊長に、「貴官は即刻八重瀬岳に向かい、攻撃前進すべし」との厳命が下達された。後刻鈴木少将から、旅団を無視したとの抗議が出たが、私はこうしなければ、状況に合しないと信じたので、この非常処置は豪も差し支えないと考えた。

後聞するに、独立歩兵第十五大隊長飯塚少佐は衰弱の極、歩行もかなわず、担架に乗り指揮していたとか。私は悪いことをしたと思ったが、我らは今や超人間となり、非情のことも強要しなければならぬのだ。

### 海軍部隊の全滅

軍命令を厳守して、海軍大田部隊が再び小禄の旧陣地に復し、態勢ようやく整わんとする六月四日、敵海兵軍団は、鏡水付近より小禄飛行場南端に亘る海岸に上陸し、一挙に那覇、糸満街道の線に進出した。饒波川右岸長堂付近の高地帯も、軍主力の後退に伴い、すでに敵手に落ちている。

海軍部隊が孤立、まさに被包囲の態勢に落ちんとする六月五日、大田海軍少将より、左記要旨の電報が到達した。

「海軍部隊は最精鋭の陸戦隊四個大隊を陸軍の指揮下に入れ、首里戦線において遺憾なく敢闘したことはご承知の通りである。また今次軍主力の喜屋武半島への退却作戦も、長堂以西国場川南岸高地帯に拠るわが海軍の奮闘により、すでに成功したものと認める。予は、課せられた主任務を完遂した今日、思い残すことなく、残存部隊を率いて、小禄地区を頑守し、武人の最後を全うせんとする考えである。ここに懇篤なる指導恩顧を受けた軍司令官閣下に、厚くお礼を申し上げるとともに、ご武運の長久を祈る。

身はたとえ沖縄野辺に果つるとも

護り続けむ　大和島根を

――」

海軍部隊を、喜屋武半島陣地に収容する準備を進めていた軍首脳部は、深く覚悟を決めた大田将軍の決意を知って驚愕(きょうがく)した。小禄地区の死守は作戦上十分に価値あることであり、かつ従来の行きがかりからしても、海軍側の心事は諒(りょう)としなければならぬ。だが武運尽きて殪(たお)れるときは、陸海軍もろともの我々の心が承知しない。陸軍としては、孤立無援の海軍部隊を、指呼の間に眺めながら、その全滅を黙視するに忍びない。軍司令官は、直ちに次の電報を発せられた。大田少将の電報が、大本営その他関係各方面同文取り扱いになっていたので、陸軍側も同一形式をとった。

「海軍部隊が、人格高潔な大田将軍統率の下、陸軍部隊と渾然(こんぜん)一体となり勇戦敢闘せられ、沖縄作戦に偉大なる貢献を為(な)されたことは、予の感激に堪(た)えざるところである。海軍部隊が、その任務を完遂した今日、なお孤立無援、小禄陣地を死守せんとする壮烈な決意には、満腔の敬意を表するが、陸軍に先だち、海軍の全滅するは到底予の忍び得ないところである。海軍部隊の後退は、状況上なお可能である。貴部隊が速かに、陸軍部隊に合一され、最期を同じくされんこと切望に堪えず」

　右要旨の電報に引き続き、統帥の形式を整えるために、海軍部隊に、退却の軍命令が発せられた。しかし大田将軍の決意は堅く、なかなか後退し来る模様は見えない。そこで軍司令官から大田将軍宛てに後退を勧める親書を送達するなど、百方努力したが、その牢固たる決心はついに翻すことができなかった。

　小禄地区の戦闘は、当初すこぶる悲観的で、一挙に潰滅するのではないかと危ぶまれたが、漸次戦勢を持ち直し、金城、豊美城、七五高地付近の一角でよく健闘し、その戦況報告は日々確実に軍司令部に到達した。しかし衆寡敵するはずもなく、敵の包囲圏は日々圧縮され、「敵はわが司令部洞窟を攻撃し始めた。これが最期である。無線連絡は十一日二三三〇を最後とする。陸軍部隊の健闘を祈る」の電報が十一日夜遅く、我らの手にはいった。長恨限りなく、悲痛極まりなし。大田将軍、棚町、羽田、前川の各大佐の顔が目に浮かぶ。いくたびか戦いを議し、ともに飲み、談じた人々の数々の思い出こそ、哀れである。謹みて敬弔の誠を捧げるのみ。

　これより先六月五日夜、陸戦隊参謀中尾海軍中佐は、海軍部隊の喜屋武半島後退に関する連絡のために、主計長を伴い軍司令部に向かったが、暗夜軍司令部洞窟を探しあぐね、約百五十メートル離れた軍軍医部洞窟にはいらんとする刹那、敵迫撃砲弾を受け、両名重傷に倒れた。幸い場所が軍医部だったので、治療は行き届いたが、不幸主計長は間もなく絶命し、中尾参謀は動くことができなくなった。同中佐とは仕事相手で、最も懇意にしていた長野参謀は、これを聞くや、迫撃砲弾の雨を冒して彼を見舞った。美しい友情である。

臨時海軍参謀を命ぜられていた西野陸軍少佐は、すでに以前から軍司令部に帰って勤務していたが、海軍部隊の全滅近きを知るや、責任感に堪えず、必死の面持ちで武装を整え、小禄に向かい駆け出さんとしたが、参謀長も私も強くこれを制した。むだに殺してはならんと思ったからである。

第五挺進基地隊本部長三池少佐は、五月上旬奇跡的に、慶良間群島より刳舟で本島に生還した。その後間もなく、西野少佐と同様、海軍参謀を命ぜられ、小禄で勤務することとなった。同少佐は五月末一脚に重傷を負い、海軍病院にはいり経過良好とのことであったが、ついに海軍部隊とともに運命をともにしたものと察せられる。

## 最後の戦闘

混成旅団の戦勢輓回に躍起となっている間に、大磐石と思った第二十四師団の陣地にも亀裂がはいり始めた。同師団は巧妙な砲兵用法と、果敢な挺身斬り込みにより、連日敵に甚大な損害を与え、六月十二、三日ごろまではむしろわが軍が敵を圧倒するの概があり、真に軍の中核兵団たるの実力を示した。蓋し首里戦線においては、第六十二師団がその堅固な既設陣地に拠(よ)り、意識的に中核兵団をもって任じ、天晴(あっぱ)れなる戦闘をしたが、喜屋武陣地は、第二十四師団の縄張り区域であった関係上、今度はすでに衰えたりといえども、この師団が中堅たらんとするのは自然の勢いである。

第二十四師団の態勢は、その右翼が八重瀬岳方面の崩壊に巻き込まれ、なんとかして弥縫(びほう)せんとする焦燥より崩れ始めた。軍および第二十四師団の懸命の努力にかかわらず、飯塚大隊は前進機を逸し、八重瀬岳の奪回は絶望に帰せんとし、右翼海岸方面に増加した独立歩兵第十三大隊も、隊長原大佐の戦死とともに、秋の木の葉の如く散り果てた様子である。

六月十六、七日ごろ、混成旅団は与座、仲座の西端ならびに一〇五高地付近において、旅団司令部を中心に残存の僅少(きんしょう)な勇士らが細々と抗戦を続けているに過ぎない。

潔ぎよく一〇五高地の花と散り
九段の杜(もり)に返り咲きせむ

と鈴木少将が、辞世を送ってこられたのはこのころのことである。

思い見よ！　この十日あまりの間に混成旅団の正面に投入した兵力は六千を下らない。その多くが小銃、竹槍のような原始的兵器をもって四万トンの戦艦より撃ち出す四十サンチ砲弾や、空を掩う敵機の銃爆撃、幾百の戦車群、幾十万発と惜し気もなく撃ち込んでくる敵陸上砲に抗し、怨(うら)みを報いるに術(すべ)なく、朝霧の如く消え去るさまは真に千秋の恨事である。

十五日夜、混成旅団参謀京僧少佐が、ひょっこりやってきた。さすが頑健豪気な彼も憔(しょう)悴(すい)し、幾日か洗わないその顔には、悲痛の情が漲(みなぎ)っている。彼は一般の状況を報告した後、声を落とし例の親しみ深い語調で次の如く語った。

「今では旅団は手も足も出ません。軍の右翼戦線を崩され、誠に申し訳ない次第ですが、各部隊長は空しく死んで行く部下を見殺しにする無念さに、皆男泣きしています。いくら戦っても、ただわが方が損害を受けるのみで、戦果が揚がらないからです。これは各部隊長の最後にあたっての私的意見ですが、もはや沖縄におけるわが軍の運命は尽きた。大本営はなんらの救援もしてくれない。残念ながらやがて祖国日本も敗亡の途をたどることであろう。この秋にあたり、我々はなんとか処置はないだろうか……と言うのです」と京僧はいかにも言いづらそうに口ごもった。なんとか処置？　わかったようなわからんような言葉である。むだな殺生は止めたがよいと言うのか？　二人は暗憺たる気持ちになり、これ以上突っ込んで話す勇気はなかった。

　京僧は話を転じて、さらに語を続けた。

「去る三月、対戦車教育普及のために、歩兵学校から沖縄につれてきた森脇中尉は、私が強いて同行させた将校です。私情においてどうしても彼をここで殺すことはできません。どうか彼に沖縄戦訓を持たして、歩兵学校に帰したい。なにとぞ高級参謀殿もこの件ぜひ実現するようご尽力をお願いします」と涙を流して頼みこんだ。

　私は首里軍司令部で、沖縄脱出に決した神に、飛行機の操縦法を教えてくれと叫んだ森脇の真剣な顔を思い出した。私は京僧の申し出に同意した。参謀長、軍司令官も彼の願いを許された。

宿願を達した彼は、非常に嬉しげに、かん詰めのパインアップルを食い、酒を飲み、砲撃の比較的閑散な夜明け前を待って洞窟を出て行った。彼の目には涙が光っている。三か月の間、私も随分彼に無理を言ったが、彼は終始快く協力してくれた。これがこの世の別れなのだ。ふと見ると、彼は鉄帽をかむっていない。どうしたのかと問うと、彼は、「かくなる上は、いつ、どこで死んでも同じです。略帽だけでたくさんですよ」と寂しく笑い、暗くて狭い洞窟の出口に姿を消した。そして永久に！

混成旅団の正面危うしと見て、軍が原、飯塚両大隊を第一線に増加した翌日、第六十二師団長に対し、混成旅団ならびにその全配属部隊をあわせ指揮し、八重瀬岳を拠点とする混成旅団の現陣地において、敵の攻撃を阻止すべき軍命令を発した。

命令に基づき、師団長は、師団主力を与座岳南麓から一五六高地付近を経て、摩文仁東方千五百メートル付近にわたる線に展開し、態勢概ね整いたる後、混成旅団の線に推進する方針の下に、まず歩兵第六十三旅団長中島中将をして混成旅団をあわせ指揮せしめ、現主陣地線を保持せしむるに決した。

藤岡中将のこの部署は、一理あるが、軍の希求するところは混成旅団の現戦線に逐次戦闘加入することであって戦術上のいわゆる後退展開ではない。師団の部署が、かく慎重なうえに師団司令部が遠く山城にあって、一向に第一線近くに推進する気配がない。軍命令は、途切れがちの通信網で一度山城に伝えられ、それからさらに軍司令部の隣にいる中島中将のもとに逆戻りしてくる。こんなばかげた統帥指揮法はない。軍司令官は、第六十二師団司令部が現在地に留まることができぬように、山城付近を第二十四師団の作戦地境に切り換え、かつ端的に同司令部の摩文仁への前進を厳命された。

軍首脳部は、第六十二師団司令部の現状は十分承知している。楠瀬参謀はすでに戦死した。北島参謀は病癒えても、ようやく歩行ができる程度であろう。参謀長は神経痛に苦しみ、すでに退却作戦のころから担架で行動している。同司令部の参謀業務の過半は、幹部候補生出身の二人の将校が任じているとの風評さえある。否、疲労困憊の極に達したのは、独り第六十二師団司令部のみではない。全軍の生存将兵皆然りである。

摩文仁に予定された同司令部の洞窟は、絶対住み心地のよいものではない。これも我慢してもらわねばならぬ。首里において死を欲して得ず、山城に最期を求めてまた成らず、今摩文仁に死所を強要せられる藤岡将軍の不本意さは、真に同情に耐えない。だが丈夫いたずらに死を急ぎ、最後の努力を怠っては相成らぬ。

軍の八重瀬岳を拠点とする東部戦線保持のための躍起の努力にかかわらず、すでに屍にも等しき第六十二師団をもってしては、いかんともする能わず。ついに八重瀬岳を放棄して、与座岳を拠点とする藤岡中将の選定した展開線をもって、軍右翼の抵抗線とするの已むを得ざるに至った。この線における師団の部署は、具志頭、米須道の右が独立歩兵第十二大隊を第一線とする歩兵第六十三旅団の二個大隊、左方が独立歩兵第十五大隊を第一線とする歩兵第六十四旅団の三個大隊ということとなり、混成旅団は、与座、仲座を拠点とし全滅するまで抗戦すべく決定された。そして師団司令部が、摩文仁に到着したのは、六月十八日夜と記憶する。

敵第七師団は東方より八重瀬岳の完全攻略を図るとともに、さらに北方より八重瀬、与座両高地の中間部断崖の比較的緩やかな部分から滲透攻撃を開始した。歩兵第八十九連隊、捜索第二十四連隊および工兵第二十四連隊の第二十四師団の諸隊は北方および東南両方向より挟撃され、その奮闘にもかかわらず、六月十七日には与座の山頂は敵手に落ちてしまった。

第二十四師団の右翼がまさに崩壊せんとする間、その中央歩兵第三十二連隊、左翼歩兵第二十二連隊の正面も十二、三日ころより戦闘漸次激化し、十五日ごろとなるや敵海兵軍団は俄然強襲を開始し、戦線は混乱に陥ってしまった。これから二、三日の間、中央国吉台は、彼我争奪の焦点となり、占領されたとの報がはいると、また奪還したと言ってくる。左翼方面の戦況に至っては、まったく不明であるが、敵は海岸に沿い、小機動を行ないつつ攻めたててくるらしい。歩兵第二十二連隊本部が真栄里東南七三高地の洞窟で、爆雷攻撃を受け、連隊長吉田大佐以下全滅すとの悲報が到着するにおよび、該方面もまた絶望となったことがはっきりした。第二十四師団司令部発信のこの無電報告は、文すこぶる簡単ではあったが、悲痛の調子を帯び、読む者をして暗然たらしめずにはおかなかった。

昭和十六年十二月八日、大東亜戦発端の日の早暁、バンコク・パンプー街道上パクナムにおいて初めて会った吉田大佐、当時彼は近衛師団の一支隊長として、メナム河口パンプーに上陸、タイ国の首都バンコク攻撃の任務を帯び、北進中であった。私は第十五軍作戦参謀兼タイ国駐在大使館付武官補佐官として先遣され、バンコクに在り、首都防衛に戦意満々たるタイ国軍と、一挙にバンコクに突入せんとするわが吉田支隊との、過早の衝突を抑え、もって進行中である日タイ両国の外交交渉の円満妥結をはかるのが私の任務であった。熱地とはいえ、バンコク郊外の十二月の朝気は爽涼である。部隊の先頭に立った老練温厚な彼が、血気に逸る部下将兵を抑えて、私の所説に従ってくれたので、万事は平穏に解決した。あれからすでに四星霜、我々は奇しくもこの大東亜戦争最後の戦いを、ともにこの沖縄で戦い、そしていま、彼の戦死の報を聞く。嗚呼……。

六月十八日、混成旅団司令部は敵戦車群の砲撃を受けるに至り、さらに溢出したその一部は、摩文仁東方千五百メートルの鞍部付近に侵入、独立歩兵第十二大隊と戦闘を始めた。

第二十四師団方面では、歩兵第八十九連隊の線を突破した敵海兵軍団の一部は、同師団司令部の東北側真壁付近に現出、また左翼いずれの方面から侵入したものか、数輌の敵戦車が、わが陣地内深く、米須付近を暴れ回っているとの報がある。従来の経験に鑑み、一部戦車の横行は敢えて驚くにあたらずといえども、全軍の崩壊は数日の後に迫りつつある感が深い。首里戦線末期の場合と同様、この摩文仁軍司令部でも、彼我重機関銃の音が近く賑かに聞こえ出した。各兵団との電話はまったく利かなくなり、無線がときどき思い出したように通じる。已むを得ず用いる徒歩伝令も必死である。暗くて陰惨な軍司令部洞窟に伝わる報告は、いまや「某連隊長戦死！　某大隊全滅！」といったものばかり。心も身も凍るばかりである。

我々はいまやなすべきをなし尽くした。手元には一兵の予備もない。喜屋武陣地の戦闘は思ったより脆かったような気がせんでもない。軍司令部が摩文仁に退った直後、軍兵器部長梅津大佐は全軍の士気を鼓舞するような軍司令官訓示を出す必要ありと私に忠告した。またその後間もなく訪れた荒井警察部長は、「首里戦線におけるわが軍は士気すこぶる旺盛であったが、退却以後士気頓に衰えた」と所見を述べた。もちろん戦勢かくなる以上、士気の落ちるのは自然の勢いであるが、両将軍も、私もさほどには感じていなかった。喜屋武陣地の戦闘は結果的に見れば多少脆かったかも知れぬが、既述の如き貧弱なわが戦力を思えば、最大限によく戦ったと断言し得る。

参謀長は両翼概ね同時に崩れつつあるのを見て、これでよいのだと独言し、満足そうである。軍の統帥が至当に実施された責任感よりする喜びだ。今や一々軍命令を発して、諸隊を指揮するには戦線はあまりにも混乱している。通信連絡もまたこれを許さない。軍司令官は麾下各部隊に下すべき最後の命令の起案を命ぜられた。

作戦命令の数は戦闘開始以来、積もり積もって二大冊となった。長野がわが子を愛撫するように命令綴を抱擁し、「高級参謀殿、これが最後の軍命令です！　参謀殿自ら起案して下さい」と言う。その声は沈痛で感動に震えている。私は「従来命令の相当部分は貴官に起案してもらった。この最後の命令も貴官に頼むよ」と彼になかば押しつけた。

「親愛なる諸子よ。諸子は勇戦敢闘実に三か月、すでにその任務を完遂せり。諸子の忠誠勇武は燦として後世を照らさん。

今や戦線錯綜し、通信もまた途絶し、予の指揮は不可能となれり。自今諸子は、各々その陣地に拠り、所在上級者の指揮に従い、祖国のため最後まで敢闘せよ。さらばこの命令が最後なり」

右命令案を見られた参謀長は例の如く筆に赤インキを浸し、墨痕淋漓次の如く加筆された。

「……最後まで敢闘し、生きて虜囚の辱めを受くることなく、悠久の大義に生くべし……」

軍司令官はいつものように、完全に終始一貫され、黙って署名された。最後の軍命令を下達し終わると、私は一切の重責から解放された安易さに、無限の深谷に落ちて行くような恍惚の快感に領せられてしまった。

### 洞窟内の妄想

全般の戦況が頽勢に陥るに従い、敵の陸海空軍の摩文仁高地の攻撃は、日ごとに凄愴を加えて行く。断崖脚下の敵哨海艇群は、「ドン、バリ、バリ」だけでは手緩く思ったか、陸戦に使用する迫撃砲を搭載し来たり、打ち水をするように高地背面を掃射する。港川や糸満沖のアメリカ艦隊は相も変わらず、根気強く日夜集中射を続けている。大型爆弾や主力艦の巨弾が落下すると、杭木のない我々の洞窟は、ぐらぐらと動揺し、側壁の弱い部分が崩壊する。首里洞窟の比ではない。だが小型砲爆弾は相変わらず、鉄板の上に豆が落ちるように、かんかんと跳ね返してしまう。

敵は砲爆だけでは満足せず、空中よりガソリンのはいったドラムかんを投下して、焼夷攻撃まで始めた。隙間の多い不完全な自然洞窟は、この新手の攻撃法は非常な脅威である。軍獣医部長佐藤大佐以下部員十数名が、この攻撃の犠牲となったのは、たしか六月十五日であったたし、軍司令部の炊事要員数名が火傷する騒ぎも起こった。

軍司令部が摩文仁に退った初めのころは、喜屋武半島地区、特に摩文仁付近はほとんど戦禍を受けておらず、ところどころ大きな弾痕を見るだけであった。六月の野は、美しい緑に照り輝いていた。だが激闘半か月の今日、戦場の風色は一変した。琉球島南端見渡す限り一木一草の認むべきものなく、山も野も削り、抉ぐり、掘り返され荒々しく一様に地肌をむき出している。雨季未だ去らず、暗雲低迷して硝煙地上を這い、砲爆しばし絶えた朝まだきなど、彼我幾万の将兵の血を吸った戦場の相貌は、儼乎として犯すべからざるものがある。古人のいわゆる大鬼小鬼哭すの感、真に迫り、傷心そぞろである。

摩文仁山頂にも、収容し切れぬ戦友の遺骸が数多くなってゆく。ある日連絡にやってきた砂野が、「連絡者の出入り繁き司令部付近に、戦死者が転がったままでは士気を阻喪する。何故早く処理しないのか？」と憤激の言葉を投げかけた。アメリカ軍は断崖下の海上から、宣伝放送を始めた。流暢な日本語だ。来る日も来る日も執拗に続ける。

「住民諸君！　生命は保証する。食糧も薬品も与える。今のうちに、早く港川方面に避難せよ！」

「兵士諸君！　諸君は日本軍人の名に背かず実によく戦った。しかし戦いの勝敗はすでに決定した。諸君の任務は終わったのである。これ以上戦闘を続けるのは、無意味である。生命は保証するからすぐ海岸に降りて、我々の舟に泳いで来い」

敵は海上からのみではない。空中から、砲爆に劣らぬ規模で無数の宣伝ビラを撒布する。いずれの伝単もいわゆる宣伝ビラ式のあくどさがなく、極めて自然に、日本の敗戦必至や、指導者たちの無能、恣意を理解するように記述してある。私は司令部洞窟内の将兵に及ぼす影響に絶えず注意を怠らなかった。少なくとも表面上は動揺の色なく、アメリカ軍が勝手なことばかり述べておるわい、などつぶやく者もいる。唯一人、それも軍人か住民かわからないが、断崖下の哨海艇の方に泳いで行った奴がいるとの報告を聞いた。

六月十七日、敵将シモン・バックナー中将からの牛島将軍宛ての降伏勧告文が、第一線の手を経て司令部に届いた。その文意は次の通りであった。

「歩兵戦術の大家である牛島将軍よ。予もまた歩兵出身の指揮官である。貴官が孤立無援のこの島で、劣勢な兵力を率いて、長期にわたり善戦せられたことに対し、予始めわが軍将兵は称賛措くあたわざるものである。さりながら、今や戦勢は決定した。この上惨虐な戦闘を継続し、有為な多数の青年を犠牲にするのは、真に忍び得ないし、また無益である。人格高潔な将軍よ。速かに戦いを止め、人命を救助せられよ。明十二日摩文仁海岸沖の軍艦上に、当方の軍使を待機せしむべきをもって貴軍においても軍使五名を選び、白旗を持たせ、同海岸に差し出されよ」

すでに期日の過ぎ去ってしまったバックナー将軍の提議である。もちろん、多年の伝統に培われた日本将兵である。誰も真面目にこの提案を考える者はない。牛島将軍は、「いつの間にか、俺も歩兵戦術の大家にされてしまったな」と破顔一笑されてしまった。私は灯暗い洞窟内で、寝棚に仰臥しながら、我々と同じ運命に落ちた軍隊の最期振りについて、古今東西記憶する限りの戦史を検討し続けた。白色民族間の争闘においては、どうであったか？　近世戦史上、ナポレオン戦争、普墺（プロシャ・オーストリア）戦争、普仏戦役（プロシャ・フランス）、アメリカ独立戦争、南北戦役、第一、第二世界大戦間における幾多の戦闘、会戦で我々と同じく悲境に陥ったもののほとんど、ことごとくは、元帥大将の如き首将以下、敵に降伏している。

首将のみ責任をとり、部下軍隊は、そのなすがままに委せ、あるいは首脳を失った部下軍隊が、自由行動をとった例はないことはない。が首将以下最後まで降伏を肯ぜず、玉砕した戦例は寡聞にして記憶にない。彼らは戦闘継続の価値を認めざるか、概ね任務を尽くしたりと自己判断するか、あるいは戦闘力を失いたりと自認するときは、あっさりと降伏の途を選んだ。

東洋においては、どうか？　支那大陸の近代闘争は、首脳を中心とする利害打算に統合された烏合の部隊間に行なわれた場合が多い。ばか正直な純軍事的な作戦より、政略中心のものが多く、首将の死、逃亡もしくは軍隊の潰乱によって、一切が解決したから、我々の直面している状況とは自ら異なる。わが国においては、戦同時代より明治初期にわたる間、城を枕に討ち死にの例はかなりあるが、城将以下降伏したり、城将の死によって城兵の命を救った例もまた数限りない。明治初期の傑物と言われた勝、榎本などは官軍に降伏して、明治政府の枢機に参じ、堂々闊歩している。

明治以降日清、日露の役を経て、支那事変に至る間、対外戦争においては、連戦連勝だったので、大部隊が孤立無援の絶望の戦いをした例はなく、軍隊教育は理想に近く徹底し、部隊はもちろん個人といえども降伏は軍人最大の恥辱であるとの精神が牢固として抜くべからざるものになった。大東亜戦争の中期以降、太平洋の島々の守備隊は、この精神を顕現して、次々と文字通り玉砕し、古今東西にその比を見ない壮烈な最期を遂げるものが多くなった。

今や、わが第三十二軍は、その最大空前の試練に直面しているのだ。伝統の枷(かせ)に縛られ、精忠無比とか、壮烈鬼神を哭(な)かしめるとか称揚されつつ、全滅の運命を目前にしているのだ。

軍今後の戦闘は、万をもって数える残存将兵をただ死せんがために闘わす戦いに過ぎぬ。敵に与える損害は極めて少ない。敵に行動の自由を許すまでに弱化したわが戦力では、もはや戦略持久も終わりだ。ただ敵に、その問題にならぬ豊富な鉄量を、殺生に乱費させるだけである。なるほど全軍、ひいては国民の士気を維持するために、その精神の一角といえども、崩壊を許さぬというのは理想である。しかしわが指導者たちは、他人に号令するほど身自ら率先躬行(きゅうこう)しているだろうか？

戦争の前途は明瞭であるのに、一億玉砕、焦土決戦を絶叫するのは何故だろうか。一切の事情を最もよく承知しある彼らが、その予測がつかぬはずはない。降伏を知らずとの伝統を純情一途に守って、国民を文字通りに玉砕させるのはあまりに小児病的ではないか。うがって考えれば、降伏に伴う自らの生命地位権力の喪失を恐れる本能心から、口実を設けて戦争を続けているのではないか。戦をして、勝利の見込みがなければ、手を挙げて和を求め、他日を期するといった勝敗を、繰り返した歴史を有する欧米諸国のようなわけにはゆかぬのか。いよいよ軍の運命は尽きんとしている。今のうちに国家国軍のため、有益と思われる戦訓や意見を、至急取り纏めて報告するようにとの参謀長の達しが出た。参謀長自らは思い切った所見を、長文の電文に綴って打電されたらしい。戦闘開始以来不思議にも、中央に対する毒舌を慎み、忠則尽命の精神に徹せられたかに見えたが？　若い参謀たちは、私にも所見を出すようしきりに勧めたが、私は進んで書く気にはなれなかった。

戦勢窮（きわ）まった今日、戦争の前途、国家の将来が我々の最大の関心事となったのは自然であり、当然であった。本土において沖縄式持久戦をやれば、一年半や二年は頑張れるだろう。しかし結局はこの沖縄の如く、全本土を荒廃させ、最後は文字通り、名実ともに滅亡を覚悟しなくてはならぬ。開闢（かいびゃく）以来二千六百有余年、外侮（がいぶ）を受けたことがないといったようなかたくなな誇りを棄て、降伏するならば、今のうちに速かに和を求むべきである。そして沖縄軍が全滅しない前にである。

参謀長はなかば冗談に話された。「俺は国内に多数の子分を持っている。また宮内省関係を動かす実力者にも知己がある。これらを総動員して、一挙に和平をかちとるか！」

## 断末魔の摩文仁

ある日、摩文仁の海岸に一本のサイダーびんが漂着した。びんの中には一将校の手による、五月中旬における勝連（かつれん）半島の敵情を詳記した要図と、敵の重囲に陥り、脱出絶望となり死を待ちつつある状況を書き綴り、もしこのびんを収得した人あらば、軍司令部に差し出されたき旨を記した紙片があった。勝連半島から中城湾に投ぜられたこの運命のびんが、一か月の後いかにして湾外に流れ出て、知念半島を経て、十余里の海上を、奇しくも、ところもあろうにこの摩文仁の海岸に流れ着いたのであろうか。運命は実に奇である。

このころ、軍後方主任参謀の切望に応じ、わが空軍は毎夜のように、喜屋武陣地帯上空に飛来し、弾薬資材を投下してくれた。我々の最も希望したのは対戦車急造爆雷の資材、それに十五サンチ榴弾であった。飛んで来るのは多くて数機、我々の入手し得る量は微々たるものであった。しかし断末魔に近い残存将兵に、一種名状し難いかすかな希望を断続的に与えていた。

京僧参謀の切なる願いにより、本土帰還を許された森脇中尉は出撃直前、軍司令部に挨拶にきた。彼の顔には感激の色がありありと見える。参謀らは彼の敵線突破計画について心からなる助言を与えた。彼の計画は、神参謀と同一コースをとる案と、陸路突破の案と二つあった。海上の突破は、神の場合と違い、敵の哨海が非常に厳重になっているし、また船や、これを操る漁師を求めるあてもなく、ほとんど不可能を予想せられる。さればといって、陸上は敵の大軍が、圧縮された戦線に、密集殺到しているので、これが突破もまた難事中の難事である。

だが、死中活を求める一縷の希望を与えられた彼は、いかなる障害もものかわと、凜然として訣別した。その後、風の便りによれば彼は海上突破を志して破れ、小舟とともに米須海岸にありとか？　我々は顔を見合わせて、だめだなと、その運命をふびんに思わずにはいられなかった。——戦後、彼が脱出に成功したのを知った。

参謀長は、軍の最後切迫するにつれ、森脇のみならず、京僧の運命もまた憐れと観ぜられたのか、さらに彼にも本土帰還の命令を出された。しかし当時摩文仁に後退したはずの混成旅団司令部の位置がはっきりせず、彼の生死も不明なので、果たしてこの命令が伝達されたかどうか、疑問である。参謀長は狂気の如くになり、ぜひ彼を探して命令を本人に伝えよと、督促され、自決の直前まで京僧はおったか？と、いかにも心に残る様子であった。

鈴木少将が、一〇五高地における玉砕を断念し、摩文仁高地の一洞窟に退ってきたとの噂を聞いたのは六月十九日の夜であった。これより先、同少将から参謀長と私に、それぞれ一通の書簡が送られてきた。私宛てのものには、「残存の部下を率いて、敵線を突破し、国頭地区に転進して、同方面にある旧部下第二歩兵隊主力をあわせ指揮し、戦闘を継続したい考えである。貴下の考えを聞きたい」と通信紙に走り書きしてあった。

ちょっと難のある企図とは思ったが、私は大胆に次の如く返事を認め、伝令に手交した。「軍が軍司令官統率の下に、戦闘しつつある間に転進されるのは、絶対不可と存じます。しかしその後においては、閣下の信ぜられる処に従い、行動されるのは自由である」

暫くして参謀長が、「八原！　鈴木少将からこんな書簡がきている」と私に見せられた。文意は私宛てのものと大差はなかった。参謀長は感慨深い面持ちであったが、どんな返事をされたか、話されなかった。私もまた、自ら記した返事については黙したままであった。

このころ薬丸参謀は、軍の組織的抵抗崩壊後、各参謀はアメリカ軍占領地区内に潜入し、各所に残存する小部隊を糾合操縦して、遊撃戦を行なうべきだとの意見の下に、これが実行計画を立案して提示した。彼の所説に従えば、現在の戦況においては、敵線突破の成功率は極めて少ないが、参謀は全員この企図に参加し、三人に一人か、五人に二人かわからぬが、生き残った者が、あくまでこれを遂行すべきであるというにある。そして彼は私の耳もとで低く、しかし強く、囁（ささや）いた。「参謀は指揮官ではない。ここで死ぬる必要はない」

他の参謀は黙してこれに同意した。私もこれを阻止する気持ちにはなれなかった。軍司令官は意見具申の通り決裁された。

六月十八日朝、木村、薬丸両参謀は摩文仁を脱出し、木村参謀は沖縄本島南部地区、薬丸参謀は同北部地区において、遊撃戦に任ずべく、また三宅、長野の両参謀は、本土に帰還し、戦況戦訓を報告し、さらに奉公を励むべく命ぜられ、私にもほぼ同様の内意を含められた。

以上の命令は、後日の証のために、参謀長自ら通信紙に書いて各人に渡された。

各参謀の出撃を機とし、十八日夜軍首脳部最後の晩餐（ばんさん）会が催された。出席者は両将軍、私、木村、薬丸、三宅、長野の各参謀、葛野、坂口、吉野、真崎の各副官ならびに参謀部付き松原、西野両少佐の十三名、場所は参謀部洞窟。非常に狭いので、先任者半数が鍾乳石で怪我せぬよう首を曲げて座し、他は通路上に立つ。ロウソク二本が、薄暗く洞窟内を照らしている。ご馳走は鰤（ブリ）、魚団、パインアップルのかん詰め少々、恩賜の賀茂鶴一本、それに若干の琉球酒泡盛があった。

司令官、参謀長の挨拶は淡々としたもので印象に残るような言葉はなかった。ちょっとでも刺激的な言葉が出れば、涙をさそう緊張した空気だ。参謀長は、一座の気持ちを引き立てようと努めて賑(にぎや)かに振る舞われる。牛島将軍の左側に座した私は、健康衰えて食欲進まず、パインのかけらを申しわけのように口に入れる。これを見られ、司令官は、この間からせっせと小刀で削っておられた鰹節を、そっと私の前に出して、「これはうまいよ」と勧められた。宴は参謀長の酒のまわりのちょうど好いころ、はるか東方に向かい万歳を三唱して納めになった。

参謀らは、出撃を十九日夜に定め、それぞれ準備を始めた。行動は各人各個とし、随行者は各参謀に二名ずつとした。随行者として選ばれたのは、鉄血勤皇隊員の十六、七歳の少年たちであった。薬丸を除くほか、皆軍服を脱いで変装した。ショート・パンツ、沖縄服等々珍奇ないでたちである。偽名も必要だし、敵を欺(あざむ)くための似つかわしい職業もなければならぬ。三宅は学校の剣道教師、長野は自動車の運転手といった類だ。薬丸はあくまで敵に捕えられぬ主義で、捕えられたときは即ち死ぬるときと観じ、偽りの名も職も要らぬと言った。携行品は白米一升、鰹節二本、乾パン二日分、かん詰め一個、塩若干、その他薬品等である。

敵状地形を研究の結果、一般の脱出方向は、具志頭(ぐしかみ)と決まった。爾後(じご)海路を知念半島に出るか、八重瀬岳方向に進むかは、時の状況による。具志頭に出るには断崖の下、海岸に沿うて進むのが定石であるが、司令部の洞窟からこの海岸に降りるのは難問である。副官部出口から降りると、どうしても例の死の泉に出てしまう。近ごろ敵の哨海艇が数隻、ダニの如くこの海岸から離れようとしない。

参謀部出口を抜け出て、摩文仁高地の北斜面を東方約千メートル行くと高地脈尽きて断崖となり、直ちに海に面する場所がある。このあたり、敵の哨海が比較的緩やかなので、海岸に降りるのに絶好の場所である。しかしこの付近はすでに彼我激闘の戦場となっているので、これもまたよほどの冒険を覚悟するを要する。

十九日の夕迫れば、参謀室内は異常の重苦しい空気に包まれる。人々は多くを語らず、ときどき低声私語するのみである。軍司令官、参謀長への申告を終えるや、彼らは出撃の服装にかえた。両将軍の自決に立ち会い、軍司令部の最期を見届けた後、なおもし生あらば、新任務に就くべしと深く決意している私に対し、若い参謀たちは、私の運命を優しく労わる如く、万感罩めてお別れの挨拶をした。そして矢張り両将軍を残して、去り行くのが気に懸かるのか、口を揃えて軍司令官、参謀長のお世話をよろしくお願いします、と言った。私もこの若い人々の、武運長久を心から祈り、そしていかなる危難に遭遇しても、不屈不撓、特に功を急ぐことなく、人知を尽くして任務を遂行するように注意した。

いよいよ出発の時間だ。だが通路両側の寝棚に腰かけて待機したまま、一同は重くロウソクの灯に影を落として容易に動こうとしない。心なしか、今夕は摩文仁高地に、吼え狂って落下する砲弾がとくにひどい。ときどき至近弾に洞窟の側壁が崩れ、灯も消えなんとする。かくてはあらじと思ったのか、いちばん若い長野が、「私が先頭を致します。皆様万歳‼」と叫び、決然として、洞窟の外に突進した。これをきっかけに、三宅、薬丸、木村の順序に、数分を間して、次々と死の出撃を了し終わった。

参謀部洞窟は、急にがらんとし、寂しさがしんしんとして迫ってくる。心魂もために凍らんばかりだ。取り残されて独座していると、砲声の間にまに、彼らの聞き慣れた声や、出て行く足音がいつまでも耳に残って消えない。あまりの無常孤独の感に耐えかねて、今まで離隔した場所にいた部付き下士官兵のだれ彼を呼び集めて、空いた寝棚のそここに休ませ、自らは毛布を被って横になる。

戦後の調査によれば、三宅は八重瀬岳東麓において、木村は与那原西方において、ともに戦死し、薬丸、長野は脱出後の消息は全然不明である。

夜半過ぎ、混成旅団に配属してあった船舶隊長大木中佐から、残存の部下十数名とともに摩文仁部落西北側疎林内にある旨、報告があった。同時ころ、一〇五高地で頑張っていたはずの混成旅団砲兵隊の幹部数名が、旅団司令部を求めて司令部洞窟に流れ込んだ。それぞれに最後の軍命令を示して、善処を要望するのほかはなかった。

二十日の払暁、砲爆声静かな一時、数十名の避難民が摩文仁の部落を三々五々港川方面に落ちて行くのを見る。あまりに長閑(のどか)な風景に、これが激戦場なのかと気合いが抜けてしまう。だがこれはほんの暫(しば)しの茶番劇に過ぎない。今日はいよいよ乱戦だ。やがて敵戦車二十数輛が、東方のなだらかな稜線を越えて、摩文仁高地に集中射を加えながら徐々に接近して来る。摩文仁東方および北方近く、彼我歩兵の機銃戦が漸次(ぜんじ)高潮に達する。第二十四師団方面は、真栄平東北高地、米須、さらに近くは小渡付近にまで敵戦車群が侵入しきたり、彼我戦線は、図上に記入して弁別することができなくなった。摩文仁部落の周辺を、さんざん暴れ回った敵戦車群が、東方稜線の彼方に後退し、姿を消すとともに二十日の日も暮れた。

日没後間もなく、砂野がやってきた。戦況非なるとき、いつでも私を楽観させるような情報を持ち込んで、喜ばす敬愛すべき同期生である。最後の今夜といえども、昂然としてなかなかの元気だ。がらんとした参謀室を見回し、けげんそうに、「皆はどうした」と詰問調だ。私は前後の事情を説明した後、軍参謀長の彼に対する考えを薄々承知していたので、すぐ長将軍の許(もと)に行かせた。

彼は暫(しばら)くして私の席に帰り、軍司令官より軍砲兵司令官和田中将宛ての命令書を見せた。命令には、「砂野中佐ならびに軍砲兵司令官の選定する他の将校二名を、戦訓報告ならびに本土決戦参加のために、本土に帰還せしむべし」と書いてあった。彼は、軍司令官は摩文仁高地を占位する軍第六十二師団、軍砲兵および混成旅団の各司令部の最後を統制するや、あるいはその自由行動に委するやの問題を提議したが、軍の最後の命令の主旨に従い、各司令部勝手にすることに話を決めた。

彼は笑いながら、「摩文仁高地の地形を観るに、敵戦車は東方からのみ進入が可能である。軍砲兵司令部は、いちばん東側に位置するから、俺たちがまず最初に血祭りかな」と冗談を言う。「それにしても、おやじたちは洞窟内で自決すると、珊瑚岩が堅くて埋めることができぬ。それに敵にすぐ発見されるし、さらに腐った死体が残ると不様(ぶざま)だ。断崖の上で自決してもらい、遺骸はそのまま東支那海に投じて水葬した方がよいと思うが、君はどう思う？」

と尋ねる。私は「土左衛門もあまり感心しないが、悪くもないな」と答える。

私は軍司令部の玉砕計画——将兵全員山上から北方摩文仁部落方向に突撃し、両将軍はこれを目視しつつ、山上で自決する——を彼に説明した。すると彼は「軍砲兵隊としては、軍司令部の最期になんら寄与することができず残念である。しかし、なんとかして真栄平付近にある十五サンチ砲のうち一門を、小渡付近に陣地変換させて、軍司令部の総突撃に協力させたい。十五サンチをぽんぽんと射ちながら突撃すれば、多少賑かになって景気がよいぞ」と私を嬉しがらせる。

二人は、さらに日本の将来を論じた。彼も私と同様、祖国の実情を知ることに焦慮している。沖縄敗るれば、祖国もまた亡ぶ。日本の将来は見え透いているのに、中央指導者たちは、ほんとに文字通り滅亡の途を選ぶであろうか？　もし降伏するならば、無力化したわが無数の将兵が、未だ全死しない間に降伏して欲しい。否、わが指導者たちは、その本能から、自己の地位、名誉、そして生命の一日でも存続を希望して、わが将兵の二万や三万を犠牲にしても、意に介しないのであろうか？……。二人は大胆に、心ゆくまで語り続けた。彼は洞窟を出て行くとき、「これで永遠の別れとなるかもしれぬが、またやあやあと一緒に手を握ることもあろう」と至極しゃんとした態度で洞窟を出て行った。

砂野を送り、感慨尽きて独りうつらうつらしていると、電報班長大野少佐が、方面軍から感状がきましたと叫びながら駆けてきた。まだ三分の一ほど翻訳ができておりませんが、と差し出す電報を読んで、私は歓喜した。当初から敗れるに定った戦闘、——本土のための戦略持久戦——であり、善戦よく任を尽くしたと確信してはいたが、それにしても心から湧き出る新しい喜びは禁ずることができぬ。支那事変以来、私は幾多の感状文を読み、かつ自ら起案したこともあるが、美辞麗句をもって綴られた最大限の称賛の辞には、何か空々しいものが感ぜられ、あまり好感がもてなかった。しかるに今読む感状文は、一字一句が躍動して、鮮やかに目にしみ、私の気持ちを優しく慰め、強く鼓舞する。私は翻訳の終わるのがもどかしいばかりにして参謀長室に急いだ。狭い通路上に、相も変わらず惨めにも折り重って、充満する将兵たちの顔にも辛苦に報われた歓喜の色が輝いている。生死苦楽をともにしてきた真の戦友だな！と思う。急ぐあまり二、三の兵士の手や足を踏んだが、一人も文句を言わぬ。

灯を消して、横臥しておられた参謀長は、すぐ起きあがり、ロウソクに灯を点じて差し出し、貴官読んでくれと言われる。起き直られた司令官も、ここで聞いているよと申される。副官、当番兵そして数名の女性も、目を光らしてこっちを注視している。

「陸軍中将牛島満統率の下、三月二十五日以降沖縄島に上陸せる敵に対し、熾烈な砲爆撃下、孤立せる離島に決死勇戦すること三閲月、この間よく部隊の精強を発揮し、随所に敵を撃砕して、これに甚大なる損耗を強要し、もって中外に皇軍の威武を宣揚せり。しかも敵海上勢力を牽制し、わが航空作戦の戦果獲得に寄与せる処また大なり……」と私は感激を抑えつつ、静かにゆっくりと読んだ。聞き終わられた両将軍は、しばらく瞑目、何事も申されなかったが至極満足そうである。私は参謀長の枕頭にあった通信紙と鉛筆を借り、立ったまま返電を起草した。

「四囲を圧する敵軍に対し、残兵を提げて、最後の突撃を決行せんとするこの劇的瞬間において、茲にわが第三十二軍に感状を授与せらる。真に感激の至りにして、光栄これに過ぐるものなし。沖縄の島を血に染めて、殪れし幾万の英霊はもって瞑すべく、今なお孤塁に拠りて、血戦を続ける残存将兵も、また感奮を新たにすべし。茲に謹みてお礼申し上ぐるとともに、掉尾の勇を振るいて、敢闘し閣下のご期待に背かざらんことを誓う」

参謀長は横臥したまま、三回ばかりこの電文案を私に繰り返し読ませた後、「……授与せらる」の次に、「これ方面軍司令官閣下、参謀長閣下ならびに閣下各位の懇篤なるご指導ご援助の賜物にして、親父の温情肺肝に徹す」の句を、また「……敢闘し」の次に、「上聖慮に副い奉り」の句を挿入するよう命ぜられた。感状文は千葉准尉に命じて複写させ、決死伝令をもって隷下諸兵団に伝達した。乱戦の間、遺憾ながら第一線の将兵に徹底したかどうかは確信がない。

二十一日の戦況はいよいよ混沌としてきた。夜が明けるとともに、敵戦車群は、例の稜線を越えて摩文仁部落に侵入、さらに西北進して小渡付近を西面して防御する友軍の背後をも衝くに至った。

奇怪なことに、数十名のわが同胞の一群が、防空服らしい一様の服装に身を固め、敵戦車に続行して、摩文仁部落に侵入、部落周辺に陣地を構築し始めた。あり得べからざることだ。歩哨の報告を信用する者はない。しかし誰が代わって見ても間違いはない。並みいる将兵皆切歯扼腕して憤激した。——終戦後、確かめたところによると、彼らは敵のため、陣地を構築したのではなく、日本軍戦死者の埋葬や、重傷者の収容にあたったのが事実だったらしい。

軍司令部の直接防衛は、軍管理部長（高級副官）葛野中佐の担任である。彼は、今夜松井少尉の指揮する一小隊を派遣して、摩文仁部落を奪還するに決した。敵のために働く者は、同胞といえども容赦はしないと皆激昂している。松井少尉は軍司令部の演芸掛として名を売った。彼は一橋大学の出身で、在校当時はボートの選手だったという、司令部防衛中隊の小隊長である。この夜、松井は敵の後退に乗じ、一戦も交うることなく、摩文仁部落を占領した。

私は摩文仁高地が直接敵の攻撃を受けるのは時間の問題と思い、司令部洞窟の三つの出口のうち、最も弱点である参謀部出口の閉塞を命じた。幸い洞窟内に、爆破した岩石が堆積していたので、これを利用して通信所長の工兵中尉が、衛兵、通信手、当番兵等を動員し、深さ五メートルの阻絶を数時間を出でずして完成した。

日が暮れるとともに、断崖下の洞窟にいた佐藤軍経理部長が、部員政井主計少佐に援けられて、司令部洞窟にやってきた。参謀の出撃で空席ができたので、そこに起居するためである。彼は、軍参謀長が司令官のおともをして自決されるはずだと聞くや、ほろりとして、暫し言葉がなかったが、「私もおともしましょう。ああこれで胸がすっとした」といかにも安心した面持ちである。白髪禿頭、美髯のこの大佐は、軍参謀長と陸士同期の無二の仲良しで碁仇き、口仇きの間柄であった。その最期の決意の神速で淡々たるを見て、私は、死を見ること帰するが如しという言葉があるが、真にこの人のことであろうと思った。

あまりにも心憎き態度なので、私は、「貴官のような一見年老いて見える人は、敵も問題にしないだろうから、避難民に紛れて、国頭方面に脱出されてはどうか？」と誘惑した。老部長は笑いながら、「先ほどこの洞窟に登ってきただけで、死ぬるような思いをした。私のように年をとった者は、もはや手も足も利かぬ。ここで死ぬるのがいちばん楽で仕合わせである」との返事である。それでも脱出を考えて携行したのか、靴下に入れた白米、焼き塩、鰹節、その他かん詰めなどを私に譲り、さらに昨夏沖縄着任以来の俸給の残りを、私の突破行にと提供された。

経理部長は、刻々迫る死のことなど忘れたかの如く、よもやまの話に打ち興じた。談、家庭のことに移ると、長男は幼年学校に在学中で、三人の娘はそれぞれ前途有為の青年に嫁しているので、思い残すことはさらさらないと語り、真から満足そうだ。

この夜、参謀総長、陸軍大臣連名の訣別電報を入手した。電文は、「第三十二軍が人格高潔なる牛島将軍の統率の下、勇戦敢闘実に三か月、敵の首将シモン・バックナーを殪し、その麾下八個師団に痛撃を加え……」に始まり、「貴軍の奮闘により、今や本土決戦の準備は完整せり。敵もし本土に侵寇せば、誓って仇敵を撃滅し、貴軍将兵の忠誠に対えん」と結んである。昨夜の方面軍司令官の感状に引き続き、今夜の電報である。両将軍はもちろん洞窟内将兵ことごとく満足である。

アメリカ第十軍司令官バックナー中将の死は、我々にとっては初耳であり、驚愕すべきビッグ・ニュースであった。私は、わが軍司令官の自決に先だち、敵将を討ち取ったことに、無上の愉悦を感じた。沖縄作戦に、わが日本軍が勝ったかのような錯覚を覚えたほどである。むろん参謀長は躍り出さんばかりであった。だが、牛島将軍はと見ると、一向に嬉しそうになく、むしろ敵将の死を悼むかの如く、私どもの喜ぶのが当惑そうである。以前我々が将軍の面前で、人の批評をした際、困ったような顔をされるのが常であったが、それと同じである。私は今更ながら、将軍は人間的には偉い人だと、襟を正さずにはおられなかった。

二十二日未明、第二十四師団司令部からの最後の下士官伝令が飛び込んできた。その報告によれば、師団司令部は、今や東、西、北の三方から近く包囲攻撃を受けているが、付近に陣する十五サンチ榴弾砲が、なお活躍を続けているので、まだ当分は大丈夫だとのことである。この下士官に託された杉森参謀の私宛ての手紙は、藁半紙に鉛筆で大きな字で走り書きしたもので、「いよいよ最期も近づいてきました。参謀殿には、長らくご指導お世話になりました。今度は靖国神社でお目にかかります」とあった。彼は私の陸大時代の教え子の一人であった。

私は、軍参謀の動静を簡単に記し、かつ無限の愛着をこめて、訣別の言葉を送った。そして

　　砲声もやがて絶えなむ喜屋岬
　　　つわものどもの夢をのこして

の駄句をつけ加えた。伝令は二十二日の日没を待って、再び死地を師団司令部に向かったが、果たして無事帰還したかどうか知る由もない。

軍参謀の出撃に引き続き、次々と司令部将兵が、各種の任務を受けて、洞窟を出て行った。ここ数日来参謀長は、「未だ万余の青年が生き残っているはずだ。彼らを本土に帰してやったらどんなに役に立つだろう。八原！　帰してやりたいな！」とよく呟やかれている。そうした参謀長の思いやりの反映か、私の記憶に残る出撃者の主なる者は次の通りである。

松永大尉以下航空特攻の残存者十数名。敵線を突破して、北、中飛行場地区に潜入し、敵航空部隊を攻撃する。

和才大尉を長とする情報関係の将兵五名。沖縄島内に潜伏し、遊撃戦に任ずる。

政井、児島両主計少佐。本土に帰還し状況を報告。

松永大尉が最後の言葉を述べた後、その端正な顔の双眸を、ぱっと真っすぐに私に注ぎ、無限の思いをこめて容易に去らなかった姿や、和才大尉がうつむき加減に、「しっかりやります」と繰り返した様子など、忘れることができない。

西野少佐は、北、中飛行場地区に潜入し、敵の航空情報を収集し、中央に報告すべき任務を受領したが、出撃計画はまだ決まらぬ様子だ。

将兵が逐次出撃して、さらでだに寂しい洞窟内は、いよいよ寂寥を加える。若い美貌の池田少尉に、「皆はどんどん出撃して行くが、君はどうする？」と試問すると、彼は堅く口を結んで、「私はここで頑張ります」と答えた。軍司令官室への通路を通るたびに、通信掛の堀内中尉は、「高級参謀だ。道をあけろ！」と叫ぶのを常としたが、洞窟内は今や閑散として、その必要はなくなった。

## 第三十二軍司令部の最期

二十二日の夜が明けて間もなく、摩文仁の部落に猛烈な機関銃声が起こり、三時間ばかり続くと、はたと止んだ。松井小隊が全滅したのだ。さらば松井少尉よ！　戦車の走る音が、手にとる如く聞こえ、戦車砲がわが洞窟に集中射を浴びせてくる。最期を待つのみのここ洞窟内の軍司令部はがらんとしている。佐藤主計大佐は参謀長のもとに話しに行き、代わって衛兵長の秋永中尉が私の話し相手になる。正午やや前、参謀部出口で轟然数発の爆声が起こり、爆煙と土砂が身辺に吹き込んできた。出口の近くにいた数名が、どっと私の方に退る。それ！　黄燐弾だと皆防毒面を装着する。よく見ると、出口の阻絶は崩れていない。敵兵の足音と、不敵な笑い声が聞こえる。私はきたな！と思ったので、「秋永中尉！　ここは大丈夫だ。中央の山頂出口を固めろ！」と叫ぶ。声に応じて、秋永は駆け出した。

私が、随感手記を便所付近に落としたのを探しに行った勝山が、息せき切って引き返し、報告した。「ただ今敵に山頂を占領されました。敵の爆雷が垂坑道から洞窟内に落下して爆発、参謀長室のあたりには、死傷者がいっぱい転がっています」

秋永中尉が駆け出してから、まだ十分も経たぬのに、もうやられたか。垂坑道から敵に侵入されたのでは一大事だ。まず参謀長、軍司令官がいちばん危い。そして参謀部と副官部が遮断され、参謀部の者は進退きわまる。私は蛍電灯を手にして、敵を警戒しつつ、垂坑道上り口に歩み寄った。爆煙が立ちこめ、惨として声を発する者なく、あたり一帯血なま臭い。

電灯の弱い光で点検すると、上り口の付近に十数名の将兵が折り重って倒れている。頂上からさらに攻撃を加えられそうな気がするので、十分周囲の状況を確かめた後、意を決して死体を乗り越え参謀長室に突進する。まだ絶命していないのか、私に踏まれた兵士が痛い！と叫んだ。

参謀長室は、無惨に吹きとばされていた。長将軍は撫然として、隣の牛島将軍の寝台に腰掛けておられる。避退した将兵は、両将軍を囲んで総立ちになり、まだ衝撃から立ち直れぬ様子である。蒼白な顔をした仲本嬢が、薄暗い隅(すみ)っこで、ひとりきちんと腰掛け、両の拳を堅く握りしめ、泣けてくるのをじっと抑えるかにしているのがいじらしい。

皆の話を総合すると、秋永中尉は山頂に達するや、直ちに数名の部下衛兵とともに手榴弾戦を交えてことごとく殪れ、第二陣を承って駆け上がった池田少尉以下十数名は山頂に達するに先だち死傷して壕底に転落し、さらに手持ちの手榴弾が爆発して、損害を大きくしたようだ。医療室を覗くと、負傷兵にまじって二人の女性が寝棚に横たわっている。身体も顔もひどくむくみ、誰やら見当がつかぬ。賀数軍医中尉が、黙々と小刀で腕を切開し、動脈を引っ張り出している。青酸加里の注射でもするのであろう。傍の者に聞くと与儀、崎山の両嬢ではないかと言う。嗚呼、花のかんばせ今いずこ、と嘆いてやりたい。

私が女性の参謀部出入りを厳禁したために、狭くて居場所のない彼女らは、よく垂坑道の上り口に佇(たたず)んでいた。そして犠牲になったのかと思うと、自責の念に耐えない。

ついに山頂は敵の有(もの)となった。敵はいつ垂坑道から侵入するかも知れぬ。唯一の残された副官部出口は、敵に海上から制せられており、さらに山頂の敵から手の届くところとなった。容易に自決の日を示されなかった両将軍も、わがことすでに終われりと観ぜられたものか、今夜司令部将兵をもって山頂を奪還し、二十三日黎明摩文仁部落方向に玉砕突撃を敢行、牛島中将、長参謀長は山頂において自決するに決せられた。山頂奪還の攻撃部署は、責任者の葛野中佐に委し、私は再び死体を踏み越えて、自席に帰った。参謀室には誰もいない。しかし私の姿を見うけて安心したのか、ぼつぼつと定位に復し始めた。

秋風落莫、休息が欲しい。寝棚の上に仰臥して瞑目すれば、百念洪水の如く襲いきたって、悶死せんばかりである。軍司令官、参謀長の広大無辺な取り計らいで本土決戦参加の命は受けたものの、一軍の高級参謀たるものが、恩顧ある両将軍や幾万の戦友を見棄てて本土に走るのは、真に情において忍び難いところだ。またもし無事生還した場合、本土の人は冷たい目を向けるだろう。万事を諦（あきら）めて、潔く戦友とともに死すべきではないか。

否々、弱い死を選んではならぬ。公憤、義憤そして私憤の鬼となり、あくまで強く生きるべきである。そもそも沖縄戦を振り返って見るに、自分が心血を注いで作成した作戦計画は、弊履の如く踏みにじられ、作戦の指導においても、自らの主張理想とはかけ離れて強行され、満腔の悲涙をのまされたのではないか。とにもかくにも軍司令官の許可を得ているのだ。本土への脱出に専念すべきである。松永大尉が、鍾乳石にぶら下げたまま残して去った航空時計を見れば、早や六月二十二日も夕方に近い。

参謀長は、司令部の最期を見届ける必要はない。機を失せぬうちに、早く出撃せよとしきりにすすめられたが、さすがに私もこの言には従い難く、ここに踏み止まっている。両将軍の最期まで洞窟内に止まることにより、脱出の機を逸するに至るならば、天運が私に存しないのだ。もって瞑すべきである。どうしても今夜はここに頑張った後、初めて自らの途に進むべきである。

夕刻やや過ぎて、司令部衛兵の一人が泥にまみれてやって来た。彼は対戦車肉迫攻撃隊の一員として、今暁摩文仁高地東麓で、敵戦車を待ち伏せして、その二輛を爆破したが、戦友は皆死傷したという。一生懸命にその詳細を報告する彼の態度がいじらしく、私も心から耳を傾けた。数刻の後軍司令官が自決するというこのとき、自己の任務に身体ごとぶっつけた兵士の報告を聞く私は、得も言えぬ、やるせない気持ちである。彼の言によれば、参謀部出口を閉塞してくれた通信所長は、電信連隊本部に引き揚げる途中、戦死したそうだ。

確報ではないが、混成旅団、軍砲兵隊の両司令部は昨夜総員斬り込みをしたという。第六十二師団司令部は依然頑張っているだろうか？　もとより知る由もない。最後の夕飯は、暗い洞窟のそこここでいつもと変わりなくひそやかに始まっている。泥水で煮た握り飯一つ、飲む水はすでに一滴もない。

地上、地下十数メートルを隔てて手榴弾を投じ合い、戦友相ついで殪れ、つい先刻まで談笑していた将兵が冷たい骸(むくろ)となって横たわり、そして自らの死も数時間の後に迫っているというのに、なんという沈静した雰囲気であろう。泣く者もなければ、笑う者もない。思うに皆の共通した願いは、この息づまる暗黒の洞窟内から一刻も早く駆け出して、広々とした自由な大地に立って、思うさま最後の呼吸をしてみたいことではないか？

参謀部に勤務していた通信一個分隊と、各部隊の連絡者数名は、すでに今晩までに所属部隊に引き揚げてしまった。出撃の機近づくに従い、衛兵の五名、参謀部下士官も皆副官部に合流した。残るは西野少佐と、その当番兵の与那原一等兵、ならびに私に従うべき千葉准尉、勝山伍長、新垣上等兵のみである。

攻撃開始の時間が迫ったので、西野少佐以下に参謀部出口の警戒を命じ、自らは副官部に歩を運ぶ。両将軍は、膝を組んで静かに煙草をふかしておられる。佐藤経理部長も、参謀長の傍に腰掛けてにこにこしている。吉野、真崎両副官、中塚、中村両上等兵、平敷屋らの女性も各々の位置におさまり、それぞれの感慨に耽っているかの如くである。さらに副官部出口に近づけば、出撃を待つ将兵が二列側面縦隊に詰めかけ、両側の寝棚の上では数名の女性が、いじらしくもしきりに着物をたたんだり、拡げたりして、葬式の日の一場面を想起させる。

出口では、長身の高級副官が出撃の指揮に大わらわになっている。私は、よけいな口出しをして指揮を錯乱せぬよう自制して静かに敵情を観察する。月未だ出でず、暗黒の谷間には濛気漂い、海上には敵哨海艇二隻が眠るが如く浮かんでいる。案外この戦場の一角は静かである。攻撃の部署は、垂坑道方面はたんに監視に止め、副官部出口から電光形の道に沿うて断崖を登り、山頂の敵を攻撃することに決まった。攻撃参加者は、中央宛て最後の電報を打つための要員大野少佐以下電報班員十数名と、両将軍の遺骸処理に任ずる副官部将兵約十名を除く他の全員とし、これにどこからともなく合流した工兵第二十四連隊の一分隊である。
司令部内洞窟よりの出撃と相俟って、摩文仁高地周辺にある防衛中隊、各部将兵、ならびに付近に後退してきた諸隊の生存者も、呼応して攻撃に参加させる手はずになった。しかし、私はこれら部隊のここ数日の間の手並みを知っているので、あまり期待はできぬと考えていた。

高級副官の命令一下、先陣を承った工兵分隊が、一名ずつ匍匐前進して闇の中に消える。海上からは一発も射ってこない。山頂からは手榴弾も落下しない。高級副官と私は、手に汗しつつ声援を送る。山頂に達したと思うころ、数発の銃声が起こる。不思議にも、機関銃声も、手榴弾の破裂音も聞こえない。私は、敵がいつもの手を使い、夜間戦闘を避け、山頂から後退しているのではないかと判断した。しかし、弾薬補充と称して、山を降りて来た一老兵が、確かに敵はいると主張してやまぬ。傍にいた安田中尉が、「私が偵察します」と言い、手兵数名を率いて突進する。だがいくら待っても、彼からの報告はない。依然山頂で激闘の起こる様子はない。高級副官も、私も苛だった。ついに松原少佐を総指揮官として全員の出撃を命じた。

松原少佐がまず先頭となり、姿勢もかがめず前進すれば、椿田少尉が長刀を提げ、英気颯爽としてこれに従う。剣道の達人藪本少尉が必死蒼白の顔ながら、部下を激励しつつ出て行く。作戦関係の書記高橋、加藤、小篠らが私に目礼して、これに従う。どの顔も、過去一年有余苦楽をともにした思い出多い人々ばかりだ。数十メートル先の闇の中には死が待っている。厳粛にして惨たる突撃である。

月が東の空にあがったのか、脚下の海面が夢の如く展け、山々は黒々とした影を谷間に宿して、魔の如くそそりたち、山頂の銃声は絶えてはまた起こる。決死のわが将兵は、依然断崖に阻まれ、高地上に進出し得ぬ様子だ。

松原少佐から、正面を避け、断崖の中腹を迂回して攻撃する旨の報告がきた。私は、本日敵が摩文仁高地を占領した老練な手並み、地形、そして司令部業務に没頭して、戦闘動作に未熟なわが将兵の戦闘力などから判断して、山頂の確実な攻略は不可能と判断した。そこで攻撃の指揮は高級副官に任せて、洞窟内に引き返そうとすると、坂口副官に呼び止められた。彼は長さ三十センチ、幅十センチの板にそれぞれ陸軍中将牛島満之墓、陸軍中将長勇之墓と墨書した墓標を見せて曰く、「高級参謀殿、私はいかなることがあっても両将軍の遺骸は収容して、この墓標を建てますからご安心下さい。しかし、その他の人は、たとえ高級参謀殿でも戦死したらそのままにします」と、彼の口調にはいつもの親しみがあった。

私は参謀長に、残念ながら山頂の攻略は断念のほかなき旨を報告した。将軍は、すでに酒の酔いが回っているらしく、なかなかの上機嫌だ。私の報告など歯牙にもかけず、「まあ一杯飲め」と酒を勧められる。「お前とは、大東亜戦争の起こる直前、サイゴンでよく飲んだね。あのホテル・マゼスティックの横の映画館で見た『ダニューヴの漣波』というのは美しい映画だった。お前も俺も横紙破りのわがまま者だったので、苦労を重ねたあげく、今日の運命を甘受するに至った。俺は着任の当初から、決してお前をこの島では殺さぬと言っていたが、今その約束を果たし得て満足だ。お前の敵線突破は必ず成功する。一気呵成は禁物だ。一日かかるところは三日かけてやれ。お前に起死回生の妙薬をやる。どんなに疲労したときでも、これを飲めば、立ちどころに元気を回復する」と言って、六神丸のような薬を与えられた。そしてさらに、先だつものは金だからと、百円札五枚を渡された。

あくまで攻勢をもって任務を解決せんとする参謀長、終始一貫持久戦こそ本土決戦に貢献する途と主張してきた私。両者の作戦意見は根本的に反対であった。去る五月四日の攻勢までは極力参謀長の方針に抵抗した私。だのに両者の人間的交流は、不思議なほど円満であった。旅団長でさえなぐりかねまじき豪快な参謀長に、私はほとんど叱声を聞いたことがない。下世話に言う親分なのである。

嗚呼、泣けてくる。将軍は平素主義とされた、「男の中の男」振りを遺憾なく発揮して、死なんとしておられる、私は感激に耐えかねて自室に戻った。参謀室では西野少佐以下五名のものが、孤灯をかこんで悄然としている。夢現(うつつ)の心地で、寝棚に横たわる。ときどき負傷兵が重く足を引きずって歩くような、また彼我格闘するような足音が洞窟の上を交錯する。外界とは一切遮断された所と思っていたのに、今や静まり返った洞窟内では、耳を澄ませばどんな些細(ささい)な音も聞くことができる。敵もまた聴音機を備え付けて、地下の我々の様子を覗(うかが)っていることだろう。氷のような鋭い聴覚戦である。

夜半過ぎて、山頂奪回は断念し、両将軍は二十三日未明、副官部出口で自決されるに決し、今両将軍ともお休み中との知らせがあった。経理部長は参謀長室から帰ってこない。情尽きて、感起らず、仰臥したまま水滴を含む無数の鍾乳石を慢然と眺めながら時の経つのを待つ。
二十三日三時ごろ、軍司令官の命なりと呼びにきた。服装を正して出かける。牛島将軍は略綬を佩用（はいよう）して、服装を整え、膝組んでおられる。長将軍はキング・オブ・キングスのひょうたん型の壺（つぼ）を前にして、すでに一杯傾けておられる。周囲の顔ぶれは概して昨夜と変わりない。私は両将軍に敬礼したが、今や言うべき言葉はない。参謀長は私にウイスキーをすすめ、さらに自ら剣先にパインアップルの切れを刺し、これは両方とも特等品だぞと自慢しつつ、私の口にもってこられた。私はちょっとぎょっとしたが、子供のするようにあーんをしてちょうだいした。
私を前にして、両将軍の間には、次のような会話が続けられた。
参謀長「閣下はよく休まれましたね。時間が切迫するのに、一向起きられる様子がないので、実は私ももじもじしていました」
司令官「貴官が鼾声雷（いびきごえ）の如くやらかすので、なかなか寝つかれなかったからよ」
参謀長「切腹の順序はどうしましょう。私がお先に失礼して、あの世のご案内を致しましょうか」
司令官「わが輩が先だよ」
参謀長「閣下は極楽行き。私は地獄行き。お先に失礼しても、ご案内はできませんね……」
参謀長は、「西郷隆盛が城山で自決する直前、碁を打ちながら別府晋助に向かい、『晋助どん！　よか時に合い図をしてくれ』と言ったそうだが、俺はキング・オブ・キングスでも飲みながら時を待つかな」と笑われた。周囲の者は西郷隆盛と聞いて、一斉に牛島中将を注視する。将軍は平素部下から西郷さんと呼ばれていたからである。

両将軍は、二、三辞世ともなんともつかぬ和歌や、詩をもって応酬された。私は、はっきり聞きとることができなかった。しかし沖縄を奪取された日本は、帯を解かされた女と同じもんだと、だじゃれを言われたのを記憶する。後日知った正確な辞世は次の通りであった。

牛島中将

　秋待たで枯れ行く島の青草も
　　み国の春に　よみがえらなむ
　矢弾つき天地そめて散るとても
　　天がけりつつみ国護らむ

長中将

　醜敵締帯南西地　飛機満空艦圧海
　敢闘九旬一夢裡　万骨枯尽走天外

いよいよ時間も迫るので、洞窟内に残った者が、皆一列になって次々と将軍に最後の挨拶をする。平素正しいと思ったら、参謀とでも殴り合いをした利かぬ気の大野少佐が、一点の邪気のない神のような涼しい顔で走り寄って、大本営宛て最後の電報を打ち終わった旨報告した。彼は長年参謀本部の暗号班で勤務したことがあるので、一昨夜大本営からきた最後の電報の緒語、「貴軍の忠誠により、本土決戦の準備は完成した……」の主旨の言葉は、アッツ以来太平洋の島々に玉砕した、すべての部隊に寄せられたものですと、なかば嘲笑的に語った。参謀長と私は互いに顔を見合わせ、きっと唇をかんだ。

最後までよく将兵と苦難をともにした平敷屋その他の女性も挨拶をする。参謀長の当番娘が、「閣下のご焼香もすまさないで、洞窟を出て行くのは誠に申しわけありません」と述べたとき、長将軍は微かに苦笑された。彼女たちは他の残存の将兵とともに、夜の明けきらぬうちに断崖の道を降りて海岸の洞窟に行くことになっていた。参謀長当番の中塚は、俺はもう要らぬからと、貴重な水のはいった水筒を女たちに与えた。軍司令官は静かに寝棚から降り立たれ、参謀長は軍衣を脱してそれに従われ、経理部長もまた後に続く。ロウソクの灯を先頭に、粛々として行列は出口に向かう。心も足も重い。

洞窟の外に出(い)ずれば、月未だ南海に没せず、浮雲の流れ迅(はや)く、彼我の銃砲声死して天地静寂、暁霧脚麓より静かに谷々を埋めて這(は)い上がり、万象感激に震えるかの如くである。洞窟出口から約十歩のあたり、軍司令官は断崖に面して死の座に着かれ、参謀長、経理部長またその左側に位置を占め、介錯(かいしゃく)役坂口大尉がその後方に、私はさらに彼の左後方に立つ。残存の将兵は出口に起立して、大なる瞬間を待つ。

やや前かがみに首を伸ばして座した参謀長の白いワイシャツの背に、「義勇奉公、忠則尽命」と墨痕淋漓(りんり)自筆で大書されたのが、暁暗にもはっきりと読める。私を振りかえられた長将軍は、世にも美しい神々しい顔で、静かに、「八原！　後学のため予の最期を見よ！」と言われた。剣道五段の坂口が、つと長刀を振りかぶったが、何故か力なくためらって、「まだ暗くて、手もとがきまりません。暫く猶余を願います」と言った。

　明るくなれば、海上の敵艦から砲撃される。海岸洞窟に降りるはずの将兵は動揺し始めた。ついに彼らは将軍の許しを得て駆け降り始めた。焦る将兵に阻まれている間に、いちばん出口近くにおられた両将軍が立ち上がられる。私は遅れじと接近しょうとするが、奔流の如く駆け出さんとする将兵十数名が、停止を命ぜられ、出口を塞いでしまった。

　ようやく彼らをかきわけ、出口に顔を出そうとする一刹那、轟然一発銃声が起こった。騒然たる状況に敵艦からの砲撃かと思ったが、経理部長自決の拳銃声だったのだ。今度は坂口が両将軍着座の瞬間、手練の早業でちゅうちょなく、首をはねたのだ。停止させられていた将兵は、堰を切ったように断崖の道を走り降りた。

　高級副官、坂口大尉、私の三人は出口に転がっているドラムかんに腰を下した。坂口は私に「やりました！」と顔色蒼白ながら、会心の笑みを浮かべた。三人は黙ったまま、ぐったりとなって、白々と明けゆく空を眺めていた。立派な最期、無念の死、かくて激闘三か月、わが第三十二軍は完全に潰え去ったのである。時に昭和二十年六月二十三日午前四時三十分！　嗚呼！

　本戦闘における沖縄防衛軍の戦死者は約六万五千であり、このほか、防衛召集者および県民の損害は夥しかった。敵側の損害はアメリカ軍戦史によれば、地上軍において、死傷約四万、戦闘によらない死傷者（自軍の激烈な砲爆による精神喪失者等）約二万六千、海上における死傷者約一万であった。

沖縄作戦の経緯を述べ終わるにあたって、私は一言つけ加える必要を痛感する。読者の誤解を招く惧れがあるからである。私の立場よりすれば、この作戦には幾多の問題があった。しかし第三十二軍将兵、特攻勇士ならびに沖縄島民の三者が相協力し、善戦敢闘した戦い振りは、アメリカ軍側戦史が高く評価し、特にその組織的頑強さを激賞している。私は有名なアメリカ軍事評論家ハンソン・ボールドウィンの言葉を左に掲げ、心から沖縄戦に散華した戦友の霊に手向けんとするものである。

「太平洋戦争中日本軍で、最も善く戦ったのは、沖縄防衛部隊であった」

# 第四章　脱　出

## 摩文仁洞窟からの脱出

葛野中佐と坂口大尉はこもごも、ここは危険だから断崖下の洞窟に移れと勧める。しかし、私は信ずるところがあったので、参謀室に帰る決心を動かさなかった。別れる際、この人たちとはもう一度会える気だったので、軽く挨拶（あいさつ）しただけだった。この二人の友は、私が洞窟内奥深く去ろうとするのを見て、私が死を覚悟したと推測したか、あるいは真に危険と思ったか、その顔には友の身を案ずる友情が充（み）ち溢れていた。

参謀室に残ったのは、私、西野、千葉、勝山、新垣、与那原の六名である。副官らは、一応海岸洞窟に降りると聞いたので、間もなく敵は垂坑道、副官部出口いずれからでも自由に侵入できるようになる。掃討攻撃は今にも始まると覚悟しなければならぬ。私は今後数日間、かねて準備した秘密洞窟に潜伏し、敵の警戒緩となるに乗じ、出撃する計画である。皆を急きたてて、必要な食糧や毛布を持って、参謀室北壁に続く秘密洞窟にもぐり込んだ。この洞窟は、人がようやく出入りできる小さな入り口で、中にはいると、六名ぐらいは収容可能な広さがあり、石で入り口を閉塞すれば、容易に発見されぬ屈強な場所であった。もちろんゆっくり腰かけたり、寝たりすることはできぬ。上からは無数の鍾乳石が垂れ下り、底はのこぎりの歯のような岩盤だ。手足を伸ばすこともかなわず、ほとんど身動きもできぬ。ロウソクに火を点ずるわけにもいかず、したがって、真っ暗だ。ときどきマッチをすり、航空時計を見て、時間の経過を知るありさまである。

今や四面寂として、銃砲声を聞かない。戦いは終わったようだ。疲労その極に達した与那原と勝山が、いびきをかき始めた。敵に発見される端緒となるのを恐れて叱り飛ばすと、一時止めるが、すぐまた始める。そこで一案を考えた。副官部と参謀部の中間に机、イスその他所在のもので障害をつくり、空きかんをぶら下げた。これで事前に敵の近接を知り、いびきも機に合して止めることができる。

だが、安心も束の間、敵――敵に相違ない――に発見された。軍用犬が、我々の頭上にあたる摩文仁(まぶに)山腹で、くんくんと鼻をならして、去ろうとしない。二、三のアメリカ兵が穴を掘り始めた。ときどき山頂と山麓を連絡する足音も聞こえる。四十サンチ砲弾でもはね返す堅硬な岩盤だから、そう簡単に爆殺されることはないはずだが、すでに存在を発見されては、長く潜伏することはできぬ。私はようやく失望を感じ始めた。

航空時計が十二時を過ぎたころ、副官部方面から一頭の軍用犬が参謀室に接近する気配である。銃器資材を踏みつける音がする。いよいよ敵が洞窟内にはいってくるなと、皆息を殺して耳をそば立てる。幸いしばらくにして犬は立ち去った。

私は意を決して、千葉准尉に命じ、副官部方面の状況を偵察させた。間もなく帰って来た彼は、「高級副官らは自決し、両将軍の遺骸収容に任じた山崎少尉以下十数名が、まだ副官部洞窟におります」と報告した。高級副官らの死を聞いて、私は暗然となるとともに、先を越されたような後ろめたさを感じた。それにしても、敵が洞窟内に侵入してこないのも道理である。先刻軍用犬と思ったのは、山崎少尉の部下だったのだ。

私は洞窟内外の状況が判明し、かつ日没も近くなったので、危険は一時去ったと判断し、皆とともに参謀室に這い出した。一本のロウソクの淡い灯に、画き出された参謀室は、敵を欺くためにわざと散乱させた小銃、被服、書類などが混然雑然として狼藉たるありさまである。なんだか敗頽した臭気までかもし出し、一か月近く起居した所ながら嫌悪を感ずる。それでも狭い所から広い場所に出た嬉しさに……あれほど狭隘を感じていたのに、今は広いと思う。人間の心理は妙なものである。……皆は暫くはしゃいだ。夕食は乾パンに鰹節だけ、すでに水は二日ばかり飲まないが、まだ我慢できぬことはない。

参謀部出口の警戒にあたっていた新垣が、変な音が聞こえ出しましたと報告する。一同耳を澄ますと、なるほど、ゴリゴリと規則正しい機械音が、我々の頭上から伝わってくる。削岩機の音だ。敵は爆破準備を始めたのではないか。皆断頭台に乗せられたような気持ちになる。むらむらと反抗心を起こして、小銃の先で、音のするあたりを、がんと突きあげる。はったと音がやむ。暫くするとまた聞こえ出す。こんどは西野少佐が副官部洞窟の偵察に出かける。山崎少尉は、すでに部下半数とともに、海岸洞窟に降り、残りの者も、間もなく出発する。出口から例の危険な坂道を通らなくても、すぐ断崖を降りれば安全であることもわかった。

一度決めた方針は、軽率に変更しないのが性分だが、このまま断頭台上で死を待つのも術(すべ)ない話である。私は皆と相談して、今夜この洞窟を出ることに決めた。出た後はいかに行動するか？　西海岸方面は、敵の主上陸根拠地であり、かつこの方面に行動している敵海兵軍団は、乱暴だとの風評があるので危い。以上のほか、沖縄島沿岸の地形を考えても、脱出コースは東海岸が有利である。とにかく安全な断崖下の海岸に沿うて、具志頭(ぐしかみ)に出る。そこは敵線の背後だから、爾後(じご)の脱出行は容易なはずだ。そしてできるところまで、敵の目を避けて行動するが、已(や)むを得なくなれば、避難民に化けて、あくまで初志の貫徹は図る。

避難民に化けるためには、兵隊らしい風態の者が集団して行動するのは適当でない。そこで洞窟を出たら、各個に行動し、七月末ごろまでに国頭郡半地(はんじ)村に集合する。半地村には新垣の家があるので、そこで鋭気を養い、舟を準備し、与論島に向かう。計画は以上の如くに決まった。

西野、与那原は任務が我々と異なるので、彼らで別に計画させる。しかし出撃は、我々と一緒にすることに決まった。考えが定まると、皆大急ぎで出発準備に取りかかった。私は、軍用行李(こうり)にしまってあった背広を着用したが、スマート過ぎて難民らしくない。そこで上着は棄て、駐米当時使用していたゴルフジャケツにとりかえた。携行品は、なるべく身軽にする主義で、靴下に入れた焼米五合、鰹節二本、それにブローニング拳銃だけにした。食糧がなくなれば、甘藷と砂糖黍に頼る考えである。他の五名は、沖縄の浴衣を着た。土地出身の新垣や与那原は良く似合うが、他の三名はまったくぎこちない。

準備整うや、削岩機の音をあとにして敵との不意の衝突を警戒しつつ、鬼気迫る洞窟を副官部出口に向かう。千葉が案内役だ。副官部の中央付近、寝棚の上に四つの死体が横たわり、白布が被せてある。脚だけはみ出ているが、誰やらさっぱりわからぬ。千葉が副官たちですと言う。思わず足を止めて、黙禱する。付近の寝棚に、女性をまじえた五、六の死体を認めたが、一々点検する気にならない。

出口に半身を出して、外部の状況を観察する。二十三時過ぎであろうか？ 月未だ天心に上らず、米須を経て喜屋武岬に至る黒々とした一連の断崖が、月光を浮かべた南の海に屹立し、実に壮厳な眺めである。敵の照明弾は揚がることまれで、数百メートルの彼方、異様な形相の岩山が、月光に浮かんで乱立する辺り、彼我の銃声熾んである。大野少佐らが斬り込みを敢行しているのであろう。今まさに出撃せんとするこの出口付近は、彼我の動く気配もなく、実に静かである。静かであればあるだけ、敵の様子が不明で、薄気味悪く、百鬼が牙を磨いで、死の乱舞をしているような気がする。

私はここでしばらく、敵の動きを静観するに決した。皆は空腹を感じたか、たしかにこの辺にはパイかんが格納してあったはずと、食物あさりを始めた。待つこと約三十分、依然敵は動かず、パイかんも見つからない。ついに、私は意を決し、千葉や勝山が止めるのを聞かず、トップを切ることにした。「千葉、新垣、勝山！　ではさらば、国頭郡半地村で再会せん。西野君らの成功を祈る」と別れを告げ、安全装置を解いたブローニングを右手に、用心深く、敵との戦闘を予期しつつ、匍匐（ほふく）前進した。何事も起こらない。占めたとばかり、身体を左に躍らし、崩壊した断崖を、一気に駆け降りた。

月光の加減で緩やかに見えた断崖は、やはり急峻であった。私は第一歩より転倒し、土砂岩石と一緒になり、非常な速度で二、三十メートル転落した。そのはずみで、右手にした拳銃が一発轟然暴発した。敵の射弾が八方より集中する。転落しつつ頭、身体、ところきらわず岩石にぶつかる。とうとうここで死ぬるのかと観念する。

ようやく幸いにして、断崖中腹の狭い平坦地で、転落が止った。頭が割れたような気がしたので、転がったまま頭に手をあてると、掌に血がべっとりついた。死ぬるような気はしない。むしろ神気がすっとした感じだ。服はずたずたに破れ、強打した両膝も出血している。拳銃はふっ飛んでしまい、腰にぶら下げた焼米入りの靴下もなくなっている。

膝行（しっこう）するようにして付近の岩陰に身を隠す。まず第一の虎口を脱出したのだ。ほっとして、月影淡き山頂を仰げば、続いて誰か躍び降りたのであろう、がらがらと土砂の落ちる音がする。岩陰に身を寄せ、全身各所から出る血をハンカチで拭っていると、得も言えぬ寂しさがわいてくる。とうとう一人になってしまったのだ。先刻別れた部下が急に恋しくなる。さてこれからどうするか？　別に確たるあてもない。とにかく少しでも死の泉から遠ざかり、目標の具志頭に近づくことだ。やおら身を起こし、跛行（はこう）しながら、断崖を縫うて東に進む。

山頂のアメリカ兵が、谷間に射ち込む小型照明弾が、人魂のようにゆらゆらと行く手に落ちる。このあたり、大小の奇岩が無数に林立し、所々に空洞がある。行くことしばし、こちらに歩み寄る人影がある。敵か？　否、勝山だ。無性に嬉しくなる。自信を失い、茫然たる彼を、叱るように激励し、とにかく今夜は遅い、早く適当な洞窟を見つけて、明夜まで潜伏しようと話しているところに、ひょっこり新垣が姿を現わした。彼は非常に元気で、なかなか活動的である。私の意図を知るや、直ぐ付近にある友軍の一洞窟をみつけ出して、二人を案内してくれる。

三人は、射撃設備のしてある狭い入り口をくぐって、洞窟にはいる。広さは三坪もあろうか。若い小柄な兵が一人、焚火をしている。傍らに見おぼえのある経理部勤務のまるぼちゃの娘が、悲しげに座り、隅っこの暗いところに、二人の男が仰向けに寝ている。自決した長屋技師と負傷兵だ。白布を取って技師の顔を見る。安らかな死相だ。娘がこちらを見て悲しみがこみあげてきたのか、すすり泣きを始めた。負傷兵の方はすっかり自棄になって、話しかけてもろくすっぽ返事をせぬ。若い兵は、軍司令部の自動車運転兵で、きっぷがよく、しゃんとしている。蚊いぶしの焚火だそうだが、南国の初夏ながら洞窟内の夜は冷え冷えとするので、暖を取り、乾パンをご馳走になる。彼は、きのうアメリカ兵一名を射殺したと得意そうである。私は彼の話や、洞窟の構造などから判断し、夜が明ければ、敵は必ず火焔攻撃をしかけてくると思った。そこで一番安全な洞窟を探すよう新垣に命じた。

三十分ほどすると、彼は理想的なのが見つかりましたと、帰ってきた。私はすぐに移転を決心した。勝山は、私の足手纏いになるのを遠慮して、同行を肯じない。もともと彼らを連れ出したのは脱出の口実を与えるためであったので、「ここは危険だ。千葉准尉が、管理部洞窟に降りると言っていたから、そちらに行きなさい。ぜひ半地村で会おう。しっかりやれ」と別れを告げた。彼の微かな泣き声を後に、私は新垣とともに洞窟を出た。

　ちょっとした斜面を越えると、アーチ型の岩があって、アメリカ兵の戦死体が転がっている。新垣は犬の如く敏捷に、死体を避けて私を案内する。行くこと二、三十メートル、今度はスタジューム型の空洞に出た。これが新垣のそれかと早合点して、こんなものはだめじゃないかと腹だたしげに言う。彼は黙って空洞の一隅を調べていたが、やがて一抱えもある大きな石を押しのけ、ここからはいるのですと言う。身体一つがようやくはいる小さな穴だ。手探りで真っ暗な穴を五、六メートルやっとの思いで降りると、急に広くなる。わずかに残った数本のマッチで、内部を見ると、十数名の兵が、凹凸甚しい岩盤上に、雑然として、やもりのようにへばりついている。実に理想的な洞窟だ。私は新垣の猟犬的能力に驚嘆するとともに、信頼の念を深めざるを得なかった。

　兵士たちは、歩兵第八十九連隊に属し、数日前、与座岳から後退して来たのだそうだ。指揮官の佐藤軍曹は、暗くて顔がよくわからんが、善良怜悧そうな感じの人物で、私の休む場所を世話したり、乾燥馬鈴薯をくれたり、なかなか親切だ。食糧は当分大丈夫だと言うので、いよいよしばらくここに落ちつこうという気持ちになる。二日以上も水を飲んでいないので、さすがにのどが乾いて仕方がない。頭の上から水滴がぽつりぽつりと落ちるのに気がついたので、口をあんぐりして受けとめる。一分間に一滴か二滴、なにぶん暗いので、見当を間違えて受け損ずることもある。だが、その味の良さ！　甘露とはまったくこのことだ。

夜が明けたのか、入り口の方から薄い明りがさし込み、外の方をのろい足取りで歩く音がときどき聞こえる。土地はよく音を伝播するものだが、あまりにもはっきり聞こえるので、またもや失望を感ずる。小声話し、咳ばらい、いびき、皆外部にも聞こえるに相違ない。私は三か月越しの風邪がこじれて、どうしても咳が出る。皆が心配して、はらはらするが仕方ない。いつの間にか、敵の軍用犬が、一頭洞窟の天蓋の薄いあたりに止まって、はあはあと気ぜわしく嗅ぎだした。犬はまったく苦手だ。落武者薄の穂におびえると言うが、急にこの洞窟もまた安全でないと思われ出した。

摩文仁一帯は敵包囲圏の圧縮点である。当然掃討攻撃も、手きびしいものと、覚悟しなければならぬ。やはり早く、敵線後方の具志頭付近に脱出するのが得策である。

佐藤は、この辺りが歩兵第八十九連隊の旧陣地だった関係上、地形に詳しいと聞いたので、彼に道案内を頼むと、すぐ承知した。しかも国頭方面に同行したいとの積極的な願いだ。兵士たちも皆同意したので、いよいよ二十四日夜行動を開始することに決めた。

## 具志頭洞窟

六月二十四日夜、私は佐藤、新垣の二人を連れて、入り口の石を押しあけ洞窟外に這い出した。十八夜の月が、摩文仁高地上にさやけくあがり、銀色に輝く海上遠く、ぼーっと敵の哨海艇が一隻浮かんでいる。

今夜も西方小渡、米須のあたりは銃声が熾んだが、こちらは稜線上二、三十メートル置きに配置された敵の歩哨が、面白半分にときどき小銃を乱射するのみである。

死の泉を避けて、海岸に降りるという方針のほかは、一切佐藤の選んだ進路に従う。三人は多年訓練された夜襲接敵の要領で、緩徐な小丘阜の続く断崖中腹の窪地を、地形と月影の陰影を利用しつつ、右斜めに見える海岸に歩を進める。ときどき失速した流弾が、ぶさっと焼け残りの灌木の中に突きささる。戦場慣れした我々にとってはなんでもない。進路上所々に、友軍の洞窟陣地や散兵壕があるが、わが将兵の姿は見えない。装具など散乱しているのが心を惹く。

案ずるより生むが易く、一行は間もなく死の泉から三百メートルも離れた海岸に滑べり降りた。海岸といっても、珊瑚礁だから波に洗われた奇岩が乱立し、足場がすこぶる悪い。が、海上や断崖の上から飛んでくる弾丸を避けるのには好都合だ。死臭が潮の香に混じって強く鼻を衝く。見渡す限り友軍将兵の死体が、海岸線に沿い散乱している。ある者は浅い水中にひたひた浮き、ある者は潮の退くままに、半身を岩上に俯伏せにし、脚を海水に浸し、また他の者は長刀を腰にして岩盤上に仰向けとなり楽々と明月を賞するかの如く、実に千姿万態の最期である。

陸上の泥土に委した屍に比べ、海水に洗われ、折りからの冲天にかかる月光に浄化された、ここ琉球島南岸に、果てしなく続く戦友のそれは、いかにも清浄な感じがして、死体を踏み越えて行く我々の心を安らかにしてくれる。これらの戦友は、海岸線を伝うて、東方具志頭、港川方面に、あるいは西方米須、喜屋武方面に敵線突破を志し、あえなくも敵の哨海艇や水陸両用戦車の餌食になったものであろう。

行くほどに、いつの間にか私たちの前後に、三々五々敵線突破を志す戦友が現われ出した。ショート・パンツ姿の青年が、洋装の婦人と子供を連れて前方からやって来る。一見偽装夫婦のようである。すぐ前方の断崖が急に海に迫ったところに、敵がおって行けないので、後帰りすると言っている。なるほど接近して確めると、十数名のわが敗兵が躊躇(ちゅうちょ)してうろうろしている。いかにも敵が関所を設けるのにふさわしい場所だ。私は偵察した結果、敵は断崖の下にいないと知ったので、大丈夫と判断した。皆が地形におびやかされているに過ぎない。

断崖上からする、闇夜の鉄砲は恐ろしくない。海上には数百メートルの沖合いに哨海艇が一隻、それからさらに遠く巡洋艦らしいのが一隻眠ったように浮かんでいるだけだ。私は断崖下の行進が絶対安全と思い、ぐんぐんと先頭を切って進む。夜が明けるまでに、できるだけ遠くに行きたい。そして適当な洞窟をみつけて潜伏しなければならぬ。急ぐほどに、どこから出てくるのか、落人(おちうど)の群れが多くなり、死体の数もふえる。

あるいは首までつかる海中を徒渉し、あるいは岩と岩との間をくぐり抜けて行く。人間一生懸命になると、不思議なものだ。つい先刻断崖下の洞窟では、強打した両膝関節が痛んで屈伸も容易でなかったのに、今ではすっかり痛みが抜けたように楽々と歩ける。いつの間にか、数名の一群と一緒になった。一行中の一人が、月光で私の顔をすかし見ながら、「高級参謀殿ではありませんか」と話しかける。島田軍属だ。二十二日の夜半、俠客の仁義をきって、参謀長に別れの挨拶をし、私を驚かした異色の人物である。彼の任務は、中央要路者に長将軍最期の親書を届けることであった。

私は「君たちの突破行はえらく漫漫的（マンマンデ）〔編集部註／中国語で「ゆっくり」の意〕だな」と言うと、「きのうの昼すぎ、左後方の断崖を登って砂糖黍畑に潜伏していたら、敵に発見され、同行の三名は殺（や）られてしまいました。私と残余の者は、危うく虎口を逃れて来ました。密書は敵手にはいるといけないと思いましたので、開封して内容を頭に入れた後、焼却しました。ご安心下さい」との返事である。旅は道連れというから、それでは一緒に行けるところまで行こうと、軽い気持ちになり、行に加える。

月が次第に西の空に傾き、およそ二、三キロも前進し、具志頭あたりかと思うころ、左は絶壁、右は深い海で、ほとんど行くこと不可能な場所にさしかかった。さてこれからどうしようかと思う瞬間、先頭を進んでいた者たちが、どうどうと後退して来た。「敵がいる。敵がいる」と連呼する。「こんな所に敵がいるはずはない。前へ！」と叱咤する。皆が躊躇して進まないので、またもや私が先頭になり、思い切って左側の断崖を登る。なるほど、人の気配がする。友軍だ。波に洗われて空洞になった岩間に、数名のわが兵士が絶望、自棄の態で、寝転（ねころ）がっている。彼らに敵情を聞くと、「夜が明ければ、水陸両用戦車がじゃんじゃん見舞いに来るよ」と投げやりな返事だ。さらに二、三問答している間に、仙人のような風体の、杖を持った男が現われ、「貴様らは一体何者だ。どこから来たのか？　調子のよいことをほざくが、敵のスパイであろう。俺たちの邪魔する奴らは、とっとと立ち去れ！」と凄文句をならべだした。どう見ても、狂人である。

私は彼に取り合わず、なかばこぼれた大豆袋を枕に、半身を海水に弄ばれながら死んでいる兵士の傍を通り抜けて、断崖の中腹付近に、早く潜伏場所を探さねばならぬ。水陸両用戦車のご来訪はありがたくない。夜が明けるまでに、断崖を攀登し始めた。一見寄りつき難い断崖に見えても、登れば登れぬことはない。散発的に小銃声が起こるが躊躇すべき場合ではない。多勢一緒に行動するのは不利なので、島田一行とは分離した。

断崖の七合目付近まで這い上がると、頂上に並行した道がある。これを東に進むと、至る所に友軍のお粗末な掩蓋陣地がある。またしても死臭だ。この付近は、混成旅団の右翼が死闘した地域である。なかなか適当な隠れ場がない。ようやく道を少し下ったスフィンクス型の岩山の下に洞窟を発見した。少なくも五、六十人の難民がいる。一部わが兵士も混入しているようだ。老人婦女子が多く、赤ん坊の泣き声まで聞こえる。いかにも、のんびりと平和そうだ。

地獄に仏、砂漠にオアシスと喜んだが、あまりにも人々が落ち着いているので、ひょっとすると敵が設定した難民収容所ではないかと疑心暗鬼を生ずる。洞窟の奥の方から聞こえて来る早口の、やや教養の響きを帯びた話し声がマイクを通じての宣伝放送のように聞こえる。沖縄言葉でさっぱり意味がわからぬので、一層そんな気になる。沖縄出身の新垣に聞かすと、宣伝放送ではないと言う。洞窟の構造の関係で、内部の話し声が反響して、ラジオのように聞こえるのだ。

洞窟は、直径二間ばかりの円形岩盤の四周から、内部にはいれるようになっており、斜面の上下両方に広がっている。私は洞窟内にはいるのが、いやだったので、円形岩盤上に寝転がった。すっかり夜が明けて、三か月振りに仰ぐ初夏の朝陽が、与座、仲座の断崖上にさしのぼり始めた。

やがて、各種の人物が、用足しや日なたぼっこのために、洞窟の外に姿を現わし始めた。好奇心をもって私たちを見る者もあるが、大部の者は無頓着に自らのしたいことをし、別に新しい侵入者を拒む気配はない。私は彼らののんびりした雰囲気に同化され、岩盤上で心行くままに陽光を浴び、濡れた衣服を乾かし、虱とりまで始めた。

目の大きい、異様な形相をした頑丈そうな年配男を中心に、数名の防衛隊らしい一団が、亀の子のように、岩盤上に出て寝そべる。汚ならしい風態の細君や老婆が敷布、毛布などを敵眼に頓着なく、そこらに拡げて乾し始める。年増女が昨夜死んだ小娘を袋に入れて、どこかに担いで出かける。洞窟の中では五、六十歳前後の老夫婦が朝餉の支度に余念がない。癩病で左耳のくずれた男が、ときどき出入りするのがいやである〔編集部註/癩病はハンセン病の古い呼称。かつては伝染力が強い病気とされ、患者は隔離される政策が採られていた。現在ではハンセン病の伝染力は非常に低いことが分かっており、薬や治療法も確立している〕。

敵機が一機、二機低く頭上を飛び交う。あちこち銃撃の音がするのに、いちばん明瞭に目視し得るここを攻撃しないのも不思議である。司令部断崖を躍び降りる際、携帯糧秣の全部を紛失したが、新垣や佐藤が付近の戦死者から米や飯盒を失敬して、ささやかな食事をこしらえてくれる。佐藤が奇遇の沖縄娘から黒糖と煎り豆をもらってくる。それを三人で食べながら、雑談をしていると、丈の高いちょっと奇麗な娘が、岩盤上に姿を現わし、こちらの様子をたしかめるように見て、また洞窟に姿を消した。「例の娘ですよ」と佐藤が目で知らせる。私は彼に自分の身分を話さぬよう注意するとともに、今後私を「おじさん」と呼ばせることにした。

方言のわかる新垣に、念のために洞窟内の様子を偵察させる。結果はやはり疑心暗鬼、不安がることはなく、またアメリカ軍の設けた難民収容所でないことがはっきりした。そこで、我々は付近の敵情が明らかになり、かつ鋭気を回復するまで、ここに滞留することにした。新垣も、摩文仁洞窟脱出の際、私と同様強打した膝関節が痛んで、歩行が容易ではなかった。

ここにきた翌日、すなわち六月二十五日の午後、佐藤と新垣は八重瀬岳方面へ脱出するための敵情地形を偵察して帰ってきた。彼らの報告によれば、断崖の頂上付近には、敵影を見ないが、与座、仲座を東西に通ずる道路上は、自動車の往来が頻繁である。断崖頂上の近くにある井戸の周囲には、五、六十名の焼死体が転がっているが、多分これは敵戦車の火焔攻撃を受けたものらしい。

今後の行動をどうするか決心のつかぬうちに、二十五日も暮れてゆく。すでに雨季もすっかり去った沖縄島の夜空には、無数の星が美しくまたたいている。今夜も断崖の頂界線では照明弾が揚がり、銃声が続く。おそらく残存戦友たちは、誰が指令するともなく、夜暗を利用して国頭へ、国頭へとあの照明弾を潜って、脱出行に自己の運命を試みているのであろう。それにしても、きのう未明袂を別った島田密使一行はその後どうしているだろうか。陸路や海岸づたいの脱出行に絶望した十名あまりの将兵が、先刻筏に乗って、この洞窟下の海岸を知念方面に向かった。この月明下、警戒至厳な港川沖を突破できるとよいが。

再び洞窟の夜は明けた。六月二十六日だ。岩盤上の生活も、すでに二昼夜。初めは天国のように思えたここも、敷物もなく、着のみ着のままで、ぎざぎざの岩上に起居するのが、苦痛となってきた。佐藤、新垣を呼び寄せ、今後の脱出方法を研究する。何事も論理的に決断しようとする私には、彼らの歪められない本能や、直感も非常に役だつことは、すでに十分体得した。私は心から両名の考えを聞くことに努めた。そして今夜断崖を越え、与座、仲座付近を経て、八重瀬岳方面に脱出することに話を決めた。

どういうものか、けさは敵機が盛んに我々の頭上を飛び、ただならぬ気配を示し始めた。これは危いと思い、岩盤の上から、下手の洞窟内にはいる。間もなく「敵だ‼」の叫び声が起こり、全洞窟が騒然となる。同時にパン、パンと小型爆弾の破裂音が、近くそここここに聞こえる。「敵はどちらか?」と問えば、山上からとの返事だ。私は不用心にも、洞窟の細部の関係位置や、構造を実査しておらず、漠然と、敵は海岸方面から近接できぬものと思い込んでいた。それにこの返事である。私は躊躇なく下手の洞窟奥深く逃げ込んだ。

私の判断は完全に誤っていた。この洞窟は海岸に開放していて、折りからの満潮で、海水は入り口深くひたひたと押し寄せている。しまったと思う瞬間、巨大な一アメリカ兵がぬっと海中に姿を現わした。射距離約三十メートル、自動小銃を構えて「カムオン！　出て来い」と叫んでいる。私の周囲にあった人々は真っ青になって、上手の方を目がけて引き返した。万事休す‼　洞窟の壁に身を隠し、敵を注視しながら、これからいかにすべきかを思案する。ふと洞窟の前壁に目を移すと、珊瑚岩のざらざらの表面上に、得も言えぬ陰気な顔が浮かび出て、皮肉な表情でこちらを見ている。あたかも私の最後の運命を暗示するかのようである。

くそ！　幻覚だ。私は猛然たる気魄を振るい起こし、こんな所で参るものかと心に叫んだ。敵兵は威嚇射撃をしながら、歩一歩膝を没する海水の中を接近してくる。私は無意識に身を翻えし、すばやく上手の洞窟に走った。各出口から追い込められ、難民は皆自然にここに集まった。残念にもこの洞窟には、もう一つの出口があり、十数メートルの狭い回廊式洞窟で海岸に開けていたのだ。私は難民の先頭にあって、首をのばして入り口の方を覗く（のぞく）と、ここからも一人のアメリカ兵が拳銃を手にして立ちはだかり、「カムオン‼」「出て来い」を連呼している。

一人のわが敗残兵が、小銃を手に皆の前に躍り出し、アメリカ兵がはいったらやっつけると大見栄をきった。それと同時に、この兵と懇意な娘であろう。襷（たすき）鉢巻で立ちいで、竹箒（たけぼうき）を無暗に振り回し始めた。その動作があまりに芝居がかり、真剣味を欠くが如くに見えたので、私は思わず叱咤して二人を後方に退けた。いつの間にか、私は指導者の地位に立っていた。洞窟の外では、アメリカ兵が、「早く出て来い。出て来なければ、いよいよ攻撃を始めるぞ」と叫んでいる。

最後の決断をなすべきときがきた。私は、私の前もって考えていた方針に従い、自らの掌握下にはいった難民をリードし、その一員として、今後の方途を策するに決意した。避難民の身の上を考えても、彼らは、敵手に落ちれば虐殺暴行されるものと思い込んでおればこそ、ここで憐れな生活に耐え忍んでいるのだ。私は二年間の駐米生活で、アメリカ人の本質は承知している。今私の支配下にある数十名の難民を敵手に委しても、現在以上不幸な境地に陥るとは考えられない。彼らの生命を救うべきである。彼らは、潔くこの洞窟を出て行くのがよい。私は難民たちに呼びかけた。「諸君は、今やアメリカ軍の要求通り、洞窟の外に出て行くのが、最も賢明である。皆様が、もし賛成ならば、私が代わってアメリカ軍と交渉する」

私の提案に対し、ほとんど全員危険の色を浮べている。三人の年ごろの娘を連れた例の品の良い老夫婦は、「そのようなことは、なんとかせぬようにしてくれ」と哀願の態である。娘たちは泣いている。佐藤、新垣は当惑気である。「大丈夫だ。心配するな。私の言う通りにせよ！」と決然たる態度を示した。恐怖のあまり判断力を失い、自失した人々を指導する急場においては、断固たる態度が必要である。私は、回廊の出口に立っているアメリカ兵に、「この洞窟の中には、数十名の老若男女が避難している。今から皆が私と一緒に出て行くから発砲するな」と英語で話しかけた。彼は「よろしい。一切の武器を棄てて出て来い」と答える。

「射つな！」「武器を棄てよ！」と交互に繰り返しつつ、とうとう私は洞窟外に一歩を踏み出した。温和そうなアメリカ兵だ。彼のすぐ後ろにも、二名のアメリカ兵が微笑して控えている。戦う者の荒々しい気持ちは感じられない。岩間を通して見える五、六十メートル向こうの海岸には、アメリカ兵約一個中隊が物々しく展開して、攻撃部署につき、さらにその後方には、南国の海が陽光に輝いて広々とひろがっている。

私とアメリカ兵の和やかな対談振りに安心したのか、私の声に応じて、老人、女、子供、そして負傷したわが兵士らしいものが、続々と出てきた。攻撃部署を解いた部隊の中から、多数のアメリカ兵が躍び出して、老人の手をとり、あるいは子供を抱えて一同を援助する。美しい場面だ。今や敵も味方もない。人間愛に充ちた光景である。かつて豪雨のある夜、フィラデルフィアの南郊外で、自動車を路外に暴走させて困却した際、付近に住む青年たちが、雨をおかして駆けつけ、助けてくれたことをつい思い出してしまった。

洞窟から出た者およそ五、六十名、その八割までは疑う余地のない避難民だ。一人のわが負傷兵が、数名のアメリカ兵の肩を借りて、軍医のもとに行くのとふと視線が合った。運を天に委す表情がありありと見える。敵の中隊長は、流血の惨事を見ずして、多数の難民を救い得たので、すこぶる満足の様子だ。戦いは終わったと私に言う。すべてのアメリカ兵が戦い終わった喜びと、深い感慨を心ゆくまで反芻（はんすう）しているかに見え、彼ら特有の悪ふざけする者もなく、皆静かにゆっくりと三々五々海岸を歩き出した。

最初私との交渉に任じた二人のアメリカ兵――士官かも知れぬ？――の一方が、「このボーイはこれから使えば便利だね」と相手に話しかけるのを私は耳にした。私はこれは大変、一大事だ。難民たちはこれで救われた。が、自分の運命はこれからが正念場なのだ。と心に思った。相手のアメリカ兵が、「英語を話せる者はほかにたくさんいるから、その必要はなかろう」と答えたので、私はやっと胸をなでおろした。

**難民に紛れて**

携帯無線で連絡がついたのか、港川方面から小さな哨海艇が二隻、白波を蹴立てて我々の集まった海岸にやって来た。

我々は二隻の船に分乗させられた。同じ船に乗り合わせた丸顔小柄なわが一将校が、私の身分を認めたのか、死人のような表情に生気を蘇（よみがえ）らせ、つーと近寄ろうとしたが、私は目をもって制した。

船は奥武島（おうじま）を右に見て港川の港に着いた。見渡す限り幕舎があり、無数の自動車が急がしく動いている。戦火で焼き尽くされ、しかも敵の土工作業で徹底的に掘り返された付近一帯の光景は、私の記憶を疑わしめるほどの変わり方である。船から降りた私は、憮然（ぶぜん）として急造桟橋を渡り、陸岸に一歩を踏み出さんとした。その途端、アメリカ軍の服を着た長身の一日本人が、あたり憚（はばか）らず、「高級参謀殿ではありませんか」と声をかけた。青天に霹靂（へきれき）である。度胸を定めていた私も思わずぎょっとした。

近寄った彼は、小声で、「私は軍司令部に勤務していたものです。数日前アメリカ軍に捕えられ、今ここで難民と日本兵の鑑別掛をしています」と言う。此奴犬になったのかと、憤激の情一時に爆発せんとしたが、ようやくにこれを制した。私は一切を打ち明けて彼の援助を懇望した。

嗚呼！ 彼はこともなげに承知してくれた。国頭にでも、どこにでも行かれるよう援助します。と力強く激励してくれる。どうせこのような関門があるのは予期したことであり、すでに摩文仁において弁解の口実は考えていたのだが、今やその必要はなくなった。私は狂喜して、彼に感謝せざるを得なかった。二人は、アメリカ軍将兵や難民で雑踏する海岸に腰をおろして、しばし打ちとけて話を続けた。彼は新垣とは旧知の間柄で、彼と佐藤も、私と同じ扱いにすると約束した。

やがて難民と敗残兵との選別が始まった。約束の通り、我々三人は難民のグループに入れられた。心から神に感謝せずにはおられない。アメリカ兵たちは惜し気もなく、ビスケット、チョコレート、キャンデーなどを避難民に雨の如くばら撒いた。難民、特に子供らは、不安から安心へ、そして今や身も心も軽く、歓喜して先を争って拾った。私は、ご馳走のチョコレートを一片だけ拾って食べながら、見るともなく見ると、すぐ傍にアメリカ軍の一老中佐が立っている。彼は人道的な善良さと、勝者の愉悦感をごっちゃにして、アメリカ軍のプレゼントを争って拾う難民を眺めている。

アメリカ軍将校の中によくあるタイプの顔だ。在米当時どこかで話したことのあるような将校だ。おそらく彼も、今日まで激闘した当の相手の日本軍の参謀が、目の前でぼろ服を身に纏い、チョコレートを食っているとは思いも及ばなかったであろう。

敗残のわが兵士たちは、奥武島の収容所に送られて行った。続いて我々難民の群れは、自動小銃を肩にしたアメリカ兵に誘導され、長い列をつくり、傾き始めた夏の陽を浴びつつ、憶い出多い糸数(いとかず)高地の麓を指して動き出した。

私の前後を進む女たちや年配の男は、アメリカ軍が思いもよらず親切なのを喜び、具志頭の洞窟でリーダーをつとめた私を、英雄の如くに感謝してくれる。私は移り変わる人心に、もの悲しく、ともすれば涙が落ちそうなので、多く語らず、喉(のど)のかわくままに、路傍の砂糖黍を折りとり、摩文仁の軍司令部洞窟で慣れた器用さで、しゃぶりながら、痛む膝に力を入れて、とぼとぼと列に従う。

我々が案内された所は、糸数高地南麓の富里(ふさと)村であった。難民収容所の入り口で、アメリカ軍の憲兵らが一人一人に市民証を交付する。年齢を問われたので、四十七歳と答えた。実際は私は四十二歳だった。しかし満十七歳以上四十五歳までの男子は、皆防衛召集をしていたので、敵も知っているはずと思い、これに該当しない四十七歳と申し立てたのである。憲兵は、正直に私の言う通りに、市民証に四十七歳と記し、摘要欄に二十五歳ないし四十歳と推定すると書いた。嘘(うそ)を言ったので、ちょっと気がとがめたが、アメリカ人は、日本人の年齢を相当若く見るのが常だからやむを得ないと思った。

収容所には、各地から集まった難民が約二百名いた。数十名はいれる幕舎が、七、八つ立ち並んでいる。皆しかるべき所在のものを敷いて、混然、雑然と寝そべっている。女子供や年配の男が多く、しかも大部分は家族連れだ。

我々三人は、それぞれ別の幕舎に入れられた。ぎざぎざに切り刻んだような珊瑚岩上で、着のみ着のままで寝てきた数日来の苦しさに引き換え、柔らかい砂地の上に寝ることのなんと気持ちのよいことであろう。「避難民に混じって、北方に脱出する」との方針は、神助により確実な第一歩を踏み出した。柔らかい寝床、空気も、日光も、水もすべて豊かである。そして大船に乗った安心感、すべてのしあわせが一度に訪れたようである。おなじみの月もだんだんと欠けて、東の空にあがるのも大分遅くなった。形が変わっても、月こそ真実を語り得る唯一の友である。

この収容所は一時的なもので、難民は近く国頭方面に移されるとの風評がある。二十七日も、二十八日も快晴で焼けつくような暑さだ。人々はようやくここの生活に飽き始めた。私はアメリカ軍事務所に働く沖縄婦人に接近して、アメリカの雑誌を借り、暇つぶしに読んだ。特異な服装をし、アメリカの雑誌を手にする私を、真向いの歩哨が疑うどころか、むしろ好意的に眺めてくれるのもありがたい。

二十九日の朝、急に出発準備の命令が下った。皆わずかな手荷物をさげて収容所南側の小道に行儀よく二列にならんだ。行く先はわからないが、さらに一層幸福な所に行けそうな予感と新しい変化に対する好奇心で、遠足に出かける子供のようなはしゃぎかたである。先頭から逐次衛兵所で簡単な査問を受けて行く。私はことさらに弱々しく、だらしないふうを装い、衛兵所の前にさしかかった。衛兵所といっても、野外の溜り場に過ぎない。私がうつろな……自分はそう思った……視線を数名の衛兵にちらりと向けた途端、腰掛けていた彼らの目は一斉に輝き、やにわに総立ちとなり、私に躍りかからんとした。南無三しまった！と思ったが、私は強いてたじろがなかった。すると天なる哉！　一名のスラブ系の衛兵が、「あれは女だよ」と一同を制した。中腰になった彼らは、いかにも解せぬ面持ちながら、女だとの一言に漸く腰を落とした。

　助かった。嬉しかった。それにしてもなんで女と間違えたのか。ほっとしながらも、苦笑禁じ得なかった。百日間、陽の目にあわぬ蒼白な顔、おそらく体重五十キロを割るやせ衰えた身体つき。茶色のゴルフジャケツ、紫紺のズボン。顔にのっけた陽よけのハンカチ、服装の汚い、陽に黒く焦げた、前後に列をなして歩く沖縄の人に比べれば、たしかに女にも見違えられるスマートさがあったのかも知れぬ。

　夏の陽ざしは強烈で、路面は乾いてほこりがひどい。疲労しきった数百名の難民の列はともすれば途切れてしまう。アメリカ兵もすっかり参って、ろくすっぽ監視していない。脱走しようと思えば、易々として実行できる。だが私は、「難民とともに北方へ」の既定方針を棄てる気にはならなかった。人々は路傍の砂糖黍をかじりながら、行進を続けた。我々は知念半島の南岸に沿い東進している。

　遅々たる牛歩を続けること約一時間、玉城村に到着する。戦場の焦点から離れていたので、村落も半分以上焼け残り、草木は昔ながらに青々としている。住民たちは、戦い終わった喜びに、活々(いきいき)としている。若い娘らがアメリカ兵と親しげにじゃれている。とにかく彼らは我々を激励し、水の世話までしてくれる。

部落東側の畑地で大休止する。あまり味のよくないビスケットを五枚もらって食べる。午後、暑さの緩和するのを待って、難民の群れは再び動き始めた。道は北方に転じ、知念半島の高台を越え、中城(なかぐすく)湾岸に向かう。靴が海岸地帯の突破行で傷んでいたのがいよいよひどくなり、歩行はますます困難である。列中の難民の多くは裸足(はだし)である。うらやましい。歩き疲れた私に、老婆たちが特別においしそうな砂糖黍をすすめてくれるのが、身にしみて嬉しい。久方振りに見る中城湾には、大小百隻を超えるアメリカ艦船が碇泊し、湾内を埋めている。昨年の今ごろ、マリアナ海戦の直後、ここに集結したわが艦隊の姿が幻の如く私の脳裡をかすめる。

高台を下って行くこと暫時(ざんじ)、馬天港(ばてんみなと)の東岸冨祖崎(ふそざき)村に到着する。

### 冨祖崎村

冨祖崎の村端で休憩を命ぜられ、配宿割りを待つ。新垣は他の群れに編入されたのか姿を見せぬ。佐藤は、私の群れの後で、要領よくどこで拾ったか小児を背負い、しおらしい難民振りである。夕陽が、知念の山の彼方に落ち、涼風が焼け残る部落に吹き始めるころ、配宿割りは決まった。

私は二人の若者と、三名の子供と一緒に、蘇南領治(そなんりょうじ)氏の家に厄介になることになった。

蘇南家は部落東端のわずかに焼け残る数軒の民家の一つである。八、八、六畳の三間に、縁側と広い土間がある。前庭は、沖縄特有の石垣で囲まれ、後庭は砂糖黍畑になっている。相当裕福な農家だったらしい。仏壇も凝っているし、穀物のはいった大きな瓶がいくつも置いてある。

主人領治氏は、六名もの配宿割りにやや当惑したふうに見えたが、区長の斡旋でようやく納得した。主人が当惑したのも当然で、先着の難民をすでに多数抱えており、その家族を合わせると三十名に及んだ。私は、同宿人の名や顔や相互の関係を知るのに数日を要した。戦闘終了直後の南部沖縄島民が、いかに悲惨な状態にあったかを知るための一証拠として、同宿者の身上を次に書き留めておく。


蘇南領治（主人、五十過ぎの人。家族は全部九州に疎開）。

領治氏の老母。

領治氏の次弟（五十歳前後。病臥がち。細君は精力的な活動家で、一家を支配している感あり。十五、六歳の娘あり、家は全焼）。

領治氏の二番目の弟（四十四、五歳。防衛隊員。脚部負傷。妻あり。家は全焼）。

領治氏の三番目の弟（三十四、五歳。防衛隊員。脚部負傷）。
二十四、五歳の男と妻（幼児二人。防衛隊員。東風平から避難）。
三十七、八歳の男と妻（防衛隊員。宜野湾から避難）。
七十歳あまりの老人（標準語は全然話せぬ。与座、仲座より避難）。

三十歳前後の髭男（防衛隊員。沖縄にはアイヌを思わせる髭面の人が多い。首里の酒屋）。

二十歳あまりの青年（防衛隊員。色白の優しい青年。那覇の市役所に勤務していた）。

老母とその娘（大阪にいたことがある。標準語がよくわかる。艦砲で顔や手に軽傷）。

四十歳あまりの品の良い婦人（十七、八歳の男の子あり。夫や他の子供は召集されて消息不明）。

二十歳ばかりの弱々しい娘（頭を負傷し、治療行き届かず、膿が出ている。家族とは摩文仁の海岸で別れた）。
十三、四歳の女の子（迷い子。前述の髭氏が摩文仁の海岸から連れて来た）。
十歳と七歳ぐらいの男の兄弟（やはり髭氏が拾いあげて連れて来た）。

部屋割りは、奥の八畳が蘇南一族、次の八畳が東風平、宜野湾一家、六畳が姪一家、縁側が与座の老人と私、それにインテリ市役所氏、そのほかは皆縁側下の土の上と決まった。蚊帳のあるのは八畳組だけ。我々は夜ともなれば蚊軍の猛襲と、虱の浸透攻撃でほとんど眠れない。

到着した翌日、区の配給所主任、それから赤い鉄帽を被ったＣＰ――いずれも県民――が、調査に来た。私は、大東亜戦勃発前、作戦資料収集のためタイ国に出張していた当時の偽名八木博をそのままに使い、職業は山陰の某中学の英語教師と偽わり、台湾の親類を訪問しての帰途、戦禍に会い、転々として今日に至っていると、嘘八百をしゃべった。

その翌日、アメリカ軍のＭＰが二名、オートバイで乗りつけ、領治氏の末弟、市役所勤務くのが常であった。

の青年、縁側下の婦人の息子の三人を連れて行った。髭氏は裏庭にあわてて難を避け、私は悠然と彼らMPの前で寝そべっていたが、お構いなしですんだ。爾後MPはときどきやって来たが、衛生検査が主で、虱頭の娘たちにDDTの白い粉を撒き、ふざけながら帰って行くのが常であった。

我々は村内や付近一帯を自由に歩き回ることができた。しかし、夜歩きはゲリラに間違われ、アメリカ軍に射殺される恐れがあるので禁物だ。美しい夕陽が知念の山に落ち、夜幕下ると、半島の突端部から与那原付近に至る山頂一帯、ひっきりなしに照明弾が揚がり、ときどき銃声が起こる。ときには北、中飛行場方面に照空灯の照射線が、賑かに離合集散し、高射砲の音が轟々と聞こえてくる。

蚊と虱に苦しめられる夜が明けると、解放されたようにほっとする。領治氏も、その弟たちも皆顔色勝れず、多くは寝転んで惰眠をむさぼるか、さもなくば、無駄話に時を過ごしている。これに反し、沖縄の女は、しっかり者が多いと言うが、実によく働く。次弟氏の夫人の如きはまったく典型的である。多くの女たちを指揮して、三十名に近い人々のために食糧を準備し、料理し、かつ配膳する。食事の種類と分量は、その日の人々の働きを子細に見て加減するなど、心憎いばかり、女大統領の感がある。避難民中働ける男女は、昼間はアメリカ軍の作業か、もしくは難民のための作業――バラック作り。沖縄では、ヤーヅクリと言う――や、甘藷掘りなどに出かける。

アメリカ軍の作業に出るのは一部の男だけだ。彼らは、アメリカ軍の煙草、かん詰め、被服類、それから遺棄された日本軍の集積物資などを、重そうにしてかついで帰るので、皆の羨望の的となる。東風平氏や首里髭氏の獲物は、特にすばらしい。彼らはなかなかに仁義が堅く、日によって、獲物が少ない場合でも、必ず皆に分配馳走するので評判が良い。

大統領夫人の料理は、三食ともに甘藷が主食で、わずかに夕飯に米飯が一椀出るだけ。お菜は、にが辛い甘藷の葉の汁の場合が多い。それでも、三日に一度は、大きなかめの中から大豆を取り出し、石臼でひいたどろどろの豆腐汁が出る。家人らの話によれば、屋根直しとか、何かことあるごとに、親類、近所の者が集まり、この豆腐汁を腹いっぱい食うのが慣わしであり、かつ楽しみだと言う。

私は見も知らなかった人々に、手をこまねいて世話になるのが、日を追って苦痛になってきた。しかし健康に自信がなく、かつ敵の捜索の目を免れるためには、自重しなければならぬ。だがどうしても晏如(あんじょ)としていられなくなった。ある日、区の難民事務所に出かけ、何か仕事はないかと頼んだ。三十五、六のインテリらしい主任は、私の素性を知ってか知らずか、私を諭(さと)すように、「今暫(しばら)くじっとしていなさい。蘇南家は物持ちだから、あなた一人ぐらいは、当然養うべきである」ときっぱり言った。

激励されて気の落ちついた私は、蘇南家兄弟とともに、昼間も座敷にごろごろする生活をつづけた。領治氏は、話し好きなので、不自由な標準語ながら退屈しのぎの良い話し相手であった。鳥取県には良い牛がいるので、わざわざ沖縄から買いに行った昔話をしたり、ときには標準語と沖縄語の比較もした。「ある日、他府県人――沖縄では内地人と言うのを嫌(きら)う。

――が沖縄ホテルの前で、沖縄男に『今日は』と挨拶したら、この男が怒りだした。人がせっかく挨拶するのに、怒るとは何事かと、他府県人もまた憤慨した。『今日は』は『コンニチア』という沖縄に多い『癩病病み』と同義語である……」といった調子である〔編集部註／四五三ページ編集部註参照〕。

昼間は、仕事に出かける者が多いので、座敷はがらあきとなり、自由にごろごろしておられるが、やはり気が咎める。気晴らしに縁側下の少年兄弟を連れて、近くの中城湾に貝拾いに行くこともある。またいつとはなしに村外れの焼け残りのシークアーサーの木の下で、二、三時間暇つぶしをするようになった。まず虱取りをし、砂糖黍をかじり、ついで昼寝する。蘇南家から、この憩いの場所に来る途中に、海に通じるクリークがあり、二隻の刳舟がいつも繋留したままであった。ここを通るたび、この刳舟を利用して、北方に脱出したらと思うが、湾を埋める敵艦船を見ては躊躇せざるを得ない。

## 人夫になり新戦場に立つ

七月中旬を過ぎても、難民の国頭疎開は容易に実現しそうにない。

現在の境遇は惨めではあるが、隠れ場としては理想的である。しかし千葉准尉や、勝山、新垣らと約束した半地村集合期日七月末日が、漸次切迫する。国内情勢や、アメリカ軍の動きは知るに由なく、だんだん気が急いてくる。本土決戦に間に合わぬようなことになれば大変だ。三宅や、長野はもし敵線突破に成功しておれば、すでに本土に帰っているはずだ。私ならない。

も、いつまでもぐずぐずしてはおれない。それには、まず周辺の敵情を明らかにしなくては

首里髭氏や東風平氏に敵情を聞くが、ただ沿道至る所敵の幕舎でいっぱいだと返事するのみで、具体的なことはわからぬ。況や大局的な敵の動きなど、知る由もない。あまり根掘り、葉掘りの質問は、私の身分を疑われることになる。彼らもいやな顔をする。アメリカ軍の幕舎掃除などをする場合、アメリカの新聞でもあったら、持ち帰るよう頼んでみたが、何日たっても入手はできない。

七月十七、八日ごろであったか、首里髭氏が親切に「アメリカ軍の作業に出た方がよい。君の欲しがる新聞も、手にはいるかも知れぬし、アメリカ軍の様子もわかる。そして煙草も、キャンデーも、一日三合の米ももらえる。作業は形式的なもので、さして労力を要するものではない。私と一緒に行けば気も楽だ」としきりにすすめる。

私は、彼の勧めに心動き、出かけることに決心した。翌朝四時、首里髭、東風平両氏とともに東風平夫人の手料理になる早い朝食をすませ、さらに昼弁当――お米は首里髭氏が恵んでくれた――を携え、屋比久村の集合所に向かった。集合時刻は午前八時であるが、人夫の数に制限がある。したがって先着順に採用されるというので、早く出かけたのである。

地下足袋は、縁側下の母娘から借りた。着物は領治氏の次弟からもらった、所々破れた黄色い沖縄浴衣、帽子も手拭もないから、たった一枚ポケットに残ったハンカチを代用する。集まる人夫皆へんちきりんな服装をしているが、私がその最たるものであった。

各部落、毎日先着順に路上に並ぶ。首里髭氏からもらったチェスターフィールドを二本吹かしている間に、夜が明ける。集合する者およそ数百名、五十年配の者か、十七、八歳以下の少年が多い。すぐ近くにCICのキャンプがある。簡単な鉄条網で囲まれ、内部には多数の幕舎がある。多くの若者が作業に引き出されるのか、右往左往している。白い鉄帽のMPや、赤い鉄帽の沖縄人の警官が、三々五々、人夫たちの間を巡邏する。日本語を片言にしゃべる神経質な二世が人夫掛りである。

私は、久しぶりに、かかる多彩にして活々とした場面に出て、不安の裡にも好奇心をかき立てられた。軍夫の群れを点検して回るアメリカ兵も、にこにこしている私を別に怪しまない。大丈夫だと自らに言い聞かせる。残念ながら、順番の都合で、私は首里髭、東風平両氏とは別のトラックに乗せられた。どこに連れて行かれるのだろうか？　胸がわくわくする。トラックの運転手は黒人だ。トラックは一台また一台と朗かな軍夫をぎっしり満載して出発する。

私の自動車は、新設の坦々たる自動車道を、中城湾岸に沿い、与那原に向かって疾走する。地形は十分承知の私ではあるが、佐敷村の一部が焼け残っているほか、新里―津波古―板良敷―与那原道の沿線の村も町も、跡方なく姿を消し、目に映ずるはアメリカ軍の幕舎群だけである。行けども行けども幕舎の林だ。指揮官幕舎であろうか、やや立派で、奇麗に晴れた夏の朝空には星条旗がへんぽんとしている。沖縄戦開始のずっと前、対アメリカ戦闘法を全軍に印刷配布した書類の中に書いた次の文章を思い出して、私ははっとした。「洞窟陣地の完成こそは、来たるべき戦闘の鍵である。もしこれを怠らんか、我々は敗者となり、敵星条旗の翻える下に死体となって冷たく横たわる悲劇を招来するであろう」

与那原に至る間、全注意力を集中して、自分の脱出路を観察する。この地域における敵の宿営兵力約一個旅団。脱出路としては、第一案、知念台の中腹を縫うて突破する。第二案、知念台上を運玉森に向かう。第三案、リーフ地帯を与那原東北に出で、陸地に上がる。いずれの案も実行至難だが、第一案が最も可能性ありと判断する。

自動車は、与那原に停止せず津嘉山北側に通じる那覇街道を西進する。この付近は五月下旬、軍が喜屋武半島後退直前、激闘を交えた戦場である。運玉森、雨乞森の両高地を始め、山という山、野という野、ことごとく砲爆に掘り荒され、わずかに所々しょんぼりと立った焼け木を散見するのみだ。南国の真夏だというのに、運玉森が寒そうに突兀として聳え、限りない悲しみを今なお天に地に訴え、慟哭しているように見える。山川草木転荒涼の詩も、草木影を没した、この新戦場にはあてはまらぬ。詩感を絶した森厳冷酷さに心を打たれる。

暫く見えなかったアメリカ軍幕舎が南風原付近から、再び丘陵の斜面を埋めて林立するのを目撃する。朝食の時刻なので、至る所食事分配にならぶ敵兵の列を見る。十余年前、フォート・ベニングの野営地で、アメリカ兵の列にはいって、メスサージャントから食事の分配を受けた当時を想起する。

南風原駅北側の畑地では、百人あまりの日本人の軍夫がみそ、しょうゆの樽や、その他箱詰めの食料品を幾百となく整理している。日本軍の集積物資を、アメリカ軍が難民の救恤に充当するのだそうである。

首里山や津嘉山が見えだす。鉄血山を覆い山形改まるとは、この山々のことである。私はトラックの框に凭れたまま、いつしか一切の幕舎も、アメリカ兵も、同乗の沖縄人も忘れて、自ら感慨にふける。仲井間、国場付近の道路網は、アメリカ軍の作業で一変している。国場川に架かった石造りの真玉橋が、半ば崩れたままに残り、わずかに昔の面影を偲ばせる。長堂一〇一高地より那覇港口に至る国場川南岸高地帯は、海軍陸戦隊の死闘した所で、やはり砲爆に荒々しく地肌を露呈し、山容壮厳を極めている。

自動車は、古波蔵を経て、那覇の町にはいる。沿道戦場掃除が行き届かず、わが軍の被服、鉄器が散乱し、死臭漂い、今なお死体がそここに転がっているような気がする。那覇の町は、昨年十月十日の空襲で焼土と化したままで、その後、敵も全然手を入れていない。我々は那覇埠頭、かつての暁部隊平賀中佐事務所前で、車から降ろされた。この建物は西洋建築なので、十月十日の空襲にもその外郭が焼け残った。それを暁部隊が応急修理し、戦闘勃発まで使用していたのであるが、敵も同様に改造して、兵站事務所にしている。

アメリカ軍将兵の出入りが頻繁である。血色の悪いアメリカ軍看護婦が事務所前に群れる我々を、もの珍しげに眺めながら通過する。小禄飛行場を離着陸する中、小型飛行機が、盛んに我々の頭上をかすめて飛び交う。那覇の港は、予期に反して、未だほとんど使用されておらず、二千トン級のぼろ船がたった一隻、岸壁に横づけになったままだ。港内至る所撃沈されたわが大小の艦船の残骸が痛々しく見える。

やがてひょうきんなアメリカ兵が事務所から出てきて、作業の指示をする。我々の仕事は、玄関入り口の崩壊した壁土を約五十メートル離れた焼け跡に運搬することだった。この善良なアメリカ兵は女の話をしかけたり、みやげ物の相談をしたりして、仕事はどうでもよい様子だ。さして働きもせぬうちに正午になる。事務所裏の炊事室でシーレーション（携帯糧食）を一食分もらう。別にかん詰めが二つ。一つはボストンビーン、他の一つはビスケットと菓子がはいっている。掛りのアメリカ兵は、私にレーションを手渡しながら、どうだ満足だろうと言わんばかりに「シー」と言った。

お昼の休みには、我々と数名のアメリカ兵との間に、英語と日本語、そして手まねを交えて賑（にぎや）かな交歓が始まる。私はあまり英語を話さぬようつとめた。私はバンドの銀の金具と、アメリカ軍用の帯革、煙草三個、ココア二かんと交換した。沖縄人たちは日本貨で、それぞれ煙草やかん詰めをせしめた。親切なアメリカ兵はここは仕事が楽だし物資も豊富だから、君たちはあすも来れるようにしてやると言った。

午後四時作業完了。けさのトラックに乗って帰途に着く。私はアメリカ軍の監視の緩やかなこと、那覇市街に隠れ場所の多いこと、そして遠く水源池高地に至る間、アメリカ軍の宿営地の疎らなることなど考えて、脱走には好都合だなと思った。屋比久（やびく）に下車すると、そこには米の配給所があった。沖縄娘たちが賑かに三合ずつ配給してくれる。私に渡してくれた娘が顔を合わせた途端、あっと小さな声をあげた。私はどきっとしたが、そ知らぬ振りをして別れた。油断大敵である。

米を受領した後は、皆自由行動である。帰り道、屋比久と冨祖崎に、各々一か所新しい墓地を見つけた。新仏が二、三百も葬られている。老人や、子供の墓が多い。三か月間の言語に絶する悲惨な生活で衰弱し切った者、それから負傷した人々が戦闘終了とともに、気落ちして死んだのが多いと言う。ある人は、栄養失調者が、急に貪り食ったので死んだのだと話してくれたが、そんな人もあったろうと思う。

暫く屋比久の墓地で、足を止めているうち、十二、三歳の愛らしい少年と一緒になった。彼の語るところによると、親子七人首里の南、繁多川の谷に避難中、父と兄弟四人は敵の艦砲弾で惨死、母は重傷、自分は軽傷、母と子二人で、転々としてあちこち逃げ回るうち、アメリカ軍に収容されて、ここに落ち着くようになった。その後、母は漸次快方に向かい、この少年は年少なので、アメリカ軍の作業に出る資格なく、市民の方の仕事に従事し、米を一日二合ずつもらい、糊口を過ごしているとのことである。真夏の陽没して、涼風すずろなる夕、かかる少年からかくも悲しい身の上話を聞いて、戦闘の惨禍、世の無常が一入身にしみる。お母さんを大切にして、しっかりやりなさい、と励まし村の入り口で別れた。

蘇南家の人々は、私の帰りを喜んで迎えた。私は彼らの仁義にならい、煙草は男たちに二、三本ずつ分配し、砂糖入りのココアは皆にご馳走した。その後、暫く、私は自らの健康を顧慮するとともに、アメリカ軍の目を警戒して作業には出なかった。そして大統領夫人のお手伝い——米搗き、藁の芯抜き、縄ない——をして過ごした。夫人の配慮で、主人から立派な沖縄浴衣をちょうだいし、私の服装もようやく人並みになってきた。私はお礼に金具のない鰐革バンドを進呈した。さらに親切な夫人は、一升二十円で米を三升ヤミ買いをしてくれ、また村の配給主任はCW（市民労働者）のマークをつけた軍衣を配給してくれた。とにかく、人々の親切と自らの努力により、衣食の状態は逐次改善されてゆく。

ある日、上品な老母が訪れて、迷い子兄弟を連れて去った。彼女は、与座、仲座の洞窟ではお世話になりましたと慇懃に礼を述べたが、私は顔には覚えがなかった。二日の後、彼女は米一升、煙草二箱と、三十円の金を持って、再びお礼に来た。沖縄人は報恩の念が薄いと言う人もあるが、そうではない。これに続いて、迷い子の女の子も、ゆくりなくも母にめぐりあい、嬉々として蘇南家を去った。またいつだったか、蘇南家の門口で、与座、仲座で顔見知りになった例の上品な老人とばったりと出会った。老人は大喜びで、家の中にはいり、縁側に腰掛けて、家人を交えて二、三時間も世間話をした。

国頭疎開の流説は、日を経るに従い、確実らしくなる。単独強行突破は、当分見合わせるべきだと考えるようになった。衣食も足るようになったから、危険を冒して、アメリカ軍の作業に出る必要もない。慎重に時日の経過を待てばよいのだ。

ところが、一度出て安全だったという経験が、私の好奇心を唆かし、その後二、三日おきに二回アメリカ軍の作業に出た。第二回目は津嘉山周辺。第三回目は知念半島突角部であった。三回目の作業ではちょっと問題を起こしたが、とにかく、いずれの場合も恙なく終わった。

### 運命の逆転

七月二十三日ごろの夜、冨祖崎村の労務掛りの沖縄青年が駆けつけ、あなたは今夜ＣＩＣの事務所に出頭するよう、アメリカ軍から命令が出ていますと告げた。私はぎくりとした。身分が暴露したのではないか、と不安になってきた。念のために、村の配給主任に様子を聞くと、彼は笑いながら、「心配することはありません。いよいよ市民も国頭（くにがみ）へ移転することになりましたので、他府県人は一応調査されるのです。現に某氏の如きも、簡単に調査されて、直ぐ放免になりました」と力づけてくれた。

私は事務所に出頭するのをサボッて翌二十四日の朝を迎えた。蘇南家の人々は、ぼつぼつ移転準備を始め出した。私は努めて平然としていたが、それでも、出頭命令を受けたことは、家人に告げた。皆は多少気の毒な顔をしたが、いままでに数名の人が、この家から次々連行されたのを見ているので、心を動かす者はない。ＣＩＣに行くのをそんなに重大事とは思っていないのだ。私は残ったかん詰めや菓子などを、とかく給養の悪い縁側下組に分配した。三升の米は、お礼の意味で大統領夫人に進呈した。

きのうの労務掛りの青年が、早く出頭して早く放免になった方がよいと督促に来たが、まごまごしているうちに、武装したＭＰが二人、サイドカーで迎えに来た。私は再びこの家に帰ることを念じていたので、「すぐ帰って来ますから、またよろしくお願いします」と挨拶した。女や子供たちは全部門に出て、手を振って別れを惜しんでくれた。

ＣＩＣには、二、三百名の男が収容されていた。年齢はまちまちだった。早く検問をと頼んだが相手にされず焦心のうちに二、三日は過ぎた。七月二十六日ごろと記憶するが、いよいよ審査の順番が来た。屋比久検問所は、小高い丘の上にあった。予想に反して、審査官は全部日本人であった。三人ずつ横隊になって、同時に審査を受ける仕組になっている。

私の取り調べに任ずる男は、比較的丈の高いインテリふうの若い人であった。私は、かねて仕組んでいた通りに英語教師で、台湾から帰国の途に戦禍に会った旨、申し立てた。この間、隣の男たちは殴る蹴るの暴力に、地面に倒れる者もある始末。しかし、私は静かに問答を進めた。談たまたま飛行機の搭乗券に及ぶと、この男は、自分は県庁の課長であったと言い、「軍の高級副官がなかなか搭乗券を出し渋り、その上に、高級参謀が喧(やかま)しい……」としゃべり出した。私を知っている様子もなく、別にカマをかけたふうもない。瞬間、港川の検問所を想起し、相手は課長だ、話せばわかると思った。そして私は、「実は俺(おれ)はその高級参謀だ……」と話を続けようとした途端、彼は身を翻して事務所に向かって走った。

万事休す！　アメリカ将校が出て来た。逆流する血を押え難く、思わず「犬！」と叫んだ。将校は「イヌとは？」と聞き返した。英語では「ドッグ」だと返事をする私に、ひどく同情した将校は紙と万年筆を出して、「イヌ」と書いてくれと言う。私は震える手で「犬」と大書した。事務所には顔見知りの某市長、それに二名の有力者らしい顔の日本人がいた。彼らは戦闘終結後一か月余にして、完全に「アメリカナイズ」していたのだ。そして私の期待はあまりにも甘すぎたのである。

暫くして、私は謹直そうなアメリカ軍の青年将校の操縦するジープに乗っていた。彼の兄はやはり将校で、かつて日本に駐在したと言う。二人は黙したまま多くを語らなかった。自決か、脱走かを考え続ける私のうつろな瞳に、変貌し果てた首里や前田の山々が、悲しげに、そして空しく映ずるのみであった。車は中頭郡越来村にとまった。敵第十軍司令部参謀部の所在地だ。このあたり、砲爆の被害なく、すべては昔のとおり緑に覆われている。

肥った一中佐参謀が、パンツ姿で、胸毛をよじりながら出て来た。彼は私に、「君はなかなかクレバー（利口）だね」と言った。そこで、私は「クレバーなら、今こんな所に立っているはずはない」とやり返した。傍らでタイプを打っていたアメリカ兵が、声を立てて笑い出した。それから雑談になった。私が南カロライナ州のフォートムルトリで一年ほど隊付きをしたと言うと、彼も同じ部隊にいたことがあると言う。彼は私の自殺を警戒してか、日本は間もなく降伏するんだからと話した。

日本の降伏！　摩文仁最後の関頭において、多くの人々は、「沖縄敗るれば、日本もまた亡ぶ」と言った。たしかに私自身もそう思ったこともある。しかし本土決戦は必ずあるものと信じていたし、これに参加するためにこそ今日まで、幾多の苦難を乗り越えてきたのである。今敵側将校の口から聞く、「日本の降伏」の言葉、それは私の今までの思念の一切を、根本から崩壊させるかに思われた。だが私は、これは単なる話に過ぎないと自らを制した。

私は再び自動車に乗せられた。見覚えのあるスフィンクス型の岩山の下にあるスチルウェル将軍――バックナー将軍の後任――の宿舎のかたわらを通り過ぎ、越来村の入り口に止まった。「ゼネラル・レジデンス」の標札のかかった鉄柵を開き、数名の衛兵が自動車を降りた私を招じ入れた。この部落は、家々も樹木も戦禍を受けていない。衛兵は百メートルほど部落内にはいった、とある農家に私を案内し、「これがカラネルの今後の住宅です」と告げた。

八畳一間に、二坪ばかりの土間のあるささやかな藁屋だ。畳は敷いてあるが、家具、調度品はなく、わずかに三枚の毛布と蚊帳が準備してある。庭は広く、周囲には雑木が生い茂り右方東北の一角は竹藪になっている。庭前は凹道を隔ててバナナ畠があり、左と後ろは雑木をすかして別の民家が見える。衛兵長は俊敏そうな中尉で、宿営給養掛りはシム軍曹とリチャード伍長である。皆応対は紳士的だ。彼らは口を揃えて、日本は十日も出でずして降伏するだろうと言った。日暮れ前にリチャード伍長が、自殺に利用できそうな物は一切持ち去った。しかし家の梁にかかった蚊帳用の麻縄が、夏の夜風に揺れて悪魔の如く死を誘惑する。

私は一切の思念の襲来を防ぐために、知っている限りの詩を吟じ、歌を唄った。気の落ち着くに従い考えた。いたずらに死を急ぐ要はない。死ぬほどならば、死を賭けて脱走をしよう。周辺の地形の偵察、体力の回復にしばらく時間をかけよう。そしてアメリカ軍の言う日本の降伏が、どうなるかも気にかかる。

翌日アメリカ第十軍情報部付ラモット海軍中尉が、私の連絡掛りとしてやって来た。品格のある優しい青年将校である。今後毎日一時間ぐらい顔を出すと言う。東京で生まれ、十三の齢まで日本に育っただけあって、日本語はかなり上手だ。彼は私との約束に従い、当番兵として、安座間少年をよこした。安座間は中頭郡具志川村の出身で、まじめな少年だった。私は心中深く脱走を期しつつ、表面は何食わぬ顔で皆と接触していた。苦しい日々であったが、間もなく驚天動地の大事件が相ついで勃発した。

広島、ついで長崎に原爆投下、ソ連の参戦、皆機を逸せずアメリカ第十軍の機関紙『バックナー』が報じた。さらに十日同紙は日本が皇位の問題を除いて無条件降伏を申し込んだ旨、大々的に報じた。

ラモット中尉、それに衛兵たちは狂喜した。この夜沖縄全島に亘り銃砲声が鳴り響いた。欣喜雀躍したアメリカ軍が祝砲のつもりでめちゃくちゃに乱射乱撃したのである。「ホームタウン」「故郷の町」の歓声が銃砲声の間に間に絶えなかった。

私は、祖国日本とその指導層が音もなく崩壊するさまを想像した。もう本土決戦に参加する必要はなくなった。況や死を賭けた脱走をや。では死か？　私は煩悶したが、死を選ばなかった。

八月十五日『バックナー』紙は英訳の天皇の詔書全文を報じた。ついに戦争は終わったのである。八月二十三日、歩兵第三十二連隊大隊長伊東大尉が数名のアメリカ将校に伴われ、私の面前に現われた。彼は私の生存に驚いたであろうが、私もまた驚いた。喜屋武主陣地帯の枢要拠点を守備していた連隊が、連隊長以下大隊長まで生存しているというのだから驚くのも当然である。当時の戦場の実相を知る者は皆不審に思うだろう。しかしこれも不思議がる要はない。同連隊のもう一つの大隊である志村大隊が軍の最大拠点であった前田高地の洞窟に長期生存し得たと同じく、連隊主力も潜伏するに好適な洞窟と食糧に恵まれていたからである。部隊に大小の差こそあれ、こうした例は珍しくなかった。

伊東大尉に同行したアメリカ将校は、私に向かって、「貴官はうまく煙幕を張って逃げましたね」と言った。私は「スクリーニング」の英語を「スクリーミング」と聞き違えて怒ったが、すぐ誤りとわかり、大笑いになった。

その後、第十軍参謀長メロー将軍、軍参謀イリー大佐らの来訪を受け、沖縄作戦について彼我の立場から論談した。メロー将軍は戦争勃発前駐日大使館付武官だったそうである。

八月二十八日、私は越来村のアメリカ将兵に別れを告げて、屋嘉収容所に移った。この収容所はストッケードと称し恩納山の東南麓に位置し東方は金武湾に面していた。ストッケード（収容所）は、将校カンパン（キャンプ）一、人員約五百、下士官カンパン一、人員約千五百、兵カンパン五、人員約六千、沖縄兵カンパン二、人員約二千、朝鮮兵カンパン一、人員千余、総計約一万人が入所していた。このほかハワイに送られた者が相当数あり、別に牧港付近に屋嘉に類似したストッケードがあるとの話を聞いたが、真疑は明らかではなかった。

この収容所には、八月以降同年末に至る間、生存者がなおぼつぼつと北方山岳地帯や南方主戦場の洞窟から現われて、その数をふやした。生存者は、アメリカの概して適切な待遇を受けた。将校グループは、なすこともなく日を過ごし、下士官兵のグループは、時にアメリカの労役に服した。将校と下士官兵、日本人と沖縄出身兵や朝鮮兵との間に若干のいざこざの生ずることはあったが、大体に平穏な日々であった。

十月ころ、沖縄出身者は国場収容所に移り、また朝鮮兵もいつしか姿を消し、代わりに他島の武装解除部隊の一部がはいって来た。

十二月三十日、帰還第一陣数百名が、アメリカ輸送船ゲーブル号で牧港を出帆した。私もその中の一人であった。昭和二十一年一月七日、我々は無事浦賀に上陸した。私ほか数名の将校は、満目荒涼焼土と化した横浜、東京の市街を、悲痛な目で見ながら、旧陸軍省のある市ケ谷に出頭し、陸士一期上で陸大同期の軍務局長二神大佐に挨拶を了した。

越えて、同年七月初頭、私は千葉小仲台にある留守業務部の第三十二軍残務整理部長となった。このころ、沖縄生存者を乗せた最後の輸送船を、名古屋港に迎えいれたのである。

# あとがき

沖縄戦における私自身の行動は昭和二十年六月末、具志頭(ぐしかみ)洞窟で難民とともに投降する場面まで明らかにされている。これを根拠とする人々はあたかも私がこのとき捕虜になったかの如く勘違いして問題とする。無理もないことではあるが実に迷惑である。公にした最後の場面においても、私の狙(ねら)いは難民に紛れて脱出するにあったことが、暗示してあったはずである。

事実、本書に屢述(るじゅつ)した通り、難民に混入することに成功し、自由の境地において、北方脱出の機を覗(うかが)っていたのである。

不幸終戦近い七月末、一部日本人の不信行為もあって、身分が暴露し、ついにアメリカ軍の手に落ちるに至った。日本が全面降伏する——八月十日には、それが確実であることをアメリカ軍情報で私は承知していた。——までの旬余の間、私は小児病的自殺をせず、死を賭(と)して、脱出の準備に専念していたのである。したがって、私は形式はともかく、今日に至るまで実質的には断じて捕虜になったとは思っていない。

終戦を知ると同時に、軍司令官の後を追うべきではなかったかの思いは、私の胸を衝(つ)く。反面私は本土に帰還すべき任務をもっていたのだから、敗戦と同時に一切は終わったのだとも思い返す。

こうした煩悶を越えて、否、これに幾倍して、私には沖縄作戦全般を通じて、痛憤禁じ得ないものがある。それは現実を遊離して、夢を追う航空至上主義と、はだか突撃で勝利を得んとする地上戦術思想とに対する懸命な抗争であった。このような主義や、思想は太平洋戦争の緒戦期には、確かに通用した。しかしその中期、特に後期においては、現実にはもはや幻想となっていた。

私はこうした先見と洞察のもとに、沖縄作戦の構想を決め、全軍十万の将兵はこの方針に従い、数か月の間戦闘を準備したのである。もちろん軍司令官、参謀長も私の考えを承認されていた。しかるに、敵が嘉手納に上陸するや、大本営、方面軍はにわかにあわてて北飛行場――軍としてはさして大なる価値を認めず、すでに遠き以前より破壊を申請していた。――への全軍突撃を命令した。一大決戦を前にして百八十度転換の作戦方針に、全軍は一大混乱に陥った。幸いこの出撃は私の死力を尽くしての諫止もあって、混乱は残したものの停止となった。

しかし、中央の軍に対する攻勢要求は、参謀長の性来の攻撃的性格に油を注ぐ結果となった。そして四月十三日の夜襲、ついで五月四日の攻勢を惹起し、私の構想は根本的に破壊されたのである。大攻勢が失敗した五月五日夕、軍司令官は直接私を呼びつけ、軍の作戦の失敗と、私の一貫した判断の正当であったことを認め、自今軍全般の作戦を私に一任する旨申し渡された。しかし時すでに遅く、大部の精鋭を喪失し、砲兵弾薬も底をついており、起死回生の策を講ずるに由なかった。こと茲に至ったのは、迷妄な空軍決戦主義と狂気じみた裸突撃——アメリカ軍は「万歳突撃」と称した——の地上戦術思想に発する中央や方面軍のばかげた攻撃要求の結果である。

参謀長は、自決の直前、私に「沖縄戦はどんな作戦を採っても、結局わが軍が負けるに決まっていた。お前は本土に帰っても作戦の是非を論ずるな」と申された。あるいは、参謀長の言葉通りだったかも知れない。しかし、戦後も二十七年。大恩ある参謀長の意に反して申しわけないが、もう私の意見を率直に述べてもよいだろう。戦闘準備中、参謀長が口ぐせに申された十六サンチ砲弾と、一トン爆弾に抗する、準備された陣地に拠り、本土決戦の前進部隊たるを自認し、決戦を求めることなく、終始一貫した戦略持久戦を遂行していたら、はるかにもっとよく戦えたものと確信する。あるいは軍司令官以下三分の一ないし四分の一の兵力を温存して、終戦を迎えていたのではないかと思う。

戦後、沖縄戦に関しては数多くの文書が出ている。しかしそれらの大部は作戦の根本に対する検討が不明瞭で、本質をはずれたものや事実の誤認に立脚したものが多い。世に、戦は勢いという言葉がある。これは昔の線香花火式の戦いのことである。あるいは空戦や海戦では今でもその傾向があるかも知れぬ。しかし現代陸戦は違う。客観情勢を把握検討し、現状を洞察し、推移を予見し、まず不動の作戦目的——なんのために戦うか——を確立し、しかも論理的に人命尊重の線に沿って戦うべきである。

沖縄作戦は、決戦か持久か、作戦目的が混迷し、幾多の波瀾を生じた。その間の真相を知るものは、おそらく私唯一人と確信する。歴史のかなたに埋没するのは残念である。本書を世に公にする所以(ゆえん)である。

# 付録

## 第三十二軍戦闘序列および指揮下部隊一覧表*

自昭和19年3月22日
至昭和20年6月末日

*本表は大陸命・停年名簿・異動通報・陣中日誌・部隊史実資料などから作成した。

| 通称号 | 部隊 |
| --- | --- |
| 球　一六一六 | 第三十二軍司令部 |
| | 第二十四師団 |
| 山　三四三〇 | 第二十四司令部 |
| 〃　三四七四 | 歩兵第二十二連隊 |
| 〃　三四七五 | 歩兵第三十二連隊 |
| 〃　三四七六 | 歩兵第八十九連隊 |
| 〃　三四八〇 | 野砲兵第四十二連隊 |
| 〃　三四八一 | 工兵第二十四連隊 |
| 〃　三四八三 | 輜重兵第二十四連隊 |
| 山　三四八六 | 第二十四師団第一野戦病院 |
| 〃　三四八七 | 〃　第二野戦病院 |
| | 第六十二師団 |
| 石　一八八二 | 第六十二師団司令部 |
| | 歩兵第六十三旅団 |
| 〃　三五九一 | 歩兵第六十三旅団司令部 |
| 〃　三五九二 | 独立歩兵第十一大隊 |
| 〃　三五九三 | 〃　第十二大隊 |
| 〃　三五九四 | 〃　第十三大隊 |

| 通称号 | 部隊名 |
|---|---|
| 石　三五九五 | 独立歩兵第十四大隊 |
| | 歩兵第六十四旅団 |
| 〃　四二八一 | 歩兵第六十四旅団司令部 |
| 〃　三五九六 | 独立歩兵第十五大隊 |
| 〃　四二八二 | 〃　第二十一大隊 |
| 〃　四二八三 | 〃　第二十二大隊 |
| 〃　三五九八 | 第六十二師団工兵隊 |
| 〃　三五九九 | 〃　通信隊 |
| 〃　三五九七 | 〃　輜重隊 |
| 〃　五三二五 | 〃　野戦病院 |
| 〃　四二九七 | 〃　病馬廠 |
| | 独立混成第四十四旅団 |
| 球一八八〇〇 | 独立混成第四十四旅団司令部 |
| 〃　七〇七一 | 第二歩兵隊 |
| 〃　七八三六 | 独立混成第十五連隊 |
| 〃　七〇七二 | 独立混成第四十四旅団砲兵隊 |
| 〃　七〇七三 | 〃　工兵隊 |
| 球一四二一二 | 独立歩兵第二百七十二大隊 |
| 〃　一四二一三 | 〃　第二百七十三大隊 |
| 〃　一八八一三 | 第三遊撃隊 |
| 〃　一八八一四 | 第四遊撃隊 |
| 〃　六〇九〇 | 独立機関銃第三大隊 |
| 〃　一〇二九〇 | 〃　第四大隊 |
| 〃　一八八〇九 | 〃　第十四大隊 |
| 〃　五二四七 | 〃　第十七大隊 |
| 〃　六四〇三 | 独立速射砲第三大隊 |
| 〃　六七五〇 | 〃　第五大隊 |
| 〃　一五五七六 | 〃　第二十二大隊 |
| 〃　一三二二三 | 〃　第二十三中隊 |
| 〃　一四七三九 | 〃　第三十二中隊 |
| 〃　一二一〇二 | 戦車第二十七連隊 |
| 〃　九七〇〇 | 第五砲兵司令部 |
| 〃　六五二三（四四〇一） | 野戦重砲兵第一連隊 |

| 通称号 | 部隊 |
| --- | --- |
| 〃　三一〇九 | 野戦重砲兵第二十三連隊 |
| 球　四一五二 | 重砲兵第七連隊 |
| 〃　一八八〇四 | 独立重砲兵第百大隊 |
| 〃　三六六六 | 独立臼砲第一連隊 |
|  | 迫撃第四十二大隊<br>19・8・11第三十二軍に編入された独立迫撃第三〜第六中隊で編成（編成未完のまま戦闘） |
|  | 迫撃第四十三大隊<br>19・8・11第三十二軍に編入された独立迫撃第七〜第十中隊で編成（編成未完のまま戦闘） |
| 球 | 独立測地第一中隊 |
| 球一二五四五 | 第二十一野戦高射砲隊司令部 |
| 〃　二一七二 | 野戦高射砲第七十九大隊 |
| 〃　二一七三 | 〃　第八十大隊 |
| 球一二四二五 | 野戦高射砲第八十一大隊 |
| 〃　一二五一七 | 独立高射砲第二十七大隊 |
| 〃　二一七七 | 機関砲第百三大隊 |
| 〃　一二四二七 | 〃　第百四大隊 |
| 〃　一二四二六 | 〃　第百五大隊 |
| 〃　一〇二七九 | 独立工兵第六十六大隊 |
| 〃　七〇七八 | 特設警備第二百二十三中隊 |
| 〃　七〇七九 | 〃　第二百二十四中隊 |
| 〃　七〇八〇 | 〃　第二百二十五中隊 |
| 〃　一八八一六 | 第五百二特設警備工兵隊 |
| 〃　一八八一七 | 第五百三　〃 |
| 〃　一八八一八 | 第五百四　〃 |
| 〃　一六七七七 | 海上挺進第一戦隊 |
| 〃　一六七七八 | 〃　第二戦隊 |
| 〃　一六七七九 | 〃　第三戦隊 |
| 〃　一九七六五 | 〃　第二十六戦隊 |

| 通称号 | 部隊 |
|---|---|
| 〃一九七六六 | 〃　第二十七戦隊 |
| 球一九七六七 | 海上挺進第二十八戦隊 |
| 暁(球)一九七六九 | 〃　第三十戦隊 |
| 〃一九七七三 | 第五海上挺進基地隊本部 |
| 〃一六七八八 | 海上挺進基地第一大隊 |
| 〃一六七八九 | 〃　第二大隊 |
| 〃一六七九〇 | 〃　第三大隊 |
| 〃一〇一七二 | 〃　第二十六大隊 |
| 〃一〇一七三 | 〃　第二十七大隊 |
| 〃六四七七 | 〃　第二十八大隊 |
| 〃一五〇六六 | 〃　第二十九大隊 |
| 球一八八三〇 | 電信第三十六連隊<br>第三十二軍通信隊、電信第二十七連隊第五中隊、独立有線第百六・第百二十六・第百二十七中隊、独立無線第百・第百十二・第百十四・第百十五・第百十六・第百三十一・第百三十二小隊をもって第十二通信隊を編成して19・10・4第三十二軍に編入。20年2月前記部隊を復帰して電信第三十六連隊を編成して20・2・8第三十二軍に編入。 |
| 〃一九五六四 | 第三十二軍航空情報隊<br>独立第一・第二警戒隊（19・7・4編入）などを含んで編成 |
| 〃二五六九 | 第十九航空地区司令部 |
| 〃一六六四四 | 第四十四飛行場大隊 |
| 〃一六六五〇 | 第五十　〃 |
| 〃九一七三 | 第五十六〃 |
| 〃一五三八五 | 第二十九野戦飛行場設定隊 |
| 〃五八九六 | 第四十九兵站地区隊本部 |
| 球五八七九 | 独立自動車第二百十五中隊 |

| | | | |
|---|---|---|---|
| 〃　六〇五八 | 〃　第二百五十九中隊 | | （仮編成第三十一野戦兵器廠を改編） |
| 〃　四八三二 | 陸上勤務第七十二中隊 | | |
| 〃　五八〇七 | 〃　第八十三中隊 | 〃　八八一一 | 第三十二野戦貨物廠 |
| 健軍八八八五 | 特設水上勤務第百二中隊 | | （仮編成第三十一野戦貨物廠を改編） |
| 球　八八八六 | 〃　第百三中隊 | | |
| 〃　八八八七 | 〃　第百四中隊 | （球一六一六） | 第三十二軍の増加要員で臨時に編成したもの |
| 〃　一〇一五八 | 第二野戦築城隊 | | |
| 〃　四六四九 | 野戦作井第十四中隊 | | ○第三十二軍防衛築城隊 |
| 〃　一八八一〇 | 〃　第二十中隊 | | |
| 〃　二七七四 | 要塞建築勤務第六中隊 | | |
| 〃　二七七五 | 〃　第七中隊 | | |
| 〃　二二五一八 | 第三十二軍兵器勤務隊 | | |
| 〃　一八八〇三 | 沖縄陸軍病院<br>（中城陸軍病院は19年5月復員解消） | | |
| 〃　五七五三 | 第二十七野戦防疫給水部 | | |
| 球　八八一二 | 第三十二野戦兵器廠 | | |

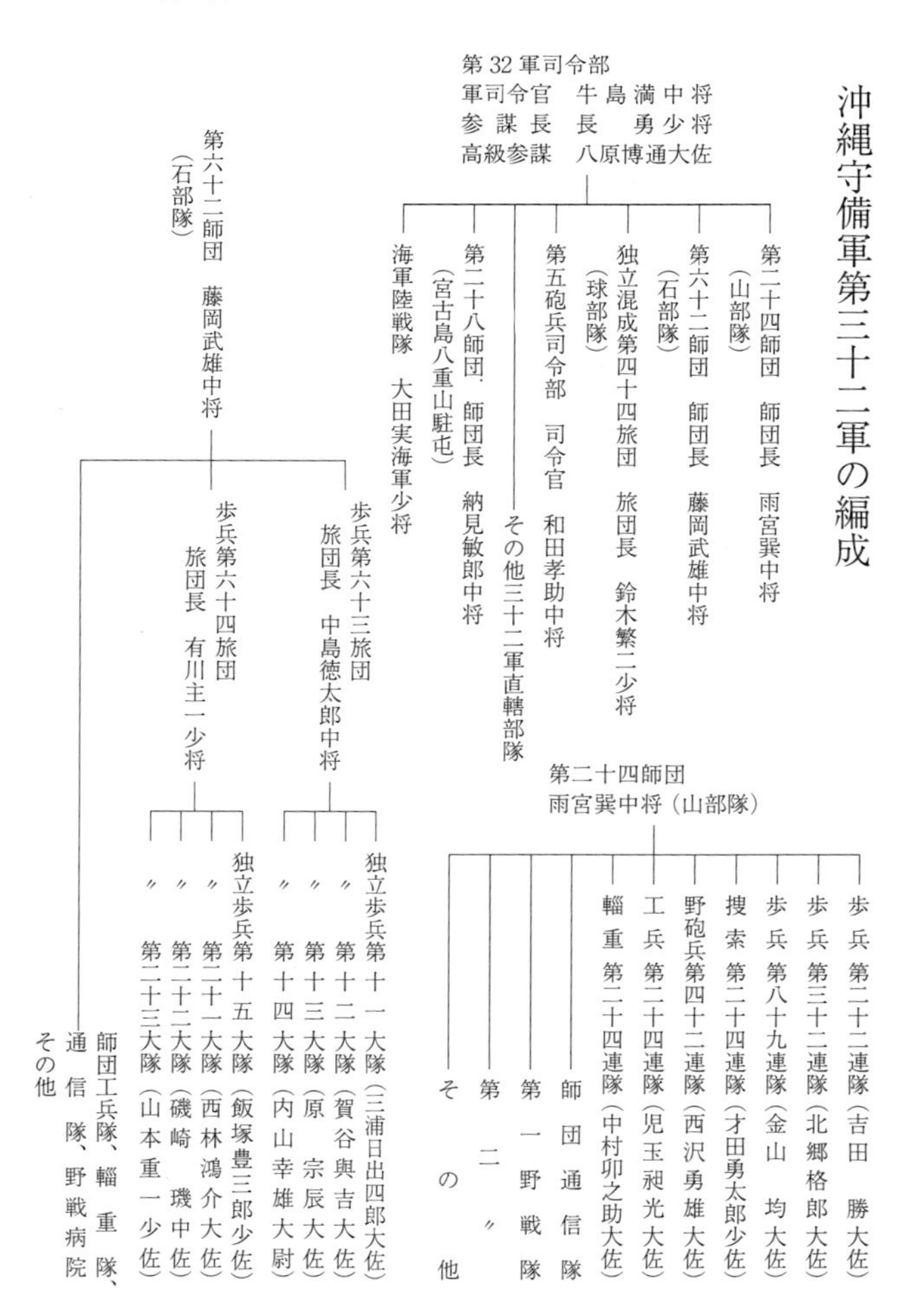
沖縄守備軍第三十二軍の編成
第32軍司令部
軍司令官　牛島満中将
参謀長　長　勇少将
高級参謀　八原博通大佐
第二十四師団（山部隊）　師団長　雨宮巽中将
第六十二師団（石部隊）　師団長　藤岡武雄中将
独立混成第四十四旅団（球部隊）　旅団長　鈴木繁二少将
第五砲兵司令部　司令官　和田孝助中将
その他三十二軍直轄部隊
第二十八師団、師団長　納見敏郎中将（宮古島八重山駐屯）
海軍陸戦隊　大田実海軍少将
第二十四師団
雨宮巽中将（山部隊）
歩兵第二十二連隊（吉田　勝大佐）
歩兵第三十二連隊（北郷格郎大佐）
歩兵第八十九連隊（金山　均大佐）
捜索第二十四連隊（才田勇太郎少佐）
野砲兵第四十二連隊（西沢勇雄大佐）
工兵第二十四連隊（児玉昶光大佐）
輜重第二十四連隊（中村卯之助大佐）
師団通信隊
第一野戦隊
第二　〃
その他
第六十二師団（石部隊）　藤岡武雄中将
歩兵第六十三旅団
旅団長　中島徳太郎中将
独立歩兵第十一大隊（三浦日出四郎大佐）
〃　第十二大隊（賀谷與吉大佐）
〃　第十三大隊（原　宗辰大佐）
〃　第十四大隊（内山幸雄大尉）
歩兵第六十四旅団
旅団長　有川主一少将
独立歩兵第十五大隊（飯塚豊三郎少佐）
〃　第二十一大隊（西林鴻介大佐）
〃　第二十二大隊（磯崎　璣中佐）
〃　第二十三大隊（山本重一少佐）
師団工兵隊、輜重隊、通信隊、野戦病院
その他

# 軍司令部直轄部隊

第二十一野戦高射砲隊司令部
司令官　吉田　清

- 野戦高射砲第七十九大隊（森本敏昭少佐）
- 〃　第八十大隊（須藤久七少佐）
- 〃　第八十一大隊（梅津哲夫少佐）
- 独立高射砲第二十七大隊（大滝善次郎少佐）

第十一船舶団司令部
大町　茂大佐

- 船舶工兵第二十三連隊（大島詰男少佐）
- 船舶工兵第二十六連隊（佐藤小十郎少佐）

電信第三十六連隊（大竹元治少佐）

戦車第二十七連隊（村上　乙中佐）

独立臼砲第一連隊（入部兼康中佐）

- 独立歩兵第二百七十二大隊（下田直美大尉）
- 〃　第二百七十三大隊（楠瀬一珍大尉）
- 独立工兵第六十六大隊（植松新一大尉）
- 独立機関銃第三大隊（金田郁平少佐）
- 〃　第四大隊（陶山勝章少佐）
- 〃　第十四大隊（村上甚太郎中佐）
- 〃　第十七大隊（高島惣吉大尉）
- 独立速射砲第三大隊（一法師鉄男中佐）
- 〃　第七大隊（中島好生少佐）
- 〃　第二十二大隊（高橋　巌大尉）

- 独立速射砲第三十二大隊（橋本　恵大尉）
- 機関砲第百三大隊（苧坂清治少佐）
- 〃　第百四大隊（中田美智平大尉）
- 〃　第百五大隊（村上末夫少佐）

- 独立迫撃砲第三中隊
- 〃　第四中隊
- 〃　第五中隊
- 〃　第六中隊
- 〃　第七中隊
- 〃　第八中隊
- 〃　第九中隊
- 〃　第十中隊

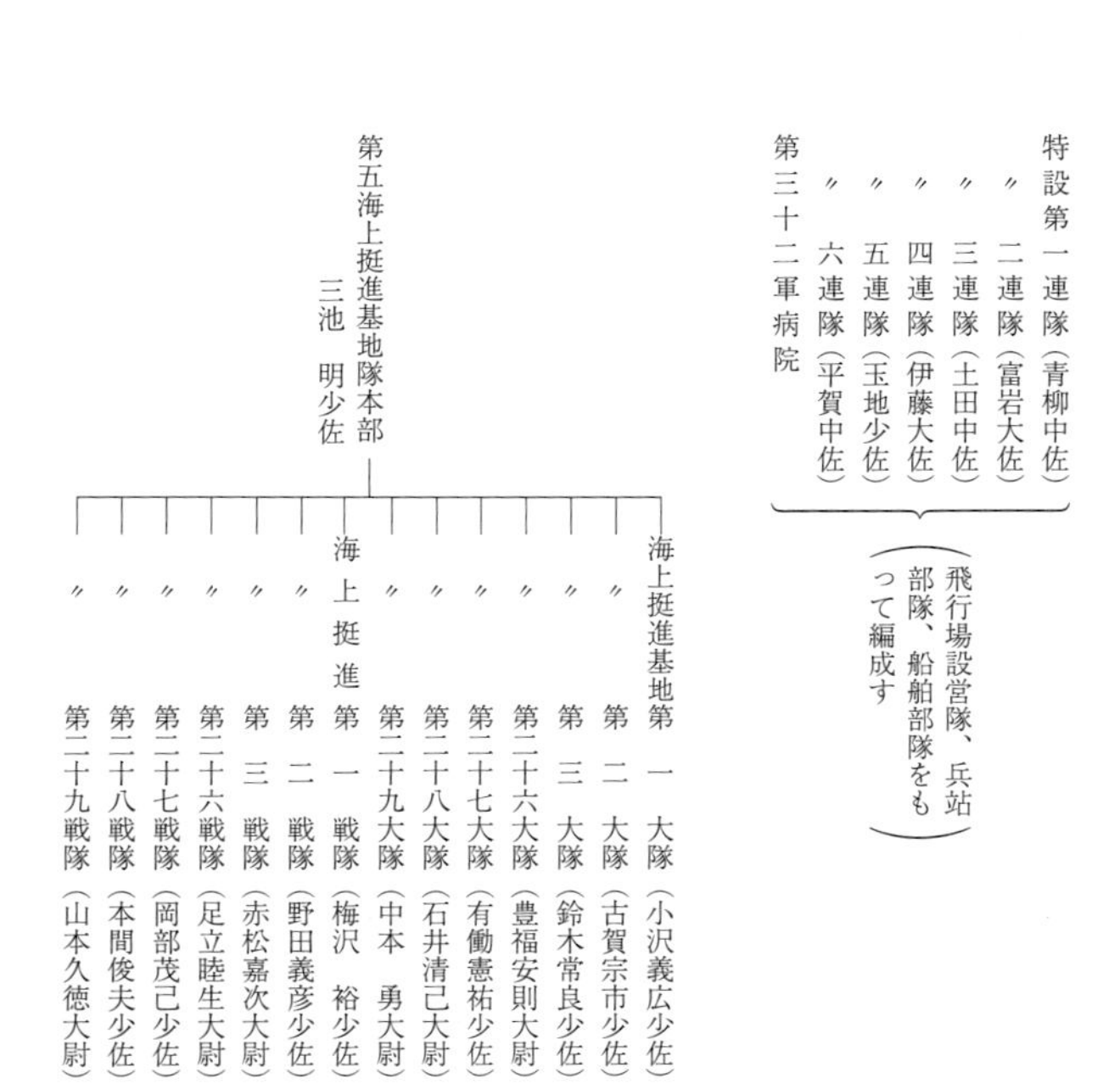
特設第一連隊（青柳中佐）
〃　二連隊（富岩大佐）
〃　三連隊（土田中佐）
〃　四連隊（伊藤大佐）
〃　五連隊（玉地少佐）
〃　六連隊（平賀中佐）
第三十二軍病院

（飛行場設営隊、兵站部隊、船舶部隊をもって編成す）

第五海上挺進基地隊本部
三池　明少佐

海上挺進基地第一大隊（小沢義広少佐）
〃　第二大隊（古賀宗市少佐）
〃　第三大隊（鈴木常良少佐）
〃　第二十六大隊（豊福安則大尉）
〃　第二十七大隊（有働憲祐少佐）
〃　第二十八大隊（石井清己大尉）
〃　第二十九大隊（中本　勇大尉）
海上挺進第一戦隊（梅沢　裕少佐）
〃　第二戦隊（野田義彦少佐）
〃　第三戦隊（赤松嘉次大尉）
〃　第二十六戦隊（足立睦生大尉）
〃　第二十七戦隊（岡部茂己少佐）
〃　第二十八戦隊（本間俊夫少佐）
〃　第二十九戦隊（山本久徳大尉）

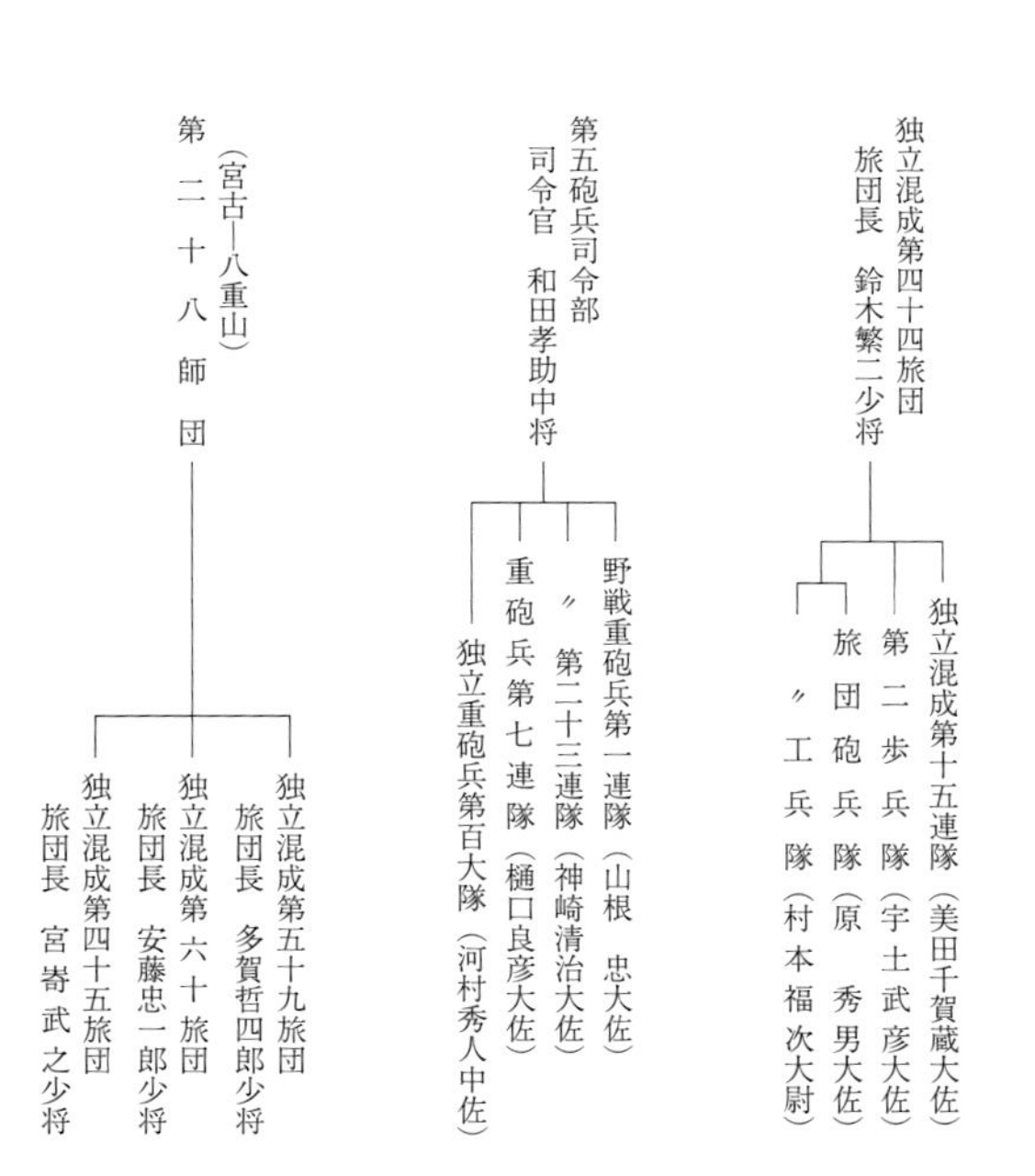
独立混成第四十四旅団
旅団長　鈴木繁二少将
独立混成第十五連隊（美田千賀蔵大佐）
第二歩兵隊（宇土武彦大佐）
旅団砲兵隊（原　秀男大佐）
〃　工兵隊（村本福次大尉）
第五砲兵司令部
司令官　和田孝助中将
野戦重砲兵第一連隊（山根　忠大佐）
〃　第二十三連隊（神崎清治大佐）
重砲兵第七連隊（樋口良彦大佐）
独立重砲兵第百大隊（河村秀人中佐）
（宮古―八重山）
第二十八師団
独立混成第五十九旅団
旅団長　多賀哲四郎少将
独立混成第六十旅団
旅団長　安藤忠一郎少将
独立混成第四十五旅団
旅団長　宮崎武之少将

# 沖縄戦、連合軍機構

＊以下はアメリカ軍資料による

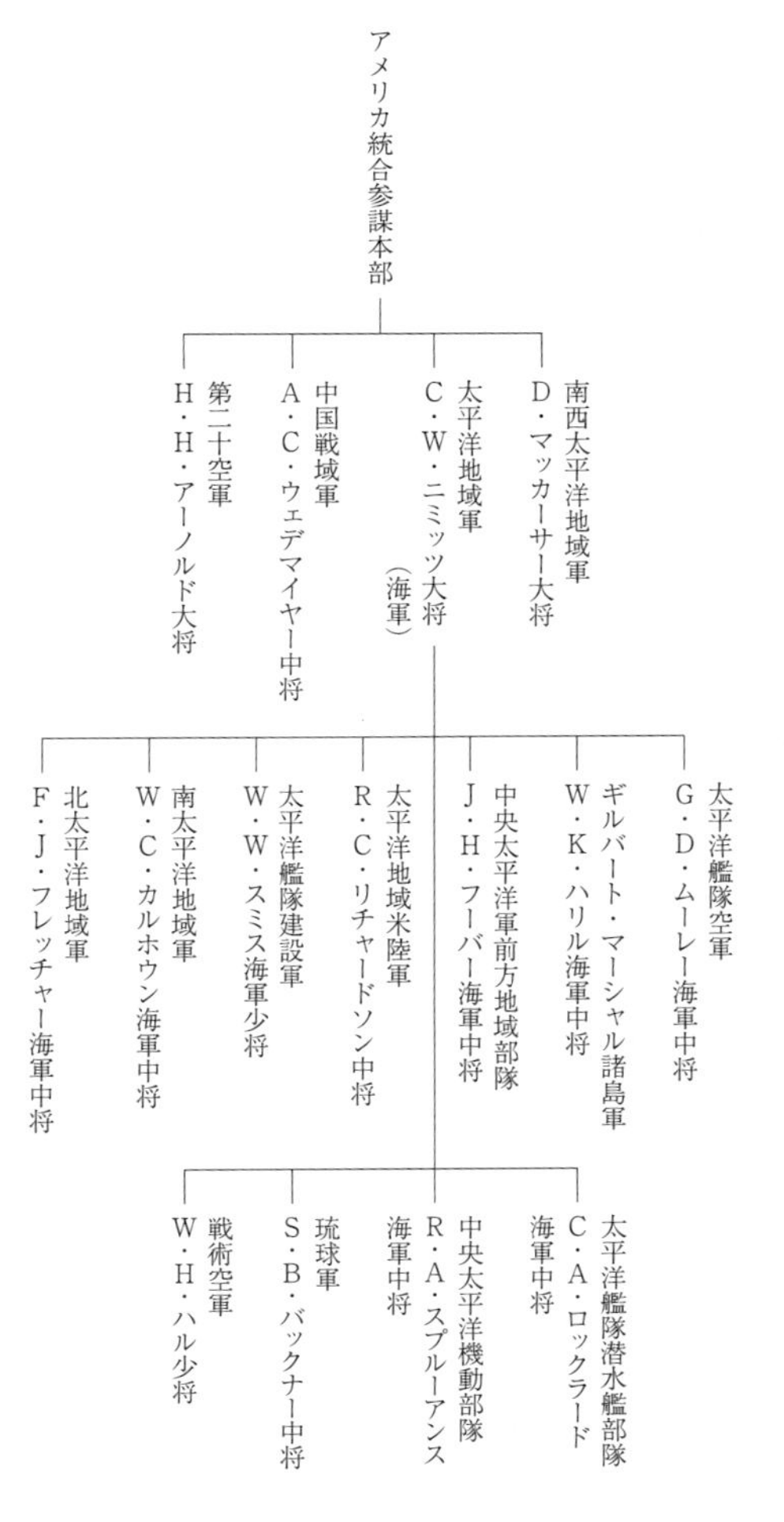

# 沖縄戦、中央太平洋機動部隊の機構

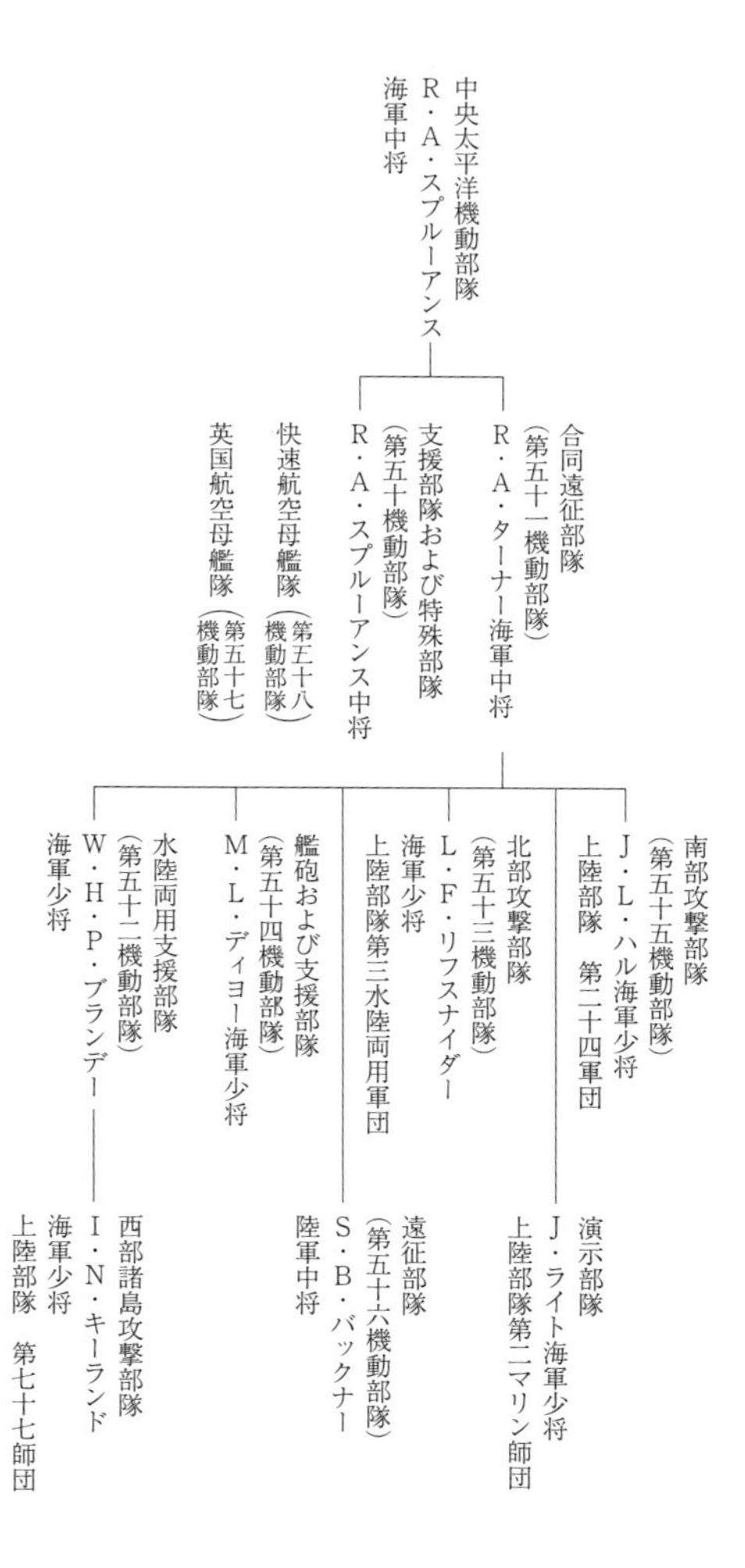

# 沖縄戦遠征部隊機構

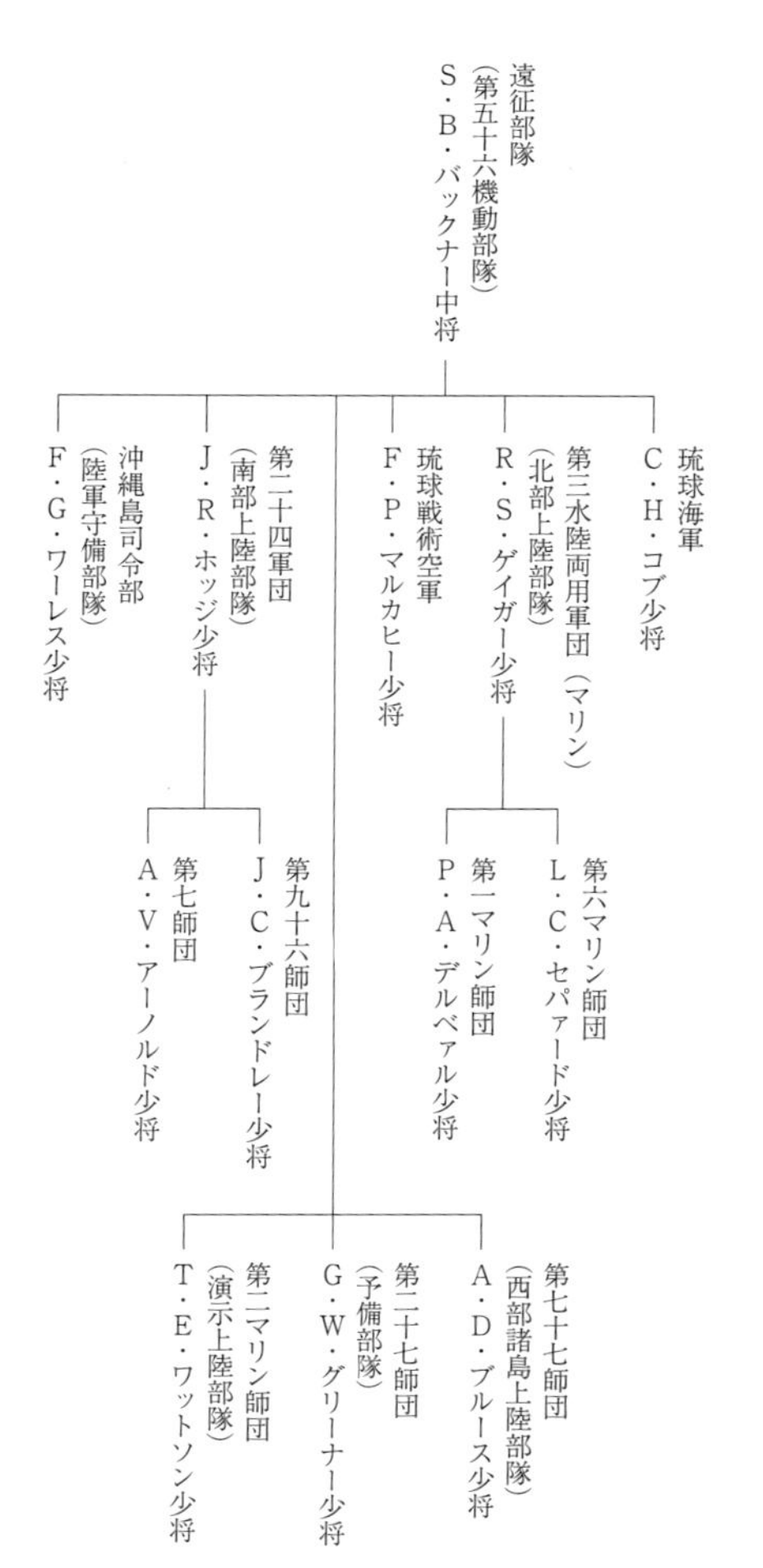
遠征部隊
（第五十六機動部隊）
S・B・バックナー中将
琉球海軍
C・H・コブ少将
第三水陸両用軍団（マリン）
（北部上陸部隊）
R・S・ゲイガー少将
琉球戦術空軍
F・P・マルカヒー少将
第二十四軍団
（南部上陸部隊）
J・R・ホッジ少将
沖縄島司令部
（陸軍守備部隊）
F・G・ワーレス少将
第六マリン師団
L・C・セパァード少将
第一マリン師団
P・A・デルベァル少将
第九十六師団
J・C・ブランドレー少将
第七師団
A・V・アーノルド少将
第七十七師団
（西部諸島上陸部隊）
A・D・ブルース少将
第二十七師団
（予備部隊）
G・W・グリーナー少将
第二マリン師団
（演示上陸部隊）
T・E・ワットソン少将

# 解説

戸部良一

沖縄戦というと、一般に目が向けられるのは、鉄血勤皇隊やひめゆり部隊といった少年少女たちのけなげな姿や、戦闘に巻き込まれた住民の甚大な犠牲である。昨今では、集団自決をめぐる論争がよく取り上げられる。一九四五（昭和二十）年三月末から六月下旬まで続いた沖縄戦の戦死者（軍人・軍属）は約一〇万人（うち沖縄出身者約三万人）、住民の死者が約九万人という数を見るならば、戦闘に巻き込まれた人びとの悲惨な状況に関心が集まるのは当然とも言えよう。

ただし、住民の悲惨さは沖縄戦の、けっして軽視してはならない重要な一面ではあるが、それが沖縄戦のすべてではない。沖縄戦の本来の部分、作戦戦闘としての側面にも目を向けなければならない。作戦戦闘としての沖縄戦に目を向ける場合、その最も基本的な文献となるのが本書である。沖縄戦の作戦を構想し計画した当事者が著した本だからである。

著者の八原博通（やはらひろみち）は、鳥取の米子中学を経て陸軍士官学校に入校（陸士三十五期）、卒業後は陸士同期生で最も早く陸軍大学校に入り、陸大卒業時には恩賜の軍刀を授けられた。成績抜群の秀才だったのだろう。陸軍省人事局勤務を経て二年間アメリカに駐在、帰国後は人事局補任課員、陸大教官を務めた。その後、一九四〇年にタイ、マレーで情報収集にあたり、のちタイ大使館付武官補佐官、大東亜戦争（太平洋戦争）開戦後は第十五軍参謀としてビルマ攻略作戦に従事した。病気のため内地に帰還して陸大教官を務めた後、一九四四年三月、沖縄を含む南西諸島防衛のために新設された第三十二軍の高級参謀となった。満四十一歳の大佐のときである。高級参謀は幕僚組織の中で参謀長に次ぐポストだが、参謀長が軍全体の管理を担当して軍司令官を補佐するとすれば、高級参謀は作戦主任として勤務するのが通例であった。この意味で、八原は第三十二軍の作戦を構想・立案した当事者だったのである。

ところで、八原の経歴で特徴的なのは、部隊で指揮官として勤務した経験がないことである。少壮の陸軍軍人が最も希望する中隊長も連隊長も務めたことはない。軍人の経歴としては異例に属する。彼の職歴は、陸軍中央（陸軍省）での勤務と海外駐在、陸大教官、そして幕僚（参謀）である。彼の鋭敏な頭脳が、幕僚あるいは教官として重用されたからなのだろうが、何かほかの理由もあったのかもしれない。幕僚としての勤務が、中央の大本営ではなく、野戦軍の参謀であるのも注目されよう。

アメリカ駐在の経験を持ち敵軍のことをよく知っている八原が、沖縄でのアメリカ軍との決戦に備えて、満を持して第三十二軍の高級参謀に起用された、というわけでもなかったようである。彼のアメリカ通としての能力が買われていたのならば、もう少し早く、アメリカ軍と直接ぶつかる部隊に派遣されていたのではないだろうか。そうならなかったのは、八原個人の問題というよりも、陸軍の人事システムの問題だったのかもしれない。実は、彼が第三十二軍高級参謀に発令されたとき、大本営は沖縄決戦など考えてはいなかった。大本営はマリアナ諸島で米軍を迎え撃つ腹積もりであった。八原自身は、この人事を左遷と受け取ったようである。彼が沖縄決戦に従事するのは、大本営の意図ではなく、その楽観的な予想を裏切った急速な戦局悪化の結果であったといえよう。

　本書は、沖縄決戦の作戦を担当した八原が、戦中そして戦後にも彼に加えられた批判に反駁（はんばく）することが、執筆の主要な動機となっている。批判を加えたのは大本営以下の上級司令部と一部の旧同僚であった。これに対して八原は、大本営をはじめとして上級司令部に定見がなく、固定観念に縛られた発想しかできなかったことをきびしく指弾する。

　大本営に定見がなかったことは、まず、第三十二軍の統帥系統が二転三転したことに表れている。同軍は大本営直轄として設置されたが、二ヵ月あまりのちに本土の西部軍の隷下に、さらに二ヵ月後、今度は台湾軍（のちの第十方面軍）の隷下に入れられた。サイパン失陥に伴う作戦構想の転換のためである。

　サイパン失陥によりマリアナでアメリカ軍の反攻を止められなかった大本営は、フィリピンや台湾とともに沖縄を決戦場の一つと予想する。それまで航空基地設定という役割程度しか期待されていなかった第三十二軍は、兵力を大きく増強され、決戦準備にいそしむことになった。ところが、アメリカ軍がフィリピンに上陸すると、大本営は第三十二軍から一個師団を抽出することを命じる。実際には、台湾の部隊がフィリピンに転用されたため、大本営と第十方面軍が、そのあとに沖縄から引き抜いた一個師団を持って来ようとしたのであった。しかも大本営は、沖縄から抽出した兵力の補塡を約束し、台湾に引き抜かれた第九師団の後に姫路から第八十四師団を第三十二軍に入れると内示しておきながら、それを一日で撤回するという始末であった。新任の参謀本部作戦部長宮崎周一が、増援師団を沖縄に船舶輸送する途中、アメリカ海軍の潜水艦に襲われる危険性が高いことを憂慮し、内示を撤回したからである。宮崎の判断にも一理はあったが、第三十二軍からすれば、大本営の措置は場当たり主義で、ますます不信感を強めざるを得なかった。

沖縄本島の総兵力から三分の一近くを引き抜かれた第三十二軍では、八原の発案により作戦構想を練り直し、作戦方針の根本的な転換を図る。それまでは、上陸前後に敵軍が行う激しい砲爆撃（アメリカ軍艦船による艦砲射撃と航空機による爆撃）を、洞窟陣地にこもって耐え、敵が上陸してきたら、狭い海岸地区にひしめいて混乱状態にあるはずのアメリカ軍上陸部隊を、強力な砲兵と充実した歩兵戦力の機動によって叩く、という攻勢主義が基本で、従来の島嶼戦で繰り返してきた水際撃滅戦法を改良し規模を大きくしたものであった。このため第三十二軍は洞窟陣地の築城と歩兵部隊の機動訓練に全力を注いだ。しかし、攻勢作戦に不可欠の相当規模の戦力を引き抜かれたため、この作戦は成り立たなくなる。八原は、攻勢主義を捨て、沖縄本島の南部（島尻地区）に築いた堅固な要塞地帯に立てこもって戦う戦略持久に転換した。本土決戦に備え、その準備の時間稼ぎをするため、沖縄でアメリカ軍に出血を強要しできるだけ長く戦わせる、これが八原のねらいであった。沖縄を、いわば本土決戦のための「捨石(すていし)」にしようとしたのである。

そのころ大本営は、沖縄で特攻を主体とした大規模な航空作戦を展開し、それによって敵軍に反撃することを企図していた。それゆえ大本営は沖縄本島にある航空基地(北飛行場と中飛行場)確保を重視していたが、八原は戦略持久を図るため、最悪の場合、航空基地を敵手に委ねることも甘受せざるを得ないと覚悟していた。八原の判断では、そもそも当時の日本の航空戦力に、沖縄を攻めるアメリカ軍に強力な反撃を加えてその進撃を止める、あるいは遅らせる能力があるとは思われなかったのである。八原からすれば、飛行場を敵に奪われないためには、むしろ事前に破壊しておくべきであった。

飛行場確保問題は大本営と第三十二軍の行き違いの焦点となった。アメリカ軍の上陸後、案の定、飛行場は敵の手に落ちてしまった。そうした状況を見て、上級司令部(大本営と第十方面軍)は、飛行場奪回を再三、第三十二軍に要請する。その要請は、戦略持久の意味を理解せず、第三十二軍の消極性、臆病さを非難するかのようであった。こらえきれなくなって第三十二軍司令部は、八原一人の反対を押し切って、飛行場奪回のための攻勢作戦を始めようとした。だが、そのとき島尻地区沿岸に米軍が上陸する兆候があって、攻勢作戦は中止となった。攻勢作戦中止は、第三十二軍の積極性の欠如を示すものとして、あらためて上級司令部の不信を買ってしまう結果となる。

その後、軍司令官（牛島満）と参謀長（長勇）の主導により、第三十二軍は一時、戦略持久を放棄して攻勢に出る。上級司令部からの批判や非難に耐えきれなくなったことが、攻勢に出ざるを得ないとの決断を促した。この攻勢は八原が予想したとおり惨憺たる失敗に終わり、戦力を大きく消耗して、当初の目論見どおり戦略持久を続けることを困難にしてしまうのである。

細部を省略すれば、以上が沖縄戦のあらましであり、そこで際立っているのは、第三十二軍と大本営との相互不信、意思疎通の欠如である。八原に言わせれば、大本営の定見のなさであった。大本営は、一九四五年三月まで、つまりアメリカ軍の沖縄上陸の一ヵ月前まで、沖縄を含む南西諸島で航空決戦（天一号作戦）を行うとの方針を伝えてこなかったという。したがって八原は、大本営の意図不明のまま、その意図を忖度して作戦計画を立てなければならなかった。その際、八原は大本営が本土決戦を企図していると忖度し、上述したように、その決戦準備を助けるために沖縄での戦略持久を選択したのであった。

なぜ大本営は本土決戦の意図をすぐ伝えなかったのか。本土決戦のために沖縄で第三十二軍が何をなすべきかを明確に指示しなかったのか。分からないとしか言いようがない。分からないと言えば、沖縄へのアメリカ軍上陸がほぼ確実視されるようになった三月に、陸軍人事の定期異動がなされ、それが沖縄の諸部隊にも及んでいることも、理解に苦しむ。アメリカ軍との戦いに備え訓練や築城を通じて戦闘組織としての機能と結束を強化してきたのに、その指揮官や参謀を異動させるとは、いったいどんな発想に基づいていたのだろうか。

大本営を一方的に責めることはフェアではないだろう。第三十二軍の側から大本営に対して努めて意思の疎通を図ったわけでもないようである。そもそも大本営の戦略目的は曖昧であり、曖昧であるがゆえに大本営と現地軍（第三十二軍）との間では目的の共有がなされなかった。それを相互不信に由来する意思疎通の欠如が助長してしまったのである。

八原は、大本営の戦略を「航空優先」主義として批判する。そもそも日本軍は、空軍力の死活的重要性を深く理解せずに大東亜戦争に突入した。ところが開戦後、各戦線で戦闘を重ねるうちに航空戦力がいかに戦いを左右するかを知るようになり、敗色が濃厚になると、空軍力を重視する傾向が過度なほどに強まった。八原のような冷静な観察者の目からすれば、特攻に頼らざるを得ないほどパイロットの技倆が低下した段階では、単に数を揃えても、アメリカ軍に太刀打ちできないことは明らかであった。にもかかわらず、大本営は航空決戦にこだわり、沖縄の飛行場確保を要請し、それがアメリカ軍に奪取された後は、その奪回を要求する。さらに、戦略持久の意味を理解せず、守勢を怯懦と同一視し、攻撃に出るよう再三にわたって圧力を加える。こうした無理解に対し、八原は「あとがき」で激しく批判している。「迷妄な空軍決戦主義と狂気じみた裸突撃」、「中央や方面軍のばかげた攻撃要求」と。

八原が本書で繰り返す上級司令部に対する批判は、彼が計画した沖縄作戦が消極的であり怯懦であるとの非難に対する反駁であり、さらには彼が戦後、「捕虜」の汚名を着せられたことへの反撥でもあった。八原によれば、彼が軍司令官と参謀長の自決後、戦線を離れたのは、沖縄戦の実情を大本営に伝えて本土決戦に役立てるため本土に帰還せよとの命令に基づいていた。彼は本書の最後に、「沖縄作戦は、決戦か持久か、作戦目的が混迷し、幾多の波瀾を生じた。その間の真相を知るものは、おそらく私唯一人と確信する」と述べている。この言葉には、彼をめぐる誤解と無理解に対する八原の精一杯の思いが込められているように感じられる。

高級参謀八原博通は、きわめて緻密な頭脳の持ち主であった。情勢を冷静かつ客観的に観察し、手持ちの資源に照らし合わせて複数のオプションを案出し、徹底的に比較・分析したうえで、最も合理的な対策・方針を導き出す。クールで、合理的なリアリストであった。それは彼本来の気質でもあったろうが、アメリカ経験もそれなりの影響を及ぼしていただろう。日本軍の参謀について、「無謀」「横暴」「乱暴」の三ボウだという揶揄があったそうだが、八原はそうした参謀イメージとは対蹠的なところに位置する。例えば、辻政信とはまったく異なるタイプである。八原は、下剋上や幕僚統帥などとは無縁であった。組織内の秩序を重んじ、過剰な精神主義を排した。上司の意見に真正面から反論することを辞さなかったが、いったん上司が決断を下せば、それが持論と違っていても、その指示・命令に忠実に従った。

だが、彼の「あまりにも透徹した論理をふりかざす態度が、軍司令部内の空気をギクシャクさせ、自分自身をも孤立に追い込んだ面もあった」とする見方もある（稲垣武『沖縄 悲遇の作戦――異端の参謀八原博通』）。自らの論理の正しさを確信するがゆえに、それを押し通すという点で、しばしば頑なであったということなのだろう。ただし、そうした「欠点」に本人も気づいていたようであり、人情の機微をまったく解しない朴念仁でもなかった。

むしろ八原は意外に情熱家でもあった。情熱家であり「三ボウ」の典型でもあった参謀長の長勇と馬が合ったように見受けられるのは、おそらく両者の気質にどこか響き合うものがあったからだと思われる。しばしば作戦方針をめぐる対立・論争を繰り広げながら、そして戦略持久に徹底し得ない長参謀長をきびしく批判しながら、八原は長に対する敬意を失わなかった。長参謀長や、牛島軍司令官、さらには彼の同僚・部下の参謀たちに対する人物評価にも、もちろん批判をまじえながら、温かさが込められている。

そうした眼差しは、軍組織内の人間だけにとどまらなかった。洞窟陣地の壕内外で軍人をサポートする沖縄の人びと、特にうら若き女性たちに対する八原の眼差しにも、温かさと同情があふれている。彼が描く壕内の生活は、一般に流布されている日本軍人と沖縄の人びととの関係とは、また別の違った一面を伝えてくれる。むろん、日本軍がまだ戦闘能力を有していた時期と、軍事組織としてほとんど壊滅状態になってしまった時期との違いはあるだろうけれど。

八原は、彼の目から見た沖縄戦の実情を、無念の思いをいだきながら綴った。この回想録を綴ったときの手元には、彼の陣中日誌か、あるいはメモ書きがあったようである。おそらくはその日誌かメモに基づいて実戦の経緯を詳しくたどり、上級司令部や第三十二軍の上官・同僚を批判しつつ、八原は陸軍一般の通弊をも鋭く指摘する。いまそれを読むと、これは単に旧軍の悪しき特徴というだけではなく、現代にも通じる日本人一般の欠点を衝いているように思われる。やや大げさに言えば、八原の指摘は期せずして、説得力のある日本人論ともなっている。

　例えば、日本軍高級将校の欠点として八原は、「先見洞察力不十分」、「感情的衝動的勇気はあるが、冷静な打算や意志力に欠ける」、「心意活動が形式的で、真の意味の自主性がない」、「死を賛美し過ぎ、死が一切を美しく解決すると思い込んでいる」といった点を挙げている。いわゆるインテリジェンスに関しては、「由来情報勤務は、日本人には苦手のようだ。ことに臨んで勇敢ではあるが、相手を的確に観察する冷静さに欠け、主観的に行動する嫌いがある」と八原は言う。八原によれば、「絶体絶命の境地に臨むと」、日本軍高級将校は「戦理を無視して盲目的、かつ衝動的な攻撃精神」に傾き、「冷静打算に徹した戦法を取ることのできぬ、性格的弱点」をさらけ出してしまう者が少なくなかった。幕僚については、「主観が勝って、客観が弱い。自信力が強過ぎる」「戦術が形式的技巧に走って、本質を逸する」といった欠点が指摘されている。「自信力が強過ぎる」という点は、自らの反省なのかもしれない。

　要するに、「技巧は良いがデザインは下手。感情に走って大局を逸し、本来の目的本質を忘れる。形式に生き形式に死ぬる。形式の徹底は、軍隊に必要であるが、しかし形式からは真の力が出てこない。人間として幅広さ、強さが足りぬ。人間が幼稚なのである」。これは、軍人のみならず、日本人全体に共通した欠点だと八原は述べている（読売新聞社『昭和史の天皇2』）。現代のわれわれにも、自ら省（かえり）みて当てはまるところがないとは言えないようである。

八原によれば、アメリカ軍は日本軍について、「兵は優秀、中堅幹部は良好、高級首脳部は愚劣」と評したという。日本軍に対するこうした評価は、アメリカ軍だけのものではない。日本軍と戦った体験を持つ外国軍人の多くが下した評価でもあった。

沖縄戦で日本軍は、八原の言う「愚劣な」大本営の圧力にもかかわらず、よく戦った。もちろん住民に甚大な被害を及ぼしたことは責められなければならない。ただ、純軍事的に見て、アメリカ軍との巨大な戦力差を考えれば、第三十二軍の戦いぶりは評価されるべきだろう。八原が主張したとおりに戦略持久に徹底していたならば、その評価はもっと高くなったかもしれない。しかし、それでもなお、勝つことはできなかったという事実は変わらない。沖縄戦は敗北を予定された戦いであった。どのようにして負けるか、どれだけ大きな犠牲を敵に強要して、本土決戦を遅らせ、その準備を助けるか、という負け戦であった。そうしたなかで、大局を見据えて感情に走らず、本来の目的、戦いの本質を忘れなかった数少ない軍人として、八原博通は記憶されるべきだろう。

最後に、八原が最も気にしていたこと、「捕虜」という批判について触れておきたい。よく知られているように、日本の軍人は、戦陣訓で「生きて虜囚の辱(はずかし)めを受けず、死して罪過の汚名を残すこと勿(なか)れ」と教え込まれ、捕虜となることを堪えがたい恥としていた。日本の敗戦後、イギリス軍は、敗戦前に投降した日本軍人を「捕虜（POW＝Prisoner of War）」、敗戦後に武装解除され抑留された者を「降伏日本人（JPS=Japanese Surrendered Personnel）」と呼んで区別したが、その理由の一つは、捕虜となることを恥とした日本軍人に配慮したことにあった。また、そうすることによって、捕虜としての待遇を与える義務を免れようとしたことも、「老獪（ろうかい）」なイギリス軍の理由の一つであったという（増田弘「日本降伏後における南方軍の復員過程」『現代史研究』第九号）。

八原は、「私は形式はともかく、今日に至るまで実質的には断じて捕虜になったとは思っていない」と主張する。彼の戦線離脱はたしかに上官の命令によるもので、けっして敵前逃亡ではなかった。摩文仁（まぶに）の洞窟を出て困難な逃避行の末、難民に紛（まぎ）れてアメリカ軍に「投降」したときも、捕虜として扱われたわけではない。八原は、脱出の機会をうかがい、本土決戦に参加しようとしていた。だが、その後、軍人であることが暴露されてアメリカ軍に収容された後は、「捕虜」と見なさざるを得ないだろう。敗戦前だから、イギリス軍の言う「降伏日本人」でもない。「形式」的には、やはり捕虜であった。

しかしながら、八原はそれを恥じる必要はなかった。そもそも死力を尽くして戦った後、戦うすべがなくなったら、投降することに何の咎めもないはずであった。まして彼は戦闘中に投降したわけではない。難民に身をやつして本土への脱出を図っていたところ、味方と思っていた同胞に裏切られて、敵軍に捕えられたのである。それを恥じる必要はまったくなかった。そうした羽目に陥ったのは、彼の不注意に原因の一部があったとしても。

八原は、「捕虜」という嘲（あざけ）りが、沖縄戦の作戦指導に対する批判と結び付き、彼が怯懦であるとの証明でもあるかのように見なされたことに憤ったのだろう。その憤りはもっともであった。本書は、作戦当事者から見た沖縄戦の実相ばかりでなく、彼の憤りを通して日本軍が抱えていた宿痾（しゅくあ）の一面をもはっきりと描き出したのである。

（帝京大学教授）

特別寄稿

# 『沖縄決戦』を世に出した「魔法の機械」

松崎昭一

昭和四十二（一九六七）年三月十六日の夜、私は、鳥取県米子市皆生の旅館の一室で、その人の訪れを待っていた。

「お客様がお見えになりました」

仲居の声がした。襖が開き、「八原です」と、やや野太い声がして入ってきたその人を見て、想像していた感じとは違うな、というのが私の最初の印象だった。中肉中背、白髪まじりの頭髪、薄茶色の替え上着をつけ、どこか土の匂いが漂うその表情は、二十二年前、空陸あわせて約十八万の兵力と膨大な物量をもって進攻してきたアメリカ軍を迎え撃った、元沖縄第三十二軍高級参謀・八原博通陸軍大佐の、颯爽としたイメージとは対照的で、おそらく道ですれ違っても「初老のおじさん」としか思わないであろう、穏やかな風貌だったからである。

当時の私は、四十歳の新聞記者。その年の元旦から読売新聞ではじまった連載企画「昭和史の天皇」取材班の一人だった。

八原元大佐と対座した私は、持参していた〝秘密兵器〟を取り出した。初めて見る機械を覗(のぞ)き込んだ八原元大佐に私は、「これはカセットテープ・レコーダーというものです」と説明した。大きさは重箱を一回り小さくしたくらい、従来のオープンリールのテープレコーダーと違ったコンパクトな赤色メタル仕様の機械である。

「今回の取材内容は、このカセットテープに録音させていただきたいのです」

そう言うと私は、カセットを装着して声を録音し、再生してみせた。そして、この音声は半永久的に保存することができると告げた。

「では、私の話も正確に伝わりますな」

と元大佐は顔を綻(ほころ)ばせた。

「昭和史の天皇」は、昭和四十二年一月一日から、同五十年まで計二七九四回にわたる、新聞界でも異例の長期連載である。連載中、各方面からの要望に応えて適宜単行本にまとめて読売新聞社から出版、最終的には全三十巻となった。連載第一回は、戦後の那須(なす)御用邸での記者団との懇談、全国行幸、そして終戦直前の御前会議で見せた昭和天皇の「素顔」を中心とするエピソードを「天心の笑い」と題してまとめ、大きな反響を呼んだ。

続いて昭和二十年元旦を起点に、戦勢日(せんせいひ)に非となる状況下で苛烈の度が加速化する天皇周辺の状況を描いた「陛下と特攻隊」、小磯国昭内閣下で秘密裏に行われた重慶政府への和平工作、東京下町を灰燼に帰せしめた三月十日の東京大空襲と、ほぼ時系列にそった形で連載を進め、一般的には〝秘史〟に近かった関係文書の発掘、そして東京裁判でA級戦犯として裁かれた木戸幸一が戦後初めてジャーナリズムに証言するなど関係者の言葉に基づく客観的な記述が予想以上の好評を呼んだ（「昭和史の天皇」連載開始の経緯や取材中のエピソードは、全四巻に抜粋編集した中公文庫版『昭和史の天皇1〜4』の各巻に寄稿した「取材余話」を参照されたい）。「こうなったら、八月十五日の玉音放送までやっか！」と私たちは意気軒昂だった。

　連載開始当初の取材班は、社会部長を兼務する辻本芳雄キャップの下、社会部で遊軍的立場にあった私を含めて全部で三人だった。

　もともと「昭和史の天皇」の連載は、前年（昭和四十一年）の夏の終わり頃、朝日新聞が来年元日から文壇の重鎮である大佛次郎を起用して〝明治百年〟にちなんだ大型連載（『天皇の世紀』）を始めるとの噂に刺激されたらしい原四郎編集局長が、辻本部長を呼んで「天皇をテーマに大型連載企画を考えてくれ」と言った事から始まった。辻本部長から「ふと顔を上げたら君が見えた」という理由で取材班に指名された私も、現代史にはまったくの素人だった。

　にわか勉強を始めたものの、なかなかいいアイデアが浮かばない。当時銀座にあった社屋（現在はデパートのプランタン）の五階の小部屋（通称〝天皇部屋〟）をあてがわれた私たち三人は、やたら煙草を吹かしながら天井を睨んで「相手が鞍馬天狗（の大佛次郎）じゃ勝ち目はねえよな」とぼやいていた。ふと、辻本部長が「人間がもっとも人間らしい態度を見せるのは、笑う時と泣く時だよな」と思いつき、そこから終戦を決めた八月十日の御前会議で天皇が涙を流されたというエピソードを思い出した。

御前会議の出席者全員に取材しようという事になり、第一回の取材は、昭和四十一年十二月二十四日午後十時から世田谷区若林の元郵政大臣迫水久常（さこみずひさつね）氏（終戦時の内閣書記官長）へのインタビューから始まった。迫水氏の記憶は非常に鮮明で、期待以上であったが、問題は聞き手である私たちにあった。

「御前会議に軍部の最高責任者が出席するのは当然として、なぜ内閣の閣僚方も出席されたのですか？」と問うた時、迫水氏は「それは責任内閣だったからだよ」と答えた。意味が分からず恐る恐る「責任内閣とはなんですか？」と問い返すと、「君、そんなことも知らないで、この仕事をやるのかい」と呆れられた。これはエラいことになったと思った。

その頃の取材は、すべて手書きのメモである。ソニーの前身である東京通信工業が昭和二十五年に国産テープレコーダーを開発していたが、一号機の定価はなんと当時で十万円以上。オープンリール式でかさばり、重さも十キロ以上あった。とても取材現場に持ち込めない。現代史の門外漢としては、聞き慣れない戦前の政治用語や軍事用語を正確にメモに取るだけで一苦労だった。ところが、この難問を解決してくれる「魔法の機械」が私たちの前に登場したのだ。

連載は好評だったので、会社側も取材陣を二人増員してくれることになった。その一人が社会部の若手記者のT君だった。昭和四十二年二月下旬のある日、T君は出社するなり、大きな紙バッグから大事そうにその機械を取り出し、へへへと微笑しながらハンカチで拭きはじめた。「なんだか嬉しそうだな」と声をかけると、T君は「これはソニーが開発したカセットテープ・レコーダーですよ」と答えた。この機械でラジオの洋楽を録音するのだという。定価は二万円だったと記憶する。大学卒社員の初任給が二〜三万円の時代だ。

「小遣いがふっとんじゃいました」と言いながらT君は、おもむろに小型のカセットテープを取り出し、デッキに装着した。何か話してみてください、と言うので、機械に向かって話しかけた。五分ほど喋った後、テープを巻き戻して再生すると、さきほどの会話が鮮明に聞こえてきた。「先輩、これを使えば、例のしんどいヒアリングの問題も解決するんじゃないですか」と言うT君の提案にハタと膝を打ち、すぐに辻本部長に相談して、同型のテープレコーダーの購入が決まった（当時、T君以外、読売新聞編集局には、カセットテープ・レコーダーについて知る者は誰もいなかったのだ）。

その頃われわれは、昭和二十年四月七日、九州南方海域の坊ノ岬沖で撃沈された戦艦「大和」の取材に取り組んでいた。当時、「大和」に乗艦していた司令部唯一の生き残りである同艦副長だった能村次郎（のむらじろう）元海軍大佐が、静岡県伊東市内に隠棲しているのを突き止めていた。「大和」が沈む際、艦橋から爆風に吹き飛ばされたために、艦と運命をともにすることができなかった事を恥じた能村は、戦後、世間に出ることはなかった。

T君は、新兵器であるカセットテープ・レコーダーを抱えて伊東に赴き、能村元大佐に面会した。能村元大佐が秘かに書き綴っていた手記を拝借することができたが、結果的にそれ以上の収穫はなく、手記を引用する形の記事にするしかなかった。新兵器の威力は発揮されなかったのだ（同手記は、昭和四十二年、読売新聞社から『慟哭の海――戦艦大和死闘の記録』と題して刊行された）。

戦艦「大和」について連載が一区切りついた後、取材班は沖縄戦に取り組むこととなり、私が準備を担当することとなった。当時、沖縄は米軍の軍政下にあり、県民を巻き込んだ激烈な戦闘経過について触れた報道記事はごく僅かだった。そこで私は、沖縄戦を戦った第三十二軍を中心にして記事を書くことにした。

当時、市ヶ谷の自衛隊駐屯地内（三年後に作家の三島由紀夫が自決）には、太平洋戦争関係研究の宝庫とされていた防衛庁戦史部（現在は目黒の防衛省戦史研究センター）が置かれていた。連載準備が始まるとともに足繁く通っていた私は、すでに顔見知りになっていた旧軍出身の研究員に沖縄戦について問うと、「第三十二軍の高級参謀だった八原博通元大佐が、故郷の鳥取県で健在ですよ」と教えてくれた。

当時、第三十二軍司令部唯一の生き残りであった八原元大佐は、能村元「大和」副長と同様、「戦陣訓」の「生きて虜囚の辱めを受けず」という教えが根強く残っていたせいか、ほとんど世間に顔を出すことがなかった。当時、ひめゆり部隊など巻き込まれた沖縄県民の手記や、アメリカ側の記録に基づいた戦記はあっても、沖縄戦についての当事者として全体像を知る人の証言はなかった。八原元大佐から証言を引き出すことができれば、貴重なスクープになるに違いないと確信した。

急いで帰社し、研究員に教わった電話番号をダイヤルすると「八原です」としゃがれ気味ながら明瞭な声が返ってきた。「昭和史の天皇」の趣旨を説明し、そちらに出向きますのでインタビューをお願いしたい、と申し入れた。すると八原元大佐は澱(よど)みない声で「いつ、見えられますか?」と言う。思わず、明日うかがいます、と答えると、旅館はあそこがいいでしょう、と親切に教えてくれた。

翌朝の新幹線で京都へ向かい、山陰本線特急に乗り換え、鳥取県米子市皆生(かいけ)に到着したのは午後四時頃だったと記憶している。旅館に着いて早めの夕食を済ませた頃、八原元大佐が訪れてきたのだった。

前述のとおり、カセットテープ・レコーダーに録音すると説明した後、インタビューが始まった。八原大佐は、すらすらと私の質問に答えてくれたが、次第に私はあせりはじめた。当時のカセットテープは一本一時間しか録音できず、それを二〜三本しか持参していなかったのだ。二時間がすぎ、カセットテープを二本消費しても、話はまだ第三十二軍編成の段階で、日米両軍が激突するまでにも至らない。

そこで私は、「今夜はここまでにしましょう。今後、戦闘について記事上の扱いを東京のキャップと相談したいので、一度東京に戻ります。一両日中にまた皆生に参りますので、続きはその時にお願いします」と言った。私は二本のカセットテープに「三月十六日」とボールーペンで書き付け、取材を終わらせた。

翌日、帰京した私は、辻本部長に取材の報告をする際、「これはぼくの勘ですが、八原元大佐は沖縄戦について手記を書いてらっしゃるんじゃないでしょうか」と言った。というのは、旅館に現れたとき八原元大佐は、紺色の風呂敷包みを携えていた。取材中、頻繁にその風呂敷包みに目をやる。特に、当時の状況を詳しく物語らなければならないときにそうだった。あの風呂敷包みには、八原元大佐が当時のことを記した原稿が入っていると直感したのである。

明朝、また皆生に行きたいと申し出ると、辻本部長は快諾してくれた。その場で八原元大佐に電話をかけると、元大佐は驚きつつも諒解してくれた。今度は、皆生駅まで元大佐自ら出迎えてくれた。「今夜は、旅館ではなく我が家に泊まっていただきたい」と言う。新築のお宅に招かれ、夫人の手料理を振る舞われた。

ちなみに八原大佐夫人のまさ子さんは、陸軍中将清水喜重（台湾軍参謀長等を歴任）の令嬢である。戦前の八原一家は東京に住んでいたが、戦争末期の昭和十九年、夫人は五人の子供をつれて夫の実家である皆生に疎開した。戦後、八原が帰国して来るまでの間、まさ子さんは山で採った果物を大八車に積み込み、子供たちと一緒に引いて行商するなどをして、家計を支えた。

戦後、帰国した八原は千葉県にあった陸軍残務整理部で職に就くが、昭和二十一年六月に同部が解散してからは八原自身も洋服の生地を行商していたという。軍人恩給が同年に廃止されたため（二十八年に復活）、生活はかなり苦しかったらしい（ちなみに、自衛隊の前身である警察予備隊が昭和二十五年に創設され、元軍人たちの再就職先となったが、八原は公職には一切就かなかった。八原の長男・和彦氏が、厳しい家計を慮って防衛大学への進学を相談したところ、八原元大佐は難色を示し、理系に進学するよう勧めたという）。

そのときの私は知らなかったのだが、泊めていただいた八原氏のお宅は、そのように苦労を重ねてきた八原家が、戦後二十年をすぎてやっと持った一戸建ての持ち家だったのだ。

その夕食の席で、いささか酒の力も借りながら、実は手記を書かれているのではありませんか、と訊ねた。重ねて「そうだとしたら是非拝借したいのです。できれば、わが社から単行本として出版させていただきたい」と頼んだ。元大佐は「あなたとはまだ二回しか会っていないのだが」と前置きし、それでも「よろしい」と快諾してくれた。

原稿用紙の束を受け取ると、表紙の部分に「沖縄作戦の真相はこうだった」と書いてあった（口絵参照）。八原元大佐は、司令部のなかでただ一人生き残り、しかも米軍の「捕虜」になるという「辱め」を受け、それゆえ、世間に顔を出さず隠遁生活を続けてきた。沖縄戦について家族に語ることもなかった。だが、本書の「あとがき」で「戦後、沖縄戦に関しては数多くの文書が出ている。しかしそれらの大部は作戦の根本に対する検討が不明瞭で、本質をはずれたものや事実の誤認に立脚したものが多い」と吐露しているように、語りたいことは多かったに違いない。

そして八原元大佐が、自分の稀有な体験や、苛烈な戦争から得たものを発表する場として

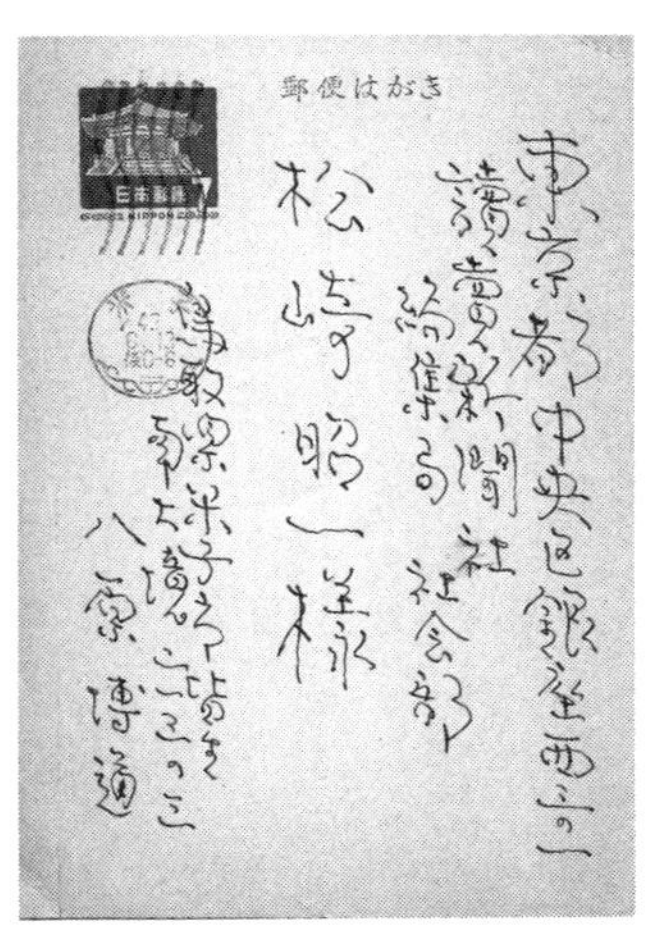
郵便はがき

東京都中央区銀座西三の一
讀賣新聞社
編集局　社会部
松崎昭一様

鳥取県米子市皆生
[illegible]
八原博通

写真上／八原博通氏。米子市皆生の自宅前にて
写真下／八原氏から松崎昭一氏に送られた昭和42年6月12日付のはがき（ともに松崎氏提供）

「昭和史の天皇」及び読売新聞社を選ぶ決断をした一因は、自分の言葉を正確に記録してくれる、カセットテープ・レコーダーの存在があったのだろうと思う。

「昭和史の天皇」で沖縄戦についての連載が始まったとき、八原元大佐は葉書で感想を書き送ってくれた。「本筋の大局」が描かれているので「枕を高くして」眠れます、とあった。八原元大佐の手記は五年後、『沖縄決戦　高級参謀の手記』のタイトルで刊行された。

「昭和史の天皇」は第十六回菊池寛賞（昭和四十八年）を受賞するなど高く評価されたが、何よりも当事者による精密な口述証言を豊富に盛り込む手法が、他に例を見ないものだったと自負している。八年に及んだ取材で、テープレコーダーは大活躍をした。その間、機械はどんどん小型化・軽量化し、性能も強化された。取材テープは千数百本にものぼった。

ところで連載中の昭和四十四年、アメリカのオーラルヒストリー学会（一九六〇年代にコロンビア大学を中心に設立）に所属していた歴史学者の角田順が、日本におけるオーラルヒストリーの業績として「昭和史の天皇」を紹介した。オーラルヒストリーとは、現代史研究の基本として、当事者や関係者からの「聞き書き」を重層的に整理・構成することで、新たな歴史像を発見する学問的営みを指す。自分たちがやってきた手法は、アメリカの歴史学会での最先端研究と同じであることを知った私たちは、「やったぜ」と喜び合ったものだ。

その後、日本現代史の第一人者であり、日本におけるオーラルヒストリー研究の拠点として政策研究大学院大学設立に関わり、同大学教授に転じられた伊藤隆元東大教授から、「昭和史の天皇」取材テープを寄託してほしいとの申し出があった。伊藤教授の奔走で、総計一五三八点のテープが、国会図書館憲政資料室に保管されることとなった（詳しくは伊藤隆「歴史研究とオーラルヒストリー」http://oohara.mt.tama.hosei.ac.jp/oz/585/585-01.pdf）。「昭和史の天皇」に携わることで昭和史研究に新たな息吹を吹き込んだ一人になることができて光栄の至りだが、もし私が八原元大佐を米子市皆生に訪ねたあのとき、最新鋭のカセットテープ・レコーダーを持参していなかったら、果たしてどうなっていただろうか。

現在、国会図書館に保管されている「昭和四十二年三月十六日」と記された手のひらサイズの「八原証言テープ」こそ、日本における「オーラルヒストリー第一号」だったと、秘かに自負している。

（敬称略）

『沖縄決戦　高級参謀の手記』一九七二年八月、読売新聞社刊

本書には、今日の意識から見て不適切と思われる表現が使用されていますが、刊行当時の時代背景および著者が故人であることを考慮し、原則として発表当時のままとしました。

中公文庫

沖縄決戦（おきなわけっせん）
——高級参謀の手記（こうきゅうさんぼうのしゅき）

2015年5月25日　初版発行
2022年7月5日　7刷発行

著　者　八原博通（やはらひろみち）

発行者　安部順一

発行所　中央公論新社
〒100-8152　東京都千代田区大手町1-7-1
電話　販売 03-5299-1730　編集 03-5299-1890
URL https://www.chuko.co.jp/

ＤＴＰ　柳田麻里
印　刷　三晃印刷
製　本　小泉製本


Published by CHUOKORON-SHINSHA, INC.
Printed in Japan　ISBN978-4-12-206118-7 C1121

# 中公文庫既刊より

各書目の下段の数字はISBNコードです。978－4－12が省略してあります。

お-54-1
**沖縄文化論** 忘れられた日本
岡本太郎
苛酷な歴史に翻弄されつつも古代日本の息吹を今日まで伝える沖縄文化。その源に潜む島民の魂を画家の眼と詩人の直観で把えた名著。〈解説〉岡本敏子
202620-9

た-73-1
**沖縄の島守** 内務官僚かく戦えり
田村洋三
四人に一人が死んだ沖縄戦。県民の犠牲を最小限に止めるべく命がけで戦い殉職し、今もなお「島守の神」として尊敬される二人の官僚がいた。〈解説〉湯川豊
204714-3

と-18-1
**失敗の本質** 日本軍の組織論的研究
戸部良一／寺本義也／鎌田伸一／杉之尾孝生／村井友秀／野中郁次郎
大東亜戦争での諸作戦の失敗を、組織としての日本軍の失敗ととらえ直し、これを現代の組織一般にとっての教訓とした戦史の初めての社会科学的分析。
201833-4

S-25-1
**シリーズ日本の近代 逆説の軍隊**
戸部良一
近代国家においてもっとも合理的・機能的な組織であるはずの軍隊が、日本ではなぜ〈反近代の権化〉となったのか。その変容過程を解明する。
205672-5

き-46-1
**組織の不条理** 日本軍の失敗に学ぶ
菊澤研宗
個人は優秀なのに、組織としてはなぜ不条理な事をやってしまうのか？ 日本軍の戦略を新たな経済学理論で分析、現代日本にも見られる病理を追究する。
206391-4

い-65-2
**軍国日本の興亡** 日清戦争から日中戦争へ
猪木正道
日清・日露戦争に勝利した日本は軍国主義化し、国際的に孤立した。軍部の独走を許し国家の自爆に至った経緯を詳説する。著者の回想「軍国日本に生きる」を併録。
207013-4

い-108-6
**昭和16年夏の敗戦** 新版
猪瀬直樹
日米開戦前、総力戦研究所の精鋭たちが出した結論は「日本必敗」。それでも開戦に至った過程を描き、日本的組織の構造的欠陥を衝く。〈巻末対談〉石破茂
206892-6